A FILHA DO PAPA

CAROLINE P. MURPHY

A FILHA DO PAPA

A extraordinária vida de Felícia della Rovere, a filha do papa Júlio II

Tradução de
LAURA RUMCHINSKY

Revisão técnica de
PALOMA RORÍZ ESPINOLA

1ª edição

EDITORA RECORD
RIO DE JANEIRO • SÃO PAULO
2013

CIP-BRASIL. CATALOGAÇÃO NA FONTE
SINDICATO NACIONAL DOS EDITORES DE LIVROS, RJ

M96f
Murphy, Caroline P.
    A filha do papa / Caroline P. Murphy; tradução de Laura Rumchinsky. –
Rio de Janeiro: Record, 2013.

    Tradução de: The Pope's Daughter
ISBN 978-85-01-08434-7

    1. Rovere, Felice della, 1483-1536. 2. Julius II, Papa, 1443-1513. 3. Mulheres – Roma –
Biografia. 4. Filhos ilegítimos – Itália – História. 5. Filhos ilegítimos – Igreja Católica –
História. 6. Renascença – Itália – História. I. Título.

12-4293
                                  CDD: 923.145
                                  CDU: 929:32(450)

Título original em inglês:
THE POPE'S DAUGHTER

Copyright © Caroline P. Murphy, 2004

Todos os direitos reservados. Proibida a reprodução, armazenamento ou transmissão de partes deste livro, através de quaisquer meios, sem prévia autorização por escrito. Proibida a venda desta edição em Portugal e resto da Europa.

Texto revisado segundo o novo Acordo Ortográfico da Língua Portuguesa.

Direitos exclusivos de publicação em língua portuguesa para o Brasil
adquiridos pela
EDITORA RECORD LTDA.
Rua Argentina, 171 – 20921-380 Rio de Janeiro, RJ – Tel.: 2585-2000,
que se reserva a propriedade literária desta tradução

Impresso no Brasil

ISBN 978-85-01-08434-7

Seja um leitor preferencial Record.
Cadastre-se e receba informações sobre nossos
lançamentos e nossas promoções.

Atendimento direto ao leitor:
mdireto@record.com.br ou (21) 2585-2002.

Em memória de John Shearman

Sumário

Agradecimentos   11
Prólogo: Localizando Felícia   15

PARTE I   A FILHA DO CARDEAL

1. O pai de Felícia   21
2. A mãe de Felícia   29
3. O nascimento de Felícia   31
4. O padrasto de Felícia   35
5. Roma no tempo de Felícia   41
6. A infância de Felícia   49
7. Os Borgia entram em cena   53
8. A partida de Felícia   57
9. Felícia adolescente   61
10. O primeiro casamento de Felícia   65

PARTE II   A FILHA DO PAPA

1. O novo papa   71
2. A noiva relutante   77
3. As mulheres Della Rovere em Roma   85
4. O príncipe de Salerno   91
5. Autopromoção   97
6. A instrução de Felícia della Rovere   109

7. Os Orsini entram em cena	113
8. Gian Giordano	121
9. O casamento com Orsini	125

PARTE III   FELIX DO CARVALHO E DO URSO

1. Uma noiva em Bracciano	133
2. Felícia e os Orsini	141
3. Felícia e Gian Giordano	145
4. Reconciliação entre pai e filha	151
5. O castelo de Palo	155
6. A empresária	161
7. Embaixadora do Vaticano	165
8. Felícia e a rainha da França	173
9. Madona Felícia é tudo	177
10. Codinome Safo	181
11. O legado juliano	189
12. Felícia, Michelangelo e o monte Pinciano	195

PARTE IV   *PATRONA ET GUBERNATRIX*

1. Uma viagem a Loreto	207
2. Parto e sua sequência	211
3. A filha do papa se torna amiga do papa	215
4. O papa vai caçar	219
5. A retribuição do papa	225
6. Senhora Orsini revisitada	229
7. A fonte de Bracciano	233
8. A arte da tapeçaria	237
9. Contas pessoais	241
10. Uma escrava na casa dos Orsini	247
11. Mais contas	253
12. A mãe temporal	259
13. Statio	273

14. Assuntos de família	279
15. Dotes e a grande rainha	289
16. Napoleone	295
17. A tomada de Palo	301
18. A moratória papal	307

PARTE V   DESTITUIÇÃO E RESTITUIÇÃO

1. Em oração	313
2. A queda de Roma	317
3. Reféns	323
4. Fuga de Roma	329
5. Fossombrone	333
6. Os exilados	341
7. O retorno a Roma	347
8. Reconstrução	351
9. Em Trinità	357
10. Um memorial ao passado	361
11. Clarice	367
12. Francesco e Girolamo	375
13. A guerra de Vicovaro	381
14. Vingança de irmão	389
15. Restituição	393

PARTE VI   A MÃE MAIS AMOROSA DO MUNDO

1. Cômputo final	403
Epílogo: O legado de Felícia	421
Bibliografia	425
Notas	433
Índice	455

Agradecimentos

O nome da protagonista deste livro, Felícia, significa feliz, afortunada. A palavra se aplica não só à heroína, mas também à autora. Fiquei imensamente feliz por toda a ajuda que recebi de tantas pessoas.

Foi meu marido, Henry Dietrich Fernández, que descobriu Felícia para mim e me incentivou a escrever este livro. Muitas das ideias aqui expostas são dele, pelas quais merece o crédito, além de ter passado um tempo sem conta, a qualquer hora do dia ou da noite, falando a respeito de Felícia, seus amigos e companheiros, transformando-os em pessoas vivas.

Na Universidade da Califórnia, Riverside, devo muito a minha assistente de pesquisa, Catherine de Luca, que não só resgatou mas também descobriu documentos nos Arquivos Orsini da Universidade da Califórnia, Los Angeles, e executou um serviço igualmente valioso em Florença. Meu colega de departamento, Steven F. Ostrow, foi quem primeiro viu Felícia no quadro *A missa de Bolsena*, e Conrad Rudolph foi o primeiro a me chamar a atenção para a ancestral de Felícia, Jacopa Normanni. O fundo de pesquisas do Conselho Acadêmico da UCR proporcionou o apoio financeiro para o projeto.

Em 2001-2, passei um ano na Itália, com o auxílio do programa de bolsas de pós-doutorado John Paul Getty e do Centro de Estudos da Renascença Italiana da Universidade de Harvard, na Villa I Tatti, em Florença. Gostaria de agradecer a todos de I Tatti que de alguma forma contribuíram para este livro: Andrew e Jacalyn Blume, Kurt Barstow, Christopher Hughes, Suzanne Cusick, Katherine Gill, Marilena Falzerano Cirillo, Deanna Schemek, Geraldine Albers, Allen Grieco, Paul Hills, Lawrence Jenkens e Michael Rocke, Bruce Edelstein e Jonathan Nelson. O diretor de I Tatti, Joseph Connors, reconhecerá que me apropriei de sua ideia sobre Guidobaldo della Rovere, Clarice Orsini e sobre a *Vênus de Urbino* de Ticiano.

Outros ajudaram de diversas formas, como Bruce Boucher, Evelyn Welch, Olwen Hufton, Sara Matthews Grieco, Carolyn Valone, Sheryl Reiss, Gillian Malpass, Silvia Evangelisti, Sabine Eiche, Kathleen Wren Christiansen, Sinead O'Flynn, Piers Baker Bates, Robin Bledsoe e Jacqueline Marie Musacchio. Também sou grata aos funcionários de incontáveis bibliotecas e arquivos que consultei, incluindo a Biblioteca do Congresso, Universidade de Harvard, Coleções Especiais da UCLA, Villa I Tatti, Biblioteca Vallicelliana, Arquivo Histórico Capitolino de Roma e Arquivo do Estado, de Roma, Florença e Mântua.

Ruth Harris me apresentou ao meu agente, Gill Coleridge, que contribuiu muito para que este livro viesse à luz — prática, emocional e intelectualmente. Agradeço também a Melanie Jackson, minha agente nos Estados Unidos, e a Lucy Luck.

Na Faber, tive a extrema felicidade de ter tido Julian Loose como editor, pois ele me ensinou muito sobre a arte da biografia e de contar histórias; sem seus conselhos, este livro seria muito diferente. Meus agradecimentos, também, a todo o pessoal da Faber que me ajudou na produção do livro, incluindo Henry Volans e Nick Lowndes, e minha editora de texto, Jill Burrows.

Lamento, no entanto, que a pessoa que deu um impulso decisivo a este trabalho não esteja mais conosco para ver sua publicação. O professor John Shearman faleceu repentinamente em agosto de 2003, mas em 2000 havia me doado as notas detalhadas sobre Felícia que ele havia compilado durante anos, sob minha promessa de que "as levaria a sério", e eu as consultei até o último momento da elaboração do livro.

Ele me ajudou a obter as bolsas de que eu necessitava para concluir minhas pesquisas e me deixou muito orgulhosa quando me convidou para juntar-me a seus alunos na festa de sua aposentadoria em Florença. Todo o tempo eu pretendia que o livro fosse dele, mas jamais esperei que teria de dedicá-lo à sua memória. Mas é com afeto e gratidão que lhe dedico *A filha do papa*.

Casa all'Arco Cenci Tavani, Roma, julho de 2004

Nota da autora

Visando facilitar a leitura, as traduções de citações em latim e italiano nem sempre são literais, mas foram adaptadas para melhor compreensão dos leitores.

Prólogo

Localizando Felícia

No canto esquerdo de *A missa de Bolsena*, que faz parte da coleção de afrescos que Rafael pintou em 1512 nos apartamentos do papa Júlio II no Palácio do Vaticano, uma atraente jovem se destaca dos que a rodeiam. As mãos de seus acompanhantes emolduram seu rosto e direcionam para ela os olhos dos que observam a pintura. Ela é a única do grupo vestida de preto — algo incomum para uma jovem da época. Igualmente extraordinária são a vivacidade e a inteligência de seu olhar, focalizado na figura do papa Júlio II, retratado no momento de receber a Santa Comunhão. Um observador perspicaz poderia notar que o papa e a bela jovem têm alguns traços fisionômicos em comum: testa, nariz e queixo angulosos. Mas o que poucos poderiam saber é que essa figura é a imagem de Felícia della Rovere, filha única do papa Júlio II, que veio a ser a mulher mais poderosa de Roma em seu tempo.

A história de Felícia della Rovere está no coração de Roma, profundamente ligada à estrutura da cidade, onde ainda pode ser encontrada. Ela está presente na Piazza Navona, onde ainda existe o palácio em que passou seus primeiros anos. Está nas estreitas ruas medievais do Governo Vecchio e da Via de' Banchi, por onde ela passava cavalgando sua mula. E há ainda os palácios do século XV, Sforza Cesarini e o velho Palazzo della Cancelleria, onde se realizou o casamento de Felícia, e também

Monte Giordano, onde passou boa parte de sua vida adulta. A Escadaria Espanhola do século XVIII conduz ao monte Pincio, local onde se encontram uma casa e uma igreja que ela amava. Podemos atravessar, como ela fazia, a ponte Sant'Angelo e entrar na região do Vaticano, a fortaleza do Castel Sant'Angelo, onde ela frequentava festas, e o Palácio do Vaticano propriamente dito, onde visitava seu pai e onde ainda existe sua imagem. Outros edifícios que guardam ligação com Felícia são do século XVII e incluem o Oratório, projetado pelo arquiteto Borromini, atualmente sede do Arquivo Capitolino, que abriga seus documentos oficiais e milhares de cartas que ela escreveu e recebeu.

Uma mulher cuja presença ecoa de tal forma através da cidade moderna, que conta a sua história, obviamente foi "alguém" em seu tempo, o que é um feito raro, se nos lembrarmos de que Felícia viveu há meio milênio, numa época em que a mulher que alcançasse qualquer tipo de distinção constituía exceção, não a regra. Sua condição de filha do papa imediatamente a envolve em uma aura de escândalo e de uma consequente sensação de intriga. Contudo, a origem dessa fascinação ultrapassa o fato de ela ser filha de um sacerdote católico. Felícia della Rovere é uma mulher complicada e enigmática, ao mesmo tempo tolhida e sustentada pelas circunstâncias de seu nascimento. Sua história é de conquistas pessoais, de lutas movidas pela ambição, para que chegasse sem alarde ao poder. Até onde ela conseguiu chegar, sua ascensão, os que ela eliminou de seu caminho e aqueles a quem estendeu a mão amiga, tudo isso integra sua história. É também uma história de sacrifício; a ambição no mais das vezes tem seu preço.

O pai de Felícia era cardeal quando ela nasceu. Não havia qualquer expectativa de que Giuliano della Rovere, este era seu nome, viesse a se tornar o papa Júlio II em 1503. Ele era apenas um entre os cardeais e, de forma alguma, a pessoa mais importante de Roma. Quaisquer filhos que por ventura ele tivesse posto no mundo tinham pouca significação para a sociedade em geral. Por esse motivo, sua filha teve uma existência obscura até ele se tornar papa, quando Felícia tinha cerca de 20 anos de idade. Do material disponível, retomei seus primeiros anos, combinando especulação e deduções, de acordo com a história social e política da época. A Felícia retratada nestas páginas foi moldada com base em crônicas, correspondências e diários, livros contábeis e inventários — dela própria e de outros. Sempre que possível, suas cartas são usadas para permitir que ela fale de si abertamente. Quando tais cartas se perderam, tentei reconstruir a vida, os pensamentos e as ideias de Felícia a partir de outros documentos, como as cartas de pessoas que se comunicavam com ela, ou que comentavam e relatavam suas ações e atividades. Fazer Felícia retornar à vida é como reunir os componentes do *paragone*, o debate renascentista em que a forma da arte — escultura ou pintura — é superior. Como uma escultura, ela deve ser vista de todos os lados, para mostrar-se como um personagem inteiramente tridimensional; como uma pintura, ela precisa de cor, luz e sombra para aparecer como parte vibrante daquele mundo. Mas, em vez de ser criada com argila ou pigmentos, ela emerge destas páginas impressas e de uma coletânea de documentos do século XVI, parcialmente deteriorados e esquecidos.

PARTE I

A FILHA DO CARDEAL

1

O pai de Felícia

No ano de 1480, o papa Sisto IV contratou o artista Melozzo da Forlì para pintar um afresco do próprio pontífice, seu bibliotecário e seus sobrinhos, na biblioteca que ele havia instalado no Palácio do Vaticano. A figura que mais chama a atenção na pintura, com seus grandes olhos escuros, nariz aquilino e malares angulosos, é o cardeal alto postado à frente de seu tio. Esse homem é o cardeal Giuliano della Rovere. Trajando a púrpura cardinalícia e com a cabeça tonsurada, esta devia ser sua aparência quando conheceu a mãe de Felícia. Antes daquele momento, o cardeal Giuliano já tivera mais do que sua cota de triunfos e desapontamentos.

Apesar de ocupar uma posição dominante na pintura, a situação de Giuliano na arena política da corte do Vaticano naquela época era um tanto complexa. Ele havia nascido no dia 15 de dezembro, provavelmente em 1445, em uma pequena aldeia chamada Albissola.[1] A casa de sua família, porém, ficava nas proximidades de Savona, uma cidade costeira na província ocidental da Ligúria, a cerca de 30 quilômetros a noroeste de sua vizinha mais próspera, Gênova. Ser um liguriano, um homem do mar, constituía boa parte de sua identidade, e ele partilhava seu senso de aventura e de visão com um conterrâneo, Cristóvão Colombo de Gênova, alguns anos mais novo que ele.

No entanto, se a fortuna de Colombo foi conseguida na navegação, a da família Della Rovere foi construída na Igreja. Durante boa parte do século XV, os Della Rovere se mantiveram obscuros, não possuindo sangue nobre, nem uma história de grandes feitos. O pai de Júlio, Raffaello, deve ter sido um marinheiro, e sua mãe, Teodora, possivelmente era grega. Isso, em si, já era incomum. Era raro, e ainda não usual na Itália, o casamento com pessoas de outra cidade, quanto mais de outro país, e com certeza o rebento nascido dessa união devia ser alguém incomum.

A família Della Rovere poderia ter continuado no anonimato, não fosse por Francesco, tio de Giuliano, que construiu uma notável carreira eclesiástica.[2] Como frei franciscano, foi um pregador extremamente eficiente e rapidamente se tornou membro proeminente da ordem. Em 1462, era seu líder. Cinco anos depois, o papa Paulo II o nomeou cardeal. Era costume que cada cardeal recebesse uma igreja e suas propriedades, que determinavam seu título e, como igreja titular de Francesco, o papa lhe concedeu San Pietro in Vincoli, em Roma. Ele veio a ser o primeiro de vários cardeais Della Rovere a tomarem posse dessa igreja, cuja relíquia mais preciosa eram as correntes (*vincoli*) que, acreditava-se, haviam amarrado São Pedro quando este foi preso em Roma.

O posto de cardeal proporcionou a admissão de Francesco no Colégio Cardinalício e, com isso, o poder de auxiliar a moldar o futuro da Igreja. Ele passou a ter direito de voto nas eleições papais e, na verdade, podia também ser eleito e tornar-se papa. Em 1471, em seguida à morte repentina do papa Paulo II, o cardeal Francesco della Rovere, apenas quatro anos após sua elevação ao cardinalato, apareceu como favorito imprevisto no conclave para a escolha do novo pontífice. Em 25 de agosto daquele ano, Francesco della Rovere de Savona foi coroado como papa Sisto IV.

Embora pertencendo a uma Ordem mendicante, com seus votos de pobreza, Sisto instituiu um papado nepotista, colocando o progresso de sua família acima das necessidades da Igreja. Tinha numerosos sobrinhos, muitos dos quais conseguiram posições de importância secular ou eclesiástica. Os sobrinhos favoritos de Sisto eram os filhos de sua irmã Bianca. Pietro foi nomeado cardeal apenas algumas semanas após a eleição do novo papa. Para fazer-lhe companhia, Sisto também elevou a cardeal o primo de Pietro, Giuliano.

Pietro e Giuliano já eram membros da Ordem dos Franciscanos, ordenados na juventude, possivelmente por pressão de seu tio. Os primos, ambos perto dos 30 anos, mal podiam acreditar na boa sorte de terem feito um progresso tão rápido, de modestos frades à inclusão nas fileiras dos mais poderosos homens da Igreja. Ficaram tão excitados com suas nomeações, que ignoraram o decoro da Igreja e de modo escandaloso começaram a usar seus chapéus púrpura antes de serem oficialmente eleitos para o Colégio Cardinalício. "É algo inaudito aparecer em público com o chapéu cardinalício antes mesmo de o anúncio ser publicado". Assim, o embaixador de Mântua expressou sua desaprovação em uma carta, salientando o que era por muitos considerada a natureza arrivista da nova família papal, vinda de um lugarejo atrasado da Ligúria.[3]

Os primos podem ter partilhado a euforia por sua promoção e pelas vantagens que ela traria, mas rivalizavam pelas atenções do tio, e sua preferência se mostrou muito clara. Pietro Riario era um grande esbanjador e anfitrião generoso. Seu tio podia confiar que ele saberia organizar e presidir aquele tipo certo de eventos suntuosos para impressionar tanto os dignitários visitantes como os cidadãos de Roma. Para celebrar o feriado de São Pedro em 1473, Pietro encenou "uma representação muito nobre do Tributo prestado aos romanos quando estes governavam o mundo, e havia 60 mulas, todas ajaezadas e cobertas com mantas que traziam sua cota de armas, e elas seguiram em procissão do Portão do Povo até o palácio dos Santos Apóstolos [a residência que Pietro havia construído para si]".[4]

Pietro era um artista nato, ao contrário de Giuliano, e considerado como de maior valia para Sisto. Giuliano, como cardeal, havia recebido a igreja titular que fora de seu tio, San Pietro in Vincoli, mas tinha a consciência de ser um joão-ninguém na corte papal, o menos favorecido dos sobrinhos do papa. Mas, por vezes, tal tratamento endurece e estimula a determinação e a ambição. Em vez de tornar-se um mártir ciumento e passivo, como outros em sua posição poderiam ter feito, ou passar o tempo em maquinações para provocar a ruína de seu primo, Giuliano se concentrou em aguçar e aprimorar seus próprios talentos e habilidades. Ele possuía um sentido de sobrevivência inato, um instinto para administração e um gosto pelas artes militares que, anos depois, viriam a lhe granjear o título de Papa Guerreiro. Em vez de simplesmente permanecer na periferia da corte vaticana, consciente de sua posição secundária, Giuliano se tornou o negociador de conflitos em nome de Sisto. Percorreu todos os estados papais da Itália, atuando como árbitro em distúrbios e insurreições. Em junho de 1474, foi enviado a Todi, uma cidade localizada nas montanhas ao norte de Roma, cujo senhor, um *guelfo*, e, portanto, defensor do papado, havia sido assassinado. A província fora tomada pela anarquia. À frente de uma tropa de soldados, Giuliano entrou na cidade e conseguiu sufocar os distúrbios. Teve sucesso semelhante nas cidades de Spoleto e Città di Castello, na Úmbria, e começou a gostar de sua imagem de guerreiro. Ao retornar de Città di Castello a Roma, em 9 de setembro de 1474, um observador escreveu: "Todos os cardeais foram instruídos a recebê-lo, mas o intrépido liguriano se antecipou a eles. O sol nem havia nascido e ele já estava na igreja de Santa Maria del Popolo [apadrinhada pela família Della Rovere]."[5]

Os êxitos de Giuliano levaram Sisto a enviá-lo para mais longe ainda. Em fevereiro de 1476, o papa o nomeou arcebispo de Avignon, na França. Em vista das tensões entre a França e Roma, Giuliano viajou para lá um mês depois para estabelecer uma forte presença eclesiástica no país. Lá permaneceu por um ano, durante o qual consolidou boas relações com a Coroa francesa e com importantes prelados franceses.

Pietro Riario morreu em 1477, restando, assim, um só cardeal Della Rovere — Giuliano. Ele estava confiante de que cresceria nas graças do seu tio, mas seu retorno a Roma no fim daquele ano lhe mostrou que, a despeito de seu bom trabalho, Sisto ainda não iria fazer dele seu braço direito. O poder de Giuliano foi ainda mais enfraquecido quando, em dezembro de 1477, Sisto tornou cardeais mais sete sobrinhos e primos da família Della Rovere, entre os quais seu sobrinho-neto, Raffaello Riario, de 16 anos, que logo se tornou seu favorito.

Em junho de 1479, Giuliano decidiu voltar a Avignon, onde foi calorosamente recebido e onde sentia que sua posição e influência eram mais claramente apreciadas. Dessa vez, seu afastamento de Roma duraria três anos.[6] Foi um período importante na vida do homem que viria a remodelar Roma. O Palácio dos Papas em Avignon, a residência dos pontífices durante seu exílio de Roma no século XIV, era, naquele tempo, uma construção muito mais suntuosa do que o Palácio do Vaticano. O cardeal italiano ficou impressionado com as esplêndidas escadarias, os salões de refeições e as salas de audiências, os ornamentos requintados e as paredes recobertas de tapeçarias do palácio de Avignon. Pela primeira vez em sua vida, Giuliano, o ex-frade mendicante, tornou-se um benfeitor da arquitetura, ao reformar o palácio do bispo em Avignon com novas e elegantes janelas. O cardeal menosprezado podia sentir a emoção de deixar sua própria marca em uma construção.

Pelo resto de sua vida, Giuliano della Rovere, como nenhum outro clérigo antes ou depois dele, se dedicou a estabelecer sua identidade por meio de obras de arquitetura cheias de ornamentos. Ele assimilou perfeitamente a fundamentação do nobre florentino do século XV, Giovanni Rucellai, que registrou em seu diário que, caso alguém quisesse deixar um legado, construir edifícios era no mínimo tão importante quanto gerar filhos.

Gerar filhos, ou melhor, o ato necessário para conseguir isso, provavelmente interessava menos a Giuliano do que a muitos de seus pares da Igreja. Em 1517, quatro anos após a morte de Giuliano, o humanista do norte Erasmo de Roterdã, um crítico de longa data do cardeal que veio a ser o papa Júlio II, publicou *Julius Exclusus*, onde ele o imagina impedido de entrar no paraíso. O diálogo satírico é uma conversa entre Júlio e São Pedro nos portões do céu, durante a qual Pedro vai ficando cada vez mais estarrecido ante a natureza mundana do que Júlio considera as realizações de sua vida. Quando este menciona sua filha, Pedro, incrédulo, pergunta: "Estás querendo dizer que papas têm esposas e filhas?" Ao que Júlio responde: "Bem, eles não têm esposas, é claro. Mas o que há de tão estranho em terem filhos, já que são homens e não eunucos?"[7]

A despeito da opinião de Erasmo a seu respeito, o comportamento de Júlio não foi pior, na verdade foi até bem melhor, do que o de muitos de seus colegas. Aquele foi o período em que a Igreja Católica esteve no auge de sua magnificência e também no máximo de sua corrupção. A atividade sexual era apenas uma violação entre as várias cometidas pela elite religiosa, e poucos na Itália se manifestavam contra tal conduta. Apenas ocasionalmente apareciam homens como o anticlerical advogado romano Stefano Infessura, que em 1490 escreveu em seu diário que a vida de um clérigo romano "havia sido degradada a tal ponto que quase não existia nenhum que não mantivesse uma amante ou, pelo menos, uma prostituta vulgar".[8]

É impossível calcular o número de crianças que chamavam os cardeais de pai no século XV em Roma. Os que são documentados — como os filhos do papa Alexandre VI, o vil papa Borgia, ou de seu antecessor imediato, Inocêncio VIII — são conhecidos, pois seus pais se tornaram papas.[9] Estes dois, que tiveram seus filhos enquanto eram cardeais, os reconheceram publicamente. Durante o cardinalato, haviam vivido de forma perdulária e decadente. Poderíamos dizer que eram ao mesmo tempo eclesiásticos e *playboys*.

Giuliano della Rovere tinha menos interesse nesse tipo de vida do que seus colegas. Em Avignon, ele trabalhou muito, com sucesso variável, como emissário papal. Então, em fevereiro de 1482, retornou a Roma e sua vida mudou. Se ainda estava em inferioridade com relação ao afeto que Sisto dedicava a seu jovem primo Raffaello, sua posição no Vaticano, contudo, melhorara. Ele recebeu mais dioceses, entre as quais as de Pisa e do porto romano de Óstia, e começou a conquistar um maior número de amigos e aliados no Colégio Cardinalício.

A nova situação de Giuliano em Roma o levou a descontrair-se até certo ponto, chegando a imitar o estilo de vida de seus amigos cardeais. Em todo caso, algum tempo após sua volta a Roma, conheceu uma jovem chamada Lucrezia. Se não se apaixonou de fato por ela, sentiu-se suficientemente atraído para quebrar seus votos de castidade. Inadvertidamente, ou não, Júlio acrescentaria a seu legado terreno uma filha.

2

A mãe de Felícia

É raro encontrar informações sobre a vida das concubinas dos cardeais, e somente após muito esquadrinhar as provas disponíveis é que surge a figura da amante de Giuliano, mãe de Felícia. Em obras posteriores sobre os papas, Lucrezia aparece com o sobrenome Normanni, o que torna a linhagem materna de Felícia particularmente interessante e, na verdade, mais respeitável do que a paterna.[1] Os Normanni constituíam uma das mais antigas famílias romanas; seu nome indica que suas raízes poderiam remontar ao século XI, quando os normandos invadiram a Itália e saquearam Roma. A parte principal da cidade de Roma ficava em uma das margens do rio Tibre e a família Normanni residia em palácios fortificados na margem oposta, na área conhecida como Trastevere, e era aliada do clã mais belicoso daquele distrito, os Pierleoni. É significativo o fato de Lucrezia provir do Trastevere.[2] Tratava-se do mesmo distrito onde os ligurianos — de Gênova e de Savona — residiam. Embora o palácio do cardeal Giuliano se localizasse na outra margem do rio, ele costumava visitar seus conterrâneos naquela parte da cidade, e poderia, portanto, ter a oportunidade de conhecer Lucrezia. Ele poderia tê-la visto na rua, talvez na Via degli Genovesi, que corta o centro do Trastevere. No ambiente de cidade pequena que ainda existe na parte antiga do bairro, não lhe teria sido difícil localizá-la.

Houve, na verdade, várias mulheres excepcionais na família Normanni, entre as quais a mais conhecida é Jacopa, nascida no fim do século XII e chamada Jacopa dei Settesoli (sete sóis). Viúva abastada, tornou-se uma seguidora extremamente fervorosa de São Francisco de Assis. Fundou a primeira sede romana dos franciscanos, o Ospedale di San Biagio, atualmente igreja de San Francesco a Ripa, no Trastevere, o centro do território da família Normanni. A rua que leva à igreja tem hoje o nome de Via di Jacopa dei Settesoli. São Francisco a chamava de "irmão" Jacopa, em louvor de sua firmeza, integridade e capacidade de viver com austeridade varonil, e fez dela uma espécie de frade honorário. "Fra Jacopa" foi o nome que ela escolheu para ser inscrito em seu túmulo em Assis.[3] Coincidentemente ou não, Felícia também viria a possuir qualidades "masculinas" semelhantes às de sua ilustre antepassada.

Porém, no decorrer dos séculos, como muitas outras famílias que foram influentes em Roma no período medieval, os Normanni viram seu prestígio e seu poder declinando à medida que o caos dominava a cidade. No fim do século XV, aparentemente eles já não tinham tanta importância. No entanto, mesmo que a família não fosse mais tão rica, a ascendência de Lucrezia significava que ela não era uma qualquer, e parece improvável que tenha se tornado cortesã, pois em geral estas eram mulheres não nativas de Roma. O fato de Lucrezia ser de boa família não fazia dela uma escolha incomum para uma ligação sexual com um cardeal: Vannozza Cattanei, que, durante as décadas de 1470 e 1480, foi amante do cardeal Rodrigo Borgia — o futuro papa Alexandre — e mãe de César, Jofre e Lucrécia, viera de um meio semelhante.

Não se sabe se Giuliano e Lucrezia tiveram um relacionamento duradouro ou um breve contato. Ela deve ter ficado impressionada com o cardeal atraente, sobrinho do papa, e de bom grado aceitou suas investidas. Também é possível que a família empobrecida a tenha encorajado a ceder, na esperança de ser beneficiada de alguma forma. Qualquer que tenha sido a duração dessa ligação, o certo é que Felícia foi o único fruto dessa união a chegar à idade adulta.

3

O nascimento de Felícia

A data do nascimento de Felícia não é conhecida; portanto, foi preciso empregar a lógica e o bom-senso para determiná-la. Ela não poderia ter nascido antes de 1483, pois Giuliano só regressou a Roma no fim de 1482. E parece improvável que tenha vindo ao mundo muito depois, já que, em 1504, ela exibia maturidade e personalidade superiores ao que se esperaria de uma adolescente.

No que dizia respeito à filha de Giuliano e Lucrezia, era vital que ele reconhecesse a paternidade. Lucrezia tinha uma posição social tal que permitiu um acordo honroso para que levasse adiante a gravidez. A criança não iria para algum dos conventos ou instituições de Roma que acolhiam enjeitados, tais como Santi Quattro Coronati, ou o Ospedale di Santo Spirito, lugares destinados a muitos dos filhos bastardos de clérigos. Nem sua mãe haveria de viver, humilhada, como uma mulher desonrada. Em vez disso, ela se casou, provavelmente pouco antes, ou logo depois do nascimento de Felícia, com um homem chamado Bernardino de Cupis. Embora haja indicações de que o relacionamento entre Giuliano e Lucrezia terminou com o nascimento da menina, o casamento manteve ambas, mãe e filha, dentro da órbita da família Della Rovere. Bernardino era *maestro di casa*, o mordomo que geria tanto a casa como a vida do primo de Giuliano, o também cardeal Girolamo

Basso della Rovere. Contrastando com a relação que mantinha com seus primos Riario, Giuliano era muito chegado a Girolamo. Em 1507, ele pagou pela magnífica tumba de Girolamo, esculpida pelo artista veneziano Andrea Sansovino, na igreja de Santa Maria del Popolo, da família Della Rovere.

Do pouco que se sabe sobre Lucrezia, devemos reconhecer que ela foi uma mãe amorosa. Felícia, sua meia-irmã Francesca e seu meio-irmão Gian Domenico eram muito apegados a ela. Os quatro, mais tarde, viriam a formar uma unidade compacta, dando valor às conexões familiares acima de outros laços. O fato de Lucrezia ter tido a oportunidade de ser uma boa mãe para Felícia é por si só interessante. Não era usual na Itália renascentista que as mulheres da elite que tivessem filhos ilegítimos conseguissem criar vínculos com eles, pois estes eram imediatamente incorporados à família do pai. As mães dos bastardos dos Medici são completamente desconhecidas, incluindo a de Giulio, o futuro papa Clemente VII. A mãe do duque Alessandro de Medici, uma escrava do norte da África chamada Simonetta, casou-se depois com um pastor de mulas e sumiu de circulação. Vannozza Cattanei, a mãe de Lucrécia Borgia, embora tenha estabelecido por conta própria sua identidade como grande proprietária em Roma, não tinha muito contato com a filha. Rodrigo Borgia tirou Lucrécia, ainda bem jovem, da mãe e a colocou sob os cuidados de sua nova amante.

Se Felícia, ao contrário de muitos na mesma situação, não tivesse passado seus primeiros anos ao lado da mãe, é improvável que, ao atingir a idade adulta, ela e Lucrezia se mantivessem tão íntimas. Felícia também tinha fortes laços com seu meio-irmão e sua meia-irmã, indicando que o lar de Lucrezia era um lar feliz. Como esposa, Lucrezia alcançou a apreciação de Bernardino. Em seu testamento de 1508, ele a incluiu entre os herdeiros diretos de suas propriedades, fato incomum, pois ele tinha filhos, o que sugeria que a tinha em alta consideração. Ela é mencionada como Magnifica Matrona, um título que confirma a posição que conquistou em Roma, muito distante da adolescente solteira, amante de um cardeal.[1]

Também é provável que ela, e não Giuliano, tenha escolhido o nome da filha; em italiano, hoje em dia, como era naquele tempo, Felice é um nome masculino. Uma menina deveria ser chamada, mais corretamente, de Felicia ou Felicità, correspondendo a Felícia ou Felicidade em português. A palavra italiana *felice* — feliz — significa também afortunado(a), venturoso(a). Como o nome designa uma situação, é mais provável que tenha sido escolhido por alguém na posição de Lucrezia, e não pelo pai cardeal. Nesse caso, o nome Felice poderia muito bem ser uma referência às circunstâncias do nascimento da menina. Ela poderia, digamos, ter sobrevivido a um parto difícil ou talvez o nome tenha relação com a sorte de mãe e filha. Uma jovem grávida, banida da casa de sua família, poderia facilmente ser obrigada a entregar o bebê recém-nascido a um orfanato. A filha de Lucrezia, ao contrário, teve um início de vida feliz e a própria mãe deve ter encarado a situação como um auspicioso recomeço.

4

O padrasto de Felícia

Era prática comum que os homens da elite transformassem suas amantes em mulheres honestas, casando-as com servidores de alta posição ou com alguém leal à família. Cecília Gallerani, a amante de Ludovico Sforza, duque de Milão, imortalizada por Leonardo da Vinci como *Dama com arminho* em 1491, um ano depois foi levada a casar-se com um sócio dos Sforza, o conde Ludovico Carminati de Brambilla. Rodrigo Borgia providenciou o primeiro casamento de Vannozza Cattanei com Domenico d'Arignano e depois, com a morte deste, com Giorgio della Croce; ambos eram secretários apostólicos no Vaticano. Aceitar tais arranjos significava que esses homens teriam assegurada a gratidão dos antigos (e, em alguns casos, dos ainda) amantes das mulheres que eles haviam desposado, podendo esperar por compensações. E não tinham, necessariamente, que se preocupar com os filhos que não fossem os seus, se aqueles não estivessem efetivamente sendo criados por suas mães.

Bernardino de Cupis, certamente, tinha algo em comum com os maridos escolhidos para Vannozza Cattanei. Mas diferia deles pelo fato de se envolver em vários aspectos da vida de sua enteada, mesmo sendo reconhecido por todos que o cardeal Giuliano era o pai dela. Não há dúvida de que a vida e as atividades de Bernardino de alguma forma moldaram as perspectivas e o modo de agir de Felícia. Ele era inflexivelmente leal aos Della Rovere. Para Bernardino, aceitar uma amante descartada de um deles e sua filha ilegítima reforçava ainda mais os laços com a família a quem ele servia. Na virada do século XVI, ele encomendou ao artista de Siena, Baldassare Peruzzi, a pintura de um afresco na abside da igreja de San Onofrio, no alto do monte Gianicolo.[1] A igreja ficava a uma certa distância da residência dos De Cupis, no centro de Roma, e atraía o interesse de Bernardino, talvez porque pertencia à Ordem Monástica dos Hieronimitas, cujo nome provinha de São Jerônimo, como era o caso de seu patrão, Girolamo (Jerônimo) della Rovere.

Para San Onofrio, Bernardino escolheu as imagens da Madona com o Menino, claramente semelhantes às que Pinturicchio, um artista mais conhecido, havia pintado em 1483 na capela funerária de Girolamo, na igreja de Santa Maria del Popolo, a igreja dos Rovere. Como motivo decorativo, emoldurando a pintura de sua capela, Bernardino escolheu a bolota do carvalho, o emblema dos Rovere, em referência ao significado do nome da família*, ele próprio representado ajoelhado, como doador, o próspero burocrata sob todos os aspectos, cujo equivalente moderno seria o homem de empresa.

Os deveres sob a responsabilidade de Bernardino, como *maestro di casa*, podem ser encontrados em um manual, publicado inicialmente em 1598, por Cesare Evitascandalo, cujo título, traduzido, é *O maestro di casa, que contém exatamente quanto e o que o maestro di casa deve saber*. O manual cobre mais de 380 "pontos importantes", abrangendo a natureza da autoridade do *maestro di casa* sobre o restante dos serviçais do cardeal, e como tratar cada um, incluindo, entre outros assuntos, como lidar com alguma fraude cometida pelos empregados e o que fazer "quando o cozinheiro está bêbado". Ele precisava conhecer os rituais do calendário religioso e que tipo de vestes seu amo deveria usar em

---

*Do latim *robur*, que significa carvalho. (*N. da T.*)

determinados dias. O *maestro di casa* era responsável pela compra de todos os tipos de provisões, desde cevada para os cavalos, até velas, açúcar e vinhos. Precisava cultivar a amizade de "alguém na corte que pudesse avisá-lo da ocorrência de qualquer delito". Além disso, ele devia ser o "escudo" de seu amo e "encobrir sua própria persona em favor de seu amo".[2]

Bernardino era originário da cidade montanhosa de Montefalco, na Úmbria, o coração da terra de São Francisco, e já residia em Roma em 1462. Havia, obviamente, recebido uma boa educação, mais que suficiente para ter êxito como um burocrata de alto nível, possivelmente um dos melhores postos na Roma da Renascença. Os burocratas eram os homens que administravam a cidade; tinham todas as conexões necessárias para receber informações, conselhos e subornos que lhes propiciavam uma existência mais do que confortável. Por outro lado, não eram tão poderosos que precisassem estar sempre em guarda contra as tentativas de rivais para derrubá-los. Bernardino cumpria muito bem os seus deveres. Girolamo Basso della Rovere era bem parecido com seus primos Riario: demonstrava pouco interesse pela política eclesiástica, mas tinha muito apreço pela magnificência e pela ostentação. Enquanto Girolamo desfrutava da vida faustosa de um cardeal em Roma, Bernardino com frequência assumia as funções de seu amo. Girolamo recebia rendimentos como bispo das cidades de Macerata e Rieti, na província oriental de Marche. Como muitos bispos italianos de seu tempo, ele era não só pluralista (detentor de vários cargos eclesiásticos), como se ausentava constantemente, incumbindo Bernardino de viajar a Marche para agir em seu nome. Este certamente fez um trabalho satisfatório em Rieti; em 1486 a comunidade lhe prometeu que, quando nascesse seu primeiro filho homem, lhe ofertariam "a soma de 25 ducados para comprar um presente para sua esposa".[3] Em 1499, foi a Bernardino, e não a Girolamo, que a comunidade de Macerata escreveu para perguntar se poderia obter um empréstimo de 200 ducados.

Bernardino obviamente se saía muito bem usando a persona de seu cardeal como se fosse a sua própria, e recebia boas recompensas por seu empenho em favor da família Della Rovere. Ele não só conseguiu ter sua própria capela, cujos afrescos estão entre as joias da pintura romana do início do século XVI, mas também construiu uma magnífica residência para sua família. Mesmo não vivendo tão prodigamente quanto a maioria dos cardeais, Bernardino por certo tinha um padrão de vida superior ao da maioria dos servidores eclesiásticos. É provável que, além do salário pago por Girolamo della Rovere, ele recebesse alguma remuneração de Giuliano, o pai biológico de Felícia, que também teria concedido um dote a Lucrezia, quando de seu casamento com Bernardino.

Esse dote contribuiu para o custo da casa construída por Bernardino, onde Felícia passou seus primeiros anos. O grande palácio que foi outrora o Palazzo de Cupis pode ser visto na atual Piazza Navona, a grande praça retangular adornada com a Fonte dos Quatro Rios, de Bernini. O formato da praça se deve à sua função original no mundo antigo, como o Estádio de Domiciano, construído em 92 d.C., onde se realizavam corridas, e cujas ruínas se encontram sob a superfície da praça atual. No tempo de Bernardino, a praça se localizava em relação à sua maior igreja, Sant' Agnese in Agone, e era conhecida como "Platea [praça] in Agone" — de onde provém o nome "Navona" — ou Campus Agonis. Bernardino escolheu a Piazza Navona para construir sua casa em parte por sua proximidade do palácio de seu empregador. Girolamo morava na Via Recta que saía da praça, perto da igreja de San Agostino. Sob outro aspecto, porém, o local era uma escolha inteligente para residência de um burocrata que desejava estar no centro de tudo. Durante o século XV, a Piazza Navona gradualmente foi se transformando, de uma antiga arena esportiva abandonada, em um endereço de alto prestígio em Roma.[4]

Levando-se em conta que era um empregado, Bernardino construiu para si um palácio de notável esplendor, flanqueado pela Via dell Anima, com a igreja de Sant' Agnese in Agone do outro lado da rua.

Ele aproveitou uma bula de Sisto IV, *Et si de cunctarum civitatum* (Para o benefício da cidade), destinada a promover a recuperação e a reforma da cidade de Roma. A bula autorizava a venda compulsória das propriedades que os donos não tinham condições de restaurar e reformar. Bernardino adquiriu uma série de casas e lojas pequenas ao longo de um lado da Piazza Navona. Ele demoliu seus interiores e os ocultou por trás de uma fachada monolítica, da mesma forma como o grande arquiteto e humanista Leon Battista Alberti fez para a família Rucellai em seu famoso palácio de Florença. Por fim, a magnificência do palácio que Bernardino construiu era tal que o escritor Francesco Albertini lhe deu destaque em *De Mirabilibus*, seu guia de 1510 das maravilhas arquitetônicas de Roma, antigas e novas. Ele o descreveu como a "casa de Bernadino di Montefalco na praça de Agonis, que tem uma belíssima fonte".[5] Em Roma, o fácil acesso à água doce era um grande luxo. Havia somente uma grande fonte pública, a de Trevi. A maioria dos cidadãos dependia da água do rio Tibre para suas necessidades pessoais e também de trabalho, de onde se pode calcular o seu nível de pureza.

A casa de Bernardino foi o lar onde Felícia della Rovere passou os primeiros anos de sua vida. Michelangelo, apenas alguns anos mais velho que Felícia, e que viria a ter seu papel na história dela, afirmava que estava destinado a tornar-se escultor porque havia ingerido também pó de pedra ao ser amamentado por sua ama de leite, a mulher de um pedreiro da pequena aldeia de Settignano, nos montes acima de Florença.[6] De modo semelhante, a jovem Felícia, vivendo no Palazzo de Cupis, absorveu os aromas e os sons de Roma, no próprio coração da cidade. Conhecer a Roma da época é outra forma de termos uma ideia de como era a jovem Felícia e de entender a mulher que ela viria a ser.

5

Roma no tempo de Felícia

Quem visita Roma hoje em dia frequentemente comenta a qualidade multiestratificada da cidade, a forma como as camadas de diversas civilizações e períodos existem lado a lado, totalmente diferente do que ocorre em qualquer outro lugar no mundo. Ainda existe uma Roma antiga, visível em estruturas imensas como o Coliseu e o Panteão, ou pequenas como as antigas colunas embutidas nas entradas de construções um pouco mais novas. A Roma do período subsequente à legalização do cristianismo pode ser vista em igrejas do século IX, como a dos Santos Cosme e Damião ou a de Santa Prudenziana, com seus vívidos mosaicos que apresentam a vida de Cristo e de seus santos. A Roma medieval subsiste nas ruas estreitas, ainda chamadas *vicoli*, em casas altas e em torres remanescentes, como a Torre di Conti, do século XIII, em torno da qual vivia a comunidade inglesa da cidade. A Roma da Renascença está presente nos palácios e nas igrejas construídos na recuperada estética clássica da Roma antiga, empregando calcário travertino, outrora claro e cintilante e hoje escurecido após um século ou mais de emissões de petróleo.

É esta a Roma que Felícia conheceu em sua vida. Os grandiosos palácios e igrejas do século XVII, as ruas imensamente largas abertas por Mussolini, um suplício no calor do verão, fazem parte de um futuro que a teria surpreendido, impressionado e, em alguns casos, estarrecido. Mas o que ela conheceu foi uma cidade que crescia e evoluía e, sob muitos aspectos, voltava a evoluir, como não acontecia desde que fora a capital do mundo antigo. Quando Felícia nasceu, Roma era muito diferente do que fora um século antes e, na ocasião de sua morte, já havia se transformado de novo. No fim do século XV, Roma se modificou drasticamente, o que não ocorreu com nenhuma outra grande cidade da Itália, como Florença ou Veneza. Nenhuma destas cidades tivera que se transformar ela mesma em uma zona de guerra.[1]

No decorrer dos séculos, Roma teve de enfrentar uma razoável cota de invasores. Os godos e visigodos no século V arrasaram muito do que restara da grande cidade antiga, cujo declínio se iniciou quando o imperador Constantino transferiu a capital do Império Romano para Constantinopla em 330 d.C. E, o mais crítico, os godos destruíram o sistema de águas, deixando intacto apenas o aqueduto subterrâneo de Acqua Vergine. A resultante falta de água em muitas partes da cidade provocou um deslocamento sistemático da população para as proximidades das margens do rio Tibre, conhecidas como o *abitato*, "o habitado". As grandes áreas abandonadas da cidade eram chamadas de *disabitato*, "o desabitado".

Roma continuou, no entanto, a capital do mundo cristão. A residência do papa era o Palácio de Latrão, adjacente à igreja de São João de Latrão, construídos no século IV nos limites da cidade. Esta igreja, e não a de São Pedro, ainda é a catedral, a sede do bispado de Roma. Até hoje, cada novo papa deve fazer uma excursão, um *possesso*, de São Pedro até Latrão, antes de tomar posse da tiara papal, sua coroa tríplice, o símbolo de seu poder.[2]

Mas, em 1309, até mesmo o papado, representado de alguma forma em Roma desde o tempo de São Pedro, foi obrigado a deixar a cidade, para onde só haveria de retornar mais de um século depois. Dessa vez, não foi por causa de ameaça de invasão, mas dos conflitos internos da cidade. Uma cidade tão dilacerada pela violência durante séculos havia criado uma permanente mentalidade de assédio. As famílias mais poderosas de Roma não moravam nos esplêndidos palácios com fachadas ornamentadas que associamos à cidade na Renascença. Ao contrário, viviam em construções semelhantes a quartéis, descritas como *insediamenti*, que pareciam cidades fortificadas dentro de uma cidade. Casas independentes eram edificadas no terreno inclinado de um monte e cercadas por espessos muros. Dois grandes exemplos ainda existem na cidade: monte Giordano, propriedade da família Orsini, e o epônimo monte dos Cenci. No século XII, diferentes famílias controlavam diferentes partes da cidade: os Colonna dominavam os montes Quirinal e Esquilino; os Frangipani, o Palatino e a área em torno do Coliseu, e os Savelli, o monte Aventino e o trecho do rio Tibre em seu sopé. Na outra margem do rio, em Trastevere, havia uma aliança precária entre as famílias Pierleoni, Papareschi, Tebaldi e Normanni, a família da mãe de Felícia. Os Orsini controlavam a área em torno da ponte Sant'Angelo, uma das poucas que cruzam o Tibre, assim como o centro do *abitato*.

Os relatos acerca da intensa rivalidade entre essas famílias não são exagerados. Eles fazem as relações entre os Montéquio e os Capuleto de Shakespeare parecerem absolutamente cordiais. Era uma guerra por territórios, feroz e sangrenta. Os papas e o órgão dirigente de Roma, o Senado, apoiavam e defendiam famílias diferentes. Quem não o fizesse poderia enfrentar sérias consequências. A família Cenci sequestrou o papa Gregório VII, seu inimigo de longa data, na véspera do Natal de 1075 e, em 1145, o papa Lúcio II foi morto por causa de sua oposição ao governo de Roma, exercido por Giordano Pierleoni.

As famílias romanas ganhavam muito dinheiro, muitas vezes legalmente, com a cobrança de pedágios para cruzar pontes ou para entrar em certas áreas onde tal prática era permitida ou delas sair, como o gueto judeu. Mas, no início do século XIV, as lutas entre facções haviam atingido um nível tão insuportável que ninguém se sentia seguro nas ruas. Em 1308, membros da Igreja, em especial os não italianos, aproveitaram a oportunidade para colocar em debate a transferência da sede do papado, de Roma para a cidade mais pacífica de Avignon, no sul da França. Sua causa ganhou força devido a um grande incêndio que tornou inabitável o palácio papal de Latrão. É bem possível que ele tenha sido provocado pelos franceses, a fim de apressar a mudança para Avignon.

O exílio de Roma durou quase um século, até a eleição do papa Martinho V. Este, ainda como Oddone Colonna, um membro da importante família romana, possuía influência suficiente para negociar um retorno do papado para uma Roma mais pacífica em 1420. A ele se credita não só a volta do poder papal a Roma, mas também a chegada da Renascença à cidade. A Roma do século XV ainda se parecia mais com a Beirute do século XX após a guerra do que com a próspera Florença daquela época. Ainda havia vastas áreas proibidas na cidade, perigosas não apenas pela ausência da lei, mas também pelo terreno pantanoso, infestado pela malária, que precisava ser drenado para se tornar habitável. Inúmeras construções haviam sido abandonadas por seus moradores, que fugiam da turbulência daquele tempo ou sucumbiam a algum surto de peste. Outras estruturas se tornaram inabitáveis devido a um terremoto em 1349. E em 1413, apenas sete anos antes do retorno de Martinho V, o rei Ladislau de Nápoles se aproveitou da fragilidade de Roma para invadir e saquear a cidade. As ruas principais ficaram quase intransitáveis e o acesso a São Pedro quase impossível. Uma cidade pouco atraente para os peregrinos, que, não fosse por isso, poderiam visitá-la para venerar os restos mortais de São Pedro, estava se privando de um valioso recurso econômico.

Mas os distúrbios do século anterior tiveram o efeito de solapar o poder de muitas das famílias romanas responsáveis pela desintegração inicial. Os Pierleoni, os Normanni e os Frangipani tiveram grandes perdas durante o século XIV e jamais se recuperaram realmente da mudança de situação financeira. Os Colonna e os Orsini, no entanto, cuja riqueza provinha das terras que possuíam na zona rural de Roma, mantiveram e até consolidaram sua posição como as principais famílias da cidade. Embora isso tenha intensificado a rivalidade entre elas, os membros dessas famílias que pertenciam ao clero estavam especialmente determinados a restaurar a cidade que seus antepassados haviam ajudado a destruir.

Os comentaristas do século XV dão conta do abandono ao qual Roma havia sido relegada: "Na ausência do papa, Roma se transformou em um pasto de animais; carneiros e vacas pastavam onde antes havia as barracas dos mercadores", escreveu Vespasiano da Bisticci.[3] Em 1443, um visitante florentino, Alberto degli Alberti, escreveu de Roma a Giovanni de Medici, relatando: "As casas modernas, construídas de tijolos, são abundantes, porém em péssimo estado. A beleza de Roma está em suas ruínas [antigas]. Os homens hoje chamados romanos são, de certa forma, diferentes dos antigos em seu aspecto e hábitos; resumindo, todos cuidam de vacas. Suas mulheres têm belos rostos, mas não mantêm muito limpas as outras partes de seus corpos [o que não é surpreendente, dada a falta de acesso à água na cidade]".[4] Devolver Roma à sua antiga magnificência seria um desafio, demandando o trabalho de um século ou mais.

Contudo, sob uma sucessão de papas, começando por Martinho V, Roma sofreu uma transformação radical. A cidade passou por um renascimento, tornando-se uma cidade da "Renascença" no sentido literal da palavra. Martinho V começou por reativar o antigo ofício de *maestro di strada*, que havia sido "negligenciado por um longo tempo".[5] As tarefas dos *maestri* eram supervisionar a desobstrução, a repavimentação e restauração das ruas e praças da cidade. Eles impunham restrições, tais como impedir a ocupação das vias públicas por moradias particulares, ou a construção de prédios não autorizados nas margens do Tibre, e regulavam o suprimento de água.[6]

Eugênio IV, que sucedeu a Martinho em 1431, teve um papado um tanto mais turbulento e, consequentemente, menos produtivo, mas mesmo assim conseguiu limpar a Piazza della Rotonda em frente ao Panteão. Removeu os eremitas que viviam no antigo templo, assim como as choupanas e armazéns que haviam brotado ao seu redor.

Mas foram Nicolau V e Sisto IV, ambos ligurianos, que assumiram a tarefa de reconstruir Roma de modo mais criterioso. Nicolau, que sucedeu a Eugênio IV em 1447, foi possivelmente o primeiro papa da Renascença para quem o incentivo à arte e à cultura era mais importante do que a promoção da espiritualidade. Ainda como estudante em Bolonha, havia sido tutor dos filhos de florentinos ricos e observou os extraordinários desenvolvimentos na cidade. Aproveitando o fato de Roma estar mais tranquila, Nicolau conseguiu concentrar energias em sua concepção de uma cidade planejada ideal.[7] Mesmo que poucas de suas ideias tenham sido postas em prática durante os oito anos de seu papado, eram suficientemente bem concebidas para serem executadas por seus sucessores. Com o cargo de conselheiro para a nova Roma, Nicolau levou para a cidade o maior arquiteto, humanista e pensador conceitual de seu tempo, o florentino Leon Battista Alberti. Em Roma, como o historiador da arte Giorgio Vasari registraria um século mais tarde, Alberti fez "muitas coisas úteis que são dignas de elogios, Acqua Vergine [o aqueduto], que estava quebrado, ele consertou, e construiu a fonte na Piazza de Trevi, com os ornamentos em mármore que ainda podem ser vistos".[8] Além do rio Tibre, a fonte era a principal fornecedora pública de água e certamente a mais limpa. Nicolau reparou as muralhas da cidade e muitas de suas igrejas e aproveitou a virtual destruição do Palácio de Latrão para defender a ampliação do palácio papal no monte Vaticano, junto à igreja de São Pedro.

Nicolau elaborou um projeto para a reconstrução de Roma que seu conterrâneo Sisto seguiu rigorosamente quando assumiu o trono papal em 1471. Suas proposições para o planejamento urbano foram igualmente arrojadas. Redigiu a bula mencionada anteriormente, *Et si de cunctarum civitatum*, concebida não só como meio de embelezar a cidade, mas também como uma forma de engenharia social. A bula obrigava "proprietários não residentes em suas casas a vendê-las a vizinhos que desejem ocupar e reconstruir suas casas arruinadas, no interesse da aparência da cidade".[9] Bernardino de Cupis fez uso de tal determinação quando expandiu sua propriedade na Piazza Navona. Sisto também foi o responsável pela remoção dos pórticos medievais ao longo das ruas de Roma, do mesmo tipo dos que ainda existem em Bolonha até hoje. O motivo que Sisto apresentou para isso foi que eles tornavam as ruas "tão estreitas que não é possível caminhar por elas confortavelmente". Contudo, tais pórticos haviam servido para as famílias romanas montarem barricadas em suas ruas e casas em tempos de conflitos. Assim, para Sisto, esta foi mais uma forma de diminuir o poder dos cidadãos nativos. Os pórticos não derrubados foram vedados com tijolos.

Sisto também reconstruiu a ponte sobre o Tibre, cujas origens remontavam a 12 a.C., e que se encontrava em tal mau estado a ponto de ser chamada de ponte Rotto (ponte quebrada): recuperada, passou a chamar-se ponte Sisto e continua em uso até hoje. Ela proporcionou aos conterrâneos ligurianos de Sisto, que moravam no Trastevere, acesso mais fácil ao resto da cidade, em particular aos distritos comerciais. Sisto, além disso, fortaleceu a identidade de sua própria família, ao mandar o arquiteto Baccio Pontelli reconstruir a igreja de Santa Maria del Popolo, que logo ficaria repleta de tumbas e capelas da família Della Rovere. Uma iniciativa social importante de Sisto foi a reconstrução do Ospedale di Santo Spirito, que ainda funciona como centro médico. Os pacientes eram tratados em enfermarias com paredes decoradas por afrescos encomendados por Sisto em 1475, representando eventos significativos de sua vida.[10]

O Palácio do Vaticano, a nova residência papal, também não escapou à sua atenção. Lá ele construiu uma nova grande capela, com o teto pintado como um céu azul estrelado, e quadros dos pintores florentinos então mais em voga, como Sandro Botticelli e Domenico Ghirlandaio, nos andares mais baixos. Apesar dos excepcionais acréscimos que viriam a ser feitos mais tarde pelo sobrinho do papa, o cardeal Giuliano, o local ainda é conhecido como capela Sistina. Ela foi a primeira marca importante da identidade dos Della Rovere no Palácio do Vaticano.

6

A infância de Felícia

Mesmo que em 1483, o ano do nascimento de Felícia, Roma ainda estivesse um tanto longe de ser a maravilha da Itália renascentista, a filha do cardeal Giuliano veio ao mundo em uma cidade cheia de um novo otimismo e de um sentimento de excitação. Além do mais, ela passou sua infância bem no coração dos acontecimentos. O palácio de Cupis se tornou um centro social da nova Roma, constantemente cheio de "homens do papa", secretários apostólicos, camareiros, *maestri di strade,* mercadores e advogados.[1] Eles falavam uma linguagem própria, trocavam boatos e tagarelavam sobre os eventos da cidade, fechavam negócios, aceitavam subornos. Uma garotinha não poderia entender o sentido daquilo tudo, mas, se fosse inteligente, haveria de perceber a importância daquela atividade. Aqueles eram os homens que faziam a cidade funcionar. O que Felícia aprendeu de sua proximidade com eles teve enorme importância para o modo como ela viria a conduzir sua vida mais tarde.

Igualmente importante para o desenvolvimento de Felícia della Rovere foi o fato de ela ter seu próprio valor no círculo de Bernardino de Cupis. Seu pai, que havia se mantido bastante discreto durante o papado de seu tio Sisto, após a morte deste em 1484, ganhou uma proeminência bem maior.[2] O novo papa, Inocêncio VIII, também era liguriano. Giuliano della Rovere se tornou seu principal conselheiro, e até Lourenço de Medici recebeu uma recomendação de seu embaixador em Roma para "enviar uma bela carta ao cardeal de São Pedro, pois ele é papa e mais do que papa".[3] Isto queria dizer, é claro, que Roma passara a ver o cardeal Giuliano sob uma nova e respeitosa luz. Ele agora possuía a chave para o tipo de recompensas e promoções pelas quais viviam os amigos de Bernardino. Por associação, prestavam reverência à sua jovem filha. Não se sabe com que frequência Giuliano via Felícia, mas ela sabia que era filha dele, e todo mundo também sabia. Ela sempre foi Felícia della Rovere, jamais Felícia de Cupis. Outros membros da família em Roma também a tratavam como uma Della Rovere. Seu primo Girolamo della Rovere, patrão de Bernardino, gostava muito dela, e deve ter sido bastante generoso, tanto que posteriormente Felícia deu a um de seus filhos o nome de Girolamo; portanto, ela certamente devia ter boas lembranças dele.

Sem dúvida, Felícia passou a infância em um ambiente amoroso e estável, considerado tão fundamental para o senso de autoconfiança da criança e do futuro adulto. Para Lucrezia, a menina significava sorte; as duas desfrutavam de uma boa vida que poderia não ter sido a delas necessariamente. Para seu padrasto Bernardino, ela pertencia à família que ele servia tão devotadamente. Também não lhe faltava a companhia de alguém de sua própria idade — sua meia-irmã Francesca era apenas dois anos mais nova. As meninas talvez não tivessem permissão de brincar fora de casa, mas a Piazza Navona era um lugar excitante de se observar da janela. Elas podiam ver o movimento diário do mercado ou a pompa dos torneios festivos que se realizavam no começo do ano. Além do mais, Felícia era especial. Para Lucrezia e Bernardino, a ilegitimidade não a tornava inferior ao resto da família. Na verdade, ocorria exatamente o contrário. Ela era a filha de um cardeal, e o sangue de um papa corria em suas veias. Se eles a tratavam de modo diferente do que faziam com seus irmãos, provavelmente era com um respeito maior, talvez com mais indulgência, em vista de quem ela era, ou seja, a mãe e o padrasto a tratavam mais como um filho preferido do que como uma filha comum daquela época. Consequentemente, Felícia chegou à adolescência segura do amor dos que a cercavam, confiante em sua identidade própria e talvez um tanto voluntariosa, certa de que, no fim, conseguiria o que desejava.

Então, em 1492, o papa Inocêncio VIII morreu e tudo mudou para o cardeal Giuliano e sua filha.

7

Os Borgia entram em cena

O ano de 1492 viria a ser o dos espanhóis. Foi Cristóvão Colombo de Gênova que descobriu o Novo Mundo, mas ele reivindicou a posse em nome de Fernando de Aragão e Isabel de Castela. E o novo papa eleito em 11 de agosto de 1492, que adotou o nome de Alexandre VI, era Rodrigo di Borgia y Borgia, natural de Játiva, perto de Valência, na Espanha. Sisto IV e Inocêncio VIII haviam sido papas nepotistas, mas Rodrigo haveria de redefinir o nepotismo. Quando ascendeu ao trono papal, já era pai de oito filhos pelo menos, de duas mulheres no mínimo; durante seu papado teve mais dois, de sua amante Giulia Farnese. Esta pode ter tomado o lugar de Vannozza Cattanei como objeto da afeição de Alexandre, mas seus filhos com Vannozza — Juan, Jofre, Lucrécia e César — não foram desbancados. Alexandre imediatamente começou a planejar esplêndidos casamentos para os três primeiros, e César foi nomeado cardeal. Em 1498, porém, ele abandonou sua posição eclesiástica e no ano seguinte se casou com a irmã do rei de Navarra, passando a acalentar grandiosas ambições seculares.[1]

Alexandre era um excelente administrador e fez muito para centralizar e assegurar o poder papal. Mas essas realizações sempre seriam eclipsadas por sua ambição, afinal frustrada, de instituir uma dinastia dos Borgia, uma família cuja origem era, no mínimo, tão humilde quanto a dos Della Rovere. Para a história de Felícia, o mais importante foi a forma como o papa espanhol tratou sua filha Lucrécia Borgia. Ela era aproximadamente três anos mais velha que Felícia e foi objeto talvez de 100 biografias, ficcionais, não ficcionais e algumas entre os dois gêneros. A impressão que temos dela se deve a relatos infundados de que teria assassinado seu segundo marido, que na verdade morreu pelas mãos de César, o irmão de Lucrécia. De fato, é difícil ter uma noção de sua personalidade. Ela começou a vida como uma jovem amante de prazeres e terminou como a devota duquesa de Ferrara, passando longos períodos de reclusão em conventos.

Alexandre devotava a sua filha um amor exagerado, e o modo como a tratava escandalizava a cidade de Roma. Em junho de 1493, seu casamento com o conde de Pesaro foi celebrado na Sala Regia, a sala do trono papal no Palácio do Vaticano, e o cortejo de Lucrécia era formado por 150 damas da nobreza romana. O casamento foi dissolvido em 1497, a fim de abrir caminho para uma união politicamente mais útil com o sulista duque de Bisceglie, que veio a ser assassinado; o terceiro marido de Lucrécia foi Alfonso d'Este, de Ferrara, de uma das principais famílias do norte da Itália.

Nos anos seguintes à eleição de seu pai, Lucrécia era uma presença regular na corte do Vaticano. Pelo menos em uma ocasião, seu pai a deixou como sua representante, quando se ausentou do palácio, embora a função dela fosse puramente nominal. Mas, certamente, as mulheres constituíam presença constante na corte dos Borgia. Alexandre regularmente organizava eventos no palácio, nos quais o entretenimento ficava a cargo de cortesãs. Em uma cerimônia na basílica de São Pedro, Lucrécia e sua abusada cunhada napolitana, a bastarda Sancha de Aragão, escandalizaram o Colégio Cardinalício, ao ocuparem os assentos reservados exclusivamente para cônegos da igreja, atitude sancionada por Alexandre. Um ar de anarquia sexual se espalhava pelo Vaticano na década de 1490, e isso contaminou Lucrécia. Em agosto de 1498, um correspondente de Bolonha escreveu: "Perotto, o primeiro *cameriere* [camareiro] de Nosso Senhor [Alexandre], que não mais foi visto, agora suponho que está preso por ter engravidado a filha de Sua Santidade."[2] Esse Perotto foi ulteriormente encontrado morto no Tibre, de mãos e pés amarrados, e Lucrécia deu à luz uma criança que acabou desaparecendo da história.

A década de 1490 foi um período de cerimônias pomposas, lautos banquetes e encontros românticos na corte do Vaticano. Enquanto Lucrécia Borgia, filha de um ex-cardeal, se divertia lá, seu pai obrigava a filha de outro cardeal a deixar o único lar que ela havia conhecido.

8

A partida de Felícia

Para Giuliano della Rovere, dentre todos os cardeais que poderiam ser eleitos para suceder Inocêncio VIII, não podia haver escolha pior do que Rodrigo Borgia. Durante algum tempo, houve atritos entre Giuliano e Rodrigo, que era sobrinho de um papa anterior, Calisto III. Rodrigo havia endossado Inocêncio VIII no conclave e lhe havia conquistado apoios, mas julgava que o papa não o recompensara devidamente por seus esforços. Ele e Giuliano haviam discutido junto ao leito de morte de Inocêncio, quando Giuliano defendeu o direito do papa de distribuir os recursos papais aos membros de sua própria família, contra o que Rodrigo havia protestado. Considerando que Rodrigo, já como papa, levaria os benefícios para sua própria família a um nível totalmente novo, há uma certa ironia a ser extraída de tal objeção. Antes do início do conclave, Rodrigo embarcou em um plano espantosamente amplo de subornos para garantir o voto dos cardeais. Ele prometeu ao cardeal Sforza o cargo de vice-chanceler; aos cardeais Orsini, Colonna e Savelli, de Roma, ofereceu cidades fortificadas ou abadias com grandes propriedades na *campagna* romana. Ele até incluiu parentes dos Della Rovere em seu esquema, prometendo vantagens para Raffaele Riario e uma abadia beneditina em Turim para um primo de Savoia, Domenico della Rovere. Mas sabia que não poderia comprar o voto de Giuliano

Della Rovere, nem o de Girolamo Basso Della Rovere, que se uniram contra Rodrigo segundo seu senso particular de família. Contudo, sua aliança foi insuficiente para enfrentar a arrasadora onda dos que apoiavam Rodrigo, todos ansiosos por embolsar as recompensas para elevar ainda mais seus já faustosos níveis de vida. Infessura observou com sarcasmo: "Assim que [Alexandre] assumiu o papado, distribuiu suas propriedades para os pobres."[1]

Giuliano não estava sozinho em suas reservas contra Alexandre. O papa Borgia tinha planos de atuar em um nível político muito maior do que seus predecessores. Como Sisto, ele fez do progresso de sua família um objetivo primordial, mas tinha ambições muito maiores, visando assegurar não só o chapéu cardinalício, mas também ducados para seus filhos. E, como espanhol, estimulava os interesses da Espanha. Como consequência, outros governantes e soberanos europeus, como o duque de Milão e o rei da França, ficaram muito apreensivos. Procurando um cardeal que pudesse alinhar-se a eles contra Alexandre, um enviado milanês escreveu a seu senhor: "Se pudermos fazer com que o cardeal Giuliano se alie à França, teremos forjado uma tremenda arma contra o papa."[2]

E Giuliano estava disposto a transformar-se em tal arma. A posição que havia ocupado no tempo do papa Inocêncio havia lhe proporcionado a oportunidade de exercer influência política e de atuar como estadista, como nunca havia feito durante o reinado de seu tio. Não desejava voltar a uma vida na qual ele existia apenas na periferia do poder. Mas tal decisão poderia ter consequências. Tomar uma atitude pública em Roma, com o intento de depor o papa em exercício, representaria uma ameaça à sua própria vida. A ambição de Alexandre era superior à de seus predecessores, e sua ferocidade também; ele não hesitaria em mandar assassinar Giuliano. Em 24 de abril de 1494, o cardeal Giuliano Della Rovere, sob o véu da escuridão, zarpou do porto de Roma em Óstia, um bispado que ele ocupara anteriormente. Fez uma breve parada em seu território natal de Gênova e Savona e de lá se dirigiu para a França.

Não voltaria a ver Roma por quase uma década. Sua principal missão agora era aconselhar o rei da França, Carlos VIII, quanto às melhores formas de atacar Alexandre na Itália.[3]

No entanto, não se tratava simplesmente de Roma ter se tornado muito perigosa para Giuliano. Felícia também estava ameaçada. Muitos pais valorizavam seus filhos pelo que eles pudessem acrescentar à família mais tarde na vida, na forma de um cônjuge ou um cargo de influência. Mas, para os que viviam em um estado politicamente volátil, os filhos podiam ser um ponto fraco, um meio pelo qual os pais poderiam ser controlados. Giuliano compreendia muito bem o potencial desse tipo de ameaça. Alguns anos depois, ele manteria o jovem Ferrante Gonzaga como refém na corte do Vaticano, como forma de obter de seu pai, o marquês de Mântua, a promessa de lealdade ao papado. Essa tática de tomar reféns tinha uma longa história, remontando ao mundo antigo. Giuliano pode ter sido um pai um tanto ausente para Felícia, mas sabia que Alexandre não hesitaria em capturá-la, se sentisse que desse modo poderia obrigar o pai dela a revelar suas intenções. Não seria seguro que Felícia della Rovere permanecesse em Roma por mais tempo.

A afirmação de que foi isso o que aconteceu com ela se baseia em uma combinação de especulação e de material histórico disponível. Não há dúvida de que Felícia passou seus primeiros anos com a mãe e a família de Cupis, em vista de sua intimidade com eles mais tarde, sem falar de sua percepção quase instintiva de como Roma funcionava. Porém, em 1504, relatos da época a descrevem como Madonna Felice da Savona, sugerindo que a cidade natal dos Della Rovere era agora seu local de residência.

Felícia foi retirada do palácio de Cupis, do lar de sua mãe e seu padrasto, irmãos e irmãs. Ela sabia que, como outras meninas, quando chegasse aos 15 ou 16 anos, já teria saído de casa para casar. Mas ela mal tinha passado dos 11 anos, era, portanto, muito nova para deixar o único lar que havia conhecido. Além do mais, talvez não esperasse que, mesmo para casar-se, teria de deixar também a cidade, pois era muito provável que seu marido seria um romano. Jamais poderia imaginar que haveria de partir por mar com destino a Savona, a cidade natal de seu pai, para ser deixada aos cuidados de seus parentes. Tendo passado sua infância no centro de Roma, ela quase não tivera oportunidade ou necessidade de viajar para muito longe. É provável que sua mais longa viagem tenha sido atravessar o rio Tibre para visitar a igreja de São Pedro ou a família de sua mãe no Trastevere. Agora ela estava em um navio, um meio de transporte que lhe era totalmente desconhecido, para navegar 500 quilômetros na direção norte, ao longo da costa do mar Tirreno. Sem falar que os navios do século XVI não tinham o mínimo conforto; andar pelo convés inclinado era um desafio para os que não tivessem prática.[4] A viagem deve ter servido apenas para aumentar o medo e a crescente indignação de Felícia.

Felícia certamente tinha consciência de que eram os Borgia que a estavam afastando de sua cidade natal, como indica uma história que ela viria a contar tempos depois. Enquanto navegava, acreditava que um navio dos Borgia perseguia o seu e jurou que se atiraria ao mar, para não ser capturada pelos marinheiros. Os inimigos de seu pai passaram a ser também os seus. Na verdade, tinha seu próprio ressentimento pessoal contra eles, pois a haviam separado de sua família. Os que a esperavam em Savona podiam ser seus parentes consanguíneos, mas Felícia della Rovere, apesar do nome, era filha de Roma, não de Savona.

9

Felícia adolescente

Savona era muito diferente de Roma, não só em termos de tamanho e história, mas também em sua estrutura social. Savona não era, como Roma, uma cidade mantida pela Igreja, povoada de burocratas e onde a filha de um cardeal, vivendo em seu meio, era reverenciada como alguém especial. Ao contrário, era uma pequena cidade portuária, onde os homens importantes eram seus mercadores.[1] Em Roma, os primos Della Rovere que Felícia conhecia, como Girolamo Basso, pertenciam à Igreja. Agora, ela haveria de conhecer parentes laicos, como sua tia Luchina, irmã de Giuliano, e a prima Lucrezia, quase da mesma idade que ela. Se Giuliano tivesse dado alguma consideração ao assunto, talvez esperasse que Luchina se tornasse uma segunda mãe para Felícia, e Lucrezia, uma nova irmã.

Mas como, depois de adulta, Felícia não teve mais qualquer contato com Luchina e Lucrezia, é de supor que o relacionamento entre elas não tenha sido conforme o esperado. Não é difícil imaginar a jovem Felícia, na transição para a adolescência, chegando em Savona infeliz por ter sido arrancada da única família que conhecia e cheia de ideias preconcebidas sobre si mesma. Ela não se sentia estigmatizada por sua ilegitimidade. Orgulhava-se de seus genitores, porque todos ao seu redor também se orgulhavam, em nome dela. Seus primos de Savona, contudo, que poderiam se beneficiar da Igreja, mas cujas vidas não giravam em torno dela, provavelmente não viam Felícia como ela própria se via. Para eles, ela era simplesmente uma bastarda da família e, além do mais, uma garota insignificante, que não merecia qualquer tratamento especial por parte deles. Essa atitude fria, por si só, deve tê-la surpreendido. Também é possível que ela tenha chegado não só cheia de autoconfiança, mas também com um forte senso de superioridade. Ela era de Roma, da *caput mundi*, uma cidade à frente de todas as outras, enquanto Savona vivia à sombra de Gênova, sua vizinha mais próspera. Felícia vinha de uma cidade cheia de templos antigos, igrejas e palácios. Durante o papado de Sisto IV, a catedral de Savona havia sido ampliada, quando ele construiu uma suntuosa capela para seus pais. Em 1490, Giuliano della Rovere doou um magnífico retábulo de Vincenzo Foppa para o Oratório de Nossa Senhora, de Savona, mostrando a Madona e o Menino, e o próprio Giuliano, ajoelhado, como doador, e as casas dos comerciantes foram adornadas com uma elegante decoração *all'antica*.[2] A romana Felícia percebia que não havia comparação possível com a cidade que tivera de abandonar. Sem dúvida, ela chegou com todas as ideias preconcebidas que os habitantes das cidades têm com relação aos lugares que consideram menos sofisticados.

Havia numerosos ingredientes de conflito entre a menina voluntariosa e solitária e seus parentes de Savona. Eles nem sequer tinham em comum um idioma básico. O italiano usado para correspondência escrita ou falado entre os moradores de cidades ou províncias diferentes era o *toscano*, como o próprio nome indica, a língua da região da Toscana. Mas, mesmo hoje em dia, cada província ainda tem seu próprio dialeto, falado exclusivamente pelos nativos. Em casa, Felícia devia falar *romanescha*, a língua dos romanos. Seus parentes de Savona falavam uma variante local do dialeto liguriano. Essa diferença linguística deve ter contribuído para alargar ainda mais o abismo entre eles.

O importante dessa reviravolta na vida de Felícia é como isso veio a moldar sua atitude com relação à família. Seu instinto era confiar e apoiar-se nos membros da família que eram eclesiásticos. Sempre havia mantido boas relações com eles, talvez porque na infância tivesse tido boas experiências com o clero em Roma. Mas, familiares que não seguiam uma carreira religiosa eram algo bem diferente. O que a levava a encará-los com suspeita e a isolar-se deles. Mesmo que se dissesse haver pouca diferença entre filhos legítimos e ilegítimos, os primeiros estavam sempre prontos a usar seu status como um trunfo. Parece provável que os parentes provincianos de Felícia, surpresos com o autodomínio e a autoconfiança de uma menina que consideravam um membro marginal de sua família, resolveram lembrar-lhe que ela não era realmente igual a eles. E Felícia não haveria de esquecer tal desfeita.

Gostando ou não, Savona se tornaria seu lar. Com Roma fora do alcance de Giuliano della Rovere, ele voltou sua atenção para fazer de Savona seu reino próprio. Parte do seu grande plano era encorajar os franceses, seus aliados na ocasião, a invadir a Itália, tomar Gênova e Savona, para então constituí-lo príncipe em sua terra natal. Ele passou muito tempo na França tentando colocar seu projeto em prática, mas isso não queria dizer que tivesse esquecido Savona. Como prenúncio de sua ação na década seguinte, Giuliano começou a construir lá uma residência digna de seu potencial novo senhor. Contratou o arquiteto florentino Giuliano da Sangallo para erguer um esplêndido palácio, no estilo dos ocupados pelos Medici e seus associados em Florença. O Palazzo della Rovere era o maior que Savona já havia visto, localizado no ponto mais alto da cidade, com vista para o porto, em um terreno comprado originalmente por Sisto IV. O palácio, muito mais imponente do que as construções que o cercavam, dominava a região do porto. Podia ser facilmente visto do mar, como símbolo do controle de Giuliano sobre sua cidade. Era tão impressionante que em 1500 a cidade de Savona conferiu a cidadania a Giuliano da Sangallo, "mestre da pedra e do desenho".[3]

Recriar o papel de Felícia nos planos de seu pai para Savona é como que um desafio. Algum tempo depois de 1497, quando ela estava com 14 anos, a idade aceitável para uma jovem contrair matrimônio, Giuliano lhe arranjou um marido. As suposições, baseadas nas provas disponíveis, nos fornecem um quadro, descrito a seguir, da atitude da jovem Felícia com relação ao casamento. A vida conjugal de modo algum a atraía.

10

O primeiro casamento de Felícia

Em 1505, dizia-se que Felícia gostava da condição de viúva e que havia rejeitado vários maridos que seu pai havia lhe apresentado quando ainda era cardeal. Presumindo-se que uma menina inexperiente de 14 ou 15 anos, mesmo sem o claro grau de orgulho e arrogância de Felícia, não seria tão rebelde ou independente a ponto de recusar um casamento com o homem que seu pai havia proposto, podemos deduzir que ela aceitou um marido naquela idade. Isto teria sido por volta de 1497-98. Não sabemos a identidade do marido, mas a lógica dita que ele não deve ter sido uma figura política ou socialmente poderosa, de fora da comunidade mais próxima. Ele seria mais provavelmente alguém com influência política local, ou de Savona ou de Gênova, que pudesse auxiliar Giuliano em suas negociações na região. Sem dúvida, esse marido já devia estar morto no início de 1504, tendo falecido provavelmente algum tempo antes dessa data, para que Felícia tivesse oportunidade de recusar outros maridos que seu pai cardeal lhe propunha. Portanto, seu primeiro casamento foi breve e, a julgar por sua relutância em repetir a experiência, ela não gostou muito da coisa.

De todas as lacunas sobre os primeiros anos da vida de Felícia, esta é a mais frustrante. É impossível determinar exatamente o que deu errado para torná-la tão resistente à ideia de voltar a se casar. Teria ela aceitado casar-se na expectativa de receber do marido a afeição que não tivera de seus parentes de Savona, decepcionando-se depois? Ou será que simplesmente ficou irritada por ter sido forçada a casar-se com um liguriano, o que significaria que ela nunca mais poderia voltar a Roma? O que quer que tenha ocorrido no primeiro casamento de Felícia, com certeza, deixou uma profunda impressão, obviamente negativa, em sua psique.

Como, então, a viuvez afetou a jovem Felícia? Aqui reside a chave para entendermos como ela, uma jovem viúva de talvez 16 anos, descobriu sua potencial força. Ela possuía um certo grau de independência financeira, pois, com a morte do marido, de acordo com a lei, teria recebido o dote que levara para o casamento. Este não era necessariamente grande, mas poderia proporcionar um meio de sustento adequado e continuaria disponível pelo tempo em que ela continuasse sem marido. O conhecimento desse fato provavelmente contribuiu para sua relutância em aceitar um segundo casamento. Por que haveria ela de renunciar a esse grau de independência financeira em troca de outro casamento desagradável? A constante ausência de seu pai em Savona também significava que não havia ninguém com controle direto sobre ela que pudesse tentar impingir-lhe outro marido. Felícia não se submetia a qualquer outro membro da família Della Rovere.

Junto com a independência financeira, adveio um certo status. Em Savona, uma viúva Della Rovere era algo bem diferente de uma bastarda Della Rovere, e Felícia viu a utilidade do respeito que lhe era conferido. Isto lhe proporcionou a primeira oportunidade de negociar com a comunidade comercial da cidade.

Como viúva, Felícia deve ter morado no novo palácio construído por Giuliano em Savona. Nas frequentes ausências de seu pai, ela se tornou a castelã, e esta posição lhe deu gosto pelo poder. O palácio era mais do que apenas uma residência suntuosa. Era a sede simbólica do poder do cardeal, e os que ansiavam por agradá-lo acorriam às suas portas. Entre os visitantes, havia capitães dos navios que atracavam no porto de Savona; eles deixavam presentes que pudessem atrair o cardeal e sua família para futuras transações. O mesmo faziam os comerciantes da cidade. Havia um senso de intriga em torno do palácio: nas ocasiões em que o pai de Felícia se encontrava lá, costumavam chegar emissários para discutir os meios de derrubar Alexandre. Para Felícia, esta nova vida do Palazzo della Rovere de um certo modo poderia reproduzir a vida no Palazzo de Cupis. Mesmo não se envolvendo diretamente nas ações de diplomacia internacional, certamente apreciava o frêmito de estar tão perto da política e das intrigas. Ela desejava tomar parte nisso.

Sempre que voltava a Savona, Giuliano podia ver por si mesmo que sua filha tinha talento para negociações. Felícia sabia quase instintivamente como fazer um negócio andar, como auferir o máximo dele, como inspirar o respeito e a confiança daqueles com quem barganhava. Nesse nível, e na idade dela, as negociações podiam não ser muito substanciais, a aquisição de pequenas quantidades de alimentos ou material para vestuário, mas foi um treinamento muito bom para o que viria mais tarde na vida dessa filha de cardeal.

Havia também os que acorriam às portas do palácio para procurar ajuda, moradores de Savona que passavam por dificuldades, ou que precisavam da influência da principal família da cidade. Os anos recentes da vida de Felícia haviam lhe mostrado um mundo no qual ela era vista como uma estranha. Aquela sensação de estar do lado de fora, olhando para dentro, criou nela uma solidariedade incomum para com os marginalizados. Estava sempre disposta a defender um oprimido, a oferecer ajuda e fazer valer seu prestígio sempre que pudesse.

Apesar dessas atividades, Felícia continuava ansiosa a respeito de seu futuro imediato. Chegaria a hora em que seu pai perderia a paciência e insistiria para que ela aceitasse um marido, talvez novamente alguém da comunidade local. Sua posição de relativa independência não poderia durar para sempre. Mas, então, ocorreu outra morte, que mais uma vez mudou os destinos do cardeal exilado e de sua filha. A existência de Felícia, que até esse ponto era como a de um fantasma nas crônicas da história, rapidamente adquire imagem, substância e cor mais profundas.

PARTE II

A FILHA DO PAPA

1

O novo papa

Em agosto de 1503, Alexandre VI era um homem obeso, em decorrência de toda a intemperança gastronômica e sibarita dos eventos que ele realizava no Palácio do Vaticano. "Este é um mau mês para os gordos", lamentava-se o papa. No dia 12 de agosto ele foi abatido pela malária, transmitida pelos mosquitos que abundavam nas muitas áreas pantanosas de Roma ainda não drenadas. Uma semana depois, estava morto. Foi sepultado na velha rotunda outrora ligada à igreja de São Pedro, chamada, ironicamente, Santa Maria della Febbre (Nossa Senhora da Febre), destinada a proteger os fiéis da peste.[1]

O cardeal Giuliano della Rovere não perdeu muito tempo para voltar do exílio, chegando a Roma em 3 de setembro para participar do conclave. "Vim aqui por minha própria conta", disse ele, "e não por conta de outros."[2] Ansioso para garantir para si a tiara, não teve muita sorte naquele mês. Como resultado de muitos interesses contrários, entre os quais o forte desejo dos franceses de ver a eleição de um conterrâneo, em 22 de setembro a coroa acabou nas mãos de um candidato que corria por fora. O eleito foi o idoso cardeal de Siena, Francesco Piccolomini, que adotou o nome de Pio III, em memória de seu próprio tio, Pio II.

Parecia que a maré de má sorte de Giuliano, que havia começado há mais de uma década com a eleição de Alexandre, ainda não havia passado. Mas seu destino haveria de mudar mais depressa do que ele poderia imaginar. Apenas duas semanas depois de se tornar papa, o frágil Pio caiu doente e morreu em 19 de outubro. Desta vez, Giuliano não pretendia falhar. Adotou o mesmo recurso do suborno que valera a tiara a Alexandre. Fez promessas que não tinha intenção de cumprir, em particular ao grupo de cardeais espanhóis, a quem ele tinha especial aversão, por causa de sua ligação com Alexandre. Não obstante, como observou o embaixador de Ferrara: "Os cardeais espanhóis não pretendem estar pobres quando saírem do conclave."[3] Em 31 de outubro, os cardeais iniciaram o conclave; depositaram os votos na capela Sistina e foram dormir em estrados armados nos salões de audiências do Palácio do Vaticano, a Sala Regia e a Sala Ducal. Essas acomodações provisórias, desta vez, só foram necessárias por uma noite. Os cardeais voltaram com a mais rápida decisão na história do processo de escolha dos papas e apareceram já no dia seguinte anunciando o cardeal Della Rovere como o novo pontífice. Coincidentemente, o *conclavisto*, o funcionário responsável por trancar e destrancar os cardeais em seus alojamentos isolados foi Bernardino de Cupis.[4] Assim, foi o padrasto de Felícia que apresentou ao mundo o seu pai biológico como *Il Papa*, o pai de todos os cristãos.

Quando o cardeal Giuliano della Rovere ascendeu ao trono papal em novembro de 1503, cumpriu o mesmo ritual de todos os pontífices antes dele: adotou um novo nome. O nome do papa nunca era uma escolha neutra, mas o fato de Giuliano ter selecionado Giulio, ou Júlio, estava pleno de simbolismo. Oficialmente, ele optou por esse nome em honra de um antecessor, o papa Júlio I, do século XIV. Júlio II, franciscano como seu tio Sisto, era devoto do culto a Maria; Júlio I havia construído a igreja de Santa Maria no Trastevere, perto do distrito que os ligurianos de Roma chamavam de lar. O nome Júlio também era notavelmente parecido com seu nome de batismo, como se o ex-cardeal relutasse em renunciar por completo à sua identidade anterior e quisesse em sua velhice desfrutar de sua mais elevada posição na carreira eclesiástica.

Ademais, o nome Júlio também podia ser associado a Júlio César, cujos esforços haviam aberto o caminho para a grandeza da Roma antiga. A cidade de Gênova até saudou a eleição de Júlio com um elogio afirmando que ele possuía "a alma de um César", uma analogia aparentemente estranha para um clérigo.[5]

Como seu homônimo, Júlio II pretendia ser um grande estadista, um grande construtor e um grande soldado. Estava determinado a continuar o trabalho, iniciado por seus predecessores do século XV, de embelezar não só o complexo do Palácio do Vaticano, como também a cidade de Roma. Florença, governada pela família Medici, com igual obsessão pelas artes e pelo poder, era reconhecida como a grande cidade da Renascença no século XV. A missão de Júlio era assegurar que no século XVI o título pertencesse a Roma e que ele fosse festejado pela eternidade como o artífice da nova magnificência da *caput mundi*. Além dos muros da cidade, Júlio queria consolidar os estados papais, ver cidades como Bolonha devolvidas a seu legítimo proprietário — o papado — e estava preparado a ir à guerra em pessoa para reivindicar suas conquistas. Tudo o que fez até o fim de seu reinado foi marcado por esse espírito cesariano de beligerância. Não é sem motivo que ele foi cognominado o Papa Guerreiro. Seus anos no exílio haviam dado maior foco a seus sonhos e ambições. Tornaram muito mais doce o sabor de sua vitória no conclave e aumentaram muito sua determinação de construir uma identidade pessoal e um legado destinado a superar o de qualquer pontífice anterior — incluindo o dos primeiros papas. Em sua sátira, *Julius Exclusus*, Erasmo fala da chegada de Júlio às portas do céu, dizendo a Pedro, estarrecido e escandalizado com o apego de seu sucessor pelos bens terrenos: "Tu ainda sonhas com aquela velha Igreja, na qual tu e uns poucos bispos famintos chefiavam um pontificado realmente formal, sujeito à pobreza, ao trabalho duro, aos perigos e a milhares de aborrecimentos. O tempo modificou tudo para melhor. O papa romano é agora algo bem diferente; tu foste papa apenas no nome e no título. Se pudesses ver hoje tantas construções sagradas, erguidas com a riqueza de reis, tantos milhares de sacerdotes por toda parte (muitos deles ricos), tantos bispos em nível de igualdade com os maiores reis em poder militar [...] tantos cardeais vestidos de púrpura, com regimentos de serviçais amontoando-se ao seu redor [...] o que dirias?" E Pedro responde: "Que estava diante de um tirano pior do que mundano, um inimigo de Cristo, a perdição da Igreja."[6]

Pouco tempo após sua eleição, Júlio, a "perdição da Igreja", passou a ser conhecido como "Il papa terribile". Seu temperamento irascível se inflamava depressa se suas exigências e seus desejos não fossem satisfeitos. Aproximando-se dos 60 anos, ele sabia que não tinha tempo a perder se quisesse realizar tudo o que queria no que lhe restava de vida. Ele personificava a *terribilità,* a capacidade de inspirar pavor reverente nos que o serviam. Giorgio Vasari posteriormente elogiou o retrato em que Rafael pintou o papa já perto do fim da vida, considerando-o "tão maravilhosamente natural e fiel, que inspirava temor como se estivesse vivo".[7] Rafael captou o olhar meditativo do papa, desviado do observador declaradamente indigno e receoso, e sua mão branca e encurvada, cheia de anéis, agarrando o braço da cadeira. Esta é uma imagem muito diferente da que aparece no afresco pintado por Melozzo da Forlì mais de trinta anos antes, representando os homens da família Della Rovere. O papa Júlio II, na época, ainda era o cardeal Giuliano, o *nipote* menos favorecido de Sisto IV, obrigado a curvar-se para ouvir atentamente as instruções de seu tio.

Júlio não foi o único dos Della Rovere cuja personalidade foi moldada pela ausência forçada de Roma. Em Savona, Felícia della Rovere, então com 20 anos, saudou a notícia da eleição de seu pai com um misto de alívio e orgulho, moderados por certa cautela. Alívio, porque significava que seus próprios anos de exílio estavam no fim; ela poderia agora voltar à cidade onde nascera e rever sua família. Ela sabia, sobretudo, que a glória recuperada de seu pai também teria seu impacto sobre sua própria vida. Filhas de cardeais havia muitas, mas agora ela era diferente de todas; era a única filha do papa vivo. Essa condição confirmava seu senso de valor e singularidade, e ela sabia que a possibilidade de se tornar excepcional estava a seu alcance. Contudo, reconhecia também que tais ambições não seriam necessariamente alcançadas sem luta. Ela havia resistido, com êxito, às tentativas de seu pai de casá-la, enquanto ele ainda era cardeal. Mas tal resistência naqueles tempos turbulentos, com o pai constantemente tratando de outros assuntos e com frequência ausente, na França, fora relativamente fácil para uma jovem obstinada e focada em sua independência. Felícia sabia que os interesses eram muito maiores agora. Para seu pai, ela era um trunfo valioso. Ele poderia usá-la para selar qualquer número de acordos políticos através de uma aliança forjada com o casamento e poderia não considerar os desejos pessoais de sua filha, a menos que ela os expressasse convincentemente. Nessas estratégias pontifíciais, Felícia della Rovere não queria ser um peão; ela queria ser uma rainha. E estava mais do que preparada para entrar em uma guerra de vontades com o pai a fim de alcançar seus objetivos.

2

A noiva relutante

A coroação do cardeal Giuliano como papa Júlio II ocorreu em 28 de novembro de 1503. O novo papa gastou entre 50 mil e 60 mil ducados na cerimônia pomposa, que foi prejudicada pela chuva.[1] Não há indicação de que ele tenha convidado a filha para ir de Savona para aquele dia importante de sua vida. Esta seria a atitude típica com relação a ela durante todo o seu papado. Felícia devia aparecer no Palácio do Vaticano apenas quando Júlio precisasse dela, mas ele veio a precisar com mais frequência do que imaginava no princípio. Não que tivesse um espírito mesquinho. O relacionamento entre pai e filha desafia classificações fáceis, mas Júlio, por certo, a prezava muito. Porém, ele tinha que se guiar por certas regras e, como pontífice, não queria exibir sua filha ilegítima. Em parte, ele se pautava por seu próprio senso do que era uma conduta decorosa e apropriada em sua posição. Em comparação com seus predecessores, incluindo seu tio Sisto, Júlio foi notavelmente comedido na distribuição de dádivas aos membros de sua família. Mas o tratamento que dispensava a Felícia era também condicionado pelo desejo que seu reinado fosse visto como o extremo oposto do de Alexandre VI. O ódio de Júlio por seu antecessor era tamanho que até lhe repugnava ocupar os mesmos apartamentos do Vaticano que este havia usado. Alexandre certamente havia levado o nepotismo a níveis que nem o benevolente Sisto IV poderia ter imaginado. Contudo, Júlio apreciava o raciocínio que havia levado Alexandre a conceder os chapéus cardinalícios a seus filhos e nomear seu favorito, César, senhor das províncias da Romagna. Até os múltiplos casamentos que Alexandre arranjou para sua filha Lucrécia eram um componente compreensível do progresso da família, que havia se tornado norma na política papal. Mas Alexandre havia ido longe demais em seu amor escancarado pela filha. À medida que sua popularidade na cidade de Roma declinava, especulava-se que mais um bastardo Borgia seria na verdade o produto de uma relação incestuosa entre o papa e sua filha Lucrécia.[2] Júlio não conseguia deixar de pensar que, se Felícia, sua filha descasada, estivesse presente no dia de sua coroação, os mesmos boatos e rumores começariam a se espalhar acerca do relacionamento entre ambos.

A despeito de sua ausência na coroação, Felícia obviamente ocupava a mente de Júlio após as cerimônias. A primeira referência escrita que temos sobre Felícia della Rovere data de janeiro de 1504; está incluída nos muitos e alentados volumes de crônicas da vida política da Itália, compilados pelo veneziano Marino Sanuto, dizendo de forma um tanto concisa: "O papa está providenciando o casamento de sua filha única, Felícia, que está em Savona e é aguardada em Roma, com o senhor de Piombino, senhor Appiano."[3]

Felícia ainda tinha mais de um mês para preparar seu retorno a Roma. No fim de fevereiro, apareceu outra notícia sobre seus planos de viagem: "Madama Felícia, a filha do papa, está vindo de Savona, e o papa enviou alguns dos galeões que estão em Óstia para lhe prestar honras. Também nesta semana virão os prefeitos e o cardeal de San Pietro in Vincoli, e ele lhes prestará grandes honras."[4]

Esta breve descrição das diferentes formas de Júlio honrar seus parentes em visita é reveladora. Na Roma da Renascença, como, quando e onde os visitantes do papa — amigos, familiares ou emissários políticos — eram recepcionados era uma indicação do apreço a eles dedicado.[5]

As implicações de tais manobras sociais constituíam, dessa forma, um sinal aos próprios visitantes e ao mundo diplomático em geral. Os prefeitos de Roma eram o irmão de Júlio, Giovanni della Rovere, senhor de Senigallia, e sua esposa, a irmã do duque de Urbino, Giovanna da Montefeltro; o título era meramente honorário. O cardeal era o sobrinho favorito de Júlio, Galeotto Franciotto della Rovere, que havia herdado do tio a antiga igreja titular de Roma, San Pietro in Vincoli. Estes importantes membros da família deviam ser recebidos com um evento na própria cidade de Roma, algo, sugeria a missiva, de natureza espetacular. Por outro lado, o papa enviou um comitê de recepção para encontrar sua filha no mar, antes mesmo que ela pisasse em *terra firma*. Tal recepção cumpria várias das exigências do pai de Felícia para sua entrada em Roma. Saudava a chegada da filha de um modo impressionante e dispendioso. O envio de galeões a todo pano era uma empreitada cara. Na verdade, quanto mais longe uma comitiva papal saísse de Roma para encontrar um convidado a caminho, tanto maior era o prestígio público que o papa concedia ao visitante. Felícia não podia pensar que seu pai não se esmerara para honrar sua chegada. Mais precisamente, talvez, do ponto de vista de Júlio, os que tinham algum interesse pela presença dela em Roma, como o senhor de Piombino, notariam a consideração que o pai tinha por ela. A cotação de Felícia no mercado matrimonial se depreciaria caso fosse dado a perceber com clareza que ela não significava muito para seu pai. Ao mesmo tempo, no entanto, esse encontro no mar, por força de sua localização, era discreto. Isto significava que Júlio não precisava providenciar uma cerimônia pública em Roma para prestigiar sua filha. No mar, além dos marinheiros e de um emissário do Vaticano de nome ignorado, não haveria observadores, nem público para testemunhar sua chegada, como ocorreria na cidade. Um evento tão ostentoso, no entender de Júlio, poderia comprometer sua própria posição como supremo pontífice, já que ele estava determinado a ser visto como bem diferente de seu antecessor, pelo menos aos olhos dos fiéis da plebe.

O retorno de Felícia a Roma significava voltar ao lar de sua infância. O decoro não permitia que a jovem viúva ficasse no Vaticano, mas o Palazzo de Cupis estava à sua espera. Sua família estava lá — Lucrezia, Bernardino, Francesca e Gian Domenico —, todos encantados ao ver sua querida menina transformada em jovem mulher. A vida na Piazza Navona tinha mudado muito pouco em sua ausência, mas a família de Cupis, assim como Felícia, tinha consciência do impacto que a eleição de Júlio poderia ter no futuro de todos. Eles não poderiam ter imaginado que a filha do cardeal voltaria como a filha de um papa e que, com o tempo, eles acabariam por se beneficiar com as ligações familiares. Em 1506, Júlio nomeou Bernardino para o cargo de tesoureiro de Perúgia e Úmbria. Com a morte de Girolamo Basso della Rovere em 1507, Teseo, irmão de Bernardino, recebeu os bispados de Recanati e Macerata, que eram do falecido.[6]

Para Felícia, não poderia haver base melhor do que o Palazzo de Cupis. Seu padrasto era *conclavisto*, o guardião da chave mais do que só de nome: qualquer informação que corresse pelo Vaticano, mais cedo ou mais tarde chegaria à casa dos de Cupis. Se fosse para concordar em casar-se com o senhor de Piombino, Felícia gostaria de ter muitas informações sobre ele.

Jacopo Appiano, senhor de Piombino, tinha sido vítima da invasão dos Borgia e só recentemente suas terras lhe haviam sido devolvidas por Júlio. Piombino era relativamente pequena, mas sua localização geográfica tinha sua utilidade para um papa ligurino e sua família. Tratava-se de uma cidade portuária a cerca de 70 quilômetros ao sul de Livorno e era importante em termos de comércio e também de defesa ao longo daquele trecho da costa tirrena. Tendo ele próprio sido criado no litoral, Júlio adquiriu uma consciência, incomum para um papa, do valor estratégico de cidades portuárias, sob o ponto de vista tanto financeiro como defensivo. No porto situado na foz do rio Tibre, que ligava Roma ao mar, ele mantinha uma grande frota de embarcações, incluindo as que foram enviadas para receber Felícia. Mais tarde, em 1508, ele acrescentaria uma grande fortaleza, projetada por Donato Bramante, ao porto de Civitavecchia, a cerca de 100 quilômetros ao sul de Piombino. Trazer Piombino para o seio da família representaria uma contribuição náutica significativa para o controle dos Della Rovere sobre a linha costeira entre Roma e Savona.

Além do mais, Jacopo Appiano trazia uma série de alianças políticas vantajosas para as negociações do casamento. Ele mantinha boas relações com Florença, Pisa e Siena e sua família também tinha uma duradoura aliança com o reino de Nápoles. Por intermédio do senhor de Piombino, Júlio poderia acrescentar os aliados dos Appiano — as mais importantes cidades da Toscana e Nápoles — aos que já possuía.[7] Com sua cidade estrategicamente situada e o tipo certo de amigos, Jacopo tinha qualidades atrativas como noivo, pelo menos do ponto de vista de Júlio.

Também havia motivação para Felícia aceitar o partido. O secretário dos Medici, Bernardo Dovizi da Bibbiena, relatou de Roma: "A filha do papa, madona Felícia, deverá casar-se com o senhor de Piombino, com as condições que o papa Alexandre desejou impor ao [casamento] de madona Lucrécia. Isto significa que o dito senhor destinará o filho que ele já tem à carreira religiosa e, se madona Felícia tiver um filho homem, este herdará as terras, e se o senhor morrer sem filhos, as propriedades irão para a dita senhora, que pode dispor delas como preferir."[8]

Com efeito, deserdar um filho de um primeiro casamento, de modo que o filho de um segundo matrimônio pudesse ser o herdeiro não era necessariamente anormal nos acordos matrimoniais da época. Já a segunda parte, dizendo que, se não houvesse filhos, Felícia ficaria com Piombino, era bem mais incomum. Além do mais, Bibbiena observou que ela poderia dispor das propriedades, como "ela" preferisse. Dessa forma, Felícia teria uma autonomia rara para uma mulher daquele tempo, indicando seu instinto para proteger-se e também seus interesses.

Menos de um mês após o relatório de Bibbiena, contudo, o trato com Piombino foi desfeito. Em março, um veneziano em Roma escreveu para sua cidade observando que Júlio havia mandado um emissário à França "para acertar um casamento da filha do papa com o filho do duque de Lorena".[9] Talvez Júlio tenha concluído que se beneficiaria mais de uma ligação com a França, com suas implicações internacionais, do que de um acordo com a provinciana Piombino. O duque de Lorena, René d'Anjou, era um antigo aliado político de Júlio, e um casamento entre os filhos de ambos cosolidaria ainda mais essa relação.

Contudo, a própria Felícia pode ter expressado sua opinião, que o casamento com o senhor de Piombino não era de seu agrado. Mas, se era do interesse de Júlio aguardar por algo melhor, por certo o mesmo se aplicava a Felícia. Depois de conhecer Jacopo Appiano, ela talvez tenha sentido que a potencial posse de Piombino não seria uma compensação satisfatória por sabe-se lá quantos anos de casamento que ela teria de aguentar. Os funcionários e burocratas do Vaticano, visitantes frequentes da casa de seu padrasto, tagarelavam e bisbilhotavam, e provavelmente contaram, direta ou indiretamente, tudo aquilo de que ela precisava saber a respeito de Jacopo Appiano. O que lhe interessou era o fato de ele ter sido descartado como marido para Lucrécia Borgia. Felícia talvez não tivesse prestado muita atenção em Lucrécia, enquanto ela mesma era apenas a filha de um cardeal. Porém, o que havia sido oferecido a Lucrécia era agora uma referência para o que Felícia queria para si. A ideia de aceitar alguém rejeitado por uma Borgia não era algo que ela fosse capaz de tolerar.

A potencial união com Lorena também não deu em nada, embora não se saiba se foi por parte da noiva ou do noivo que o interesse declinou. Pouco depois de divulgados os entendimentos para tal casamento, Felícia embarcou novamente para passar um breve período em Savona. Esse retorno é a primeira indicação de que, no entender de Júlio, sua filha era mais do que mero artigo para o mercado matrimonial, pois ele a enviou para atuar como agente de boa vontade entre ele e a comunidade mercantil de Savona. Seus membros, evidentemente, estavam ansiosos por ouvir que receberiam tratamento favorável em Roma, agora que o papa era um deles. Sisto, o tio de Júlio, se considerava especificamente como savonense; inscrições no Vaticano enaltecendo seu reinado diziam: "Sixtus IV Saonensis." Júlio não era tão paroquial em sua perspectiva; preferia identificar-se com sua província, a Ligúria, o que significava que poderia explorar uma conexão com a cidade de Gênova, mais rica e mais poderosa. Todavia, não desejava afastar os mercadores de sua cidade natal e estava disposto a se beneficiar das boas relações que sua filha havia estabelecido em Savona. Antes de partir de volta a Roma, Felícia, esperando um barco que vinha de Gênova, escreveu mais uma vez às *commune* de Savona, assegurando-lhes que "o papa vos quer bem do fundo do coração e ama esta cidade mais do que qualquer homem jamais amou sua *patria*".[10]

Essa estada em Savona proporcionou a Felícia uma pausa na incessante campanha para arranjar-lhe um marido. Também lhe permitiu desempenhar um papel que era seu instintivamente. Por ironia, ela era uma *nipote* de cardeal nata; adorava mediações e diplomacia e, particularmente, tinha prazer em ajudar os mais fracos que ela. Júlio foi descrito como "sempre em alerta para proteger da opressão os mais humildes de seus súditos", e nesse aspecto, como em outros, Felícia tinha saído ao pai, arranjando tempo para tratar de pequenos problemas em meio a grandes crises.[11] Como seu pai, ela não se esquivava de conflitos com seus pares, mas dava-lhe prazer sentir que tinha o poder de apaziguar quaisquer desavenças na cidade à qual havia chegado como forasteira, dez anos antes.

O período de descanso do carrossel matrimonial, porém, foi breve. No fim de maio, Júlio mandou sua filha voltar para Roma, desta vez na companhia de sua tia Luchina.

3

As mulheres Della Rovere em Roma

Em 31 de maio de 1504, o embaixador de Veneza na corte do Vaticano, Antonio Giustiniani, informou sobre a chegada a Roma de Luchina, irmã de Júlio. Ela era esperada em breve, "na companhia de madona Felícia, filha do papa, e galeras zarparam alguns dias atrás para apanhá-las em Savona".[1] Ele relatou a chegada das duas ao porto de Óstia em 8 de junho e mencionou que no dia seguinte fariam sua entrada formal em Roma. Mas essa entrada ainda foi discreta, com poucos espectadores, pois "a peste está se espalhando muito e poucos lugares na cidade não estão infectados [...] o papa está inclinado a deixar Roma, embora não tenha sido determinado para onde irá".[2]

A despeito da ameaça da epidemia, Júlio não saiu de Roma e alguns dias depois organizou um evento para celebrar a chegada de suas parentas. "Essas damas," escreveu o embaixador veneziano, "a filha e a irmã do papa, na companhia da prefeita se dirigiram *publicamente* [grifo do embaixador] ao castelo do papa, acompanhadas por muitos cortesãos da família do papa, e outros cardeais e se entretiveram até tarde da noite com Sua Santidade."[3]

O embaixador veneziano se esforçou para insinuar que havia uma sugestão de escândalo associada ao fato de Júlio festejar com as mulheres. O papa não teria organizado tal evento para sua filha apenas;

mesmo acompanhada por sua tia, sua entrada "pública" justificava o grifo na missiva de Giustiniani. Entretanto, o fato de Luchina ter vindo diluía o impacto da presença de Felícia. Além do mais, as festividades tiveram lugar no "castelo do papa", o castelo Sant'Angelo (castelo do Santo Anjo), uma vasta estrutura circular, originalmente o mausoléu do imperador Adriano, convertido em castelo fortificado e cercado por fosso na Idade Média; seu nome foi trocado para apagar sua associação com o passado pagão. Ficava ao pé da ponte Sant'Angelo, que atravessava o rio Tibre, e levava ao monte Vaticano. Ficava próximo do Palácio do Vaticano, ao qual era ligado por uma passagem secreta, mas era considerado um edifício separado. Dessa forma, Júlio podia receber suntuosamente suas parentas, mas fora do complexo eclesiástico propriamente dito, mantendo assim o decoro da Igreja.

Manter o decoro da Igreja, e ao mesmo tempo prover as necessidades da família, passou a ser a maior prioridade de Júlio, como patrono da construção dos acréscimos ao Palácio do Vaticano. Seus últimos antecessores, a partir de Nicolau V, haviam feito todas as reformas e alterações na estrutura do palácio, mas este ainda era um conjunto desarmonioso de construções medievais, erguidas umas sobre as outras no monte Vaticano. Júlio mandou o arquiteto Donato Bramante, o homem descrito como seu "parceiro no projeto", efetuar numerosas benfeitorias na residência papal.[4] Bramante era original de Urbino, mas durante muitos anos havia trabalhado na corte dos Sforza em Milão. A visão que ele e Júlio tinham de Roma era semelhante. Ambos estavam encantados com a ideia de fazer a cidade de Júlio retornar à idade de ouro da antiga Roma. A primeira tarefa dada pelo papa a Bramante, na primavera de 1504, foi tornar mais fácil o acesso à Villa Belvedere. A vila fora construída na década de 1480 por Inocêncio VIII, o papa liguriano com quem Júlio havia colaborado estreitamente, e era descrita pelos que a visitavam como "um lugar muito requintado e encantador".[5] Localizada ao norte do Palácio do Vaticano, no monte San Egidio, tornou-se o lugar favorito de Júlio para as festas familiares.

Como o castelo Sant'Angelo, a vila ficava perto do Palácio do Vaticano propriamente dito, mas não fazia parte do mesmo. Júlio podia dar banquetes e bailes aos quais suas parentas pudessem comparecer, sem temer uma comparação com Alexandre VI, que não tinha escrúpulos de oferecer festas no próprio palácio com a presença de Lucrécia ou amantes e cortesãs. Júlio mandou Bramante projetar o Cortile del Belvedere, definido por dois corredores que saíam do palácio, atravessando um vale profundo até a vila. Esta ficava a 300 metros de distância do palácio, e o terreno para se chegar lá era muito difícil, um desafio que o idoso papa e o arquiteto haveriam de superar. Esta foi apenas uma fase dos planos de Júlio para o Cortile del Belvedere. Bramante também acrescentou um pátio e um jardim para a crescente coleção de esculturas antigas do papa, entre as quais as famosas *Laocoonte,* o *Torso do Belvedere* e o *Apolo do Belvedere*.[6]

Foi em um evento na Villa Belvedere que as indicações do desconforto de Felícia entre suas parentas Della Rovere se tornaram evidentes. Apesar de ela ter se firmado como uma figura de capacidade suficiente para apaziguar o povo de Savona, seu relacionamento com essas mulheres era mais complexo. Durante toda a vida ela procurou não ter muito contato com elas. Seu mal-estar quando estava com elas foi descrito em uma carta de 11 de julho de 1504, de Emilia Pia, dama de companhia de Elizabetta Gonzaga, a duquesa de Urbino, enviada para Isabella d'Este, marquesa de Mântua, que era sobrinha de Elizabetta pelo casamento. Emilia comentou um banquete oferecido por Júlio em honra de suas parentas, na Villa Belvedere:

> E, então, a madame prefeita [a tia de Felícia, Giovanna da Montefeltro della Rovere] entrou com sua filha, madona Constanza, e as duas sobrinhas casadas de Sua Santidade. A primeira, madona Sista, casou-se com o sobrinho do cardeal de San Giorgio, senhor Galeazzo Riario [...] ela usava um vestido de brocado dourado, coberto com entalhes de seda carmesim e um manto de tafetá dourado. A segunda sobrinha,

chamada madona Lucretia, casada com um sobrinho do cardeal de Nápoles e filho do duque de Ariano, trajava um vestido de seda preta e dourada, com pérolas no pescoço e, na cabeça, joias não de grande valor; estas duas são sobrinhas do papa, filhas de uma irmã de Sua Santidade, chamada madona Luchina. E madona Constanza vinha à frente de todas, com um vestido amarelo com enfeites pendentes em branco e uma tiara de diamantes de algum valor, presenteada pelo papa, ao que se acredita. Madona Felícia não apareceu, pois estava se sentindo indisposta.[7]

Em eventos tão importantes como esse jantar na Villa Belvedere, que o papa ofereceu em honra de suas parentas, para uma delas deixar de comparecer, era porque devia estar à beira da morte. A ausência de Felícia evidentemente foi notada e registrada por Emilia Pia, com seus olhos aguçados e sua língua afiada. A dedução é de que ela deliberadamente resolveu ficar de fora. Embora fosse a filha do papa e Roma fosse sua cidade, a precedência naquela ocasião coube à sobrinha de Júlio, Constanza, o que provocou irritação em Felícia, se não uma clara humilhação. Ela já era, àquela altura, figura bastante conhecida nas cortes da Itália. Emilia nem precisou dizer quem era em sua carta, mas teve que explicar a identidade de sua tia e de suas primas de Savona, sugerindo que, até Júlio ter sido eleito papa, elas haviam vivido na obscuridade. Felícia não poderia aceitar a possibilidade de ser considerada apenas como igual a elas, ou até inferior, quando tinha absoluta certeza de que estava muito acima delas.

Outro motivo para Felícia ter preferido não comparecer àquele evento é bastante compreensível para uma jovem. Ela deve ter se convencido de que estaria pobremente trajada diante das outras. Pela descrição de Emilia Pia, é evidente que as mulheres estavam vestidas com suas roupas mais finas, suntuosamente talhadas e enfeitadas, em sedas douradas, escarlates e amarelas, e adornadas com joias. Sendo viúva, Felícia deveria usar luto fechado. Esse tipo de roupa dava a uma viúva que fosse chefe de família um senso de controle pessoal: proclamava seu poder e sua indisponibilidade sexual. Felícia, porém, não era uma matriarca poderosa. Naquela ocasião, se participasse do evento com suas vestes de viúva, pareceria desleixada no meio do luxo ostentado pelas outras jovens senhoras.

Mas Júlio não havia trazido Felícia de volta a Roma simplesmente para que ela evitasse o contato social com suas primas. Três dias depois da festa na Villa Belvedere, circulou um anúncio de que ele estava procurando consolidar relações com a poderosa família baronial de Roma, os Colonna. O que ele tencionava efetivar "com um casamento de madona Felícia, filha do papa, com o senhor Marcantonio Colonna".[8] Esta foi a primeira vez em que Júlio considerou um casamento romano para Felícia. Duas outras possibilidades, no outono de 1504, foram com filhos de Ercole d'Este, o duque de Ferrara. A primeira foi com o filho mais novo, Ferrante, a quem Júlio propôs oferecer as cidades de Modena e Reggio Emilia. Mas ele era apenas um menino. Embora fosse comum que mulheres se casassem com homens mais velhos, quando elas próprias ainda eram crianças, quase não se sabia de casos de meninos tomando por esposa uma mulher adulta. O plano de unir o jovem Ferrante, de 11 anos, com Felícia, então com 21, não foi adiante. Uma proposta alternativa seria que Ippolito, o segundo filho de Ercole, fosse liberado do cardinalato, contratasse casamento com Felícia e fosse declarado herdeiro do ducado d'Este. Com isso, Alfonso, o filho mais velho de Ercole, seria destituído de sua herança — uma situação que Júlio teria preferido, pois Alfonso era aliado de Veneza, cidade comumente hostil ao papado.[9]

Caso se concretizasse o casamento com Ippolito d'Este, Felícia teria desalojado Lucrécia Borgia, esposa de Alfonso d'Este, como futura duquesa, e se tornado ela própria a duquesa de Ferrara. É difícil imaginar que tal futuro não tivesse agradado a Felícia. Era por demais evidente a diferença entre o relacionamento de Lucrécia com seu pai Alexandre, e o seu próprio com Júlio, e ela não conseguia evitar o ciúme. Lucrécia havia morado perto do Palácio do Vaticano, no palácio de Santa Maria in Portico. Alexandre adorava de tal modo sua filha que havia estipulado, nos contratos de seus dois primeiros casamentos, que ela não deveria mudar-se de Roma durante o primeiro ano de vida conjugal, pois ele não suportaria sua partida. Cerimônias e recepções eram dadas no Palácio do Vaticano exclusivamente em honra dela. Em outras palavras, ao contrário de Felícia, Lucrécia não fora mandada de volta para a cidade dos Borgia quando sua presença em Roma não era necessária. Ela não teve que ser recepcionada discretamente em altomar, nem precisou da companhia de outras mulheres da família para entrar publicamente em Roma. É bem verdade que ninguém acusava Felícia de relações incestuosas com seu pai e seu irmão, como era o caso de Lucrécia com Alexandre e César Borgia. Tampouco havia rumores de Felícia ter dado à luz um filho ilegítimo, como fez Lucrécia, ao que se acredita. Não obstante, seria preciso ter um ego imensamente reprimido para não sentir a aguilhoada de ser tratada por seu pai de modo tão diferente com relação ao papa anterior, e tal autorrebaixamento não era da natureza de Felícia.

Porém, o modo rude com que Júlio tratava sua filha serviu apenas para definir ainda mais a personalidade de Felícia, nesse momento crítico de sua vida. Lucrécia Borgia, mimada e adorada desde a infância, era marcada por uma passividade que a tornou incapaz de emitir qualquer protesto quando seu irmão César matou seu amado segundo marido, Alfonso de Nápoles. Ela também não conseguiu se impor na corte d'Este, onde era hostilizada por muitos, e teve os recursos de seu dote retidos por seu sogro. Ao contrário, o distanciamento de Felícia della Rovere de seus familiares contribuiu para seu destemor, o que era bastante espantoso em uma mulher daquele tempo. Esse traço de caráter se revelou mais claramente nos incidentes que envolveram seu proposto casamento com Roberto di Sanseverino, o príncipe da cidade sulina de Salerno.

4

O príncipe de Salerno

Os registros sobre os cinco anteriores potenciais pretendentes de Felícia — Piombino, Lorena, o filho de Colonna e os dois irmãos d'Este — são um tanto fragmentados. Seus nomes aparecem na correspondência procedente do Vaticano, mas depois não há mais referências a esses possíveis enlaces, restando apenas especulações sobre as razões de não terem se concretizado. Já o caso do príncipe Sanseverino está muito bem-documentado. As negociações visando seu casamento com Felícia se prolongaram durante vários meses, de dezembro de 1504 a fevereiro de 1505.

Roberto era filho de Antonello di Sanseverino, que em determinada época esteve entre os mais poderosos barões napolitanos. Roberto também tinha um vínculo com os Della Rovere através de sua mãe, Constanza da Montefeltro, filha e irmã dos duques de Urbino, respectivamente, Federico e Guidobaldo; era também irmã de Giovanna, esposa de Giovanni, irmão mais novo de Júlio. Havia um acordo de longa data entre Júlio e Antonello, que haviam sido aliados políticos por muitos anos, quando o primeiro ainda era cardeal. Os rumores diziam que se Roberto viesse a ser o genro de Júlio poderia tornar-se o mais favorecido de seus parentes, seu *nipote* secular, mais ou menos como seu primo Girolamo Riario havia sido para Sisto IV. Júlio, com efeito, fez algum investimento pessoal em Roberto, como sugere o fato de o príncipe de Sanseverino ter chegado à mesa de entendimentos para o casamento com alguns sérios problemas pessoais. Em uma rebelião fracassada, que Júlio, ainda como cardeal Giuliano, havia encorajado contra o rei de Nápoles, Antonello, o pai de Roberto, havia sido forçado ao exílio e despojado de suas propriedades.[1] Ao tempo em que as discussões sobre o casamento com Felícia estavam em andamento, Roberto era príncipe só no nome.

Uma das precondições do acordo era que Júlio negociaria com o rei Frederico de Nápoles a devolução das terras de Roberto. Além disso, segundo informação do embaixador de Veneza, vinda da fonte confiável do cardeal de Nápoles: "Sua Santidade prometeu dar, como dote, 40 mil ducados do banco de San Giorgio de Gênova e uma casa nessa mesma cidade avaliada em 10 mil ducados. Cinco mil ducados virão na forma de prata, joias e vestuário para a esposa e, para as despesas de sustento anuais, 6 mil por ano, quatro para o príncipe e dois para a senhora. Contudo, Sua Reverendíssima, o cardeal, informou-me que o papa não dispõe de capital no banco de San Giorgio neste momento, e que a casa não vale aquele preço, pois está velha, abandonada e em mau estado."[2]

O trato não era visto com entusiasmo pelo resto do clã Montefeltro. Guidobaldo, o duque de Urbino, paralisado pela gota e impotente devido à sífilis, achou que Roberto estava tentando usurpar sua própria posição junto ao papa. Alegou que Roberto havia mantido audiências particulares com Júlio para contar-lhe que Guidobaldo estava "fraco e inválido e que o papa precisa é de um homem de ação, e outras coisas sobre sua virilidade".[3] Outro que não aprovava a união era Ferrante Colonna. Casado com outra irmã Montefeltro, Agnese, tinha esperanças de que seu ramo da família viesse a herdar o ducado de Urbino quando Guidobaldo, que não tinha filhos, morresse. Tal possibilidade se tornaria pouco provável se Roberto di Sanseverino fosse o candidato apoiado pelo papa para tornar-se o herdeiro de Urbino.

O PRÍNCIPE DE SALERNO 93

Mas ninguém era mais expressamente contra esse casamento do que a própria Felícia. A primeira indicação de sua resistência aparece em uma carta do embaixador veneziano, datada de 28 de janeiro de 1505. Ele observou que, embora o príncipe de Salerno afirmasse que os entendimentos estavam concluídos, o cardeal de Nápoles lhe dissera que havia "dificuldades para pô-los em prática, pois a senhora [Felícia] se opunha, e o demonstrara simplesmente dizendo não, e que ela não mostrou respeito por seu pai, que desejava aquela união". Menos de duas semanas depois, em 10 de fevereiro, o embaixador de Veneza tinha informações muito mais específicas acerca das objeções de Felícia:

> Encontrando-me hoje com o duque de Urbino, Sua Excelência me informou que o casamento de madona Felícia com o príncipe enfrenta dificuldades e a causa é ela, que não quer sua realização, citando a penúria dele e também porque se diz que ele tem outra mulher. O duque acredita que toda a questão está confusa, pois as dificuldades são grandes, diz ele, porque essa mulher deixou escapar as palavras e agora elas chegaram aos ouvidos do príncipe. Mesmo que as objeções do estado [de Nápoles] venham a acabar, a senhora não iria desejar ficar em suas mãos, devido ao seu temor de ter uma vida infeliz com ele. O duque então acusou a senhora de instabilidade, afirmando que muitas vezes o papa, mesmo quando ainda era cardeal, havia desejado casá-la. Mas ela continuou viúva e sempre encontrou motivos para se opor aos homens que lhe eram propostos, dizendo que prefere continuar dependendo de seus próprios recursos. No entanto, agora o papa está disposto a fazê-la desposar qualquer um, e afastá-la de Roma, para não ter que ver essa criatura indigna diante de seus olhos.[4]

No mundo da correspondência diplomática, onde as informações são normalmente transmitidas de forma oblíqua e sutil, as palavras de Felícia e do duque de Urbino são bastante surpreendentes por sua franqueza. Ela, que obviamente havia feito suas próprias indagações para saber se ele servia para ser seu marido, declarou categoricamente por que estava recusando Roberto di Sanseverino: ele não tinha recursos e tinha uma amante. Ela não se mostrava entusiasmada em levar uma vida de penúria, ou com a perspectiva de morar em um palácio em ruínas em Gênova e ver a atenção de seu marido voltada para outra mulher. Evidentemente, não acreditava nas promessas de seu pai, de persuadir o rei de Nápoles a devolver a Roberto suas terras. Talvez ela temesse também que Júlio pudesse não ser bem-sucedido em suas negociações com os príncipes de Aragão ou que, uma vez assinado o contrato de casamento, ele voltasse sua atenção para outros assuntos. Mesmo não tendo passado muito tempo juntos, Felícia havia se esforçado para conhecer os métodos de negociar de seu pai e imitava alguns deles. Ela havia visto por si mesma ou ouvido relatos sobre situações e ocasiões em que ele podia mostrar-se inconstante ou voltar atrás em sua palavra, principalmente a partir do momento em que havia sido eleito papa. Por isso, Felícia não confiava inteiramente em seu pai e sentia que ele não se importava com os interesses pessoais dela, quando se tratava de lhe escolher um marido.

Ela não tinha medo de enfrentar o pai. Ele podia ser a personificação de *terribilità* e induzia todos os que vinham à sua presença a se sentirem atemorizados diante dele. Mas Felícia se diferenciava de seus contemporâneos quando tratava com ele. Ela saíra ao pai em obstinação e tenacidade e se recusava a ser intimidada pelas exigências e vontades dele.

Os comentários de Guidobaldo da Montefeltro a respeito de Felícia também são esclarecedores. Sua afirmação de que ela era "instável" é talvez uma referência mais a ele do que a ela. As mulheres da Itália renascentista, via de regra, não desafiavam seus pais; e muito menos quando eram ilegítimas, marginalizadas pela sociedade e, por isso, deviam mostrar-se gratas por qualquer medida do pai para assegurar seu futuro. A franqueza e o destemor de Felícia chocaram Guidobaldo. Mesmo que ele fosse contrário à realização desse casamento em particular, havia visto suas três irmãs aceitarem sem protesto os maridos escolhidos para elas, e considerava que esse era o dever da mulher. Em sua mente, as constantes recusas de Felícia só podiam ser explicadas por um certo grau de instabilidade. Que outro motivo haveria para uma mulher agir dessa forma?

Igualmente fascinante é o espírito de independência que ela evidentemente havia mantido desde o tempo em que seu pai era cardeal. Ela não era apenas altamente seletiva a respeito de quem estaria disposta a aceitar por marido; também não tinha qualquer receio de continuar sozinha. A viuvez a ajudava. Era o único estado civil em que uma mulher sozinha poderia viver honradamente no mundo exterior; caso contrário, seu destino seria o convento. Se tivesse nascido homem, àquela altura, com mais de um ano de reinado de seu pai, seria um festejado e poderoso cardeal. Mas a única forma de vida eclesiástica permitida para a mulher, a existência enclausurada de uma freira, não a atraía.

Seu primeiro casamento, por mais que tenha sido insatisfatório, lhe havia proporcionado uma certa independência financeira. Júlio lhe dera um dote. A lei dizia que, enquanto a mulher permanecesse viúva, a partir da morte do marido, seu dote poderia ser usado para lhe proporcionar uma renda. Os fundos poderiam ser retomados por sua família somente por ocasião de um novo casamento. De modo geral, essa reapropriação ocorria sem demora e sem reclamações, em especial quando se tratava de uma mulher jovem como Felícia. Mas a situação dela era mais complexa devido à sua ilegitimidade. Quem na realidade devia exercer controle sobre ela, em especial porque Júlio não desejava assumir um papel ativo de pai, era uma questão muito mais complicada do que seria normalmente e deu a Felícia maior espaço de manobra. Ela não tinha planos de renunciar à sua liberdade financeira e pessoal por um casamento insatisfatório. E ainda tinha algumas coisas que precisava fazer antes de se sentir pronta para um novo casamento.

Aguardar por um marido que satisfizesse seus padrões específicos era apenas parte da estratégia de Felícia della Rovere para seu progresso pessoal. Por mais autoconfiante e segura de si que pudesse ser em muitos níveis, ela não se iludia. Sua transição de filha de cardeal para filha do papa significou considerável elevação de status. Porém, enquanto a filha de um duque era treinada desde a infância para assumir seu lugar nos círculos da elite, com a filha ilegítima de um clérigo isso não ocorria. Felícia fora criada na casa de um burocrata romano e os primeiros anos de sua vida adulta foram passados entre a elite provinciana e os mercadores de uma pequena cidade portuária. Essa formação por certo lhe proporcionou várias experiências proveitosas: a vida com a família de Cupis havia lhe mostrado que era a *haute burgeoisie* (alta burguesia) da sociedade romana que fazia as coisas acontecerem na cidade e que ela poderia ser uma aliada muito valiosa. Em Savona, onde atuara como representante do pai, ela havia se tornado uma voz de autoridade convincente junto às *commune*. Ao mesmo tempo, todavia, Felícia tinha consciência de que não havia sido criada como uma igual das grandes damas da Itália. Ela poderia ter se sentido compensada por essa sensação de desigualdade, se seu pai a tivesse protegido de forma clara e generosa, e a tivesse acolhido em Roma de braços abertos. Mas Felícia sabia muito bem que não poderia contar com tal tratamento paternal. Em vez disso, ela desejava uma igualdade com a elite italiana, que viesse do reconhecimento e da admiração de suas qualidades e capacidades. Tal reconhecimento pessoal, como ela mesma, e não simplesmente como filha ou esposa, poderia durar mais que o reinado de um pai ou a vida de um marido. E, para consegui-lo, ela precisava estabelecer uma reputação para si, por seus próprios méritos.

5.

Autopromoção

No afresco de Rafael, *A missa de Bolsena,* Felícia della Rovere, morena como seu pai, aparece como uma atraente jovem mulher. Durante toda a vida ela cuidou muito bem de si, procurando, entre outras coisas, receitas de pasta dental. Contudo, sua tez morena não se enquadrava necessariamente nos tradicionais padrões de beleza na entrada do século XVI em Roma. As loiras ainda eram preferidas, mas, curiosamente, isso haveria de mudar durante o reinado de Júlio, quando as madonas pintadas por Rafael passam de loiras para morenas. Há um bom número de comentários sobre os longos cabelos dourados de Lucrécia Borgia, suas feições delicadas e a graciosidade de seus movimentos na dança. Não existe esse tipo de descrição com relação a Felícia, o que sugere que ela não tinha, ou não havia desenvolvido, esses encantos mais tradicionais. Mas não era isso que atraía seu interesse. Ao contrário, quando ela conquistou proeminência nas esferas sociais e culturais de Roma, poucos havia que não comentassem sua *prudentia* — sensatez ou inteligência. Tal reputação a acompanhou por toda a vida. O acadêmico Angelo Firenzuola, escrevendo em defesa do intelecto feminino, cita, entre as mais brilhantes mulheres de seu tempo, "a *prudentissima* Felícia della Rovere [...] a respeito de quem muitos homens falam alto e bom som, sem economizar elogios".[1]

Para Felícia, *prudentia* era, na verdade, uma vantagem muito maior do que a mera beleza. Era uma qualidade bem mais duradoura do que a beleza física, que depressa se desvaneceria. Além do mais, *prudentia* poderia levar à conquista de atributos pessoais que se manifestariam fisicamente e que na Itália da Renascença eram valorizados tanto quanto a *bellezza*. *Magnificentia* (magnificência) e *grazia* (graça) contribuíam para a formação de uma personalidade atraente e permitiam cultivar uma qualidade ainda muito apreciada na Itália de hoje: *la bella figura*. *Fare la bella figura*, literalmente "fazer bela figura", significa que todos os movimentos, gestos, maneiras e atividades são impecáveis. Na Itália renascentista, *bella figura* era entendida como *sprezzatura*, cuja tradução poderia ser a demonstração de talentos especiais com aparente facilidade e sem esforço. Possuir *sprezzatura* era o objetivo supremo de todo cortesão ambicioso daquela época. O principal incentivador da *sprezzatura*, que também dava conselhos e aulas sobre a forma de alcançá-la, foi Baldassare Castiglione. Sua amizade e aprovação foi algo que Felícia perseguiu com afinco após a eleição de seu pai como papa.

Castiglione era mantuano de nascimento e se criou na órbita da corte dos Gonzaga. Em 1499, aos 21 anos de idade, entrou para o serviço de Francesco Gonzaga, o duque de Mântua. Sua instrução humanista e seu conhecimento de latim e grego fizeram dele um excelente candidato para o corpo diplomático mantuano, e durante alguns anos ele fez viagens a Milão, Pavia e Nápoles, como representante de Mântua. Em fins de 1504, Francesco Gonzaga, cuja tia Elizabetta era casada com Guidobaldo da Montefeltro, concordou que ele passasse a servir a corte de Urbino. Ele se tornou valioso para o artista Rafael, natural de Urbino, e lhe deu conselhos pessoais sobre a maneira de portar-se na corte, contribuindo em muito para o sucesso de sua carreira. Em troca, Rafael pintou um retrato de seu amigo que é a personificação visual de *sprezzatura*. As cores do retrato são mortiças, cinza e marrom, o que torna seus penetrantes olhos azuis ainda mais impressionantes. Castiglione aparece sobriamente vestido, com chapéu e gibão de pele.

Mas o chapéu encobre sua calvície e a pele normalmente ficava no lado interno da roupa, e não por fora, para aquecer melhor. Mas, então, de que forma o observador de seu retrato iria saber que Castiglione era o orgulhoso possuidor de um traje tão luxuoso? A Renascença na Itália produziu muitos diplomatas de carreira, mas nenhum com um sentido tão finamente sintonizado como Castiglione para as sutilezas e nuances da posição do cortesão. Ninguém conhecia melhor a importância da apresentação pessoal. Para ele, a maneira de alguém fazer alguma coisa — falar, cantar, tocar um instrumento, contar uma história ou anedota — era tão importante quanto a própria essência da atividade. O elemento crítico das relações na corte era a percepção. A forma como uma pessoa era vista por colegas e superiores na corte era no mínimo tão importante quanto o que ela era realmente. Tais noções estavam profundamente enraizadas no modo de pensar dos italianos. A antiga palavra latina *honestas* significava honesto e digno, mas era também o termo para a reputação e o respeito que alguém merecia dos outros.

As experiências e os conselhos de Castiglione para o aspirante a cortesão seriam mais tarde coligidas em seu manual de etiqueta e comportamento, *Il Cortegiano*, ou *O livro do cortesão*, que se manteve como best seller internacional por bem mais de 100 anos e foi traduzido para sete línguas. Seu uso como manual de conduta está bem-resumido no adendo ao título da edição inglesa de 1561: "Mui necessário e proveitoso para jovens cavaleiros e damas que frequentam a corte, o palácio ou o local."[2]

O livro só foi publicado em 1528, o ano anterior à sua morte, mas Castiglione começou a redigir seu texto em 1514. A maioria de seus personagens, histórias e exemplos eram tirados do início do século XVI, quando ele começou a trabalhar para a corte de Urbino. *Il Cortegiano* é composto por uma série de noites de conversações imaginárias entre os nobres e intelectuais da vida real, cuja presença muitas vezes abrilhantava a corte de Urbino. As reuniões de Castiglione tinham como participantes Elizabetta Gonzaga da Montefeltro, a duquesa de Urbino;

sua dama de companhia, Emilia Pia; seu sobrinho Cesare Gonzaga; o cardeal Bernardo Bibbiena, representante da família Medici; e o poeta humanista L'Unico Aretino. O grupo começou considerando o que fazia de um homem um perfeito cortesão. Não houve acordo entre os protagonistas, se era necessário ser bem-nascido, mas eles determinaram que ele devia falar e escrever bem, ser um hábil lutador e músico talentoso.[3] Repetidas vezes ressaltavam a importância das boas maneiras para o cortesão, julgando que "ele deve acompanhar todos os seus movimentos com um certo critério e graça", ou que "alguns na verdade nascem com tal graça, que parecem não ter nascido, mas sim ter sido moldados pelas próprias mãos de algum Deus".[4]

Os participantes do colóquio de Castiglione em seguida dirigiram sua atenção para a definição da perfeita mulher da corte. Boa parte da discussão se concentrava mais em suas qualidades intrínsecas do que em quaisquer talentos adquiridos. Graça e boas maneiras eram muito importantes, assim como recato e elegância tanto em sua pessoa como nos trajes. Para alguns, ela devia ser pouco diferente do seu equivalente masculino. "Eu desejo", declarou Cesare Gonzaga, "que essa mulher tenha dotes para literatura, música, desenho, pintura; talento para dançar e inventar divertimentos e passatempos, e os outros princípios que foram ensinados ao cortesão."[5]

Cesare Gonzaga também enfatiza que a dama da corte ideal deve possuir "nobreza, coragem, temperança, força de caráter e sabedoria", e dirige a conversação para a importância do senso de honra pessoal e da castidade na mulher. E pergunta: "Quantas fazem as coisas mais vis pelo medo da morte? Todavia, uma jovem terna e delicada muitas vezes resiste a todos esses ataques bárbaros e violentos, pois sabemos de muitas que preferem morrer a perder sua castidade."[6] Outro participante, Gaspare Pallavicino, expressa ceticismo de que esse tipo de mulher exista "no mundo de hoje", o que dá a Cesare a oportunidade de citar muitos exemplos de tais mulheres heroicas. Os primeiros são na verdade de figuras anônimas: uma jovem capuana capturada por soldados franceses, que decidiu afogar-se para não ser violada por eles; uma jovem camponesa de Mântua que havia sido estuprada e também preferiu a água por túmulo a uma vida em desonra; uma jovem romana atraída aos escuros recessos da igreja de San Sebastiano por um homem ardendo de desejo por ela, que acabou por matá-la, pois ela resistiu a seus avanços. A seguir, Cesare diz:

> Porém, para falar de pessoas conhecidas, quem de vós não se lembra de ter ouvido que a senhora Felícia della Rovere estava viajando para Savona e, temendo que alguns veleiros que avistou pudessem ser barcos do papa Alexandre em sua perseguição, tomou a firme resolução de atirar-se ao mar, caso eles se aproximassem e não houvesse meio de escapar. E não se deve pensar que ela assim decidiu por causa de algum capricho passageiro, pois conheceis, assim como todo mundo, a inteligência e sabedoria que complementam a singular beleza dessa dama.[7]

Felícia della Rovere é o único exemplo citado em *Il Cortegiano* de uma nobre de seu tempo disposta a morrer em defesa de sua honra. A seguir, Cesare Gonzaga teve que passar para um campo mais ameno, elogiando a castidade de sua tia, Elizabetta Gonzaga, levando-se em conta a bem-documentada impotência de seu marido Guidobaldo. O caso de Felícia é certamente a mais dramática referência a uma mulher da vida real que ocorre no livro. Rainhas como a imperatriz Matilda e Isabel de Castela são reverenciadas por sua capacidade de governar, e as mulheres da família d'Este — Isabella, Beatrice e a mãe de ambas, Eleonora de Aragão — são exaltadas por suas múltiplas virtudes. Mas, novamente, a história da viagem de Felícia e de sua corajosa resolução confirma o quanto ela era incomum na Itália da Renascença.

Certamente, Castiglione deve ter ouvido da própria Felícia o relato de sua aventura no mar. Em janeiro de 1505, ele chegou em missão a Roma para discutir com o papa Júlio II quem herdaria o ducado de Urbino. Lá ele conheceu Felícia, na ocasião ocupada em brigar com o pai por causa de Roberto di Sanseverino. Para ela, conquistar a confiança de Castiglione era uma jogada estratégica. O diplomata tinha controle e influência em duas importantes cortes italianas, Urbino e Mântua. Sua opinião favorável a respeito dela poderia ser um valioso trunfo político.

Não há dúvida de que Castiglione ficou fascinado por Felícia della Rovere. Embora o duque a quem ele servia a tivesse considerado "instável", para Castiglione ela era vivaz e inteligente. A amizade entre os dois durou várias décadas. Castiglione mostrava algumas contradições entre suas orientações a respeito da conduta feminina ideal e as mulheres cuja companhia ele apreciava. No seu livro, a mulher da corte devia mostrar decoro e um bom grau de subserviência; na vida real, Castiglione admirava mulheres inteligentes, alegres e francas, que pudessem "entreter todos os tipos de homens com conversas interessantes".[8] A participante mais cativante de *Il Cortegiano* é a agitada Emilia Pia, sempre pronta a zombar de seus companheiros do sexo oposto. Descrita por Castiglione como "dotada de espírito e discernimento tão vívidos que parecia a mestra e soberana de todo o grupo", provavelmente teria servido de modelo para a mais viva heroína de Shakespeare, a Beatrice (Beatriz) de *Muito barulho por nada* [*Much Ado About Nothing*].[9] A reputação de Felícia, como voluntariosa e altiva, e sua própria "ágil espirituosidade" sem dúvida atraíram Castiglione antes mesmo de conhecê-la.

O relato de *Il Cortegiano*, sobre a aventura de Felícia no mar, fugindo da perseguição dos navios dos Borgia, é muito revelador, não só de sua personalidade, mas também de como desejava ser reconhecida. Por certo, sua declaração de que preferiria atirar-se ao mar a ser capturada viva pelos marinheiros dos Borgia está em conformidade com a mesma força de caráter que rejeitava com desdém o desejo de seu pai de casá-la com o príncipe de Sanseverino. Ao mesmo tempo, havia também um certo grau de cálculo no fato de Felícia contar aquele episódio a um homem com uma boa educação clássica. Isso a colocava no papel de uma das antigas heroínas romanas: Lucrécia, Sofonisba ou Artemísia, que escolheram a morte a ter de renunciar à virtude. A corte vaticana de Júlio tinha a obsessão pela recuperação da antiga Roma. Era conveniente que o espírito de tais mulheres fosse encontrado na filha do papa que havia adotado para si o nome de um herói do mundo antigo. Ao mesmo tempo, a história também permitia que Felícia fizesse referência a suas raízes Della Rovere. Ela não estava apenas viajando para Savona, seu lar ancestral, mas estava no mar, que tinha um papel importante na mitologia dos Della Rovere. *O milagre de Savona*, um dos elementos do ciclo de afrescos autobiográficos que Sisto IV mandou pintar na igreja romana de Santo Spirito in Sassia, em 1476, mostra um evento lendário da vida do papa. Ainda pequeno, ele havia caído no mar, mas foi salvo de afogar-se por São Francisco e Santo Antônio de Pádua. Felícia, percebendo que seu lugar na família Della Rovere havia sido posto à margem, estava ansiosa por afirmar sua posição dentro da família na esfera pública, identificando-se com o mar, um claro emblema dos della Rovere. Metaforicamente, atirar-se ao mar para não ser capturada pelos inimigos de seu pai seria retornar ao seio da família.

Essa história também sugere que o relacionamento entre ela e Júlio era mais íntimo do que poderia parecer aos que testemunhavam no Vaticano a por vezes difícil dinâmica pai-filha. O incidente no mar ocorreu quando Júlio ainda era cardeal e Alexandre VI ocupava o trono pontifício. A inimizade entre Alexandre e Júlio, que, quando cardeal, passou muito tempo maquinando a queda do papa Borgia, era bem conhecida. Um dos objetivos da história de Felícia era sugerir que os Borgia estavam preparados para atacar Júlio, através do ousado sequestro de sua filha em pleno mar, uma ação que dificilmente valeria a pena se Júlio não se importasse com ela. Além disso, a própria decisão de Felícia de morrer para não ser capturada pelos Borgia indica que o inimigo do pai se tornara o inimigo da filha. Mesmo sem mencionar seu pai na história, o elo entre o papa e sua filha ficou explícito.

O encontro entre Castiglione e Felícia na corte do Vaticano estabeleceu entre eles uma amizade por toda a vida. Também foi um canal para um outro relacionamento que Felícia desejava muito, a amizade com Isabella d'Este. Com sete anos a mais que Felícia, era a filha mais velha de Ercole d'Este, duque de Ferrara.[10] Em 1490, ela havia se casado com Francesco Gonzaga, marquês de Mântua. Isabella e Felícia tinham um caráter parecido: ambas eram obstinadas e cada uma tinha uma forte consciência de si mesma, uma firme determinação de obter o que desejava e aversão à acomodação. Mas, enquanto Felícia tivera que lutar por seu lugar no mundo, Isabella havia crescido inteiramente segura de sua posição. Ela era esposa, filha e irmã dos mais ricos duques da Itália; sua irmã Beatrice era casada com o duque de Milão. Isabella era, indubitavelmente, a mulher mais bem-relacionada na sociedade da Itália na Renascença. Embora fosse, na verdade, amante da boa vida e não tivesse dotes de liderança, Isabella, assim mesmo, participou ativamente no acerto de casamentos entre casas reais. Ela se apresentava como benfeitora, na tradição dos grandes *maeceni* da Renascença, como Cosimo e Lourenço de Medici. Encomendou e adquiriu obras de muitos dos grandes artistas da Renascença, como Mantegna, Leonardo, Michelangelo, Ticiano. Apreciadora e praticante do canto, criou um grupo coral em Mântua e também incentivou os estudos humanistas. Reuniu uma grande biblioteca pessoal e patrocinou poetas e escritores na corte mantuana. Seu poeta "pessoal", Niccolò da Correggio, criou para ela o epíteto ao qual ainda é associada: "la prima donna del mondo", a primeira dama do mundo.[11]

Isabella levava muito a sério seu título de *prima donna*. Opunha-se à sua cunhada Lucrécia Borgia, casada com seu irmão Alfonso, e que veio a ser a duquesa de Ferrara. Isabella encarava com certo desdém as origens de Lucrécia e fazia de tudo para menosprezar a cunhada nas visitas a Ferrara.

Felícia della Rovere queria a aprovação de Isabella. O bom conceito da marquesa de Mântua a respeito dela poderia ser divulgado pelas mais importantes cidades da Itália: em Ferrara, onde Isabella era mais considerada do que Lucrécia, que era a duquesa local, e em Milão, onde a duquesa era a irmã de Isabella, sem falar de Veneza, Florença e Nápoles, a terra da mãe de Isabella. Ela também poderia reforçar as relações de Felícia com Urbino, através de Elizabetta Gonzaga, tia de seu marido. Para Felícia, não poderia haver melhor amiga. Conquistar o apoio de Castiglione era um passo importante para abrir caminho até a marquesa.

Outra ajuda importante para sua campanha seria assegurar a aprovação de Gian Cristoforo Romano. Ourives e escultor, ele trabalhou principalmente na corte do Vaticano, cunhando medalhas. Em janeiro de 1506, participou com Michelangelo e Giuliano da Sangallo na avaliação da estátua grega de *Laocoonte*, recém-recuperada numa escavação na área agrícola perto dos banhos de Tito, no monte Esquilino. Gian Cristoforo também tinha vínculos de longa data com Mântua, e produziu os medalhões que adornavam o famoso *studiolo* de Isabella no palácio ducal. Mesmo em Roma, continuou a servi-la, atuando como agente para a aquisição dos artefatos preciosos que Isabella desejava e mantendo com ela uma correspondência regular.

Em 1º de dezembro de 1505, Gian Criostoforo escreveu a Isabella, tentando convencê-la a ir para Roma:

> Se Vossa Senhoria vier a Roma neste carnaval, garanto que vos serão ofertados belos objetos, e que sois esperada aqui com grande ansiedade. Já assegurei a muitos cardeais que estais vindo para Roma, e muita afeição vos será oferecida, e o lugar e as muitas coisas diferentes vos agradarão tanto que sentireis ter de partir, ficando com vontade de voltar mais vezes. E isso se dará em muitos aspectos, pois ficareis muito à vontade em vossa estada aqui, no meio de encantadoras companhias femininas, especialmente a de madona Felícia, a filha do papa, que é uma dama muito nobre, de inteligência e bondade raras, e dedicada às letras, antiguidades e todas as obras virtuosas, e uma serva de Vossa Senhoria, como me afirmou repetidas vezes em nossas conversas.[12]

As palavras de Gian Cristoforo constituem uma carta de apresentação formal de Felícia a Isabella, visando conquistar esta última. O artista e agente atesta o bom caráter de Felícia; ele fala de sua nobreza e bondade, e está claro que pretendia mostrá-la como uma mulher com quem Isabella tinha muitas coisas em comum. Felícia era muito inteligente e, como Isabella, tinha interesses humanísticos. Mas Gian Cristoforo também teve o cuidado de assegurar que Isabella de forma alguma deveria sentir-se ameaçada por Felícia. Ele não fez menção à aparência física de Felícia; mesmo que ela fosse excepcionalmente atraente, Isabella não teria gostado de saber disso. Embora seus poetas afirmassem o contrário, Isabella não era propriamente uma beldade. Ela não gostava de mulheres bonitas e sempre ficava satisfeita quando os encantos de Lucrécia Borgia eram contestados. Tampouco apreciava que os pintores a retratassem como era na realidade. Mais tarde chamada de "desonestamente feia" pelo devasso escritor Pietro Aretino, na casa dos 50 fez-se pintar duas vezes por Ticiano.[13] O primeiro retrato que o veneziano pintou foi rejeitado por ela, e não existe mais, apesar de, no século XVII, Rubens ter conseguido fazer uma cópia, mostrando uma senhora um tanto cheinha, com um vestido vermelho vivo e maquiagem pesada. Só o segundo quadro de Ticiano, retratando-a como uma graciosa jovem de 15 anos, teve sua aprovação.

Gian Cristoforo também se esforçou para deixar claro que Felícia não julgava estar no mesmo nível de Isabella. Ele transmitiu à marquesa que Felícia havia lhe dito "muitas vezes" que se considerava uma "serva" dela. Sem dúvida, Felícia conhecia o amor-próprio e o temperamento de Isabella, e modelou sua própria apresentação para cair nas graças da *prima donna*. A descrição de Gian Cristoforo, dando Felícia como uma mulher inteligente, amável e educada, era bem fiel. Era sua função fornecer a Isabella avaliações honestas, quer de membros da corte do Vaticano, quer de "um painel de bronze com figuras antigas finamente incrustadas", como o que ele menciona nessa mesma carta.

A garantia — palavra que Isabella gostava de ouvir — de que Felícia era, como ele afirmava, uma companhia apropriada para a marquesa de Mântua era tão importante quanto certificar a beleza e raridade das obras de arte que ele lhe conseguia.

Isabella talvez sentisse bastante despeito de Lucrécia Borgia, a ponto de retribuir as ofertas de amizade de Felícia simplesmente para espicaçar sua cunhada. Assim, poderia mostrar a Lucrécia que, enquanto desdenhava da filha de um papa, tinha prazer em relacionar-se com outra. Mas Isabella de fato julgou Felícia "a encantadora companhia" que Gian Cristoforo Romano havia lhe prometido. Elas estabeleceram uma relação muito próxima da genuína amizade, mas que, com certeza, tinha um claro elemento de conveniência palaciana, cada uma delas cônscia da utilidade da outra.

6

A instrução de Felícia della Rovere

Quando Felícia se aproximou de Isabella d'Este, foi como uma mulher com os mesmos interesses intelectuais. A dedicação de Felícia às "letras e antiguidades" era um aspecto importante de sua estratégia para sua aceitação nos círculos palacianos; as famílias Medici, d'Este e Gonzaga se orgulhavam de sua cultura e refinamento. Uma nova era de humanismo se iniciava em Roma, e Felícia desejava muito fazer parte dela. Isso lhe permitiu encantar e impressionar homens como Baldassare Castiglione, Gian Cristoforo Romano, assim como os cardeais do Palácio do Vaticano. Ela também sabia que Lucrécia Borgia havia estabelecido um precedente como mulher instruída. A filha de Alexandre VI havia até mantido uma espécie de salão literário em seu palácio de Santa Maria in Portico, frequentado por intelectuais e poetas como Raffaello Brandolino, Serafino Aquilino e L'Unico Aretino. Apesar de não aprovar que sua filha reunisse um círculo desse tipo, com toda sua consequente publicidade, Júlio não a impedia de fazer amizade com os intelectuais e poetas que iam ao Vaticano.

O poeta bolonhês, Giovanni Filiteo Achillini cita Felícia em *Viridario*, um poema que ele compôs em honra de vários luminares da corte papal no Natal de 1504, no qual a descreve como "a altiva Felícia, cujos modos elegantes são dignos de tanto mérito, louvor e respeito".[1] O poeta de Spoleto, Pier Giustolo, havia trabalhado para os Borgia e acalentava esperanças de que Felícia viesse a ser sua nova protetora.[2] Em 1506, escreveu um poema sobre a ocasião em que a havia conhecido, dois anos antes, ao visitar no verão a fortaleza em Senigallia, pertencente ao tio dela, Giovanni della Rovere.

Giustolo escreveu que ao chegar a Senigallia havia admirado a fortaleza e o mercado local, mas tinha ficado mais encantado pela própria Felícia. Ele elogiou suas qualidades físicas, morais e intelectuais. Também destacou sua viuvez e sua aparência com o véu de viúva, que lhe conferia um certo ar de misteriosa inacessibilidade. Antecipando obter futuras incumbências, o poeta escreveu que não desejava nada mais do que poder cantar em sua honra por ocasião de um futuro casamento.[3]

Felícia também procurava ativamente a colaboração dos que pudessem auxiliá-la a adquirir algum tipo de cultura humanista. Ela conheceu Scipione Carteromacho, um erudito humanista que trabalhava como secretário para seu primo, o cardeal Galeotto Franciotto della Rovere. Em 11 de dezembro de 1504, Carteromacho escreveu ao seu amigo íntimo, o veneziano Aldo Manúcio, o mais prolífico editor da Itália no início do século XVI: "Você deve lembrar de minha carta a respeito da visita que fiz a madona Felícia, que me encarregou de escrever-lhe para verificar o que você tem de publicações ou em latim, ou em *volgare* [italiano], e se estaria disposto a enviar-lhe algumas obras. No entanto, ainda não voltei a vê-la, pois gostaria de lhe dar uma ideia do que ela poderia obter."[4] Um mês depois, em 13 de janeiro, ele voltou a escrever a Manúcio: "Li alguns trechos de suas cartas a madona Felícia, que lhe deram muito prazer; ela pediu-me que lhe enviasse seus agradecimentos e recomendações. Na verdade, ela me disse que tem um constante desejo por livros, portanto lhe escrevo para que envie o que puder obter. Peço que os mande para o meu endereço, de modo que eu possa continuar a ser o intermediário, como tenho sido verbalmente."[5] Tal operação garantiria que Carteromacho poderia continuar a atuar como agente de Felícia, e que assim ela ficaria em débito com ele.

Há algo de comovedor na forma como Carteromacho fala do ardente desejo de Felícia por livros. Além da ajuda que os livros lhe dariam para se apresentar de modo mais favorável nos elegantes círculos intelectuais, eles também lhe serviriam de companhia durante os períodos em que seu pai deliberadamente a excluía dos eventos da corte. Os livros eram uma forma de afastar o pensamento da amolação das contínuas barganhas e negociações para lhe arrumar um marido que ela não queria. Ler era um dos grandes prazeres da vida de Felícia. Ela veio a possuir magníficos volumes de autores antigos, como Plínio e Suetônio. Eram edições manuscritas, ilustradas, encadernadas em couros preciosos e lacradas com fechos de prata. Mas esses livros eram, em grande parte, apenas objetos para exibição. A prova real de que ela era uma leitora consciente era o fato de possuir numerosos livros inominados. Encadernados em velino barato, eram de pouco valor monetário, e foram citados nos inventários de seus pertences apenas por lotes, o equivalente a uma pilha de brochuras muito folheadas hoje em dia.

Felícia estava determinada a concentrar-se em aspectos de sua identidade pessoal e de contatos sociais que estavam além do mero papel de esposa de um nobre italiano. Não obstante, o assunto de um novo marido ainda pairava no ar. A recusa de Felícia a Roberto da Sanseverino havia deixado seu pai realmente irritado. De acordo com declaração do duque de Urbino, o papa teve vontade de banir sua filha de Roma, ameaça, na verdade, não cumprida, embora as relações entre os dois tenham esfriado. Júlio suspendeu temporariamente a fila de pretendentes que vinham sendo apresentados a ela desde janeiro de 1504. Após o caso de Sanseverino, não há menção sobre Felícia em quaisquer documentos associados ao Vaticano, até fins de 1505. É possível que ela tenha sido mandada de volta a Savona, passando lá boa parte daquele ano ou talvez tenha permanecido no palácio de Cupis em Roma. Nesse meio-tempo, o papa tinha outros assuntos a demandar sua atenção.

7

Os Orsini entram em cena

Em 1505, Júlio também estava preocupado com outros assuntos, além de encontrar um marido para a filha cada vez mais provocadora. Foi o período em que ele iniciou resolutamente sua carreira como mecenas papal. O trabalho de Bramante no complexo do Palácio do Vaticano estava em andamento. Giuliano da Sangallo, o arquiteto do Palazzo della Rovere em Savona, construiu para o papa uma *loggia* (arcada) no lado sul do castelo Sant'Angelo, concluída com uma inscrição em seu friso, onde se lia: "Iulius Pont Max Anno II" (Segundo ano do pontificado de Júlio), e que pode ser vista ainda hoje.

O mês de fevereiro de 1505 marcou o encontro de Michelangelo Buonarotti, então com 30 anos, com Júlio. Michelangelo àquela altura já era inquestionavelmente o mais brilhante escultor da Itália. Ele já havia estado em Roma, alojado no palácio Riario (atualmente a *Cancelleria* [Chancelaria]), em 1496-97, enquanto trabalhava para Raffaelle, primo de Júlio. Havia produzido para Riario a escultura de *Baco,* que hoje se encontra no Bargello, em Florença, e para um cardeal francês, a primorosa *Pietà,* atualmente na basílica de São Pedro.[1] Júlio, exilado de Roma durante a última década do século XV, ainda não tivera oportunidade de empregar o artista florentino. Agora, ele o levava de volta a Roma, logo após a conclusão de seu colossal *David,* para projetar o que Júlio pretendia que fosse o maior, o mais magnífico sepulcro papal que se pudesse imaginar. Michelangelo, excitado ante a perspectiva de criar algo tão extraordinário, levou vários meses deliberando com o papa, e então foi a Carrara supervisionar a extração do mármore, que tinha que ser perfeito para tal empreitada.

Júlio, enquanto isso, voltou-se para um projeto que lhe era ainda mais caro do que seu próprio túmulo. Desde seus tempos de cardeal, sonhava em recriar a igreja de São Pedro. Ele acreditava que era seu destino, que seu tio Sisto havia ouvido uma voz divina, dizendo-lhe que um de seus sobrinhos viria a ser papa e reconstruiria a antiga basílica do século IV.[2] Júlio procurou Bramante, seu parceiro no projeto, para criar uma igreja que haveria de "representar a grandeza do presente e do futuro".[3] A igreja do início do cristianismo, caindo aos pedaços, devia ser demolida e reconstruída como a grandiosa interpretação de um templo antigo, sucessor do templo de Salomão. Em 18 de abril de 1506, foi colocada a pedra fundamental da nova igreja de São Pedro. Só depois disso os planos para o casamento de Felícia foram retomados a sério.

Em 1506, ela completou 23 anos. Pelos padrões da época, quando as jovens da elite se casavam aos 15 ou 16, ela era considerada velha para uma noiva. Embora fosse admirada por membros da intelectualidade, homens que pensavam adiante de seu tempo, não se poderia dizer o mesmo da nobreza, que tinha um ponto de vista mais retrógrado. Felícia estava se tornando rapidamente uma perspectiva conjugal pouco atraente: ilegítima e, segundo as aparências, não muito querida por seu pai; teimosa, rude e já passada do frescor da idade. Ela mesma sabia, sem dúvida, que estava se aproximando depressa do ponto sem volta. Jovens viúvas que não voltavam a se casar não podiam manter a existência pública e independente que Felícia havia desfrutado nos anos anteriores. Com o tempo, elas seriam obrigadas a receber as ordens sagradas e entrar para um convento. Felícia della Rovere não havia cultivado um caráter calcado nas antigas heroínas romanas, nem procurado amizades com a posição de Isabella d'Este, para passar o resto de seus dias no claustro.

O noivo que seu pai lhe propunha agora, Gian Giordano Orsini, podia não ser um duque de Mântua ou de Ferrara, mas tinha seus próprios atrativos. Era o chefe de uma das mais poderosas famílias de Roma, e esse casamento asseguraria o lugar de Felícia na cidade. Como esposa do senhor Orsini, ela poderia permanecer em Roma; não havia o risco de desterro para uma pequena cidade portuária da Toscana, para a França, para o sul da Itália ou para um palácio em ruínas em Gênova. Ao contrário, ela alcançaria maior status na cidade onde nascera, alçando-se a uma posição que não dependia dos caprichos do reconhecimento de seu pai.

"Decidi escrever", registrou Francesco Sansovino em 1565, "dos feitos célebres da família Orsini, que é a mais nobre entre todas as outras, não apenas em Roma, mas em toda a Itália, cheia de mérito respeitável, tanto por seus feitos militares, como pelos civis, e que, desde longa data, vem fazendo muitas coisas dignas de lembrança eterna."[4] A história da família Orsini, escrita por Sansovino, é longa. Como ele antecipa, é repleta de proezas militares arrojadas, que marcam fortemente a presença da família no cenário político internacional por vários séculos. Os Orsini pertenciam à velha aristocracia romana. Muitos da nova elite de Roma eram obrigados a inventar suas raízes, muitas vezes reivindicando uma linhagem mais antiga do que a própria cidade, para inflar suas biografias. O banqueiro Agostino Chigi de Siena, que era o homem mais rico da Itália no início do século XVI, criou para si uma ascendência que chegava até os etruscos. O papa Alexandre VI alegava ser descendente dos faraós egípcios. Os Orsini não tinham necessidade de tais expedientes. Todos em Roma sabiam que suas sólidas raízes baroniais remontavam ao século XII, o que lhes dava uma história de 500 anos, igual à dos reis napolitanos e mais longa do que a das famílias d'Este, Gonzaga e Sforza. Os Normanni, a família de Felícia pelo lado materno, eram igualmente veneráveis, mas não possuíam a riqueza e o poder dos Orsini.

O nome da família era derivado do cardeal Orso Boveschi, sobrinho do papa Celestino III, eleito em 1191. Orso iniciou uma poderosa dinastia curial, com as resultantes vantagens financeiras.[5] A família comprou vastas extensões de terras na *campagna* romana, o que lhe dava uma participação substancial no suprimento de alimentos para Roma, assim como o controle sobre as estradas que passavam por lá. Na cidade propriamente dita, os Orsini possuíam numerosos palácios e casas, mas tinham duas residências particularmente importantes. Uma era o palácio que veio a ser conhecido como Palazzo dell'Orologio, por causa de sua torre com relógio, construído no espaço do antigo teatro de Pompeu, localizado próximo ao mais importante mercado de Roma, Campo dei Fiori. A outra, que veio a ser conhecida como Monte Giordano, ficava a uma distância de menos de 400 metros, exatamente na curva do rio Tibre; foi construída sobre um *monte,* uma pequena colina que hoje se acredita ter sido formada por ânforas descartadas da Roma antiga, que eram atiradas na água a partir das docas, durante anos. O caráter do palácio era o de *insediamento,* uma cidadela fortificada, mais parecida com uma aldeia murada, e abrigava vários palácios e residências pertencentes a vários membros da família.[6] Ali, Lucrécia Borgia passou parte de sua infância, pois na época seu pai estava tendo um caso com a esposa de Orso Orsini, Giulia Farnese, e ele colocou a filha sob os cuidados da amante. A entrada principal do Monte Giordano ficava na Via Papalis, a rua das procissões pontifícias. Felícia devia passar regularmente pelos fundos do palácio, na Via dei Coronari, em seu caminho da Piazza Navona para o Vaticano. Os Orsini dominavam aquele distrito de Roma, e ela havia percebido de imediato a importância da família para a cidade.

Em 1277, os Orsini conseguiram ter seu próprio papa, quando Gian Gaetano Orsini se tornou Nicolau III. Ele se concentrou em ampliar o Palácio do Vaticano, como sede da residência papal. O antigo palácio papal era ligado à catedral de Roma, a igreja de São João de Latrão, a vários quilômetros, na outra margem do rio Tibre. Nicolau, no entanto, procurou aumentar a importância do Vaticano, que ficava a não mais de 800 metros do reduto dos Orsini no Monte Giordano. Com isso, ele expandiu e consolidou o poder de sua família, até que ela passou a controlar inteiramente aquela parte de Roma entre o rio Tibre e o Campus Martius. Por sua proximidade do principal suprimento de água de Roma, a área era a mais densamente povoada da cidade.

Durante os duzentos anos seguintes, a família Orsini continuou a crescer até abranger 29 ramos distintos; o mais importante era o dos Orsini de Bracciano — ao qual pertencia o futuro noivo de Felícia —, que tinha esse nome devido à enorme propriedade que controlava ao norte de Roma. Residiam em castelos na *campagna* romana e em *palazzi* individuais protegidos pelos muros do Monte Giordano, ou dentro da estrutura do teatro de Pompeu.[7] O simples número dos Orsini, respaldado pelo poder financeiro, tornou a família incômoda, se não francamente perigosa, para o papado. Os inimigos figadais dos Orsini eram os Colonna, outra família romana também detentora de imenso poder; a disputa entre eles foi uma das justificativas para a transferência da capital papal, de Roma para Avignon.

Quando o papado retornou a Roma, sob o leme do papa Martinho V, da família Colonna, o cardeal Giordano Orsini imediatamente aproveitou os novos tempos de paz para tentar criar uma atmosfera diferente em sua casa. O cardeal Giordano queria levar para Roma a nova cultura humanista de Florença. Ele reuniu uma impressionante biblioteca de escritos antigos, que desejava abrigar em um ambiente adequado. Aumentou, embelezou e modernizou seu palácio, determinando aos arquitetos que empregassem na construção a última palavra do estilo arquitetônico *all'antica*. O estilo havia se originado em Roma, mas não tinha sido usado na cidade por muitos séculos, apesar de ser visível nos capitéis das colunas do pátio de Monte Giordano. Ele também contratou o pintor florentino Masolino, assistente de Masaccio, para pintar um grande ciclo de afrescos, que representavam as vidas de homens famosos.[8] Heróis bíblicos e clássicos adornavam as paredes da *sala grande* do palácio. O salão impressionou Giovanni Rucellai, o banqueiro florentino que acreditava tão firmemente na magnificência arquitetônica que contratou Alberti para projetar o palácio de sua família e a capela adjacente, e julgava que construir era tão importante quanto gerar filhos. Em sua visita a Roma para o Jubileu de 1450, ele observou: "Monte Giordano, onde vive o cardeal Orsini, onde há uma sala muito bela decorada com figuras bem-executadas, e com algumas janelas que têm alabastro em vez de vidro."[9] O uso do alabastro permitia que uma resplandecente luz dourada se filtrasse para o aposento. A *sala* do cardeal Giordano tornou-se um *salon* teatral. Os humanistas de Roma costumavam reunir-se lá, vestidos em trajes antigos, para manter discussões apropriadas ao clima intelectual desse ambiente palaciano.

A paz entre os Orsini e os Colonna era instável e o conflito explodiu novamente perto do fim do século. Em 1482, os Colonna saquearam o Monte Giordano e voltaram em 1485 para tentar destruir pelo fogo a fortaleza dos Orsini. A maior parte da estrutura do palácio foi poupada, mas a espetacular série de afrescos do cardeal Giordano, que estava entre as mais importantes pinturas de Roma no século XV, foi destruída.

A ameaça de continuação do conflito entre essas famílias era motivo de preocupação para o papa Júlio II. Como poderia ele prosseguir em seu projeto de uma nova e magnífica Roma se os Orsini e os Colonna ainda insistiam em encenar suas disputas feudais nas ruas da cidade? Como poderia construir suas esplêndidas novas criações quando havia o constante perigo de fogo? O que seria da economia da Igreja se os peregrinos evitassem ir a uma cidade que os próprios barões que a deviam liderar a haviam tornado perigosa e violenta? Júlio precisava de uma trégua entre os dois lados, e dos meios para controlá-los. Sua simpatia pendia para os Orsini, que tradicionalmente eram *guelfos* — partidários do papado —, enquanto os Colonna eram *gibelinos* e apoiavam o imperador do Sacro Império Romano. Além do mais, ele e os Orsini tinham um inimigo em comum: os Borgia. O papa Alexandre VI e seu filho César, que fizeram aliança com os Colonna, haviam sistematicamente guerreado com os Orsini, pois os viam como uma ameaça à sua supremacia em Roma.

Eles haviam atacado e confiscado muitas propriedades dos Orsini, que Júlio fez devolver à família quando se tornou papa. Apesar disso, Júlio não queria aparecer favorecendo os Orsini muito abertamente, pois isso só irritaria mais os Colonna e provocaria distúrbios.

A solução de Júlio foi unir ambas as famílias a ele através de laços matrimoniais. Ele já havia considerado anteriormente casar Felícia com o jovem chefe da família Colonna, Marcantonio. Agora, ele lhe oferecia sua sobrinha Lucrezia, de 21 anos, filha de sua irmã Luchina, dissolvendo seu casamento com Alberto Carafa, de Nápoles, que não tinha mais utilidade política. O novo marido proposto para Felícia, Gian Giordano, era o chefe dos Orsini de Bracciano.

8

Gian Giordano

Francesco Sansovino fornece o seguinte resumo sobre Gian Giordano Orsini: "Sua Majestade Imperial (do Sacro Império Romano) sempre honrou Gian Giordano. Este herói que, por sua incomparável fortuna e bravura, e pela sólida reputação paterna, era um príncipe da casa de Orsini, reverenciado não apenas pelo imperador e por Fernando, rei de Nápoles, que lhe deu sua filha, a senhora Maria D'Aragona, como esposa, mas também por toda Roma."[1]

Nascido na década de 1460, portanto cerca de vinte anos mais velho do que Felícia, Gian Giordano havia enviuvado há pouco tempo. Seu primeiro casamento com Maria d'Aragona de Nápoles, filha ilegítima de Fernando de Aragão, foi em 1487, quando Felícia tinha 4 anos. Maria morreu em 1504 e deixou três filhos: duas meninas, Francesca e Carlotta, e um menino, Napoleone, nascido em 1501. A profissão de Gian Giordano, assim como a de seu pai, Gentile Virginio, e de numerosos antepassados dos Orsini, era a de *condottiere*. O *condottiere* era um mercenário contratado, que oferecia seus serviços e seus homens, no mais das vezes recrutados entre os camponeses de suas terras, segundo o costume feudal medieval, a quem pagasse mais.[2]

No caso de Gian Giordano, o maior lance foi da França. O *condottiere* Orsini se tornou um leal francófilo, organizando demonstrações públicas em Roma para celebrar as vitórias militares francesas — demonstrações essas algumas vezes de natureza incendiária. Para comemorar o resultado da batalha de Marignano em 1515, ele ateou fogo a uma quadra inteira de casas de sua propriedade, perto do Monte Giordano. Não é de admirar, portanto, que alguns, como o primo mais novo de Felícia, Francesco Maria della Rovere, mais tarde o descrevessem como "*pubblico pazzo*" (doido varrido).[3] A França, com sua ênfase em seu passado de cavalaria andante, talvez fosse um lugar mais de acordo com as simpatias desse mercenário do que sua própria terra natal. Francesco Sansovino descreve que, "na França, ele era destacado na corte. O rei Luís XII se admirava com a grandeza daquele ilustre barão. Quando o rei perdeu 20 mil ducados para ele em um jogo de cartas, Gian Giordano teve um gesto digno de um rei, pois empregou o dinheiro em um soberbo e nobre palácio em Blois, onde a corte se reunia. Essa construção ainda é conhecida como o palácio de Gian Giordano, e todos dizem que Orsini optou por não gastar o dinheiro francês em outro lugar que não fosse a França."[4]

Gian Giordano havia sido protegido pelos franceses, mas também tinha bons motivos para ser grato a Júlio II. Ele havia sofrido muito sob o domínio dos Borgia. Alexandre VI tinha envenenado seu pai, Gentile Virginio, em 1496 e confiscado suas terras. Júlio não só as devolveu, mas também arquitetou a queda de César, o filho de Alexandre, o que só poderia dar uma enorme satisfação a Gian Giordano. Para ele, tomar Felícia como esposa lhe asseguraria o apoio continuado do papa, e esta foi sua principal motivação para o casamento. A nobreza italiana reconhecia abertamente que Gian Giordano foi "levado a aceitar uma bastarda da casa (dos Della Rovere), a filha de um papa, para cumprir com suas necessidades da ocasião".[5] Maria d'Aragona havia lhe dado três filhos, portanto, ele não precisava de um herdeiro. Felícia, com a difícil reputação que a precedia, não era bem a mais tentadora perspectiva de matrimônio; tampouco Júlio estava preparado para oferecer um dote generoso, de modo que não havia grande incentivo financeiro para Gian

Giordano. Ele haveria de projetar uma atitude casual cuidadosamente estudada para com sua noiva por ocasião de seu casamento.

Júlio fez questão de algum tipo de represália a Felícia por sua atitude para com os potenciais maridos que ele havia lhe proposto. Seu dote era de 15 mil ducados, menos da metade dos 40 mil que ele havia declarado que ofereceria a Roberto Sanseverino, embora Gian Giordano tenha concordado em doar outros 5 mil a Felícia. Em 26 de maio de 1506, ocorreu uma reunião, presenciada e autenticada pelo advogado dos Orsini, Prospero d'Aquasparta, e descrita como "um ato de procuração por Gian Giordano Orsini, para autorizar Bernardino de Cupis di Montefalco, e Paolo e Giacomo Oricellai a receberem o dote da senhora Felícia della Rovere do reverendo senhor cardeal de San Pietro in Vincoli [Galeotto Franciotto della Rovere], vice-chanceler e do ilustríssimo senhor prefeito da cidade [Giovanni, o irmão de Júlio]. O ato teve lugar em Roma, em Monte Giordano."[6] O acordo foi imediatamente seguido por uma segunda transação, uma "declaração de Giacomo Rucellai, o procurador de Gian Giordano Oricellai, de que recebeu do cardeal de San Pietro in Vincoli e do senhor prefeito 15 mil ducados, como parcela dos 20 mil para sua irmã, e esposa de Gian Giordano, madona Felícia della Rovere, que servirão para a reintegração de Marcellino in Monteverdi [próximo ao monte Gianicolo em Roma] e Monte della Spagna em Tivoli."[7] Estas eram as propriedades perdidas por Gian Giordano durante o pontificado Borgia.

Gian Giordano deve ter conseguido recomprar algumas propriedades com o dinheiro de Júlio, mas a soma parecia um tanto insignificante em comparação com o dote que ele deu para Lucrezia, prima de Felícia. Marcantonio Colonna recebeu 10 mil ducados e seu palácio junto à igreja Dodici Apostoli (adjacente ao palácio da família Colonna), bem como a cidade de Frascati. Não se tratava apenas de uma questão de dinheiro. Obviamente, Júlio procurou também constranger Felícia pela forma como ordenou que ela se casasse. Em novembro de 1505, ele havia acertado o casamento de seu sobrinho Niccolò com Laura Orsini, filha de Orso Orsini e Giulia Farnese, a amante de Alexandre VI. A cerimônia foi realizada nos apartamentos do papa no Vaticano e a união recebeu a bênção do próprio Júlio. Felícia estava presente para testemunhar e ver o colar de ouro com um diamante, duas esmeraldas e um rubi usado pela noiva, um presente do papa. Um livro de poemas foi encomendado para comemorar o matrimônio. Uma celebração semelhante foi organizada para o casamento de Lucrezia della Rovere com Marcantonio Colonna, após o qual ocorreu uma procissão pública, do Vaticano até o palácio Colonna. A cerimônia de casamento oferecida para a filha do papa não poderia ter sido mais diferente.

9

O casamento com Orsini

O casamento de Felícia della Rovere realizou-se nos dias 24 e 25 de maio de 1506. Júlio expediu uma ordem pública proibindo qualquer celebração popular do evento: "O papa não deseja que haja quaisquer demonstrações, como teria feito o papa Alexandre, pelo fato de ela ser sua filha", escreveu Sanuto.[1] A cerimônia nupcial não se realizou no Palácio do Vaticano, mas sim no palácio pertencente ao primo de Felícia, Galeotto Franciotto della Rovere, cardeal de San Pietro in Vincoli, que havia participado das negociações para a transferência do dote da noiva para Gian Giordano. Esse palácio, então conhecido como a Cancelleria, a Chancelaria, e atualmente como palácio Sforza Cesarini, foi construído em 1458, quando seu patrono, a nêmesis dos Della Rovere, Alexandre VI, ainda era o cardeal Rodrigo Borgia. Foi apropriado pela família Della Rovere para servir como demarcação de seu território na margem do rio oposta à do Palácio do Vaticano. Júlio logo começou a construção de uma rua ao longo da margem, a Via Giulia. Aberta, segundo as antigas regras, em linha reta, ela se mantém até hoje em nítido contraste com as ruas sinuosas da cidade medieval.

Assim, Felícia se casou em um ambiente associado à sua família, mas a Cancelleria ficava bem afastada do Palácio do Vaticano, local dos casamentos de suas primas. Além do mais, Júlio, cujo nome não aparecia em nenhum ponto do acordo do dote, se fez notar pela ausência no casamento de sua própria filha. Paris de Grassis, o meticuloso mestre de cerimônias do Palácio do Vaticano, foi encarregado de sua organização e redigiu uma extensa descrição do que aconteceu.

Paris de Grassis achou vários aspectos do evento decididamente desagradáveis. Descreveu a união como "duplamente bígama", uma referência ao fato de que ambos, Felícia e Gian Giordano, já haviam sido casados antes, e expressou suas dúvidas se a união devia receber a bênção eclesiástica oficial.[2] O casamento se realizou em duas etapas: a primeira, no domingo, foi um anúncio dos termos do casamento. Nenhuma mulher participou dessa reunião cerimonial de negócios e a própria Felícia foi representada por seu primo, Galeotto Franciotto della Rovere. Entre os presentes, havia doze cardeais, onze deles, como notou Paris de Grassis, usando chapéus vermelhos, e um só, Giovanni de Medici, o futuro papa Leão X, preferiu usar um chapéu púrpura. Giovanni de Medici era um Orsini por parte da mãe, Clarice, portanto, talvez se sentisse no direito de diversificar sua aparência. Paris de Grassis, contudo, achou isso excessivo e comentou: "Teria sido melhor se ele usasse um de cor vermelha." O tio de Felícia, Giovanni della Rovere, o prefeito de Roma, estava presente, assim como os embaixadores da França, Espanha e do Império, e numerosos membros da família Orsini.

Essa primeira parte da cerimônia realizou-se no grande salão da Cancelleria. Paris de Grassis havia preparado o local com tapetes, doze poltronas para os prelados e um escabelo com almofada de veludo para o prefeito. Os outros convidados se sentaram em longos bancos cobertos de couro, dispostos em todos os quatro lados do salão. Dois notários chegaram, *signor* Tancredi, da Câmara Apostólica, representando a noiva e, por parte do noivo, Prospero d'Aquasparta, que anunciou o montante do dote de Felícia e os termos de seu desembolso. Enquanto ocorriam esses procedimentos, Gian Giordano não permaneceu sentado, mas levantou-se para cumprimentar seus novos parentes, Galeotto e Giovanni della Rovere.

No dia seguinte, deu-se a celebração real da união. Paris de Grassis comenta que Gian Giordano Orsini desejava não seguir os costumes nupciais romanos, mas os franceses e espanhóis. Por superstição, ele preferiu que as alianças não fossem exibidas, mas sim colocadas no dedo do celebrante do casamento, seu primo Rinaldo Orsini, arcebispo de Florença. Esses anéis, notou Paris de Grassis, eram de pouco valor — não mais do que alguns ducados, talvez. A cerimônia estava marcada para começar às 16h, mas uma consulta astrológica no último minuto fez com que Gian Giordano insistisse em um adiamento até as 19h. Felícia foi obrigada a ficar aguardando na capela durante essas três horas. Enquanto isso, o noivo chegou à Cancelleria "não em trajes de casamento, mas em vestimenta de caça, com perneiras de couro e botas grosseiras, um chapéu barato de feltro, barba não aparada, cabelos despenteados e roupas horríveis." Ele aproveitou o tempo para chamar um barbeiro, e vestir trajes mais apropriados, túnica e chapéu de veludo e um cordão de ouro. De Grassis não menciona o vestido de noiva de Felícia, nem se ela usava joias, o que sugere que o traje era simples para uma noiva no dia de seu casamento.

Gian Giordano introduziu na cerimônia vários elementos totalmente estranhos tanto para a noiva como para os convidados. Num dado momento, ele tirou um lenço de seu gibão, entregou-o ao celebrante com instruções para dá-lo à noiva, que obviamente não fazia ideia do que deveria fazer com ele. E isso não foi o fim do constrangimento da pobre Felícia. Depois da troca de anéis e votos, e dos noivos serem declarados marido e mulher, Gian Giordano voltou-se para Felícia e lhe deu o que Paris de Grassis chama, em latim, um *osculo galico* — um beijo francês. "Isto é", ele explica, "um beijo entre os lábios e os dentes dela, o que fez a noiva corar, e provocou espanto e risos entre os assistentes."

Em seguida ao *osculo galico*, Gian Giordano e Felícia imediatamente consumaram seu matrimônio no quarto de dormir do cardeal Galeotto della Rovere, sem dúvida luxuosamente mobiliado. Tal prática assegurava que nenhuma das partes poderia tentar anular o casamento mais tarde, com o pretexto de não consumação. Pelo menos, eles foram poupados de testemunhas, pois Paris de Grassis salienta que nenhum convidado estava presente. O que não impediu que, do lado de fora, se especulasse sobre o que estaria acontecendo lá dentro. Emilia Pia, em relatório sobre o evento enviado a Isabella d'Este, informa que "eles ficaram juntos por 15 minutos. Muitos acreditaram que estivessem praticando outros atos 'secretos'" — uma referência ao inesperado e exótico beijo francês.[3]

Após esse breve ato de união sexual, todos os convidados do casamento seguiram então para o palácio de Monte Giordano. Lá, Paris de Grassis que, por força de sua posição de mestre de cerimônias, tinha aversão a desmazelo e ausência de protocolo, observou a desordem do palácio Orsini. Havia pilhas de madeira por toda parte, paredes parcialmente derrubadas e portas bloqueadas. Gian Giordano ainda não tinha os recursos, ou talvez a inclinação, dada sua constante ausência de Roma, para consertar os estragos que os Colonna haviam feito em sua casa quase 20 anos antes. Paris também notou que só então móveis novos, presumivelmente para a noiva, incluindo uma cama, estavam sendo levados ao palácio.

Talvez a educação inerente à sua posição tenha impedido Paris de Grassis de dizer algo mais. Emilia Pia, porém, forneceu um relato muito mais franco do que ocorreu depois que todos deixaram a Cancelleria. Um trajeto apropriado e digno para o grupo deslocar-se da Cancelleria até Monte Giordano seria ir a cavalo (ou em algum veículo), subindo pela Via Papalis, a artéria central que ligava os dois palácios. Porém, foram todos a pé, por uma rua decrépita, a Via del Pozzo Bianco (Poço Branco), nome que vinha de um sarcófago de mármore branco que servia de bebedouro. O trajeto era curto, mas, mesmo assim, muito inconveniente. Eis o que escreveu Emilia Pia:

[Gian Giordano] quis tomar uma certa rua chamada Pozzo Bianco, onde ficam mulheres de má reputação, mesmo tendo sido informado que deveria seguir por outro caminho [...] As mulheres que acompanhavam madona Felícia eram madona Giulia [Farnese, mãe de Laura Orsini, a nova esposa de Niccolò, primo de Felícia] e a filha e as irmãs do cardeal de San Pietro in Vincoli. Madona Giulia virou-se e disse com convicção que, se o noivo fosse um cavalheiro, ele teria tomado outro caminho. Ao se aproximarem de Monte Giordano, uma grande quantidade de confeitos [*confecti*] foi atirada das janelas e o noivo tirou o chapéu de sua cabeça e o colocou sobre a da noiva, mas ela recusou, e assim entraram no palácio. As salas estavam pobremente decoradas, e o pior foi a comida, especialmente porque não haviam servido nada na Cancelleria. Havia dois dianteiros de carneiro, meio cordeiro e meio cabrito, um capão e três travessas de vitela branca [...] Tudo foi servido em um prato ao estilo francês, não havia uma só faca sobre a mesa, e muitos foram embora, pois não podiam tirar um pedaço de carne com as mãos nuas. Quando o noivo chegou à mesa, executou umas cerimônias à moda espanhola, como colocar seu chapéu na cabeça de um pajem enquanto comia; e durante o jantar demonstrou seus conhecimentos das línguas francesa e espanhola, que parecem ser suas únicas virtudes.[4]

No dia seguinte a esse evento peculiar e, para muitos dos envolvidos, sem nenhum toque italiano, o casal partiu de Monte Giordano. "Ao alvorecer", escreveu Paris de Grassis, "Gian Giordano foi para sua casa em Bracciano, onde deixará sua esposa."[5] A nova vida de Felícia como membro da família Orsini havia começado.

O fim de sua antiga vida foi marcado pela proibição, por parte de seu pai, da celebração pública de seu casamento, e por sua ausência na cerimônia. Ela tinha um marido que havia se conduzido de maneira decididamente excêntrica, e lhe oferecido o primeiro desjejum de casada composto de alimentos frugais, em um palácio seriamente necessitado de reformas. Ninguém poderia dizer que estes eram sinais de um evento romântico — que deveria ser um marco na vida de toda mulher —, mesmo pelos padrões muito práticos da Renascença italiana. Tampouco pareceriam prognosticar um futuro auspicioso. Mas a nova *signora* de Bracciano também não era um modelo de heroína romântica. Felícia pode ter ficado desconcertada com um início tão pouco promissor de seu segundo casamento. No entanto, recusa de usar o chapéu de seu novo marido revela que ela não tinha intenção de renunciar a seu senso de individualidade e sua força de vontade, simplesmente por causa do casamento. Apesar das desfeitas de seu pai e das excentricidades de seu novo marido, ela, agora uma Orsini, aos 23 anos de idade, já planejava como tirar o melhor proveito de sua nova posição. Poderia agora lutar pelas recompensas, pelo poder, pelo controle e pela confirmação que tanto desejava, que ela acreditava serem seus por direito, e que até então não conseguira ter em sua jovem existência.

PARTE III

FELIX DO CARVALHO E DO URSO

1

Uma noiva em Bracciano

Ao amanhecer do dia 26 de maio de 1506, Felícia della Rovere Orsini, como seria agora conhecida, exausta pelos intermináveis eventos do dia anterior, montou um cavalo e partiu com seu novo marido para o castelo dele em Bracciano, situado a 30 quilômetros ao norte de Roma. A viagem foi diferente das que ela fazia normalmente quando saía da cidade. Suas viagens entre Roma e Savona, indo ou voltando, sempre foram por mar, em galeões que saíam do porto de Óstia; assim, ela conhecia muito pouco do interior da Itália. Agora, via-se cavalgando pela Via Clodia, uma antiga estrada construída no século I d.C., atravessando uma região montanhosa, coberta por densos bosques, admirada desde a Antiguidade por sua beleza, berço das mais antigas povoações da Itália, onde milhares de etruscos ainda jazem em tumbas escavadas no tufo, a macia rocha vulcânica. Quase tudo o que a vista de Felícia alcançava era território dos Orsini. Os vários ramos da família eram proprietários de praticamente tudo ao norte de Roma até Viterbo.

Nas primeiras horas de seu primeiro dia como *La Signora* da família Orsini, Felícia logo se conscientizou da grande distância que a separava de sua vida anterior. Boa parte da viagem lhe era estranha, e não só o panorama da zona rural de Roma. Ela nunca havia feito um trajeto tão longo a cavalo. Para uma jovem que se criara em uma cidade, as mulas eram o meio de transporte usual. Esses animais de andar seguro eram mais populares do que os cavalos em ambientes urbanos e os *mulatieri*, ou condutores de mulas, eram os taxistas de seu tempo. Na Florença do século XV, Cosimo, a força propulsora da família Medici, cavalgava uma mula castanha; no século XVI, em Roma, era comum ver-se Michelangelo em sua mula branca, cruzando a cidade e nas vizinhanças de sua casa, perto da Coluna de Trajano. Quando ia sozinha, Felícia muitas vezes ainda preferia uma mula a um cavalo. Porém, nas viagens com seu marido *condottiere*, a opção era o cavalo. Soldados não utilizavam mulas, e o decoro e a praticabilidade ditavam que uma mulher devia ter o mesmo tipo de montaria que o marido. Nas últimas décadas, a criação de cavalos, instituída por homens como Gian Giordano, que havia passado algum tempo na França, havia produzido uma montaria mais apropriada para mulheres: os cavalos de batalha italianos, pequenos e atarracados, foram cruzados com equinos franceses mais flexíveis para criar um animal mais esbelto.[1] Homens cavalgavam garanhões e as mulheres, éguas ou cavalos castrados. E as mulheres usavam sela de amazona; os italianos, os cavaleiros mais sofisticados da Europa, foram os responsáveis pelo desenvolvimento de um apoio nessa sela feminina para dar mais segurança. Felícia teve sorte; na Idade Média, as mulheres eram obrigadas simplesmente a sentar-se de lado na montaria e se manterem firmes.[2] Mas, no caminho para Bracciano, o passo do cavalo também era diferente. Quando Felícia montava sua mula para ir da Piazza Navona até o Vaticano, o animal seguia a trote pelas ruas da cidade. Agora, ela precisava ir a meio-galope ou a galope para cobrir longos trechos, do palácio da cidade para o castelo no campo. Num futuro breve, Felícia, a menina da cidade, se tornaria uma experiente perita em cavalos, com conhecimentos sobre caçadas e selaria.

Como qualquer viajante ao aproximar-se de Bracciano hoje em dia, Felícia avistou o castelo no horizonte muito antes de chegar lá. Trata-se de uma imponente fortaleza, cercada por espessos muros e com torres maciças, tudo construído com as cinzentas pedras vulcânicas locais.[3] Situada no alto de um monte, domina o lago de Bracciano, o oitavo da Itália em tamanho, que esconde um povoado da Idade do Bronze em seu fundo. O castelo por vezes é descrito como grande e lúgubre, e talvez Felícia tenha se lamentado ao aproximar-se de seu novo lar. No entanto, olhando para Bracciano, é possível que ela não tenha se sentido tão infeliz. Em dias de verão, com as águas do grande lago cintilando à luz do sol, os cumes cobertos de neve das montanhas Sibillini visíveis a distância, ela podia sentir-se até feliz por ter escapado do calor e dos odores de Roma. Chegando ao castelo, Felícia e a comitiva de Orsini passaram por um largo muro de pedra, com fosso e ponte levadiça. Ao atravessar a ponte, o castelo se agigantou diante de Felícia e ela se viu cercada por uma porção de pequenas casas. Nelas moravam as centenas de pessoas que trabalhavam para os Orsini, quer como criados do castelo, quer como trabalhadores nas suas terras. Ela havia chegado ao eixo, o centro nervoso da economia da família de seu marido. Bem depressa ela veio a entender a repercussão — prática, histórica e simbólica — de seu novo lar.

Abaixo do castelo, havia campos de grãos e de cevada, que constituíam a base da dieta romana, e vinhedos que produziam vinho local. A mais antiga atividade agrícola era a criação de porcos, e acredita-se que o nome original de Bracciano teria sido Porcianum. A água do lago era um bem precioso, isto desde o século II d.C., quando o imperador Nerva [96-98] planejou a construção do Acquedotto Traiano junto ao lago. Posteriormente, no século XVI, essa água abastecia Acqua Paola, o aqueduto instalado pelo papa Paulo V para levar água até Roma. A obtenção dos direitos sobre a água do imenso lago, em 1427, representou um impulso significativo nas finanças da família Orsini.

Contribuições adicionais à sua economia eram proporcionadas pelos múltiplos feudos sob a jurisdição de Bracciano: Santo Polo, San Gregorio, Scrofano, Isola, Campana, Cantalupo, Canemorto, Montorio e Vicarello, para citar apenas alguns.[4] Uma complexa rede de camponeses contratados trabalhava a terra. Eles subsistiam em sistema feudal há muito tempo extinto e, mesmo no século XVI, cada vez mais obsoleto na crescente expansão urbana da Itália na Renascença. No tempo de Felícia, *massari* e *subditi* — termos empregados para descrever diferentes tipos de trabalhadores e arrendatários, em desuso no moderno idioma italiano — povoavam esses *feudi*. Eles obedeciam ao *signor* de Bracciano; proporcionavam ao senhor Orsini parte substancial de sua renda anual e recorriam a ele para auxílio e proteção, muitas vezes em questões entre eles próprios. A rivalidade estava fortemente arraigada nesses povoados. Como ocorre em muitas cidades pequenas, ásperas disputas se travavam aparentemente a respeito dos mais triviais assuntos. Era responsabilidade do senhor do castelo, ou de seus representantes, resolvê-las.

Os Orsini há muito tempo possuíam interesses em Bracciano e nas terras circundantes, mas nem sempre tudo aquilo fora deles. No passado, haviam disputado encarniçadamente sua posse com outra antiga família romana, os Di Vico. Estes haviam sido os construtores originais do castelo de Bracciano no fim do século XII, quando serviam como prefeitos da vizinha cidade de Viterbo. Assim como os Normanni, a família materna de Felícia, os Di Vico viram seu poder e prestígio declinar com o tempo, mas no século XIV eram inimigos tão poderosos dos Orsini, como os Colonna o foram no século XV. Em 1407, o antipapa francês em Avignon, Clemente VI, partidário dos Orsini, promulgou um edito para forçar a família Di Vico a entregar o castelo aos Orsini. Ironicamente, dada sua condição de membro da família Colonna, inimiga figadal dos Orsini, foi o papa Martinho V que ratificou a posse dos Orsini em 1419. Assim, o castelo passou a ser um símbolo de uma vitória dos Orsini sobre seus rivais locais, os Di Vico.

O castelo de Bracciano só veio a passar por acréscimos e ampliações em 1470, quando o avô de Gian Giordano, Napoleone, famoso como um "homem perito nas artes militares", investiu seus proventos como *condottiere* em sua restauração. O castelo ganhou, assim, sua forma de quadrilátero irregular, pontuado por seis torreões, que juntos circundavam um pátio. É significativo que, a despeito de ter feito a reconstrução no auge da nova moda da arquitetura *all'antica*, Napoleone não tentou alguma forma de modernizar o castelo ou alterar esteticamente sua aparência de fins da era medieval. Ele simplesmente o tornou maior e mais imponente. Era importante para o prestígio da família Orsini que o castelo se mantivesse fiel a suas raízes medievais, para lembrar a todos que o vissem que, ao contrário das famílias dos ricos cardeais que agora afluíam a Roma, essa família podia comprovar sua origem na Antiguidade. O novo castelo certamente causava impressão nos moradores de Roma. O papa Sisto IV, tio-avô de Felícia, passou vários meses morando lá no verão de 1481, depois de um grave surto de peste na cidade. Cartas de Sisto davam conta de que ele estava "na casa de Napoleone Orsini, o extremamente bem fortificado palácio chamado Bracciano".[5] O quarto que ele havia ocupado ainda era chamado de *capella papalina* até o fim do século XVI. Entre os visitantes de Bracciano, contam-se membros da família Medici e Carlos VIII da França.

Após a morte de Napoleone, seu filho Gentile Virginio continuou a embelezar a residência da família. Em 1491, ele contratou um artista romano conhecido como Antoniazzo Romano para pintar afrescos e registrar os principais eventos de sua vida. A localização original dessas imagens, depois transferidas para o interior, era incomum: foram pintadas nas paredes da entrada coberta que conduzia ao *cortile* principal do castelo. Assim, quem chegasse a Bracciano, logo se defrontava com as imagens de Gentile Virginio. Em uma das paredes, ele era mostrado em seu encontro com seu sobrinho Piero de Medici em 1487, quando este estava a caminho de Roma para acertar o casamento de sua irmã Madalena com um sobrinho do papa genovês, Inocêncio VIII. Na outra, via-se Fernando de Aragão concedendo uma comenda militar a Gentile, o que ocorreu em 1489. Ele ainda encomendou outro ciclo de afrescos ao ateliê de Antoniazzo, destinado a enfatizar os laços dos

Orsini com a França. Um quarto foi adornado com cenas de *Les Fontaines de Jouvance*, uma lenda francesa da cavalaria andante sobre a fonte da juventude. Uma homenagem desse tipo por certo agradaria a qualquer francês em visita ao castelo.

Assim como Monte Giordano em Roma, Bracciano havia enfrentado mais do que sua cota razoável de violência. Nos últimos anos do século XV, foi alvo de assédios por parte da família Borgia, mas foi defendido com bravura pela tia de Gian Giordano, Pantasilea, e seu marido *condottiere* Bartolomeo d'Alviano. Não é de admirar, portanto, que muito da identidade e do sentimento de orgulho dos senhores de Bracciano tenha sido investido no castelo.

Bracciano deve ter dado a Felícia alguma segurança de que ela não havia cometido um erro terrível ao casar-se com Gian Giordano, especialmente depois de ter comido carne fria com as mãos no grande salão com marcas de fogo de Monte Giordano. Decerto, os interiores do castelo podiam não ser tão luxuosos como os que ela havia visto seus primos cardeais criarem em seus palácios em Roma; tampouco sua arquitetura era tão moderna quanto a do palácio que seu pai havia mandado construir em Savona. Mas só o tamanho do castelo e seus elegantes afrescos comemorando os feitos de seu falecido sogro, sem falar de sua aura histórica, devem tê-la impressionado. E Bracciano ficava perto de Roma; Felícia não precisava se sentir tão presa ou isolada como se sentiria se fosse morar em Piombino ou Salerno. Ali, sua família De Cupis nunca estaria muito longe.

Cerca de um mês após a chegada de Felícia e Gian Giordano a Bracciano, Marino Sanuto registrou que "festividades foram realizadas em Brazano [sic] para celebrar o casamento de madona Felícia com o senhor Gian Giordano Orsini."[6] É de esperar que tais eventos tenham representado um progresso, em estilo e substância, sobre os de Roma. Pelo menos, Gian Giordano marcou a ocasião e a confirmação de sua nova esposa foi importante para o prestígio de Felícia em Bracciano.

Ela precisava merecer o respeito dos servidores de alta categoria da família, entre os quais Martino da Bracciano, Philippo da Bracciano e Giovanni della Colle. Homens muito capazes, eles geriam as propriedades e eram suficientemente cultos para servir como representantes diplomáticos dos Orsini no exterior, caso necessário. Estes, por sua vez, controlavam a lealdade e a cooperação dos servidores subalternos.

Felícia percebia muito bem a necessidade de se tornar amiga dessas pessoas. Em termos de suas atividades, instrução e conhecimentos, eles podiam ser comparados a seu padrasto, Bernardino de Cupis. Bernardino era de uma pequena cidade nas montanhas, Montefalco, semelhante a Bracciano, e dirigia a casa de Girolamo della Rovere em Roma, assim como aqueles homens cuidavam dos negócios dos Orsini. O bom funcionamento da propriedade dependia de suas habilidades e cooperação. De acordo com suas inclinações naturais, Felícia provavelmente estava mais interessada em conquistar a boa vontade da equipe de auxiliares de Bracciano, do que em fazer amizade com seus novos parentes. Em Savona, suas relações com a tia Luchina e a prima Lucrezia haviam sido frias, mas ela havia estabelecido uma boa comunicação com os comerciantes da cidade. Seu relacionamento com os membros da família de seu marido e com seus servidores era semelhante. Os filhos mais novos de Gian Giordano, Napoleone e Carlotta, moravam em Vicovaro, a propriedade dos Orsini a leste de Roma, nas cercanias de Tivoli. No entanto, não faltavam parentes dos Orsini nas vizinhanças de Bracciano, quando Felícia chegou. Carlo Orsini, meio-irmão ilegítimo de Gian Giordano, vivia por perto em um castelo em Anguillara, no outro lado do lago Bracciano, com sua mulher Portia e o filho Gentile Virginio. Havia também Renzo da Ceri, que tirou seu nome da cidade costeira de Cerveteri, também não muito distante. Renzo, pretendente a *condottiere*, era casado com Francesca, irmã mais velha de Gian Giordano, e era uma presença constante em Bracciano. E Giulio, do ramo de Monterotondo da família, era tio de Renzo. Se, nos primeiros anos de seu casamento, não houve hostilidade ostensiva entre Felícia e a maioria dos membros da família Orsini, as relações parecem ter sido sempre apenas cordiais. Assim como Luchina e Lucrezia, os Orsini achavam que eram, por natureza, superiores à filha ilegítima do papa, com o que Felícia não concordava.

2

Felícia e os Orsini

Embora apreciasse a importância de amizades influentes como Isabella d'Este, Felícia não gostava muito de membros da nobreza cuja posição na vida se baseava exclusivamente na linhagem ou nos sucessos militares. Não tendo nascido na aristocracia feudal, nem sendo criada como membro desta, tinha pouco em comum com eles. Ela preferia os membros da sociedade, a cúria ou os intelectuais, que haviam progredido por sua capacidade mental inata. Era com os membros da família Orsini que pertenciam ao clero que ela melhor se comunicava. Eles, por sua vez, a tratavam com maior deferência do que os outros membros da família, por ser ela a filha do papa Júlio II.

Felícia tinha um relacionamento particularmente bom com o cardeal Giovanni de Medici, um Orsini por parte de sua mãe, Clarice, dos Orsini de Monterotondo. Era o cardeal que havia se diferenciado no casamento dela, ao usar um chapéu púrpura, enquanto todos os outros cardeais usavam seus chapéus vermelhos normais. Giovanni mantinha seus laços familiares com os Orsini e, de certa feita, conseguiu 200 ducados em nome de seu primo Gian Giordano, "para reparos na casa de Monte Giordano".[1] No entanto, sua ligação com Felícia, cujo pai ele servia, era mais forte. Ela recorreu aos seus favores em janeiro de 1507, quando lhe escreveu como "meu muito honrado senhor", pedindo que ele apoiasse Bartolomeo d'Alviano, tio de Gian Giordano pelo casamento, em uma missão diplomática junto ao rei de Espanha. O apoio do cardeal Giovanni, por sua vez, influenciaria seu pai, Júlio II, que ainda suspeitava de qualquer interação com a Espanha. A carta mostra como Felícia já estava adestrada na linguagem de subserviência sedutora, destinada a assegurar que a missivista conseguisse seu intento: "Tenho certeza de que Vossa Reverência reconhece a superfluidade de minha intervenção neste caso, tanto quanto ele conhece o meu afeto por ele [...] No entanto, rogo que Vossa Reverência possa ajudar, pois assim agindo estaria fazendo uma boa ação, tanto por seu amor pelo citado Senhor [Alviano], como por amor a mim."[2] Felícia termina a carta com um pedido ao cardeal Giovanni: "Como sempre, recomende-me a Sua Santidade, cujos pés eu humildemente beijo." O protocolo ditava que ela não se referisse a Júlio como seu pai.

Já com outro clérigo da família Orsini, Annibale, que veio a morrer cedo, o tom de Felícia foi muito diferente. Ele era o irmão mais novo de Gian Giovanni, residente em Vicovaro, onde supervisionava alguns dos negócios da família. Em 25 de novembro de 1506, uma parenta mais velha e menos importante, Dianora Orsini, havia lhe escrito nervosa, com o seguinte pedido: "Eu encomendei feno a Cola d'Alessandro, e soube que ele se recusa a me vender, o que me surpreende muito. Peço a Vossa Senhoria que lhe ordene fornecer o feno a meu pedido, pois eu já o prometi a outros."[3]

Um pedido de feno podia parecer um assunto trivial e a recusa por parte de um empregado dos Orsini a fazer a entrega a um membro da família era surpreendente. O feno, porém, era um artigo essencial, uma mercadoria valiosa, especialmente em anos de baixa produção. Dianora Orsini podia ter feito uma projeção de suas finanças, baseada na aquisição do feno da propriedade da família. Ela poderia trocá-lo por outros bens com os mercadores das cidades, cujo acesso aos produtos agrícolas poderia ser limitado. Porém, Cola d'Alessandro, um gerente de fazenda em Vicovaro, evidentemente havia decidido vender o feno a alguém mais influente ou que lhe desse em troca algo que ele próprio quisesse. Annibale Orsini, pelo visto, não deu qualquer atenção ao pedido de ajuda de Dianora. Sentindo que suas palavras pareciam contar muito pouco, ela apelou ao mais novo membro da família Orsini, para apoiá-la em sua solicitação. Em 17 de dezembro, Felícia escreveu a Annibale, em um tom firmemente autoritário, porém comedido, que seus criados e associados viriam a conhecer bem: "Ilustre Reverendo, estive com madona Dianora e entendo que ela lhe escreveu a respeito do capataz Cola. E porque o assunto é de certa importância, venho pedir-lhe, por meio desta, que tome esse dinheiro, faça o que for necessário, e nada menos do que isso."[4]

Quando Felícia escreveu essa carta, tinha apenas 23 anos de idade e era a *signora* Orsini há pouco mais de seis meses. Mas seu tom firme indica que ela não havia perdido tempo em desenvolver sua personificação como a *chatelaine* (castelã) de Savona. Comportar-se como uma esposa dócil e tímida não era de sua natureza. Nem ajudaria a família Orsini a compreender que ela era uma força por seu próprio mérito, que exigia respeito e obediência. A atitude de Felícia em favor de Dianora Orsini é também típica de sua personalidade. Dianora não era um membro poderoso do clã e Felícia não tinha nada a ganhar por ajudá-la. Porém, parece que sempre se sentiu compelida a auxiliar os que eram mais fracos do que ela. O que a guiava era seu inato senso de justiça. Ao mesmo tempo, proteger os menos afortunados também supria sua necessidade de afirmação pessoal, que as circunstâncias ainda não lhe haviam proporcionado.

3

Felícia e Gian Giordano

Nos meses que se seguiram a seu casamento, Felícia della Rovere Orsini passou mais tempo conhecendo seus criados e negociando com membros da família do que propriamente com o marido, pois este com frequência se ausentava de suas terras. Pouco tempo depois do casamento, ele partiu para a Espanha, voltando para a Itália no fim de novembro. Na verdade, só se preservou uma carta de Gian Giordano para Felícia, escrita após ele ter desembarcado em Nápoles. Praticamente ininteligível, a carta faz a Felícia um breve relato dos pontos altos da viagem: o rei de Espanha deu um concerto em sua honra, e ele encontrou um parente, Bartolomeo Alviano, um "homem excepcionalmente bom", que havia lhe dado vários presentes, "como sinal do amor que ele nutre por mim".[1] Entre estes, havia um gibão e oito *carrono* (jardas)* de veludo preto. Os espanhóis tinham o monopólio desse tecido luxuoso, pois a tintura provinha do campeche, uma árvore abundante no Novo Mundo, então controlado por eles, de modo que era mais fácil adquiri-lo em Nápoles, que na época pertencia à Espanha. A posse daquele caro veludo preto foi algo que Gian Giordano achou que seria de especial interesse para Felícia. Na idade adulta, ela se vestia muito

---

*Unidade de medida de comprimento equivalente a 91,44 cm ou três pés. (*N. da R. T.*)

de preto, entremeado com carmim, como se fosse um cardeal. Usou preto durante sua viuvez e, depois, durante o segundo casamento, pois seu marido, membro honorário da família aragonesa, decretou que eles deviam se vestir como os espanhóis. Esse código de vestuário parecia decididamente incomum aos observadores italianos. Comentando o traje de Felícia quando esta fez uma entrada triunfal em Roma em 1507, um embaixador junto à corte d'Este escreveu que ela usava preto, com um chapéu branco, e acrescentou: "de acordo com o costume espanhol".[2]

A escassez de correspondência preservada entre Felícia e Gian Giordano, e a falta de comentários sobre seu relacionamento tornam difícil determinar exatamente o que ela sentia pelo marido, e vice-versa. Tratava-se de um casamento arranjado; não se baseava nos conceitos atuais de afeto ou atração sexual, mesmo que sua consumação fosse um imperativo imediato para assegurar sua validade. No dia do casamento, Gian Giordano fez de tudo para parecer desligado do evento. Suas ações, porém, eram mais destinadas à cúria romana do que uma tentativa deliberada de humilhar sua noiva. Gian Giordano pode muito bem ter se mostrado mais cordial com a esposa quando chegaram a Bracciano, palco em que ele era o ator principal. Todavia, se estava loucamente enamorado dela, ou não, com certeza acabou apreciando o desabrochar de suas qualidades administrativas e habilidades diplomáticas. Felícia se aproveitava da consideração dele nesses aspectos e, provavelmente, não se interessava muito por outras coisas. Gian Giordano deu a Felícia um status que lhe permitiu alcançar uma posição expressiva no mundo romano, o que ela explorou para conseguir o máximo de vantagens. Em troca, ela permitiu que Gian Giordano conquistasse uma aliança papal que o protegia de agressões da família Colonna. Se ele tinha amantes, e sem dúvida tinha, por certo se mantinha discreto. Não havia possibilidade de ocorrer o tipo de humilhação que Felícia tinha certeza que sofreria se tivesse se casado com o príncipe de Salerno, que exibia abertamente a amante da ocasião. O melhor de tudo, talvez, era que Gian Giordano, parecendo estar satisfeito em deixar Felícia concentrar-se nos objetivos que ela queria alcançar, não refreava suas ambições.

Pelo menos, Felícia e Gian Giordano chegaram a entender-se bem. Quando ele se ausentava, ela o mantinha informado sobre os últimos acontecimentos políticos; no fim de dezembro de 1506, quando Gian Giordano ainda estava em Nápoles, um servidor lhe escreveu para aguardar uma carta "com um pós-escrito da senhora sua consorte sobre a vitória de Sua Santidade em Bolonha".[3] Eles encenavam juntos um complexo ato no palco político de Roma, no qual podiam ser vistos como independentes e, ao mesmo tempo, unidos. Uma descrição de seu encontro com o duque de Ferrara em 6 de julho de 1512, junto ao Palazzo Ferrari, quando eles deixaram o Vaticano certa noite e seguiam pela Via Alessandrina, revela melhor a natureza de seu relacionamento. Um emissário relatou ao duque de Mântua: "O duque se encontrou por acaso com o *signor* Gian Giordano e madona Felícia perto do palácio. Eles desmontaram de seus cavalos, e o duque fez o mesmo, e se reverenciaram uns aos outros com muito carinho e, após muita cerimônia, por fim madona Felícia montou seu cavalo e seguiu seu caminho, enquanto Gian Giordano preferiu acompanhar o duque até sua casa [...]".[4] Estas poucas linhas apresentam Felícia e Gian Giordano atuando juntos em uma demonstração formal de cortesia diplomática e, na sequência, mostram a independência de Felícia com relação a ele, ao retomar seu trajeto sozinha, cavalgando pela estrada papal.

Juntos, Gian Giordano e Felícia visitavam Júlio no Vaticano, e suas entradas e saídas eram registradas e descritas por emissários. Eles eram os anfitriões em eventos fora de Roma e Júlio os visitava em Bracciano e em outros castelos dos Orsini, como o de Formello.

Felícia também garantiu que Gian Giordano recompensasse os criados que a serviam bem. Em janeiro de 1508, ele ratificou a doação de um pedaço de terra conhecido como "La Pietra del Diavolo" (A Pedra do Diabo) a Oliverio di Bordella, que serviria como dote de Chiara di Parma, descrita como a camareira de Felícia.[5] Em outra ocasião, Gian

Giordano providenciou uma pensão considerável, de 100 ducados ao ano, para Pasqualino di Piombino que o havia servido fielmente "em tempos de paz e de guerra". Contudo, Pasqualino veio a morrer pouco depois de lhe ser concedida a pensão e, por insistência de Felice, Gian Giordano concordou em transferi-la, "em consideração pelo serviço e pela lealdade dedicados a Felice Ruvere de Ursinis, minha mui amada esposa, a Antonietta de Canneto de Proventia."[6] Uma receita anual de 100 ducados era uma bela soma para uma mulher daquele tempo, e mais uma indicação do desejo de Felícia de cuidar de si mesma.

Havia ainda algo mais que Felícia queria de Gian Giordano: ela precisava ter um filho homem. Como no caso da abortada tentativa de união com Piombino, se Felícia desse à luz um menino, o filho do primeiro casamento de Gian Giordano, Napoleone, perderia o direito de herdar o título de senhor da casa Orsini. O título passaria, então, ao filho de Felícia, assegurando que ela teria uma participação substancial no futuro da família Orsini; no mínimo, os subsequentes herdeiros Orsini seriam descendentes dela. O mais importante para Felícia era que, no caso de Gian Giordano morrer enquanto esse filho fosse ainda menor, ela poderia se tornar a regente da família. Já em 1506, tal pensamento não devia estar muito longe de sua mente ambiciosa. Sem essa salvaguarda, a partida de Gian Giordano, vinte anos mais velho que ela, para o outro mundo significaria a saída de Felícia, como viúva sem filhos, da família Orsini. A riqueza e o poder provenientes dos Orsini escapariam de suas mãos.

Mas, quem nasceu primeiro, em julho de 1507, foi uma menina, que recebeu o nome de Júlia, em homenagem a seu avô materno. Um ano depois, em agosto, Sanuto registrou que "um menino nasceu da filha do papa."[7] E ele também recebeu o nome do avô. Não se sabe quanto tempo o pequeno Júlio viveu, mas parece que não foi muito.[8] Sem um filho para garantir seu futuro com os Orsini, as ansiedades de Felícia retornaram. O que seria dela se não fosse capaz de dar um filho homem a Gian Giordano? Muitas mulheres daquele tempo padeciam dos mesmos temores — as esposas de Henrique VIII talvez sejam as mais conhecidas. Essas mulheres, porém, temiam a ira de seus maridos se não viesse um filho e herdeiro. A vontade de Felícia de ter um filho era inteiramente pessoal. A não ser que fingisse uma gravidez e apresentasse um menino com aspecto de recém-parido, um artifício que, acredita-se, certas duquesas e rainhas empregaram, havia muito pouco a fazer para assegurar o nascimento de um varão. Assim, Felícia idealizou um plano de contingência para proteger seu futuro. E haveria de agradecer a seu pai por ter conseguido realizá-lo.

4

Reconciliação entre pai e filha

Depois de se casar com Gian Giordano, Felícia conseguiu chegar a um acordo com o pai. Como esposa de um influente nobre romano, ela obteve sua própria posição na cidade, e o novo status parece ter atenuado as tensões e ambiguidades entre o papa e sua filha ilegítima. Júlio já havia se vingado da filha por sua obstinação, ao não comparecer à cerimônia de seu casamento. Com a realização deste, ele sentiu que podiam recomeçar e que poderia dar a Felícia maior reconhecimento público. Em 15 de junho de 1506, Júlio II convidou os recém-casados para o Vaticano, onde, em seus próprios apartamentos, conforme um emissário escreveu a Mântua, "ele lhes ofereceu um grande banquete, ao qual eles compareceram, junto com vários nobres romanos, o prefeito de Roma e quatro cardeais. Houve cantos e danças". Além disso, "oito dias antes, o papa havia mandado para a senhora Felícia uma cruz que a República de Veneza havia acabado de lhe remeter".[1] Esta cruz, feita de diamantes, tornou-se um bem particularmente precioso na vida de Felícia, principalmente porque representou para ela o novo reconhecimento de seu pai, em meio às figuras mais importantes da corte.

Em maio de 1507, o embaixador de Ferrara fez mais um relato do novo elevado status de Felícia:

Ontem, madona Felícia, a filha de Sua Santidade, chegou a Roma, acompanhada por seu marido Gian Giordano, e vários outros cavalheiros, entre os quais o nobre Antonio de Córdoba e o senhor Júlio Orsini. Havia cerca de quarenta cavaleiros. A senhora estava vestida de veludo preto e na cabeça trazia um chapéu de veludo branco, de acordo com o costume espanhol. À frente dela vinha a noiva do nobre Antonio, que é muito jovem, com cerca de 12 anos de idade. Ela também estava vestida de damasco-escuro e montava uma mula com a sela em forma de cadeira. Eles tomaram o caminho da Via de Banchi até o Belvedere, onde se encontraram com Sua Santidade. A comitiva voltou ao Monte Giordano por volta de meia-noite. Nessa noite, Sua Santidade se dirigiu a cavalo até Prati [os campos nos fundos do complexo do Vaticano] e jantou nos jardins do monsenhor Ascanio Sforza, onde também se encontravam a senhora Felícia e aqueles outros cavalheiros. Acompanhando Sua Santidade, estavam os cardeais de Pavia, Volterra e Urbino.[2]

O status de Felícia em Roma se devia em parte à nobreza de seu marido. No entanto, os embaixadores no Vaticano a consideravam mais importante do que Gian Giordano, que decididamente é um personagem secundário em seus relatórios. Durante os anos em que Júlio estivera tentando arranjar o segundo casamento de Felícia, ela foi mantida longe do foco. Agora, ela fazia entradas triunfais em Roma e comparecia a festas oferecidas por cardeais, onde era a convidada de honra — quando não a única mulher presente. Tais eventos tiveram um importante papel para sua inserção na política da corte do Vaticano. Tornava-se cada vez mais evidente que ela era mais importante para o pai do que a princípio parecia.

Havia também outras formas pelas quais Júlio reconhecia Felícia além dos limites do Vaticano. Em 25 de março de 1508, ele saiu para uma das tradicionais procissões cerimoniais do ano. Celebrava-se a festa da Anunciação, quando o papa ia do Vaticano até a igreja de Santa Maria sopra Minerva, no coração de Roma, a pouca distância do Panteão.

Ali ele realizava uma cerimônia instituída no papado de Sisto IV, entregando bolsas de dinheiro, como dote, para moças pobres e virtuosas da vizinhança. O caminho que ele escolheu o fez passar por Monte Giordano, pois, segundo Paris de Grassis, "ele desejava ver as reformas nas construções em torno do Monte Jordanus".[3] Para Júlio, os desfiles cerimoniais eram uma boa oportunidade de observar o progresso da renovação urbana em andamento. O embelezamento da Via Papalis, onde se situava o Monte Giordano, era de particular importância. Essa rua "papal" era a principal rota de desfiles através da cidade. Restaurá-la, após todos os problemas do século XIV, com a remoção do entulho e a limpeza das fachadas das construções danificadas, aumentaria o prestígio do papado. Porém, a multidão de espectadores sabia que Monte Giordano era a nova residência de sua filha e percebia o simbolismo de Júlio, quando se encaminhava para servir de pai emblemático para as jovens da paróquia de Santa Maria sopra Minerva, ao optar por passar pela casa romana de sua filha de verdade.

A atenção, pública e particular, não foi a única forma de Júlio recompensar Felícia. Ele tinha dado para a filha um dote relativamente pequeno, mas aquela quantia não seria a última que ela receberia dele. Normalmente, o dote era a única parte de uma mulher na propriedade da família. Embora a lei ditasse que o dote de Felícia lhe seria restituído no caso da morte do marido, Gian Giordano havia empregado o dinheiro para recomprar as terras confiscadas dos Orsini. Recobrá-lo poderia ser difícil. Contudo, além do dote entregue ao marido, Júlio depois deu dinheiro diretamente, se bem que de forma discreta, a Felícia. Essa doação em espécie não passou por Gian Giordano, que teoricamente teria como tirá-la de Felícia, para gastar como quisesse. No fim de 1508, Felícia recebeu 9 mil ducados do pai. Entregue em segredo, sem transação legal, a quantia representava mais da metade do seu dote original de 15 mil ducados e era sua para dispor dela como lhe aprouvesse.

Essa transação sumamente incomum entre pai e filha é emblemática do complexo relacionamento entre Júlio e Felícia. Em alguns aspectos, ele a tratava mal, e continuaria a fazê-lo até morrer. Em outros, poderia quase ser qualificado como um pai avançado. Alexandre VI, por mais que adorasse sua filha Lucrécia, jamais lhe deu grandes somas de dinheiro para uso próprio, seu dote passou para as mãos do marido e ela teve muita dificuldade de retirar algo para si. Mas Júlio, que em tantas ocasiões havia se distanciado da filha, deu-lhe uma autonomia financeira rara entre as mulheres de seu tempo.

E o que fazia ela com o dinheiro? Ele representava seu pecúlio e aliviava um pouco sua ansiedade acerca do futuro, caso seu tempo com os Orsini fosse breve. Mas ela não o colocou em um banco nem o empregou para ter uma renda anual, como faziam as mulheres de seu tempo. O que fez foi investi-lo de uma forma que demonstra sua percepção do que Bracciano significava para os Orsini. Como Bracciano, seu investimento foi prático e lucrativo, e também impressionante e simbólico. Felícia della Rovere, a nova *signora* de Bracciano, comprou um castelo só para ela.

5

O castelo de Palo

Felícia já fazia parte da família Orsini há dois anos e meio quando se tornou senhora de propriedade, por sua conta. Àquela altura, com 26 anos de idade, havia tido experiência pessoal de como era a vida no seio de uma família nobre. Mesmo que não estivesse particularmente impressionada com os membros individuais da família Orsini, passara a reconhecer as vantagens da vida como nobre proprietária de terras. Através de negociações como as que havia realizado para Dianora Orsini, percebeu a riqueza e o poder que advinham do acesso à produção agrícola, e de seu controle; estas eram lições novas e úteis para uma mulher criada em um ambiente urbano. Possuir um castelo, com terras que se estendiam por quilômetros ao seu redor, era como possuir um pequeno reino, cujo proprietário era o soberano. O dinheiro entrava da maneira mais direta, mediante a venda dos produtos cultivados nas terras. Não era, necessariamente, um investimento fácil, e ainda havia a responsabilidade da manutenção, do cuidado e da proteção da construção, de seus terrenos e trabalhadores, mas tudo isso era um desafio que ela apreciava. Quando, no fim de 1508, surgiu a oportunidade de Felícia comprar de Giulio Orsini, primo de Gian Giordano, o castelo de Palo, à beira-mar, a alguns quilômetros a noroeste de Roma, ela imediatamente a aproveitou. A compra em si já era uma ação ousada e corajosa para uma mulher. Poucas, nos dias de Felícia, possuíam alguma propriedade em seu nome, e as que tinham normalmente a haviam recebido do pai como parte de um dote, e se tornaria totalmente delas apenas quando ficassem viúvas. Assim, como proprietária casada, Felícia della Rovere era uma clara anomalia.

Considerando que os barões romanos tinham suas identidades indelevelmente vinculadas a suas propriedades, por que Giulio Orsini haveria de querer desfazer-se de seu castelo? Como muitos dos Orsini, ele ganhava a vida como *condottiere*, e já prestava seus serviços na década de 1480, quando trabalhou para a família Medici. O castelo que ele possuía em Palo era de especial utilidade e importância. Construído em 1367, era exemplo típico das cidadelas fortificadas daquele tempo e servia como útil depósito e posto de troca de todos os tipos de mercadorias, incluindo armas que chegavam por mar, principalmente dos portos toscanos.[1] Porém, como Gian Giordano, Giulio havia sofrido sob o domínio dos Borgia. Suas propriedades com as respectivas receitas foram confiscadas por Alexandre VI e César Borgia, que haviam ocupado pessoalmente o castelo por algum tempo. Assim, Giulio Orsini se encontrava bastante empobrecido ao tempo do papa Júlio. Do seu ponto de vista, a ideia de vender Palo para Felícia pode ter sido um tanto heterodoxa, pelo fato de ela ser mulher, mas o negócio tinha vantagens claras. Ele lhe proporcionaria uma substancial soma em dinheiro vivo — 9 mil ducados — e, sendo a compradora a esposa de seu sobrinho, poderia parecer que Palo não estava realmente saindo da família. Giulio talvez até acreditasse que seu filho Mario poderia, com o tempo, promover seu retorno. Felícia, no entanto, via Palo sob uma luz totalmente diferente. No que lhe dizia respeito, uma vez em suas mãos, a propriedade não teria qualquer relação com a família Orsini.

Em janeiro de 1509, uma série de atos cartoriais se realizaram "em Roma, em Monte Giordano, na *Camera Magna* do palácio". Esse local, o aposento mais importante de Monte Giordano, indica a seriedade das negociações. Giulio Orsini estava presente, assim como o advogado dos Orsini, Prospero di Aquasparta. Em 16 de janeiro a primeira reunião foi para confirmar a "venda do castelo situado em Palo com seu terreno, efetuada por Prospero di Aquasparta, em nome de Giulio Orsini, em favor de dona Felícia Orsini della Rovere, pelo preço de 9 mil ducados de ouro, dos quais 8.060 pagáveis neste ato e os restantes 940 ducados ela promete pagar ao fim de 16 meses".[2] Três dias depois, um "recibo de quitação" foi firmado entre Giulio e Felícia, no qual o primeiro "confirma que recebeu em mãos, e em espécie, 8.060 ducados pela venda de Palo, efetuada por Prospero di Aquasparta, meu procurador, para a ilustríssima senhora Felícia Rovere Ursino".[3]

Para Felícia, Palo era uma aquisição prática, mas também uma propriedade dotada de prestígio e repleta de importância simbólica para a nova proprietária. Palo permitia que Felícia expressasse sua identidade multifacetada, como filha de um Della Rovere, como esposa em Bracciano, como a mulher "dedicada às letras e antiguidades", assim como em seu novo papel como empresária e mulher de negócios.

O castelo propriamente dito datava de 1367, mas seu local estava entre os mais antigos povoamentos na história da civilização italiana. Nem mesmo Isabella d'Este, com sua obsessão pela Antiguidade, poderia alegar possuir algo com tal aura ancestral. Em 1848, o especialista em história etrusca George Dennis escreveu sobre o local: "Palo é bem conhecido dos viajantes como o ponto a meio caminho entre Roma e Civitavecchia; mas poucos se dão conta de que a estalagem de muda, a fortaleza em ruínas e as cabanas de pescadores na praia representam a Alsium da Antiguidade — uma das mais antigas cidades da Itália, fundada ou ocupada pelos pelasgos — séculos antes da chegada dos etruscos a essas praias."[4]

Seu nome, conjeturou o poeta do século I d.C. Sílio Itálico, seria derivado do grego Haleso, filho (ou companheiro) de Agamenon. No período etrusco, Alsium havia sido um importante porto e, nos dias da Roma antiga, uma popular estação de férias para os ricos. O general romano Pompeu possuía uma vila ali, assim como a sogra de Plínio, o Moço, que ela havia comprado do guardião deste, Rufus Verginius [Rufo Virgínio], que a chamava "o refúgio de sua velhice". Vários imperadores também passavam as férias ali, entre os quais Antonino, cuja vila era elogiada por sua localização, "cercada por colinas e com vista para o mar". Destruído nas invasões dos godos, o local foi repovoado no início da Idade Média e seu novo nome, Palo, acreditava-se, era derivado de *palludi*, o terreno pantanoso onde se situava.

Embora Palo talvez não fosse um nome tão grandiloquente como Alsium, para Felícia ele representava mais um vínculo com a Antiguidade. Um outro poeta do século I d.C., Pólio Felice, fora conhecido por sua vila à beira-mar no sul. Construída sobre um promontório em Sorrento, mais tarde veio a atrair a atenção de Giovanna, a aragonesa que foi rainha de Nápoles no século XV. No mundo da Renascença, em que se apreciavam os jogos de palavras e de nomes, a semelhança entre Pólio Felice e Palo Felice [Felícia em italiano] seria motivo de diversão, reforçando a ideia de que era destino dela ser proprietária daquele local.

A própria localização de frente para o mar proporcionava a Felícia outras oportunidades de expressão e autoafirmação. Como membro da família Della Rovere, devia sentir que o mar tinha um papel em sua identidade. Quando adolescente, conforme confidenciou a Baldassare Castiglione, havia jurado atirar-se ao mar para não se deixar capturar pelos Borgia. Havia navegado muitas vezes, para cima e para baixo, pelo litoral que agora via das janelas de seu castelo. Olhando para o mar, do castelo que era agora propriedade sua, Felícia podia se ver, ainda menina, afastada de sua família em Roma, para a segurança de Savona, a cidade natal dos Della Rovere. Não se previa um grande futuro para a filha do cardeal. Se, de um navio, ela avistasse aquele castelo, jamais poderia imaginar que um dia seria seu. A percepção da altura à qual havia chegado tornava ainda mais doce sua nova posse.

A localização de Palo dava a Felícia a oportunidade de uma ligação adicional com seu pai. Júlio, ironicamente chamado de "barqueiro" por Erasmo em *Julius Exclusus*, era um grande entusiasta da navegação. Mantinha uma grande frota de galeões no porto romano de Óstia, cidade da qual ele havia sido bispo. Quando Felícia adquiriu Palo, ele estava em processo de construir um porto em Civitavecchia, para o qual Bramante projetou uma grande fortaleza em 1510. Palo ficava exatamente a meio caminho entre Óstia e Civitavecchia. Sem dúvida, Júlio deve ter aprovado a compra da filha, que aumentaria o controle dos Della Rovere sobre as águas romanas.

Embora Felícia talvez não estivesse a par disso, também havia traços da linhagem de sua mãe naquela área. Os Normanni haviam outrora possuído uma propriedade em Castrum di Martignano, situada junto ao lago Martignano, a poucos quilômetros de Palo. No século XII, os Normanni tinham um castelo ali, herdado em 1270 por Constanza, a viúva de Pandolfo Normanni, que o vendeu a outros membros da família, Giovanni e Stefano.[5] Assim, em mais um sentido, Felícia estava voltando às suas raízes. Se sabia, ou não, dessa conexão particularmente íntima, Felícia compreendeu que a posse de Palo lhe permitiria posicionar-se por direito na história baronial de Roma. O passado ilustre de Palo, como Alsium, lhe propiciava uma ligação com o mundo antigo. O castelo do século XIV representava uma participação substancial no passado medieval de Roma. Felícia não precisava inventar para si uma ascendência romana venerável — sua mãe já lhe havia proporcionado isso —, mas poucos poderiam discutir que a propriedade do castelo consolidava sua posição.

6

A empresária

O prestígio pessoal, a ampliação de uma identidade, uma ligação com o mundo antigo — tudo isso constituía o equipamento desejável para a mulher nobre da Renascença. Mas não foram estas as principais razões para Felícia adquirir Palo. Ela o queria para ganhar seu próprio dinheiro. Uma renda pessoal seria sua principal salvaguarda, caso Gian Giordano morresse antes de ela conseguir dar à luz um filho e herdeiro Orsini. A faixa litorânea de Palo podia ser pantanosa, mas as terras mais para o interior eram excepcionalmente férteis, o solo quase negro. O castelo possuía uma grande extensão de terras, com uma parte de floresta densa e outra de campos de trigo.

A importância do trigo para a economia de Roma não pode ser desconsiderada. O pão era o principal artigo de consumo da cidade e muitos dos trabalhadores recebiam parte dos pagamentos em pão. A quantidade de grãos cultivada na *campagna* romana era insuficiente e, para alimentar os cidadãos adequadamente, os mercadores importavam grandes volumes de outras partes da Itália. Qualquer um que tivesse alguma ligação com o abastecimento de grãos para Roma tinha alguma participação nas finanças da cidade e, com isso, conseguia um papel na política local.

A receita da venda dos grãos de Palo revertia toda para Felícia, o que fazia dela uma mulher rica por si só, independentemente do marido ou do pai. Ela também explorava seus bens recém-adquiridos para conseguir maior acesso ao Palácio do Vaticano e estabeleceu uma sociedade comercial que atuaria com sucesso por mais de uma década, com a figura laica mais poderosa do Vaticano, Giuliano Leno. Ele provinha de uma família muito parecida com a família De Cupis, cujos membros eram burocratas e funcionários da cidade.[1] A família Leno mantinha laços duradouros com os cardeais da família Della Rovere. Também se ligou pelo casamento com outra família burguesa romana, os Del Bufalo; a meia-irmã de Felícia, Francesca de Cupis, era casada com Angelo del Bufalo. Leno se tornou o fornecedor geral do Palácio do Vaticano. Nenhum artigo, desde materiais de construção para a nova igreja de São Pedro, até lenha para lareiras, ou gêneros alimentícios, entrava no Vaticano sem sua licença. Ele já havia trabalhado para Júlio quando este ainda era o cardeal Giuliano, supervisionando a construção de seu palácio em San Pietro in Vincoli. A nova aquisição da filha do papa o deixou muito interessado e ele esperava lucrar com ela. Felícia precisava de alguém que a ajudasse a vender sua produção em Roma. Ela desejava trabalhar independentemente dos mercados controlados pelas principais famílias romanas, incluindo os Orsini. Giuliano Leno podia dar a Felícia o que ela precisava, e fez um contrato com ela para atuar como seu agente na venda da produção de Palo em Roma.

Associada a Leno, Felícia destinava a maior parte da produção de Palo diretamente para o Palácio do Vaticano. Assim, ela passou a fornecer uma parte do pão de cada dia de seu pai — o Santo Padre. Seus cardeais perceberam que Felícia era uma força financeira por seu próprio mérito. Essa nova posição lhe proporcionou maior poder e influência na corte papal, poder e influência que poderiam durar mais do que o reinado de seu pai.

Giuliano Leno não era o único funcionário do Vaticano que Felícia empregou para ajudá-la a intermediar a venda de seus grãos. Nem toda sua produção se destinava a Roma. Um livro de contabilidade preservado, datado de 1511, mostra como ela explorava a localização litorânea de Palo, seus antigos laços com Savona e o bom relacionamento com os altos funcionários dos Orsini. Os agentes encarregados de vender essa parte de sua produção eram Giovanni Paolo, administrador de Bracciano, e "Mestre Biasso, capitão da galeota de Sua Santidade". Felícia della Rovere, que reconhecia a importância de cultivar a amizade dos serviçais, deve ter conhecido o capitão Biasso em suas viagens entre Roma e Savona. Agora, passados alguns anos, ela o convenceu, sem dúvida mediante uma recompensa financeira adequada, a embarcar partidas de grão a locais facilmente acessíveis a partir de Palo. Ele teria usado um navio da frota papal, algo que poderia fazer apenas com a bênção do papa, o que sugere que Júlio endossava as atividades comerciais da filha. Graças a essa colaboração, a clientela de Felícia chegou a incluir residentes da ilha de Elba, a cerca de 60 quilômetros a noroeste de Palo.

Um dos registros desse livro de contabilidade diz: "20 de março de 1511: Notificamos Felix Ruveris d'Ursini, nossa ama, que vendemos em seu nome 25 *rubbios* [13.608 litros] de grãos de Palo a Gian Rinaldo Marcciano, de Elba, ao preço de 14 *carlini* cada 5 *rubbios*. Assinados, *Maestro* Biasso, capitão da galeota de Sua Santidade, e *Maestro* Gian Paolo, governador do castelo de Bracciano."[2] Nesse mesmo embarque, Antonio Marcciano, de Elba, comprou 42 *rubbios*; Constantino de Elba, 26; Andrea, 16. Em outra ocasião, o capitão Biasso levou seu navio até Savona, onde vendeu 65 *rubbios* a Giovanni di Stefano e 64 a Riccardo Corvello, que possivelmente estavam entre os mercadores a quem Felícia havia escrito em 1504, garantindo-lhes facilidades em Roma, quando seu pai assumiu o papado.

Havia ainda clientes em Sperlonga, cidade costeira a cerca de 100 quilômetros ao sul de Roma. Um cliente individual aparece nesse livro e, dos membros da família Orsini, a única a comprar grãos de Felícia foi Dianora, a favor de quem ela interviera pouco tempo depois de seu casamento, em uma disputa pelo fornecimento de feno das terras da família. É possível que Felícia tenha assumido um compromisso pessoal de fornecer a Dianora tudo que ela necessitasse, de modo que não fosse mais obrigada a enviar infrutíferas cartas de solicitações.

Nesse livro de contabilidade, o nome completo de Felícia foi latinizado para "Felix Ruveris Ursinis". Isso poderia não ser tão estranho, se o resto do documento não estivesse escrito em italiano e indica que a adoção dessa forma de seu nome foi uma escolha intencional de Felícia. Em latim, o nome tem um toque muito masculino: "O Afortunado do Carvalho e do Urso", que denota força, solidez e ferocidade — qualidades superadas apenas pela *terribilità* de seu pai. Não é o nome de alguém a ser desafiado, e excelente para uso no contexto comercial e político. E Felícia haveria de explorar sua ressonância ao máximo.

A compra de Palo constituiu o ato mais sagaz que Felícia havia executado até então. Como senhora de uma propriedade, com sua identidade e autoridade mais acentuadas, ela estava pronta a dar mais um passo em sua carreira e tornar-se negociadora política.

7

Embaixadora do Vaticano

A compra de Palo em janeiro de 1509 marca um ponto de maturidade para Felícia. Ela possuía sua própria fortuna, e essa autonomia lhe granjeava maior respeito entre os seus pares. Seu pai sentiu que poderia explorar para seus próprios fins a influência que ela agora exercia. E Felícia, de bom grado, consentiu.

Nos dois anos desde o casamento de Felícia com Gian Giordano, Júlio havia continuado a implementar seus planos e ambições. Prosseguira com sua obra de renovação do Palácio do Vaticano. Bramante havia construído escadarias cerimoniais, projetado uma grande janela na principal sala do trono, a Sala Regia, e tinha avançado na construção da nova igreja de São Pedro. O relacionamento mais turbulento que já ocorrera entre um artista e um patrono, o de Michelangelo com Júlio, também deu origem a extraordinárias obras de arte. Júlio perdera o interesse no projeto de sua tumba, mas em 1508 pôs Michelangelo a trabalhar nas novas pinturas para o teto da capela Sistina, a obra-prima do reinado de seu tio Sisto IV, que começava a apresentar rachaduras.

Naquele mesmo ano, Júlio levou para Roma o maior rival de Michelangelo, o pintor Rafael de Urbino, então com 25 anos, coincidentemente a mesma idade de Felícia. O jovem artista, criado na corte de Montefeltro, já havia tomado Florença de assalto com sua versão primorosa da Virgem com o Menino, redefinindo a palavra *sprezzatura*. Júlio sentiu enorme satisfação em roubá-lo da cidade cuja beleza ele estava determinado a superar em Roma. Mas Júlio queria os talentos de Rafael para seu prazer particular: ele não desejava viver nos apartamentos que haviam pertencido a seu antecessor, Alexandre VI. Suas ornamentações, do pintor Pinturicchio, de Siena, consistiam de cenas do Antigo e do Novo Testamentos, com os personagens retratados com os rostos de membros da família Borgia. Pinturicchio pintou a loira Lucrécia como Santa Catarina, seu irmão César como um turco e Alexandre como o rei Salomão. Júlio não tinha a mínima vontade de ver aquelas imagens todos os dias. Em vez de simplesmente continuar a ocupar os mesmos aposentos e mandar recobrir os trabalhos de Pinturicchio, ele resolveu mudar-se. Mandou Bramante executar uma obra estrutural em aposentos mais antigos, conhecidos simplesmente como *Stanze* (quartos). Rafael deveria decorá-los com afrescos que ilustrassem simbolicamente todas as grandes realizações e os sonhos do reinado de Júlio.[1] Entre esses estão *O Parnaso*, onde Apolo e as musas estão sentados no meio de intelectuais e filósofos, de Homero a Dante. *A Escola de Atenas* inclui, entre as várias figuras retratadas, Bramante pintado como Euclides, Michelangelo como o melancólico Heráclito e Leonardo da Vinci como Platão. O próprio Rafael aparece no canto direito.

Os frutos da visão estética de Júlio perduram até hoje. Seu programa político, contudo, era muito mais problemático. Fora de Roma, sua sorte política passava por altos e baixos. Ele havia obtido uma vitória espantosamente fácil ao expulsar os Bentivoglio de Bolonha, em 1506, em parte porque essa família havia se tornado impopular e muitos cidadãos de Bolonha saudaram a chegada do papa para libertá-los da tirania. No entanto, os bolonheses se mostraram volúveis e Júlio teve que lutar várias vezes até finalmente subjugar os Bentivoglio.

O maior sucesso de Júlio, principalmente decorrente de suas estratégias matrimoniais, talvez tenha sido a *Pax Romana* — Paz Romana — de 1511, um tratado firmado em 28 de agosto entre os barões e os cidadãos de Roma. Seus signatários mais importantes eram, evidentemente, membros das famílias Colonna e Orsini. Giulio Orsini assinou por Gian Giordano, que na ocasião se encontrava na França. A seus nomes se juntaram os de 13 outros distritos de Roma, incluindo famílias romanas, como os Savelli e os Massimo. Todos prometeram dedicar-se "à honra e exaltação de Sua Santidade Nosso Senhor Papa Júlio II e à Santa Madre Igreja [...] para a paz, a tranquilidade e a vida serena na bela cidade de Roma, nossa *patria* comunal".[2] Embora ainda persistissem as tensões entre os nobres, a cidade aos poucos deixou de se dilacerar por dentro. Essa paz relativa proporcionou uma existência mais fácil para Júlio e seus sucessores na cidade de Roma. Um tipo especial de majólica, louça esmaltada, foi criada para comemorar a paz, tornando-se conhecida como porcelana Orsini-Colonna, mostrando um urso, o emblema dos Orsini, abraçado a uma coluna (*colonna*), com a inscrição "seremos amigos".

Júlio havia arranjado o casamento de Felícia com Gian Giordano Orsini como forma de trazer paz para Roma. Mas ela dera sua própria contribuição para um acordo baronial dois anos antes da *Pax Romana*, em 1509, quando negociou uma *entente* entre as famílias Orsini e Savelli. As duas não eram inimigas especialmente implacáveis, mas a inclinação dos Savelli em aliar-se aos Colonna havia criado uma animosidade entre as famílias. Felícia, porém, tinha feito amizade com Portia, da família Savelli, que era casada com seu cunhado Carlo Orsini. Talvez tenha sido através de Portia que Felícia concebeu um acordo, a respeito do qual o embaixador de Mântua fez um relatório em 24 de abril de 1509. Ele descreveu que os representantes das duas famílias se apresentaram "diante do papa, prometendo não mais entrar em conflito. Em troca, quaisquer penalidades nas quais houvessem incorrido [por causa das rixas] seriam canceladas. Como garantia de que essa paz seria respeitada, elas depositarão 100 mil ducados, fornecidos por alguns cardeais, bem como por nobres que são seus amigos, e pelo povo de Roma."[3]

O trabalho de Felícia com os Savelli coincidiu com outra negociação, muito mais perigosa, quando ela conseguiu evitar que os Orsini formassem uma aliança com Veneza. A República de Veneza havia sido um espinho na garganta de Júlio, desde que ele recebera a tiara pontifícia. Os venezianos constantemente desafiavam o poder do papa, ignorando e substituindo as nomeações clericais estabelecidas por Júlio. Ele havia ficado particularmente irritado com a recusa deles em designar um de seus sobrinhos, Bartolomeo della Rovere, como arcebispo de Pádua em 1508, após a morte de seu irmão, Galeotto Franciotto della Rovere, em cuja cama Felícia e Gian Giordano haviam consumado seu casamento. Em 1510, os venezianos também haviam começado a afirmar-se militarmente. Eles estavam cientes da ameaça de uma agressão turca pelo leste e, pelo noroeste, da possibilidade de uma invasão francesa. Eles queriam armar-se e defender-se. Júlio não desejava ver a Itália invadida por qualquer dos lados, e tampouco queria ali qualquer ação militar, a menos que fosse sob seu comando, e não apreciava a arrogância da República de Veneza. Ele decidiu juntar-se à internacional Liga de Cambrai, antiveneziana, cujos outros membros eram Luís XII, da França, o imperador Maximiliano, do Sacro Império Romano, e o espanhol Fernando de Aragão.[4]

No início de 1509, os venezianos se prepararam para a guerra contra a Liga. Como era comum na prática militar daquele tempo, eles não só possuíam suas tropas capitaneadas por membros da República de Veneza, mas também contratavam *condottieri* de outras regiões da Itália para aumentar seu poderio. Entraram em negociações com Giulio Orsini e com Renzo da Ceri, genro de Gian Giordano, para servirem como comandantes militares em sua guerra. Essa situação irritou Júlio e constrangeu Gian Giordano. Os Orsini, por meio do casamento deste com Felícia, supostamente eram aliados do papa e, do ponto de vista de Júlio, tal aliança não permitia que eles combatessem em nome do Estado que ele havia considerado inimigo. Gian Giordano, que há muito tempo vinha servindo à Coroa francesa, estava igualmente desconfortável com o novo empregador escolhido por seus parentes. Contudo, havia uma razão para os *condottieri* serem chamados de "mercenários": eles prestavam serviço a quem pagasse mais, e a lealdade política, se é que constituía um fator, era uma consideração secundária. Não se podia negar que as finanças da família Orsini ainda estavam um tanto desarrumadas, em decorrência dos conflitos com os Borgia. Não tendo participação na renda que a França proporcionava a Gian Giordano, Giulio e Renzo não partilhavam de sua lealdade aos franceses. E, mesmo sendo o chefe do clã de Bracciano, Gian Giordano não estava em posição de proibir seus parentes de aceitarem o dinheiro de Veneza.

Gian Giordano se encontrava em um evidente impasse. Não queria que sua família parecesse pouco unida, nem desejava um conflito com seu sogro ou com seus patrões franceses. E foi sua esposa, Felícia, que lhe permitiu salvar as aparências. Ela atuou de forma que os parentes de seu marido fossem impedidos de servir como mercenários a favor de Veneza.

Em 1º de abril de 1509, Júlio convocou uma reunião no Vaticano com os dois banqueiros, Agostino da Sandro e Bonvixi, responsáveis pelo pagamento, por parte dos venezianos, da remuneração aos *condottieri* Orsini. Ele então se retirou e as discussões com os banqueiros se realizaram "por intermédio de madona Felícia" para assegurar que o restante do dinheiro que lhes havia sido prometido não chegasse aos Orsini.[5] Após, Felícia "passou a noite no palácio, com uma guarda armada". Evidentemente, com negociações tão delicadas e potencialmente explosivas em andamento, seria muito perigoso para ela voltar naquela noite ao palácio de Monte Giordano e correr o risco de ser sequestrada ou até assassinada.

Tendo bloqueado o acesso dos Orsini aos fundos venezianos, Felícia então os procurou pessoalmente. Notícias do que estava ocorrendo entre os dois lados chegaram a Veneza por um mensageiro, Mafio: "Dos lábios desse mensageiro," registrou Marino Sanuto, "vieram notícias dos Orsini, e elas não são boas. Eles chegaram a um acordo com o papa, e a causa disso é sua filha, madona Felícia, esposa de Gian Giordano Orsini. Ela procurou esses Orsini e fez com que se reconciliassem com o papa e eles devolveram os 16 mil ducados que tinham de nossos representantes."[6]

O que exatamente Felícia ofereceu para fazer os *condottieri* Orsini mudarem de opinião permanece um segredo. Sem dúvida, Giulio Orsini e Renzo da Ceri receberam algum tipo de suborno para fazer valer a pena a devolução daquela quantia substancial aos venezianos. Tal suborno deve ter sido sancionado por Júlio e também por Gian Giordano. Politicamente, era prudente que nenhuma das partes aparecesse como envolvida em tal transação — Júlio, pois pareceria que estava se intrometendo nos negócios da família Orsini, e Gian Giordano, pois daria a impressão de não colocar em primeiro lugar os interesses de sua própria família. Ambos estavam claramente satisfeitos pelo fato de Felícia, sua filha e esposa, respectivamente, ter atuado como negociadora. Isso os eximiria de qualquer culpa, que seria particularmente grave no caso de Gian Giordano, permitindo-lhe manter uma neutralidade com relação a Veneza, a seus parentes e ao papa. Os venezianos certamente consideraram Felícia a responsável pelo cancelamento do contrato por parte dos Orsini; conforme registrou Sanuto, ela foi a "causa" do rompimento.

Qual seria o ganho de Felícia com suas ações? Não era de seu interesse pessoal se os Orsini atuavam a favor de Veneza ou não. Mas o incidente lhe deu a oportunidade de atuar no papel que ela sabia que teria sido o seu, se tivesse nascido homem, o de cardeal *nipote*. Como intermediária entre o papa e os Orsini, estava agindo como seu pai, a seu tempo, havia feito com seu tio Sisto, servindo efetivamente como mediadora política do papa. O fato lhe deu algo que ela desejava muito: o amplo reconhecimento público. Sua reputação se espalhou por todas as cortes da Itália, à medida que embaixadores e emissários enviavam seus relatos do que havia ocorrido. Em 2 de abril, Lodovico da Fabriano, ressaltando o envolvimento de Felícia no processo, informou à corte de Mântua: "Esses Orsini chegaram a um acordo com Nosso Senhor, e vieram ontem beijar os pés de Sua Santidade, por intermédio de madona Felícia [...] eles se comprometeram a não lutar sem um mandato pontifício ..."[7]

Esse evento também fez com que Felícia fortalecesse sua ligação com o pai. Em suas negociações com os Orsini e Veneza, ela não agiu primeiramente como esposa de um Orsini. Naquele caso, ela foi totalmente uma Della Rovere. Os parentes de Gian Giordano perceberam para onde pendia sua fidelidade e isso os deixou apreensivos. Embora houvessem concordado com a vontade do papa, o caso serviu para definir ainda mais a distância entre Felícia e os parentes do marido dela. A lealdade de Felícia estava enraizada no Palácio do Vaticano, não em Monte Giordano.

8

Felícia e a rainha da França

Em 1510 foi firmado um acordo entre Júlio e os venezianos, que já não eram seus principais inimigos. O papa então voltou sua atenção para a França, cuja presença contínua no norte da Itália ele gostaria que chegasse ao fim. A Liga de Cambrai foi dissolvida e em seu lugar foi formada a Santa Liga. Seu núcleo tinha os mesmos membros que a Liga de Cambrai, sem a França, e com a inclusão de Henrique VIII da Inglaterra, dos líderes dos cantões suíços e, desta vez, de Veneza. Uma carta chegou a Veneza, vinda da corte papal, dando a boa notícia que "o papa suspenderá sua censura contra nós e enviou madona Felícia, esposa do senhor Gian Giordano, para dizer a Giulio Orsini para preparar-se, pois o papa deseja estar com os venezianos contra a França."[1]

Mas, se os parentes de Gian Giordano estavam dispostos a entrar em guerra contra a França, o mesmo não ocorria com o próprio senhor de Bracciano. Esta nova situação política lhe trouxe um grau de embaraço ainda maior do que o caso de Veneza. Ele não só havia servido à França por longo tempo, mas também tinha significativo investimento financeiro no país, na forma de seu palácio em Blois. O importante para Gian Giordano não era, necessariamente, conseguir pôr um fim às hostilidades, mas, pelo menos, parecer estar trabalhando com aquele objetivo em mente. Se Júlio havia apelado a Felícia para auxiliá-lo na arbitragem junto aos venezianos, dessa vez era seu marido que a convocava para atuar como mediadora entre a França e o papa.

Gian Giordano partiu para uma longa visita à França para propor negociações de paz. Voltou em julho de 1511 e foi ao Vaticano discutir tal proposta com o papa. Conforme registrou Sanuto: "Madona Felícia também veio de Bracciano a fim de reforçar o acordo."[2] Em outras palavras, ela deu apoio moral a seu marido em suas conversações com o sogro.

Alcançar a paz com a França era uma tarefa inalcançável para Gian Giordano, que era um *condottiere* aclamado mais por sua lealdade do que por sua astúcia política. Além do mais, Júlio era apenas um dos participantes da Santa Liga. Ele tinha certos interesses em manter, se não lealdades, boas relações com os outros membros da Liga, em particular com o poderoso sacro imperador romano, que não estava propenso a um acordo com a França. Não obstante, Júlio estava preparado para utilizar suas conexões com os Orsini como um conduto para o diálogo entre ele próprio e a França. Tal conversação, contudo, não deveria envolver diretamente nem Gian Giordano, nem Júlio. No lugar deles, os participantes seriam Felícia e a rainha da França, Ana da Bretanha.

Como Isabella d'Este, Ana da Bretanha era uma mulher que Felícia admirava e podia considerar como modelo. Seis anos mais velha que Felícia, Ana havia herdado o ducado da Bretanha aos 11 anos de idade. Dirigente natural, ela se casou com Carlos VIII da França em 1491, e havia governado o país com êxito durante a ausência do marido em campanhas militares na última década do século XV. Embora a Bretanha estivesse, então, tecnicamente sob controle francês, Ana conseguiu governar o ducado com autonomia. Em 1499, casou-se com o sucessor de Carlos, Luís XII, e continuou a atuar como regente na França, quando necessário. Embora Luís XII fosse, em geral, ridicularizado por sua pouca inteligência, por conhecedores de príncipes como Maquiavel, Ana merecia o respeito de seus pares. Castiglione a havia descrito como "uma grande dama, não menos em virtude, como no estado e na justiça, na liberalidade e na santidade [...] ao compará-la aos reis Carlos e Luís, ela não será considerada inferior".[3]

A própria Ana não era a favor da ação militar francesa e francamente acreditava que era o desejo de seu marido por autoengrandecimento o havia levado a não permitir que as tropas francesas deixassem o norte da Itália. Por mais poderosa que fosse, não cabia a ela tomar a decisão de desocupar a Itália, e ela só podia agir pelas bordas. Quando recebeu Gian Giordano na corte de Blois, ficou claro que ela poderia abrir um diálogo politicamente digno com sua inteligente esposa. Porém, a ideia de que Felícia e Ana poderiam, ou iriam, alterar o curso dos procedimentos diplomáticos entre a França e o papado não é necessariamente realista. Mas tal encontro faria muito em matéria de relações-públicas para ambos os lados. Se a rainha da França e a filha do papa pudessem negociar cordialmente entre si, seria um indicativo de que havia a possibilidade de um acordo entre as partes. "Madona Felícia recebeu pedido da rainha de França para iniciar um diálogo sobre o assunto da paz com Luís XII", escreveu um emissário de Mântua a Isabella d'Este, em abril de 1511. "A rainha da França está procurando por todas as formas afastar o rei dessa missão e, assim, está trabalhando com madona Felícia para que rogue a Sua Santidade, seu pai, para que ele queira inclinar-se por tal acordo."[4] Júlio parecia disposto a ouvir a filha. No fim de julho de 1511 um dos mais confiáveis servidores de Isabella, Stazio Gaddi, lhe escreveu de Roma: "Espera-se um bom desfecho para a paz, pois ela está sendo tratada por duas mulheres sábias: a rainha da França e madona Felícia."[5]

Ana e Felícia perseveraram durante os dois anos seguintes. Em 29 de janeiro de 1513, quase dois anos depois do início da *entente* original, Stazio informou que a "rainha da França continua a buscar a paz com o papa, e enviou várias cartas escritas de seu próprio punho. A senhora Felícia, junto com o cardeal de Nantes, vem conduzindo o caso."[6] Todavia, não caberia a Júlio, mas ao seu sucessor, Leão X, da família francófila dos Médici, colocar um ponto final na guerra do Vaticano com a França.

9

Madona Felícia é tudo

Para Felícia, entrar em negociações com Ana da Bretanha representou mais uma joia em sua recém-adquirida coroa como a mulher mais poderosa de Roma. Para ela, a questão mais importante não era se a paz com a França seria de fato alcançada ou não. Porém, naquele mundo onde a aparência era tudo, o que mais lhe interessava era que ela fosse vista como uma personagem política de peso inquestionável. Mais uma vez, teve ampla divulgação o fato de seu pai ter-lhe concedido uma função diplomática e de ela ser agora uma figura internacionalmente reconhecida. A própria rainha da França a havia tratado como uma igual e solicitado as opiniões e a influência da filha do papa. O que agradava especialmente a Felícia era que muito do respeito que recebia se devia precisamente ao fato de ser a filha do papa. Sua condição de esposa de um Orsini havia ajudado a lhe dar legitimidade, mas seu poder veio pelo reconhecimento de que tinha a atenção do pai.

Outros no Vaticano perceberam o poder e a influência que Felícia della Rovere exerce na corte, entre os quais o cardeal Bernardo Dovizi da Bibbiena, que havia sido tutor do cardeal Giovanni de Medici, o futuro papa Leão X. Durante o papado de Júlio, Bibbiena foi os olhos, os ouvidos e o mediador dos Medici no Vaticano. Ele enviou grande quantidade de comentários a Florença a respeito do Concílio de Pisa de 1511. Cinco cardeais dissidentes que se opunham ao militarismo de Júlio engendraram o concílio, com o propósito de depô-lo. Dois desses cardeais eram franceses, dois espanhóis e o quinto era Francesco Borgia, parente de Alexandre VI, que o próprio Júlio havia tentado depor. Os cardeais franceses e espanhóis se sentiam logrados por Júlio, que não havia cumprido sua promessa de recompensá-los se votassem nele no conclave para a escolha do papa. No entanto, o Concílio de Pisa não teve êxito em sua tentativa de afastá-lo e, em consequência, os cardeais foram excomungados por Júlio. Porém, no decorrer de suas reuniões, o líder do concílio, o espanhol Bernardino Carvajal, quis envolver Felícia nas negociações. "Fui informado", escreveu o cardeal Bibbiena a Giovanni de Medici, "que Bernardino Carvajal escreveu mil páginas para madona Felícia, em que oferecia seu irmão como refém de Sua Santidade e prometia que o concílio não iria contra Sua Santidade, e outras amabilidades semelhantes [...]."[1]

O desejo de Júlio para que Felícia assumisse um papel nas negociações com o clero sulista pode ser deduzido pelo fato de tê-la deixado alienar a abadia de Valdina na Sicília. A localização desse posto, que rendia 2.500 *scudi* anuais, tornou-o desejável para os clérigos napolitanos e espanhóis. "Parece", comentou Bibbiena, "que Sua Santidade deseja que a abadia seja transferida de acordo com os desejos de madona Felícia."[2] Isso significava que qualquer clérigo com esperança de obter a abadia para si ou para um aliado precisaria colaborar com ela. As partes teriam, então, que entrar em negociações particulares, sem envolver Júlio diretamente, de modo que ele pudesse evitar quaisquer acusações de suborno. O aspirante a abade sem dúvida teria que garantir a Felícia a fidelidade ao seu pai e se recusar a aderir a quaisquer conluios contra ele.

A extensão da infiltração de Felícia na corte atingiu o ponto em que Júlio relaxou e começou a mostrar-lhe franca afeição. Como observou um emissário de Mântua: "Na corte, madona Felícia é tudo."[3] Ela passou a ser uma presença constante no Palácio do Vaticano. "Madona Felícia está aqui", escreveu Bibbiena em outra ocasião, "um pouco indisposta."[4] Eleonora Gonzaga, a nova duquesa de Urbino, casada com o primo de Felícia, Francesco Maria della Rovere, escreveu a sua mãe, Isabella d'Este, em 10 de abril de 1511, acerca de um jantar oferecido pelo papa. "Ontem à noite, a Ilustríssima Senhora Duquesa [sua tia-avó Elizabetta Gonzaga] com o duque e eu fomos jantar com Sua Santidade e madona Felícia estava lá novamente."[5] Júlio também convidou Eleonora e Felícia para visitá-lo e apreciar as fabulosas joias que ele havia adquirido por importâncias astronômicas. Ainda naquele ano, em setembro, estando Júlio gravemente enfermo, o embaixador veneziano enviou o seguinte relatório: "O papa está muito adoentado e não permite que ninguém entre em seus aposentos, a não ser sua cunhada [Eleonora], sua filha, madona Felícia, que está em Roma, Bartolomeo della Rovere e o duque de Urbino."[6] Júlio chegou até a fazer a partilha de seus bens, deixando para Felícia mais 12 mil ducados. Conseguiu recuperar-se, porém, e voltou para suas atividades militares e de construção que o deixaram quase sem recursos. Para ajudar o pai, Felícia na verdade devolveu o dinheiro que ele lhe havia transferido.

Mesmo com tal ato de generosidade por parte de Felícia, não havia garantia de que Júlio, cujo humor, com a idade, havia se tornado notoriamente instável e inconstante, a tratasse sempre bem e com afeto. Mesmo permitindo que ela atuasse politicamente a seu comando, ficava irritado se ela tentasse tomar a iniciativa em quaisquer questões de Estado. Ela haveria de sentir o tamanho de sua ira quando se envolveu com os assuntos da família de Isabella d'Este.

10

Codinome Safo

Nenhum nobre italiano atormentou Júlio II com mais persistência do que Alfonso d'Este, o duque de Ferrara, que lhe foi consistentemente hostil durante todo o seu pontificado. Temendo que a invasão de Júlio a Bolonha pudesse ter repercussões para sua própria cidade de Ferrara, que ficava próxima, Alfonso atuou como aliado dos Bentivoglio e também dos franceses, e se recusou a obedecer à solicitação de Júlio para desistir de atividades hostis a Veneza. Talvez o mais grave de tudo, sob o ponto de vista financeiro, fosse o fato de Alfonso também explorar o sal na cidade de Comacchio, o que afetava diretamente a renda papal que provinha desse artigo muito precioso, na mesma região. Em agosto de 1510 o papa Júlio II decidiu punir Alfonso com a excomunhão.[1]

O mau relacionamento entre Júlio e Alfonso também afetou a forma como ele via a família Gonzaga, os governantes de Mântua. Francesco Gonzaga e Alfonso eram cunhados. Isabella d'Este era esposa do primeiro e irmã do segundo. Francesco era também comandante das tropas do papa, um posto do qual Júlio poderia tê-lo dispensado, não fosse pelo fato de Eleonora, a filha de Francesco, ser a esposa de seu sobrinho Francesco Maria della Rovere. Porém, Júlio considerava Francesco um general ineficaz e indigno de confiança, e sentia que seus laços com Alfonso comprometiam sua posição militar. Para assegurar a lealdade de Francesco, seu jovem filho Federico, insistiu Júlio, deveria ser mantido como refém na corte papal para garantir o bom comportamento de seu pai. Federico, que poderia muito bem ser o belo jovem loiro que aparece bem na frente da *Escola de Atenas* de Rafael, tornou-se um favorito da *famiglia* papal e foi talvez mais bem-tratado do que se tivesse permanecido em casa. O rapaz possuía grande encanto. O embaixador de Mântua na corte escreveu aos pais dele para assegurar-lhes o quanto ele era querido "pelo papa, por Agostino Chigi [que se tornara o financista de Júlio], por Gian Giordano Orsini e madona Felícia, que de bom grado lhe dão afeto e o convidaram a Bracciano".[2] Em outras ocasiões, ele visitava Monte Giordano.

O fato de Júlio ver o irmão e o marido de Isabella d'Este com considerável desconfiança não era algo que a marquesa se dispusesse a permitir. Um mau relacionamento com o papa significava a limitação das lucrativas recompensas pontifícias, dos chapéus cardinalícios para seus filhos e sobrinhos, do acesso aos benefícios da Igreja e aos direitos de comissões sobre certos tributos. Isabella não podia suportar a ideia de qualquer tipo de perda financeira. Procurando ver quem na corte papal poderia ser um contato útil para suas famílias, ela voltou sua atenção para a mulher que havia solicitado sua amizade meia década antes.

Felícia estava disposta, na verdade ansiosa, a ajudar a influente Isabella. A situação não só a atraía por causa de seu gosto pela mediação diplomática, mas lhe proporcionava uma oportunidade para avançar mais no cenário político da Itália. Em abril de 1511, Felícia procurou o pai para "ver se ele consentiria que ela desse sua filha [Júlia] em casamento a um dos filhos de Sua Excelência o duque de Ferrara". Considerando que nenhuma das crianças tinha mais de 4 anos de idade, pode-se presumir com segurança que isso era nada mais do que uma promessa de casamento, destinada a ser uma abertura para cimentar uma aliança entre as famílias d'Este e Della Rovere. Júlio, porém, ficou muito irritado com a sugestão matrimonial por iniciativa de Felícia. Ele lhe disse para ir e "cuidar de suas costuras".[3]

Foi uma recusa calculada por parte de Júlio: ao mandar Felícia voltar a suas tarefas femininas, insinuava que ela estava se imiscuindo em um mundo masculino, no qual ela não tinha nada a fazer. A ironia, é claro, é que Júlio ficava perfeitamente satisfeito que Felícia atuasse como homem, quando isso lhe era conveniente, como quando precisou dela para dissuadir os Orsini de seu apoio a Veneza ou para servir como representante papal nas conversações de paz com a França. Mas o caráter masculino de Felícia era para ser utilizado apenas a critério e por ordem dele. De outro modo, ela devia voltar à subserviência feminina. Felícia se sentiu frustrada, sabendo que a apreciação do pai à sua habilidade e visão teria sido bem menos inconstante se ela tivesse nascido homem.

No entanto, ela era obstinada e tenaz, e não se desencorajou pela resposta de seu pai. Isabella d'Este era igualmente determinada. Assim, as duas tentaram novamente prosseguir com sua causa no ano seguinte. Dessa vez, Isabella procurava o apoio de Felícia não só para Alfonso, mas também para outro de seus irmãos, o cardeal Ippolito. O embaixador de Mântua junto ao Vaticano, Stazio Gaddi, enviou relatórios sobre o caso a Isabella e Francesco.

As partes mais sensíveis dos relatórios de Stazio eram escritas em código, a ser decifrado quando a correspondência chegasse a Mântua. Parte desse código consistia de hieróglifos criptografados, enquanto que em outras partes uma alcunha era incorporada para ocultar a identidade da pessoa. Em algumas das cartas de Stazio aparece o nome "Safo". Quebrando seu próprio código de modo um tanto indiscreto, Stazio observou no fim da carta: "Uso o nome da grande Safo para a senhora Felícia."[4]

Safo é uma escolha especialmente fascinante de pseudônimo para Felícia. Stazio talvez tenha se inspirado no retrato da poetisa no *Parnaso*, que Rafael pintou para a biblioteca de Júlio, hoje Stanza della Segnatura [Sala da Assinatura]. A representação de Safo na obra de Rafael sempre chamou a atenção, por ser ela a única figura histórica feminina no quadro, entre personagens como Virgílio e Homero, e por ter seu nome escrito acima de sua imagem. Felícia tinha uma presença igualmente singular no Vaticano. Safo também era famosa por sua sabedoria; o nome talvez refletisse a confiança de Stazio nas habilidades de Felícia. Sendo Safo o codinome para Felícia, o de seu pai veio a ser Lesbos, a ilha onde a poetisa viveu. "Safo foi a Lesbos" significava "Felícia foi ter com o papa". Em 17 de junho de 1512, Stazio escreveu a Isabella que Felícia estava

> bastante disposta a fazer um bom trabalho para Europa [codinome de Ippolito d'Este], e que faria tudo o que fosse possível. Ela disse que deve ir a Roma dentro de quatro dias e de muito bom grado se empenhará exaustivamente para seu bem. Ela também pretende tratar de seus próprios interesses, isto é, que não há nada no mundo que ela deseje mais do que ver sua filha na casa d'Este. A esse respeito, boa dose de habilidade e cuidado foi usada para assegurar que o senhor Gian Giordano concorde com a ida de sua esposa a Roma.[5]

Esta é a única referência indicativa de que, assim como Felícia, Gian Giordano também poderia ter interesse nos planos para o futuro casamento de sua filha.

Isabella acrescentou o seu encorajamento para as diligências de Felícia, escrevendo-lhe uma longa e lisonjeira carta, muito diferente do tom extravagante e prepotente que muitas vezes empregava com seus correspondentes:

> Vossa Ilustríssima Excelência, que sois como minha muito querida irmã. Tomei conhecimento, por várias fontes, de vossa carinhosa e favorável ação nos assuntos de meus ilustres irmãos, e sei que vossa bondade não é somente pelo respeito a eles, mas também por amor a mim [...]. Quero vos dizer o quanto aprecio vossos esforços e autoridade que, eu sei, Sua Santidade preza muito, e quanto ao mais estou encarregando o portador desta carta de agradecer-vos por toda generosidade e virtude que vem de vós. Conto com a continuação de vosso

favorecimento a meu irmão e particularmente ao cardeal que, pelo que sei, pode tornar-se secretário da corte. Estou certa de que ele atuará com grande maturidade nessa posição, caso venha a ser nomeado, e será obediente e fiel a Sua Santidade. Quanto a vós, tereis uma amiga e uma casa que vos servirão eternamente.[6]

Infelizmente para os planos de Felícia, a conduta de Alfonso d'Este continuou a despertar a ira de Júlio. O duque se recusou a ir ao Vaticano para afirmar sua fidelidade ao papa. Em 2 de outubro de 1512, Stazio escreveu a Isabella: "Na última quarta-feira Safo foi a Lesbos para falar sobre as questões dos negócios de Vossa Excelência. Mas ela encontrou a viúva [outro código para Júlio] em grande fúria, pois o duque se fora e havia sido visto em Bolsena. Safo não conseguiu falar com o papa, e agora ela deixou o palácio."[7]

Porém, se Felícia ficou desapontada porque essas negociações não puderam avançar, um outro golpe que Júlio desferiu contra ela a deixou absolutamente aniquilada. Ele se recusou a deixá-la assumir o governo da cidade de Pesaro, o principal porto da província de Marche [Marcas] e ponto de acesso no Adriático para cidades como Urbino. Até 1512, a cidade vinha sendo governada por um descendente da família Sforza. O primeiro marido de Lucrécia Borgia, Giovanni, havia sido seu governador e a própria Lucrécia a condessa da cidade. Talvez o interesse de Felícia na cidade tenha sido motivado por seu desejo de sobrepujar a filha de outro papa; só que, dessa vez, ela possuiria Pesaro por seus próprios méritos. Ela não a queria como um presente. Queria pagar por Pesaro com o dinheiro que havia obtido com a propriedade de Palo e através de sua intermediação junto ao Vaticano para obtenção de favores políticos e cargos eclesiásticos. Se fosse uma doação, haveria o risco de lhe ser retirada; se fosse uma compra, a cidade seria sua para sempre.

O outro concorrente a esse troféu era seu primo mais novo, Francesco Maria della Rovere. Em 1507, ele havia sucedido seu gotoso tio materno Guidobaldo, como duque de Urbino, e seu pai Giovanni, irmão de

Júlio, como prefeito de Roma. Com 22 anos de idade, Francesco Maria era fraco e perigosamente instável. Havia tido um desempenho medíocre como general nas campanhas militares de Júlio e, em 1508, havia assassinado o cardeal Francesco Alidosi, que ele via como rival pelas atenções de seu tio. Mas Felícia, surpreendentemente, gostava dele. Ele estivera em Savona em 1502, escondendo-se dos Borgia, e ela passou a considerá-lo como um irmão mais novo, um substituto temporário para o que ela havia deixado em Roma, Gian Domenico de Cupis. Felícia rogou energicamente ao pai para absolver Francesco Maria do seu crime. Júlio acedeu, em parte porque reconhecia que esse sobrinho representava o futuro da dinastia Della Rovere.

Felícia não havia considerado seu jovem primo, que já possuía tanto, como um rival sério na corrida por Pesaro. Em 11 de outubro de 1512, ela procurou o pai, cujos humores haviam se tornado cada vez mais imprevisíveis. O que ocorreu então é descrito concisamente pelo mantuano Stazio Gaddi: "Safo, desejando falar com Sua Santidade sobre a compra de Pesaro, foi vê-lo e o encontrou muito irritado. Ele a recebeu muito mal, dizendo querer Pesaro para o duque de Urbino, e lhe falou de tal forma que ela partiu de Roma chorando."[8]

Essa descrição do estado emocional de Felícia é bastante surpreendente em sua franqueza. Até então, em toda a sua vida, Felícia havia atuado em público, independentemente do que estivesse sentindo por dentro, como uma mulher ao mesmo tempo orgulhosa e flexível. O maior constrangimento que já havia demonstrado publicamente foi o rubor quando Gian Giordano tentou dar-lhe um beijo francês no dia de seu casamento. Para ela, partir de Roma em lágrimas era uma indicação da profunda humilhação que sentiu pela recusa de seu pai em atender seu pedido. A vida era em geral injusta para as mulheres na Renascença, mas a injustiça nessa ocasião pareceu particularmente cruel para Felícia. Ela havia provado ser uma administradora de propriedade mais do que competente, uma mulher de negócios arguta, uma diplomata admirada. Todos esses eram atributos úteis para um governador de cidade. Exceto por seu pai e seu tio, ela havia conquistado sozinha muito mais do que qualquer um dos homens da família Della Rovere, que haviam crescido fracos e indolentes, dependendo de doações do papa. E, contudo, seu pai a havia relegado por seu primo menos popular e menos competente, simplesmente porque ele era homem. Se o velho papa se lembrava do quanto lhe tinha sido doloroso, quando jovem, apesar de todo o seu empenho, ver-se preterido por Sisto em favor de seus primos Riario, menos merecedores, então ele deve ter optado por não se deixar levar pelas recordações. E há uma certa pungência no fato de Felícia, que tantas vezes havia agido como homem, ter sido, naquela ocasião, levada às lágrimas, a tradicional reação emocional feminina.

11

O legado juliano

Após a última recusa de seu pai, Felícia desistiu de quaisquer outras tentativas de casar sua filha Júlia com o filho do duque de Ferrara e se manteve longe do Palácio do Vaticano. Um enviado de Mântua que foi a Bracciano visitá-la escreveu a Isabella em 5 de novembro de 1512 que Felícia lhe havia assegurado ter feito "todo o possível para beneficiar o duque de Ferrara, embora muito pouco o tivesse ajudado."[1] Vários anos transcorreram sem qualquer outro contato entre Isabella e Felícia e os enviados mantuanos. Ficara claro que Júlio não faria nada pelo irmão de Isabella, e ela não era pessoa de perder tempo solicitando favores em vão. Ademais, ao fim de 1512, Júlio se encontrava constantemente enfermo. Em breve, haveria uma mudança no Vaticano, e a reputação de Alfonso d'Este poderia ser reabilitada. Cinco dias depois daquele relatório do enviado de Mântua, chegaram notícias a Veneza dando conta de que "o papa foi acometido por tremores, e já se iniciaram as negociações para a escolha de seu sucessor."[2]

Felícia se manteve atenta ao declínio de seu pai. Em várias ocasiões ela pagou as despesas do médico de Júlio, Archangelo, para viajar até suas propriedades no campo, quando estava fora de Roma, para mantê-la informada do seu estado de saúde. Ele foi bem pago por esse trabalho, recebendo 25 ducados (o equivalente a alguns milhares de libras hoje em dia) em uma ocasião, apenas para ir a Bracciano. Júlio, o *papa terribile*, foi tenaz até o fim, e em várias oportunidades conseguiu reerguer-se do que muitos acreditavam ser seu leito de morte. Mas, quando caiu de cama no início de janeiro de 1513, seria para não se levantar mais. Ele veio a falecer em 21 de fevereiro.[3]

Nos derradeiros dias de vida de Júlio, Felícia foi pedir-lhe um último favor. Ela queria que o papa nomeasse cardeal seu meio-irmão de 19 anos, Gian Domenico de Cupis. Esse pedido em grande parte era motivado por seu afeto de irmã e por um desejo de cuidar dos interesses da família De Cupis. Mas de grande interesse para ela era também a necessidade de contar com um membro da cúria cuja lealdade seria direcionada a ela, e só a ela. Felícia não sabia quem seria o próximo papa, e queria estar segura de que haveria alguém exercendo poder em nome dela nos círculos mais íntimos do Vaticano. Mas, apesar de Gian Domenico já ter sido nomeado cônego de São Pedro e secretário no Vaticano, Júlio rejeitou esse pedido, alegando que tornar cardeal alguém tão "jovem e ignorante" poderia desagradar aos outros membros do Colégio.[4] Porém, Júlio voltou a doar a Felícia os 12 mil ducados que ela lhe havia devolvido no ano anterior. No total, além dos 15 mil de seu dote, Júlio havia lhe doado uma fortuna pessoal de 21 mil ducados em espécie, incluindo o dinheiro que ela havia empregado na compra de Palo. Tratava-se de uma soma substancial para um pai legar autonomamente a uma filha naquela época, e fez de Felícia uma das mulheres mais ricas da Itália, senão a mais rica.

Não constam dos arquivos cartas de condolências a Felícia pelo falecimento de seu pai. Os que, em outras circunstâncias, poderiam ter lhe escrito talvez o tenham evitado, pelo desejo de criar uma memória de santidade para Júlio. Apesar da sua crescente impopularidade nos últimos anos de seu pontificado, uma multidão jamais vista foi ver seu corpo exposto em câmara ardente na igreja de São Pedro. As pessoas soluçavam, beijavam seus pés e rezavam em voz alta, venerando o corpo do papa como fariam com uma relíquia sagrada. Chamar a atenção, naquele momento, para o fato de Júlio ter deixado uma filha poderia parecer indelicado. Ela era uma prova da carnalidade do papa e de seu comportamento venal na juventude. Sua experiência de vida havia encoberto os pecados da carne.

Além do dinheiro que Júlio lhe deixara, uma outra parte do legado juliano continuou a viver com Felícia. Ela estava lá, para que todos a vissem, nos afrescos de Rafael nas paredes dos apartamentos do papa. *O milagre da missa de Bolsena* foi terminado em 1512, perto do fim do reinado de Júlio. O milagre em Bolsena, uma pequena cidade nas colinas ao norte de Roma, havia ocorrido em 1263. Um padre alemão, celebrando a missa na igreja da cidade, sentira dúvidas sobre a verdade da transubstanciação. No momento em que ele desembrulhou a hóstia, esta começou a sangrar, manchando o pano que a envolvia, confirmando, assim, a verdade do processo. Esse tecido, conhecido como o Corporal, foi mais tarde transferido para a catedral de Orvieto, perto dali. A caminho de Bolonha, para lançar sua campanha contra os Bentivoglio, em setembro de 1506, Júlio parou em Orvieto para venerar o Corporal. Ele claramente associou o sucesso de sua campanha na Bolonha, a mais fácil vitória de toda a sua carreira militar, com sua adoração à relíquia sagrada e decidiu incluí-la entre as cenas da decoração de seus apartamentos.

Rafael pintou Júlio ajoelhado no altar, prestes a receber a hóstia sangrando do padre alemão, antes em dúvida. Abaixo dele, à sua esquerda, estão os membros masculinos da família Della Rovere, primos e sobrinhos de Júlio. Acredita-se que as figuras religiosas sejam, da esquerda para a direita, Leonardo Grosso della Rovere, Raffaele e Tomasso Riario e Agostino Spinola. As figuras laicas, os liteireiros ajoelhados, talvez representem os sobrinhos de Júlio, Bartolomeo della Rovere, Galeazzo Riario, Francesco Maria della Rovere e Nicolò Franciotto della Rovere.[5] A família está a postos para testemunhar o milagre que, segundo Júlio, lhe tinha trazido tanta sorte.

No lado esquerdo da pintura há um grupo de homens, mulheres e crianças. Não se atribuem a esses homens identidades Della Rovere e, à primeira vista, as mulheres parecem ser tão somente figuras idealizadas, nenhuma sendo uma representação de alguma pessoa real.[6] Mas acima, na segunda fila, há uma mulher ajoelhada no degrau, fitando o papa com um olhar atento. Ela é bem diferente das outras mulheres que aparecem na pintura, e há várias razões para se acreditar, conforme mencionado anteriormente, que se trata de uma representação de Felícia. Em 1512, ela estava com 29 anos; aquela mulher também podia estar perto dos 30. Ela veste preto, a cor que Felícia usou todos os dias de sua vida. Sua fisionomia, a testa, o nariz e o queixo têm muito em comum com os do próprio Júlio. E a posição dessa figura não é diferente da posição de Felícia no Palácio do Vaticano. A mulher do quadro de forma alguma é a figura mais proeminente, nem mesmo a mais proeminente figura feminina. Mas seu vestido preto é surpreendente perto dos tons pastel usados pelas outras mulheres, e ela se destaca delas. Embora distante da figura do papa ajoelhado, ela está alinhada espacialmente com ele, ligada por uma longa diagonal. As mãos das figuras que a cercam, ostensivamente estendidas na direção do papa, também servem para emoldurar seu rosto. Ela é ao mesmo tempo visível e, contudo, discreta, como muitas vezes Júlio exigiu que ela fosse durante o seu papado.

Para muitos dos cristãos da Europa, Júlio havia alterado a trilha da Igreja cristã para pior. Sua necessidade insaciável por dinheiro para financiar seus projetos militares e artísticos, e as subsequentes exigências em forma de dízimos e indulgências, impostos a pessoas que jamais iriam visitar Roma, criaram um ambiente fértil para ressentimentos, revoltas e, finalmente, a Reforma. Mas, na própria Roma, havia os que lamentaram a morte do papa — humanistas e artistas que apreciavam sem reservas tudo o que Júlio havia feito pela cidade. Seu reinado havia criado uma nova idade de ouro para a cidade, como jamais haveria outra igual. Para esses homens, Felícia se tornou parte viva e ativa do legado de Júlio, a personificação do mundo que ele havia criado. O poeta da corte

Antonio Flaminio a descreveu em um poema como "a bela Vênus", e os íntimos daquele mundo instantaneamente pensaram na *Venus Felix*.[7] Essa estátua do século II d.C. é a imagem de uma matrona romana, talvez uma princesa da família dos Antoninos; em sua base estão inscritas as palavras "Veneri Felici". A estátua ocupava uma posição proeminente no jardim de esculturas de Júlio, na Villa Belvedere, o local de tantas de suas festas familiares. Eram poucos os que, contemplando a estátua, não ligassem essa *Felix* àquela que era presença tão frequente no Belvedere.

Entre os que partilhavam da visão de Júlio da nova idade de ouro de Roma estava o humanista e secretário papal Angelo Colocci. Um intelectual de extraordinária profundidade e erudição, ele pôde sustentar sua paixão por colecionar antiguidades por meio de sua posição administrativa na cúria. Durante muitos anos, havia sido um líder da *Accademia romana* — a academia itinerante de poetas, artistas e escritores que se reuniam para discutir questões de religião, filosofia, ciência, literatura e antiguidades. No início de 1513, Colocci deu à sua academia uma sede permanente — a *Accademia Colocciana*.[8] Comprou uma propriedade perto da Fonte de Trevi, uma das poucas fontes públicas de água limpa de Roma. O próprio Colocci também aproveitou a mesma nascente que alimentava Trevi e instalou um chafariz no jardim de sua nova casa. A água caía em torno da estátua de uma ninfa nua dormindo entre juncos. Ela foi adaptada de uma antiga escultura de Ariadne utilizada como chafariz no jardim de esculturas de Júlio, no pátio da Villa Belvedere.[9]

Embora Colocci tenha acumulado uma impressionante coleção de antiguidades, o chafariz da ninfa adormecida, com sua hidráulica invejável, tornou-se a peça central de sua nova casa e academia. Se estivesse vivo, o papa sem dúvida teria sido o convidado de honra quando Colocci abriu pela primeira vez as portas de sua casa para seus amigos, em março de 1513. Mas Júlio já não estava entre eles e, assim, foi Felícia que Colocci convidou, no lugar do pai, como convidada de honra, e muitas honras lhe foram prestadas, de uma forma repleta de sentimentos e emoção. Para a festa de Colocci, o poeta napolitano Girolamo Borgia compôs

"Ecologa Felix", que pode ser interpretado como "Poema feliz", ou mesmo "Poema de Felícia". O poema tinha uma dedicatória tríplice: ao falecido Júlio, a Angelo Colocci e à própria Felícia, e a imaginava como uma ninfa no jardim de Colocci. Seus versos iniciais diziam: "Sob um carvalho gigante reuniram-se as mais belas deusas: Vênus, as Graças, as Musas e Palas Minerva junto a elas. Todas para honrar Felícia, a ninfa das margens do Tibre."[10]

"Ecologa Felix" incorpora muitos aspectos da vida e do mundo de Felícia. O "carvalho gigante" é uma clara referência ao nome da família Della Rovere, e sua residência de Monte Giordano ficava às margens do Tibre. Borgia também procurou insinuar que Felícia personificava todas as grandes qualidades das deusas da Antiguidade: beleza, a capacidade de inspirar e sabedoria. Mais adiante no poema Felícia, a ninfa, "canta loas a Juliano, evocando as boas ações do magnânimo pastor". Significativamente, dadas as preocupações dos reunidos, o poema também descreve "Roma renascida em todo o seu esplendor primordial, pois ele construiu casas e templos maravilhosos para imitar o Paraíso".

O evento na casa de Colocci foi motivo de muita satisfação para Felícia, pois lhe mostrou que os intelectuais de Roma, os homens que ela verdadeiramente admirava, reconheciam a posição dela no legado juliano. Se seu pai não havia de ser esquecido, tampouco ela seria.

12

Felícia, Michelangelo e o monte Pinciano

A morte do pai assegurou a Felícia um lugar de respeito entre os humanistas de Roma e o acesso a algumas das mais preciosas peças que o mundo da arte renascentista tinha a oferecer: desenhos de Michelangelo.

Os afrescos do teto da capela Sistina constituem a maior obra executada inteiramente por Michelangelo. A capela pode ser creditada à iniciativa dos Della Rovere do começo ao fim. Sua estrutura arquitetônica foi erigida durante o papado de Sisto IV, a quem se deve o seu nome. Foi Sisto quem convidou os pintores mais em voga de Florença, entre os quais Botticelli e Domenico Ghirlandaio, para ir a Roma e pintar cenas do Novo Testamento nos níveis inferiores das paredes da capela. Esta, subsequentemente, se tornou o mais importante local de culto do Palácio do Vaticano, a principal capela palaciana, abaixo somente da de São Pedro. Era lá que os cardeais ficavam reclusos e votavam durante os conclaves. Embora Júlio tivesse planos para Bramante construir um novo e esplêndido recinto para conclaves que rivalizasse com o de que ele se lembrava do Palácio dos Papas em Avignon, o projeto nunca foi realizado. A capela Sistina jamais foi sobrepujada.

A capela Sistina era um espaço muito importante para escapar à atenção de Júlio. Não se tratava apenas da conexão familiar; mas, já no início do reinado de Júlio, havia também a questão do afundamento do terreno que afetava o Palácio do Vaticano, com consequentes rachaduras no teto da capela Sistina. Júlio havia posto Bramante para trabalhar nos reparos e no escoramento da abóbada. Começou então a pensar no que ele gostaria no seu teto, que era pintado no tradicional azul com um campo de estrelas douradas, e quem ele queria que se encarregasse dessa decoração. O papa dispensou o desgostoso Michelangelo de esculpir o grandioso projeto de sua tumba e o fez voltar sua atenção para a arte da pintura de afrescos. A história dos afrescos do teto da capela é longa e complexa. Ela abrange quatro anos, de 1508 a 1512, e evolui de um simples esquema da representação dos doze apóstolos para grandiosas narrativas de cenas do Livro do Gênesis. Pintados nas abóbadas, nos tímpanos dos arcos e na parte mais alta das paredes, veem-se os profetas, os ancestrais de Cristo, os *ignudi*, belos homens nus mostrados como os heróis dessa idade do ouro juliana, e talvez as mais magníficas figuras entre todas, as sibilas, profetisas reconhecidas por cristãos e pagãos.

Poucos tinham permissão de visitar Michelangelo durante os anos em que labutou no teto. Em especial, ele se mostrava ansioso por barrar Rafael, que era o equivalente a uma esponja artística: ele só precisava observar algo uma única vez para assimilá-lo. "Tudo o que ele aprendeu sobre arte, aprendeu comigo", segundo a famosa frase dita pelo florentino, de maneira irritada e um tanto imprecisa, a respeito de seu rival de Urbino. E uma visita furtiva de Rafael à capela Sistina, de fato, orientou o trabalho que ele estava fazendo para Júlio em seus apartamentos no Vaticano, em especial o afresco *A escola de Atenas*, onde ele pinta Michelangelo, em um tributo jocoso, como Heráclito, o gênio taciturno e melancólico, apoiado em um bloco de mármore. Michelangelo não podia impedir a entrada do papa, seu patrono, e de quaisquer visitantes que o acompanhassem, incluindo sua filha, que ia com o pai ao que era, sob vários aspectos, sua capela familiar, para verificar o progresso no prodigioso teto.

Na década de 1530, Michelangelo complementou os afrescos do teto com uma pintura do *Juízo Final* na parede do altar. Um período de mais de vinte anos separa essas duas incumbências. Júlio II é o patrono do teto; os papas Clemente VII e Paulo III são os responsáveis pelo *Juízo Final*, pintado por Michelangelo entre 1534 e 1541. Muitos veem a obscuridade do *Juízo Final* como uma espécie de *Zeitgeist* pictórico, refletindo os horrores do Saque de Roma em 1527, e uma incerteza política e espiritual.[1] Em outras palavras, a parede do altar é vista como uma entidade inteiramente separada das glórias da criação celebradas no teto. Por conseguinte, parece surpreendente saber que o próprio papa Júlio tenha imaginado uma capela recoberta com afrescos não só no teto, mas com as paredes do altar e da saída decoradas com temas escolhidos por seus sucessores. A morte de Júlio impediu que esse trabalho fosse adiante, mas não antes, ao que parece, de Michelangelo ter feito desenhos preparatórios, estudos em cartões, para as paredes da saída da capela, representando A *queda de Lúcifer e dos anjos rebeldes*.[2] O que Júlio havia imaginado era uma capela que resumisse tudo, e, portanto, se tornasse o mundo inteiro, registrando seu início e prevendo seu fim.

Michelangelo teve um relacionamento complexo com a família Della Rovere. A convivência com Júlio era tão instável que parece extraordinário que ele tenha produzido tanto para seu patrono. Após a morte de Júlio, ele se sentiu coagido pela pressão exercida pelos herdeiros oficiais do papa a completar sua tumba. Embora tivesse aceito o pagamento, de forma alguma lhe foi fácil terminar a tarefa. O sucessor de Júlio, Leão X, o havia mandado de volta a Florença para trabalhar lá para sua família, e ele estava empenhado nos projetos para a igreja de San Lorenzo, dos Medici. Porém, o artista florentino sentia uma obrigação para com os herdeiros de Júlio ou, pelo menos, para com Felícia. Como compensação provisória, ele a presenteou com as relíquias do mais extraordinário projeto artístico do período de seu pai como papa: os cartões remanescentes de seu trabalho na capela Sistina.

Esse gesto de Michelangelo, possivelmente a figura mais arrogante da Renascença, que se importava muito pouco com os sentimentos e as opiniões dos outros, mostra que ele tinha uma certa estima por Felícia. Ele procurava manter um rígido controle sobre tudo o que produzia. Destruiu centenas de desenhos por achar que poderiam empanar sua reputação para a posteridade. Também era notoriamente mesquinho. Um avarento, que usava roupas e sapatos até ficarem em frangalhos, alegava pobreza extrema quando, na realidade, era proprietário dos montes de Settignano, onde havia sido criado quando bebê, e tinha substanciais depósitos em bancos de Florença e Roma. Portanto, o fato de doar seus desenhos para Felícia significava que havia nela algo que lhe agradava. Ele apreciava mulheres de capacidade intelectual. Posteriormente, ele viria a manter uma correspondência regular com a marquesa de Pescara, Vittoria Colonna. A reputação de sabedoria de Felícia a tornava uma espécie de parente viva das poderosas sibilas, as mulheres gigantes que Michelangelo havia pintado para o seu pai na capela Sistina. Ele cultivava uma reputação como forasteiro; Felícia, pela natureza de seu nascimento, também era uma forasteira, mas conseguira alcançar uma posição e cultivar uma personalidade própria — qualidades que Michelangelo certamente admirava. Assim como Colocci e outros, Michelangelo lamentou a morte do Papa Guerreiro, e via Felícia como uma lembrança da idade de ouro de Júlio. Todas essas eram boas razões para presenteá-la com os desenhos feitos para a capela Sistina, obra de seu pai, Júlio, e de seu tio-avô, Sisto.

A história do que Felícia fez com esses cartões é um tanto fragmentária, mas, mesmo assim, interessante. Em 1517, Fra (frei) Mariano da Firenze elaborou um guia para as vistas de Roma, tanto antigas como novas. "Na bela igreja de Trinità dei Monti", ele escreveu, "há uma capela pertencente a Gian Giordano Orsini, com obra de Michelangelo, o príncipe dos pintores."[3] Em 1568, na segunda edição de *Vidas dos artistas*, Giorgio Vasari, descrevendo o *Juízo Final* pintado por Michelangelo na capela Sistina, diz: "Descobriu-se que muitos anos antes Michelangelo havia feito vários estudos e desenhos ,de *A queda dos anjos rebeldes*], um dos quais foi transformado em obra na igreja da Trindade em Roma, por um pintor siciliano que havia trabalhado com Michelangelo durante muitos meses como preparador de cores."[4]

Vasari menosprezou a execução do afresco pelo siciliano, mas notou que a obra transmite "um poder e uma diversidade na atitude e no agrupamento dessas figuras nuas descendo como chuva do céu e caindo no centro da terra, em contraposição com as diferentes formas de demônios, que são mais medonhas e bizarras. Trata-se, por certo, de uma fantasia extravagante".

Parece significativo que o executante da pintura tenha sido um membro da oficina de Michelangelo, uma condição possivelmente estabelecida pelo próprio Michelangelo, que era sabidamente reservado. Ele detestava que outros pintores fossem ver o andamento de seu trabalho na capela Sistina — e sem dúvida temia que algum dos seus rivais pusesse as mãos em seus esboços.

Infelizmente, a capela de Gian Giordano foi destruída no fim do século XVII. Porém, um registro de seus afrescos sobrevive no que é provavelmente uma cópia deles, feita pelo pintor florentino Bronzino, um colega de Vasari, mostrando *A Queda dos anjos rebeldes*. Suas figuras revolvendo-se dramaticamente e as formas nuas têm um forte tom de Michelangelo.[5] Peter Paul Rubens, inveterado imitador e adaptador da pintura italiana, também deve ter passado por Trinità dei Monti, e a imagem que viu lá foi transportada para o seu *Juízo Final*, este, porém, povoado por previsíveis mulheres nuas de aparência exuberante. Mesmo que Vasari tenha considerado inferior a qualidade do afresco da capela, tanto Bronzino como Rubens, artistas importantes de seu tempo, julgaram o local digno de nota e de estudo. Qualquer associação com Michelangelo era sempre um grande atrativo para artistas que quisessem aprimorar seu ofício.

O fato de Fra Mariano ter descrito a capela como pertencente a Gian Giordano Orsini poderia nos levar a pensar que, no máximo, Felícia tenha agido apenas como intermediária entre Michelangelo e seu marido na aquisição dos cartões. O equívoco de Fra Mariano não era incomum; existem em Roma várias capelas que pertenciam a mulheres, tendo sido pagas por elas, e que mais tarde foram registradas como sendo de seus maridos. Porém, um testamento que Felícia faria em 1518 deixa claro que a capela era dela. O testamento especifica que ela legou mil ducados "para a decoração de sua capela na igreja do monte Pincio, que serão usados para construir um sepulcro e para restaurar a toalha do altar".[6] Mil ducados, mesmo se subtraindo o custo da toalha do altar, era uma quantia esplêndida, mas não suficiente para Felícia comprar uma tumba executada pelas mãos do próprio Michelangelo. Contudo, como no caso das paredes da capela, poderia ter comprado um desenho dele, a ser executado por outro artista, e talvez tenha sido esse o plano de Felícia para a conclusão de sua capela.

Os afrescos de Michelangelo, adquiridos e transferidos para o que ela pretendia transformar em sua capela funerária, formavam a peça central de um espaço inteiramente dedicado a Felícia. Sua escolha de Trinità dei Monti como local para sua capela não fora acidental. A igreja, repleta de associações com a família Della Rovere, era tão roveriana quanto a capela Sistina. A ordem religiosa da igreja era a dos Mínimos, um ramo dos Franciscanos, à qual seu pai e seu tio Sisto haviam pertencido. Seu fundador foi Francisco de Paula, um italiano do sul, ao qual se creditava a capacidade de realizar milagres, incluindo a cura de enfermos. Esse talento especial levou o astuto Sisto a mandá-lo para a França, oficialmente para exercer seus dons de cura para o supersticioso e hipocondríaco rei Luís XI, mas na realidade para atuar como informante para a corte papal. Com sua missão mantida em segredo, Francisco de Paula se tornou imensamente popular na corte francesa, como conselheiro espiritual de Luís e, depois, de Ana da Bretanha e de várias princesas francesas.[7]

Em parte como recompensa pelo excelente trabalho político de Francisco de Paula, Júlio deu forte apoio a sua ordem. Em 1506, um ano antes da morte do frade, Júlio emitiu uma bula estabelecendo os Mínimos como uma ordem independente. Em 1512, ele iniciou o processo de canonização de Francisco, que foi concluído por Leão X em 1519.[8] Júlio também levantou uma significativa soma de dinheiro para ajudar na construção de uma igreja para a ordem e concedeu indulgências pelo comparecimento à missa nos dias santos, assegurando, assim, uma congregação maior do que a incipiente ordem poderia atrair de outro modo. No decorrer do século XVI, Trinità dei Monti veio a ter um apelo especial para a elite romana.[9] Francisco de Paula criou um ramo da "Ordem Terceira", um grupo espiritual para homens e mulheres da aristocracia. Significativamente, a Ordem Terceira original havia sido criada por São Francisco e Jacopa dei Normanni, antepassada de Felícia. Se Felícia foi uma *terziara* (terciária), não foi uma participante muito ativa. Ela não fazia demonstração pública de sua própria religiosidade; preferia a missa celebrada privadamente e viajava com um altar portátil para evitar ter de assistir à missa pública. Não obstante, seus laços com a Ordem Terceira foram mantidos, pois o geral da ordem foi vê-la já perto do fim de sua vida para lhe pedir ajuda na libertação de dois frades aprisionados no castelo Sant'Angelo.

Felícia se sentiu atraída pelos Mínimos e sua igreja, pois tinham ligação com sua família. Isto ainda não explica por que ela não quis construir sua capela em outra igreja dos Della Rovere, como a de Santa Maria del Popolo, ou na igreja titular de seu pai, San Pietro in Vincoli. A verdadeira razão de ter investido a parte de Michelangelo de seu legado juliano em Trinità dei Monti é que o espaço circundante lhe oferecia uma oportunidade excepcional para a expressão de sua própria personalidade dentro da cidade de Roma.

Trinità dei Monti se localiza no monte Pinciano, bem no alto da atual escadaria da praça de Espanha. No tempo de Felícia, a igreja era rodeada por *vigne*, literalmente vinhedos, mas isto não significava que a terra era usada apenas para o cultivo de uvas. No decurso dos séculos XVI e XVII, vilas, como as das famílias Medici (atualmente a Académie

Française) e Ludovisi começaram a pontilhar o Pincio. O monte oferecia uma combinação maravilhosa de ambiente bucólico e esplêndidos panoramas de Roma, com fácil acesso à cidade abaixo. Mas foi Felícia della Rovere a primeira figura da Renascença a aproveitar as atrações do Pincio.

Significativamente, era a família de Gian Giordano que possuía a *vigna* na parte de trás e à direita da igreja Trinità, que se localizava em terras dos Orsini. Gian Giordano tinha suas próprias simpatias pelos Mínimos, considerando a grande penetração de Francisco de Paula na corte francesa. Na *vigna* Orsini se localizava também uma pequena igreja. Em desuso e parcialmente em ruínas, tinha, apesar de tudo, seu *campanile,* ou campanário, intacto, e veio a ser a base para as fundações de um palácio. Mais tarde conhecido como Villa Malta, viria a tornar-se o local onde se reuniam estudiosos e artistas alemães, como Johannee Winckelmann e Angelika Kauffman.[10]

Dois mil ducados do dinheiro de Felícia, outra parte de sua herança de Júlio, foram empregados na reforma e transformação da propriedade. O investimento foi uma soma suficientementemente grande para Felícia reivindicá-la anos depois como sua, independentmente das terras dos Orsini. Para ela, o estabelecimento de tal residência tinha uma repercussão especial. A igreja abandonada havia sido um popular sítio de peregrinação na Idade Média, pois fora dedicada a um papa martirizado, São Feliciano (Felice em italiano). A *chiesa* de São Feliciano foi transformada no *palazzo* de madona Felícia.

Aquelas terras não só tinham significado pessoal para ela, mas traziam também um *pedigree* antigo, como o local dos famosos antigos jardins do último republicano, Lúculo (Lúcio Licínio), que havia plantado ali espécies exóticas da Ásia. Metelusa, mulher do imperador Cláudio, ficou tão encantada com os jardins de Lúculo que tramou seu assassinato a fim de reivindicá-los para si. Para não ser torturado e executado, Lúculo se matou. A própria Metelusa também encontrou sua morte nos jardins que tanto havia cobiçado.

É fácil imaginar como tal história contribuiu para o prestígio do lugar que Felícia desenvolveu. Ela mandou construir um palácio sobre a estrutura de um famoso sítio de peregrinação, adjacente a uma igreja que abrigava sua capela, decorada com desenhos de Michelangelo. Ela também desenvolveu o terreno, projetando um jardim como uma área separada da *vigna*. Sob vários aspectos, o *Mons Pincius* transformou-se no *Mons Vaticanus* de Felícia: uma combinação de paisagem pastoral e residência palaciana com uma igreja palatina na forma de Trinità dei Monti.

Dinheiro, poemas e convites para festas; cartões de Michelangelo. Para uma mulher cujo relacionamento com o pai havia sido tão ambivalente, Felícia tinha se beneficiado por ser a filha do ex-cardeal Giuliano. Sem dúvida, a seu próprio modo, ela chorou a morte do pai. Júlio nem sempre havia sido muito gentil com ela. Não havia exatamente estimulado sua afeição filial para com ele. Nem sempre lhe dera o que ela queria e, na realidade, merecia. No entanto, Felícia podia dizer com orgulho que era a filha de seu pai: ela possuía muitas das qualidades dele e sabia como fazer bom uso delas. Quando Júlio morreu, essa mulher de 30 anos deve ter se lembrado de como era aos 20, sua idade quando ele ascendeu ao trono pontifício. Muitas coisas haviam acontecido com ela naquela década. Agora ela tinha posição, autoridade e influência, sem falar de um castelo e um palácio de sua propriedade.

E o melhor de tudo: ela não precisava sentir qualquer apreensão por conta da morte do pai, como sentira quando ele se tornou papa. Agora que havia um novo papa de Florença, com seus próprios acólitos, muitos clérigos do círculo mais íntimo de Júlio haveriam de sentir sua influência começando a declinar. Mas o poder e o prestígio de Felícia não diminuiriam. Em maio de 1512, após vários anos sem engravidar, por fim ela deu à luz um filho homem, um herdeiro para Gian Giordano. Quando da morte de seu pai, "madona Felícia, a filha do papa", sabia que tinha um outro papel diante de si. Surgia, então, a clara possibilidade de Felix Ruveris Ursinis vir a tornar-se um dia *gubernatrix* dos Orsini de Bracciano.

PARTE IV

PATRONA ET GUBERNATRIX

1

Uma viagem a Loreto

Em 3 de outubro de 1511, Bernardo Dovizi da Bibbiena, o secretário dos Medici no Vaticano, em seu relatório diário para Florença, informou ao cardeal Giulio de Medici, o futuro papa Clemente VII, que o "senhor Gian Giordano e madona Felícia retornaram recentemente de Loreto".[1] Ele não especificou a finalidade dessa viagem, mas todos sabiam que Loreto era um local de peregrinação. Situada no alto de um monte na província de Marche (Marcas), no leste, sob a jurisdição da vizinha cidade de Recanati, era o local da Casa Santa onde, segundo a lenda, a Virgem Maria havia vivido em criança e na qual havia concebido o Menino Jesus. A pequena casa de pedra, é claro, ficava originalmente em Nazaré, mas dizia a história que ela teria sido transportada para a Itália pelos ares, nas asas de anjos, para salvá-la dos infiéis. Na realidade, em 1291, durante as cruzadas, cavaleiros haviam trazido consigo da Terra Santa uma habitação que acreditavam ser a casa de Maria em Nazaré, transportando suas pedras para a Dalmácia. Posteriormente, ela chegou de navio através do Adriático ao porto de Ancona, a 15 quilômetros a leste de Loreto.[2]

A família de Felícia tinha uma ligação particular com a Casa Santa e suas redondezas. Seu primo Girolamo Basso della Rovere, para quem Bernardino de Cupis, padrasto de Felícia, havia trabalhado como *maes-*

tro di casa, havia sido bispo não residente de Recanati e Loreto. Ele enviara Bernardino como seu representante para cuidar dos assuntos administrativos das duas cidades. O *maestro di casa* tornou-se popular na diocese de seu amo e, em 1488, o povo de Recanati prometeu que, quando do nascimento do primeiro filho de Bernardino, enviaria um representante à sua casa em Roma para ser o "padrinho em nome da comunidade",[3] assistir ao batismo e ofertar a Lucrezia, mulher de Bernardino [e mãe de Felícia], um presente de 25 ducados.

Em 1507, Júlio, que tinha especial devoção pela Virgem, tornou-se o primeiro papa a sancionar Loreto como local oficial de peregrinação e aproveitou os laços de Bernardino na região para promover a cidade. Entre as incumbências que Júlio deu a Bramante estava o projeto de uma proteção para a casa de Maria: quatro paredes de mármore branco, adornadas com esculturas do artista veneziano Andrea Sansovino. O endosso de Júlio a Loreto abriu caminho para a popularidade do local. A Casa Santa viu crescer sua reputação de local onde as preces eram atendidas e curas miraculosas para todos os tipos de problemas de saúde, alcançadas. O degrau que cerca a base da Casa Santa apresenta hoje profundo desgaste, causado por peregrinos ajoelhados em suas orações, durante cinco séculos.

Além de sua conexão familiar, Felícia tinha uma razão muito pessoal para visitar Loreto naquele mês de outubro. Ela soubera recentemente que estava grávida e precisava fazer tudo ao seu alcance para assegurar que teria um filho homem. O tempo não estava a seu favor. A crença popular naquela época era que homens jovens com esperma generoso tinham maior probabilidade de gerar filhos homens, e o melhor era que a mãe também fosse jovem. Gian Giordano já tinha passado dos 60 e Felícia estava perto dos 30 anos. Mesmo assim, ela recorreu aos rituais, superstições e talismãs associados à geração de meninos, que na Itália do século XVI era uma espécie de indústria. Peças de cerâmica esmaltada e tigelas e bandejas de majólica, adornadas com a palavra *maschio* (macho) ou decoradas com robustos menininhos loiros eram especialmente populares. Acreditava-se que seu uso pela mulher durante o período do parto estimularia o crescimento e o nascimento seguro de um saudável bebê do sexo masculino. Em vista da crença que meninos vinham de todas as coisas quentes, a mulher era aconselhada a comer alimentos quentes, beber vinho quente e evitar coisas frias, entre as quais frutas e peixes, pois o frio era associado à natureza feminina.[4]

Lucrezia, a mãe de Felícia, conhecia as dificuldades de gerar um filho varão, pois nove anos separavam Felícia de seu irmão menor, Gian Domenico. Bernardino e a comunidade de Recanati devem ter feito preces e oferendas em favor de Lucrezia na Casa Santa, e os De Cupis deviam acreditar que isso teria contribuído para a chegada de Gian Domenico em 1492. Lembrando-se de seu próprio êxito, Lucrezia deve ter aconselhado sua filha a visitar Loreto, orar para a Virgem e pedir-lhe que fizesse com que ela realmente carregasse no ventre um menino. Afinal de contas, a Virgem Maria havia concebido um filho miraculosamente no interior daquelas mesmas paredes de pedra, que haviam sido trazidas nas asas de anjos para a Itália. Posteriormente, no século XVI, Loreto tornou-se um popular sítio de peregrinação entre as mulheres da família Medici, igualmente ansiosas por um filho homem. Giovanna d'Austria, esposa do duque Francesco, doou dinheiro, pinturas e tapeçarias de parede para a igreja de Loreto. Quando ela deu à luz Filippo, uma missa especial foi cantada na igreja para celebrar o nascimento.

Talvez tenha sido a própria Felícia que estabeleceu, entre as mulheres da elite, o costume de visitar Loreto com esse fim específico, pois suas próprias orações foram de fato atendidas. Em 17 de maio de 1512, "*signor* Francesco nasceu [...] uma hora antes de raiar o sol."[5]

2

Parto e sua sequência

Felícia deu à luz em Bracciano, onde se encontrava já há um mês. O parto era um evento perigoso que podia facilmente custar a vida da mulher, como veio a acontecer com Lucrécia Borgia em 1519. A parturiente recorria às preces a Margarida, a santa protetora do bom parto. Outros estratagemas mágicos para evitar aborto incluíam carregar diamantes — e Felícia os possuía em abundância — ou uma pedra aquilina, um mineral com pequenos pedaços soltos em seu interior oco, lembrando um útero com um feto. A mulher também podia colocar sob seu corpo uma semente de coentro durante o trabalho de parto para assegurar um nascimento rápido.[1]

Após o nascimento de seu bebê, o tempo que Felícia pôde passar com o filho foi quase nenhum. Ela não esteve presente ao batismo, pois os costumes ditavam que a cerimônia devia se realizar quase imediatamente após o nascimento da criança, enquanto a mãe ainda estava confinada ao leito. Se uma criança morresse antes de entrar oficialmente para a Igreja cristã, sua alma só poderia ir para o limbo, e não para o reino dos céus. O futuro de um recém-nascido daquele tempo era tão incerto que o batismo imediato era um imperativo.

O nascimento de Francesco está registrado no livro de contas de Felícia. Um livro contábil parece um lugar estranho para registrar o nascimento de um filho e herdeiro, mas uma explicação para o fato é dada no registro seguinte, do dia 20 de maio: "Hieronyma, ama de leite (*balia*) de Bracciano, começou seu serviço. Temos Catherina como segunda ama-de-leite.[1] Esta última servia de reserva, em caso de haver problemas com o leite de Hieronyma. A utilização de amas de leite tinha que ser anotada a fim de justificar os gastos nessa lista de recibos. A ama de leite não ficou com Felícia, mas levou o recém-nascido Francesco para fora de Bracciano. Apenas alguns dias após o nascimento, o livro de contas de Felícia tem a seguinte anotação: "A *signora* deu dinheiro ao marido de Hieronyma, a *balia*, para a viagem de Bracciano a Vicovaro." Felícia, ansiosa para que seu filho recém-nascido tivesse o melhor início de vida, sem dúvida examinou cuidadosamente as candidatas que amamentariam o bebê. As qualidades que ela teria procurado na *balia* seriam a idade recomendada entre 32 e 35 anos, pois acreditava-se que o leite de mulheres mais jovens era fraco; vigor, seios de bom tamanho, mas que não deviam ser muito grandes e, evidentemente, sem feridas nos mamilos. O ideal era que a *balia* tivesse dado à luz um menino, pois assim seu leite seria mais forte; além disso, sua consistência deve ter sido testada para assegurar que era puro e branco.[2]

Hieronyma e seu marido levaram Francesco para Vicovaro, outra importante propriedade dos Orsini. O castelo de Vicovaro, localizado ao sul de Roma, pertencia à família desde que Celestino III o havia concedido a seu sobrinho Orso. Era um tanto distante, e o terreno circundante era mais montanhoso e inacessível do que o de Bracciano. Tradicionalmente, as crianças Orsini do clã de Bracciano passavam seus primeiros anos naquele ambiente rural isolado, onde a peste era uma ameaça menor. A peste era o mal que todos os pais temiam e, por esse motivo, as crianças da elite costumavam viver tão longe da residência urbana da família, com seu perigo de doenças.

Até estarem um pouco mais crescidas, Vicovaro era o único mundo que as crianças Orsini conheciam. Elas ficavam sob a responsabilidade de sua *balia* que, mesmo passado o período de amamentação, continuava a cuidar delas. Em 1520, quando Francesco tinha 8 anos de idade, sua *balia* ainda constava da folha de pagamentos dos Orsini. As crianças também aprendiam a montar e, com a idade apropriada, receberiam instrução de um tutor. Felícia fazia visitas regulares a Vicovaro e, todos os anos, passava ali alguns meses com as crianças, mas o castelo nunca foi sua residência principal. Após o nascimento de Francesco, ela permaneceu um mês em Bracciano, observando o tradicional período de resguardo. Em 17 de junho, estava de volta a Roma e empenhada em solicitar que seu pai lhe permitisse acertar o casamento de sua filha Júlia com o filho de Alfonso d'Este.

Como resultado de ter outra mulher amamentando seu filho, Felícia quase imediatamente estava fértil de novo. Quatro anos haviam se passado entre seu parto anterior e o nascimento de Francesco. Dessa vez, porém, cinco meses depois ela voltou a engravidar e, em 7 de julho de 1513, o "*signor* Girolamo nasceu, na sexta-feira, meia hora após as oito". Apesar de ser mãe a distância, a responsabilidade pelos filhos parecia ser mais dela do que do pai. Ela autorizava o salário da *balia* e a incluiu entre os seus servidores pessoais. Foi ela quem escolheu os nomes dos filhos, sempre associados aos homens da família Della Rovere. Sua filha, Júlia, foi assim chamada em homenagem ao avô, o pai de Felícia, enquanto que Francesco recebeu o nome original do tio-avô de Felícia, o papa Sisto IV. O nome também lembrava a pré-canonização de Francisco de Paula, fundador da Ordem dos Mínimos em Trinità dei Monti, com quem ela tinha grande familiaridade. Acreditava-se que Francisco ajudava as grávidas a ter filhos saudáveis; Luísa de Savoia, que havia orado com Francisco de Paula, deu seu nome ao filho, o futuro rei da França, Francisco I. O livro de contas de Felícia registra que, após o nascimento de seu filho, ela pagou por uma missa, celebrada em honra do beato Francisco. Girolamo recebeu o nome do cardeal Della Rovere, para quem o padrasto de Felícia trabalhava quando ela era criança.

Cerca de um ano após o nascimento de Girolamo, Felícia teve sua quarta e última filha, a quem foi dado o nome de Clarice. A escolha dos nomes de todos os seus filhos é significativa. Nenhum dos nomes dos três primeiros tinha qualquer conexão com a família Orsini; eles lembravam o pai, o tio-avô e um primo de Felícia. A única a receber o nome de um membro da família Orsini foi a última, mas Felícia não o escolheu para agradar a seus parentes mais próximos; a menina foi assim chamada em honra de Clarice Orsini, mãe do cardeal Giovanni de Medici, que sucedeu a Júlio em 1513, adotando o nome de Leão X. Após a morte do pai, Felícia empenhou-se em conquistar as graças do novo papa, sabendo que sua proteção e favorecimento seriam novas armas em seu arsenal particular. Dar à sua filha o nome da mãe de Leão era uma forma de lisonjeá-lo.

3

A filha do papa se torna amiga do papa

Giovanni de Medici nasceu em 1475, filho de Lourenço, o Magnífico, e Clarice Orsini. Foi o primeiro cardeal da família Medici, eleito em 1488, aos 13 anos de idade, depois de seu pai fazer pressão implacável sobre o papa Inocêncio VIII. Júlio o havia favorecido, reconhecendo suas valiosas conexões com as famílias de banqueiros florentinos, e também com a França, e o havia colocado em vários postos importantes, entre os quais o de legado pontifício em Bolonha. De bom temperamento e constantemente alegre, Giovanni de Medici era muito popular entre seus colegas do clero. Sua eleição como papa no conclave após a morte de Júlio foi aprovada pela grande maioria dos cardeais. O novo papa Leão X tinha apenas 38 anos, excepcionalmente jovem para um pontífice, e a expectativa era de que seu pontificado seria longo.

Leão tinha um caráter completamente diferente de seu antecessor. Não era irascível nem belicoso, mas um sibarita e hedonista corpulento, e, entre outros problemas de saúde, sofria de severa gota. Em vista de suas inclinações sexuais, o Vaticano não vivia cheio de prostitutas, como no tempo de Alexandre VI, mas ainda havia recepções opulentas frequentadas por tipos estranhos e bufões. Ele também mantinha uma coleção bastante exótica de animais, entre os quais o elefante Hanno, que se tornou um favorito na corte papal. Leão não assumiu o trono pontifício com a mesma visão de uma nova Roma, como fora o caso de Júlio. Ele era um Medici, portanto Florença — a sua cidade —, e não Roma, tinha a primazia em sua lealdade. Não obstante, como um Medici, trazia consigo uma bagagem extremamente culta e refinada. Sua primeira paixão não era a teologia, mas as artes, em especial a literatura e a música, e ele não hesitou em prosseguir com os planos de Júlio para a construção da nova igreja de São Pedro. A obsessão de Leão com Rafael, tanto no campo artístico como no nível pessoal não correspondido, era tal que o artista e seu estúdio ficaram ainda mais firmemente estabelecidos no Vaticano. Quando Bramante morreu, em 1514, Leão nomeou Rafael como o novo arquiteto de São Pedro, a despeito de sua falta de experiência no ramo, e para grande desgosto de Michelangelo, que esperava ser o indicado para o posto.

Leão, ainda como cardeal Giovanni, havia assistido ao casamento de Felícia com Gian Giordano, merecendo a desaprovação de Paris de Grassis por usar um chapéu púrpura em vez do usual vermelho. Sua posição na corte de Júlio havia fortalecido a ligação com Felícia. Ainda recém-casada, ela havia lhe escrito recordando o afeto que tinham um pelo outro, ao solicitar seu apoio para Bartolomeo, tio de Gian Giordano. Leão tinha alguns vínculos com a família Orsini: havia emprestado dinheiro a Gian Giordano para ajudá-lo na restauração de Monte Giordano e nomeou seu genro, o *condottiere* Renzo da Ceri, capitão do exército papal. Mas ele parecia considerar Felícia como uma entidade separada da família de seu marido. Leão concordava com a atitude da cúria e dos humanistas com relação a Felícia, que a viam como o legado vivo de Júlio e, como tal, merecedora de reverência e admiração. E, mais importante, ela era uma força econômica por si mesma, uma mulher de negócios, e era do interesse de Leão manter-se em bons termos com ela.

Em 29 de julho de 1515, o embaixador florentino em Roma, Balar di Piscia, enviou correspondência a Florença para o sobrinho de Leão,

Lourenço de Medici, e informou que "Sua Santidade está me mandando para ver madona Felícia em Vicovaro para discutir a compra de 6 mil a 8 mil *rubbios* de grãos a serem enviados para Roma. Ele julga que é o que ela tem". A implicação era que Felícia estava vendendo grande parte de suas reservas de grãos ao papa.[1] Ela chegou a emprestar dinheiro para a família de Leão, adiantando 2 mil ducados a seu irmão Giuliano, duque de Nemours.

Para Leão, uma mulher que lhe prestava favores, em vez de esperar ou solicitar algo dele, era uma anomalia. O florentino Bartomoleo Cerretani fez o seguinte comentário a respeito da natureza das mulheres na vida de Leão na corte: "Estavam lá suas três irmãs com seus filhos, e sua cunhada, que vem a ser a mãe de Lourenço, todos esperando para solicitar e conseguir as receitas de benefícios e dos cargos cardinalícios."[2] Cerretani concluiu que foram exigências desse tipo que levaram o papado de Leão da riqueza para a pobreza. Existia uma feroz rivalidade entre essas mulheres em sua disputa pela afeição e generosidade do papa. Elas acabaram se tornando impopulares na corte de Roma, o que jamais ocorreu com Felícia. A pior delas, indiscutivelmente, era a gananciosa e ambiciosa Alfonsina Orsini, mãe do duque Lourenço. Embora fosse prima de Gian Giordano, ela e Felícia sempre se mantiveram distantes.

Felícia enfatizava a diferença que existia entre ela e as mulheres da nova *famiglia* papal, prestando mais favores a Leão. O que mais agradava ao papa era o apoio dela para dedicar-se ao passatempo que ele mais amava — a caça.

4

O papa vai caçar

Leão havia passado parte de sua juventude na França, onde havia desenvolvido o gosto pela caça, a principal atividade palaciana do norte. A caçada raramente se limitava a um só dia, com apenas alguns cavalos e cães. Uma longa lista de servos, *cacciatori* e *falconieri* era empregada e o evento podia se estender por vários dias, complementado por lautos banquetes e pernoites no pavilhão de caça.

O principal pavilhão de caça do papa, que vinha sendo usado desde o final do século XV, ficava a oeste de Roma e era conhecido como La Magliana. A área montanhosa e coberta de bosques abrigava uma abundância de animais de caça, entre os quais lebres e javalis. O sobrinho de Sisto IV, Girolamo Riario, e sua mulher, Caterina Sforza, o usavam e, em 1480, haviam organizado uma grande caçada ao javali, em honra dos duques da Saxônia. O papa Inocêncio III, quando de sua eleição em 1484, havia erguido um *palazetto* (pequeno palácio) em Magliana, ornamentado com seu brasão, que pode ser visto ainda hoje. Ele também organizava caçadas que eram ao mesmo tempo recepções diplomáticas, realizando inclusive uma caça ao cervo para o duque de Ferrara.

As formas favoritas de lazer de Júlio II tinham relação com a água. Ele adorava observar barcos e gostava de pescar, atividades condizentes com sua criação em região litorânea. Mas também apreciava a caça, reconhecendo sua importância diplomática, e se empenhou em promover o desenvolvimento de Magliana. A vila ficava junto ao Tibre, não muito longe das antigas terras tutelares de Júlio, como ex-bispo de Óstia. Ele construiu uma estrada da vila até o rio, o que permitia fácil acesso por barcaça, e contratou Giuliano da Sangallo, o arquiteto de seu palácio em Savona, para ampliar substancialmente o *palazetto* de Inocêncio.

Ao se tornar papa, Leão vibrou ao descobrir que tinha acesso a um grande complexo, que incluía palácio, capela, estábulos e depósito de armas, que lhe permitiria entregar-se à sua grande paixão. Seus caçadores costumavam reunir-se em Roma como um grupo barulhento, antes de partir para os bosques, marchando e cantando "Eu adoro caçar! Eu adoro caçar!". Leão não realizou nenhuma ampliação de monta no pavilhão de caça de Magliana, mas utilizou o ateliê de Rafael para pintar afrescos na pequena capela, dedicada a São João Batista, bem como figuras grotescas e imagens das musas nas paredes do grande salão do palácio. Para Leão, La Magliana tornou-se mais do que um mero pavilhão de caça, era outro palácio papal, ao qual poetas, artistas e intelectuais eram convidados para proporcionar entretenimento após as emoções de um dia de caça. Em sua maioria, os animais caçados eram nativos de La Magliana, mas, ocasionalmente, caças mais exóticas, incluindo um leopardo velho e enfermo, eram importadas para servir como presa para o papa.[1]

Os animais selvagens de La Magliana nunca eram suficientes para Leão. Ele até mandou um outro integrante da família Sangallo, Gian Francesco, construir uma *gazzara*, um pequeno complexo para a criação de gaviões e falcões, e também de cervos e javalis, que posteriormente seriam soltos para serem caçados. O apetite voraz de Leão pela caça também o levou a procurar um terreno mais extenso. Foi Felícia que conseguiu auxiliá-lo em sua busca. Nesse caso, ela foi encorajada por seu antigo sócio nas transações de venda de grãos, Giuliano Leno.

Com a ascensão de Leão ao trono pontifício, Leno teve seu poder e sua influência aumentados, a ponto de ser justificadamente chamado "o mais notável capitalista da indústria de construção de Roma".[2] Leão X o havia nomeado *curatore* de todo os trabalhos de construção na nova igreja de São Pedro, servindo como empreiteiro, com Rafael como arquiteto. Leno também tinha seus interesses particulares, como a manufatura de roupas em oficinas na Via delle Bottege Oscure, onde empregava judeus do gueto próximo. Seus monopólios o haviam tornado extremamente impopular: "Giuliano Leno é um espião", dizia um verso satírico afixado na antiga estátua de *Pasquino,* local de poemas de protesto, não muito longe da casa de Felícia. "Ele olha para todos buscando ganho ilícito. Ele é um animal que não tem medo."[3]

Uma das razões para essa impopularidade era seu substancial monopólio e sua especulação no comércio de grãos, elevando o preço dessa mercadoria valiosa na cidade de Roma. Leno continuava lucrando com seu acesso à grande produção de grãos de Felícia em Palo, mas percebeu que a propriedade oferecia outras oportunidades de ganho para ambos. Outra tarefa atribuída a ele por Leão foi a supervisão dos trabalhos em La Magliana. Leno conhecia a paixão do papa pela caça, assim como o perigo de extinção da população animal de La Magliana devido à caça excessiva. Ele também sabia que, além dos vários acres de campos, uma densa floresta fazia parte das terras do castelo de Palo. Se o papado, e o próprio Leno, podiam tirar proveito dos campos de trigo de Palo, por que não também de suas árvores e bosques?

A ideia de acrescentar uma nova floresta às suas terras de caça agradou muito a Leão. A única desvantagem era a condição do próprio castelo. O papa estava acostumado a acomodações luxuosas para descansar, comer e beber ao fim das atividades do dia. O castelo do século XIII se encontrava abandonado. A própria Felícia provavelmente tinha a intenção de reformar Palo, mas na ocasião não via razão premente para passar algum tempo lá e, portanto, não havia necessidade urgente de investir recursos em sua restauração. Quando no campo, ela residia em Bracciano em Vicovaro. Mas o mau estado de Palo não representava problema para Leão, que de bom grado se propôs a gastar dinheiro visando seu próprio prazer. Foi negociado um acordo para que Palo se tornasse uma vila papal; Leão pagaria a reforma do castelo, em troca de isenção de aluguel. O arranjo não afetaria o ganho de Felícia proveniente da produção de grãos de suas terras.

Leão encarregou Leno de criar um pavilhão de caça digno de um papa. Em parte para reduzir os custos, Leno preferiu não contratar um arquiteto renomado para trabalhar em Palo, como Júlio II havia incumbido Giuliano da Sangallo de projetar os acréscimos a La Magliana. Leno trabalhou com Gian Francesco, outro membro da onipresente família Sangallo, mas este era *misuratore* — mestre de obra — e não arquiteto. Eles não tinham planos de realizar uma modernização radical de Palo. Preservar uma aparência medieval original era a política dos Medici para suas casas no campo. Na própria cidade de Florença, eles haviam construído um palácio para a família na Via Larga e incumbiram o arquiteto Michelozzo de empregar a última palavra em linguagem arquitetônica. Suas casas de campo e pavilhões de caça, ao contrário, deveriam parecer como se já existissem há séculos. Essa aparência "antiquada" ou "desgastada" daria a impressão de que os Medici eram uma família de antigos senhores feudais bem-estabelecidos, e não de arrivistas financeiros do século XV.

O próprio Leão não teria tido grande interesse em ver Palo enquadrado no estilo *all'antica*, como os palácios ultramodernos de Roma. Todavia, tratou de acompanhar o progresso das obras de reforma. Em carta a Felícia, seu funcionário Statio del Fara informou: "Eu soube que Sua Santidade parte hoje para La Magliana, e dizem que ele irá verificar o trabalho que está sendo feito em Palo."[4] As obras no castelo se beneficiaram do fácil acesso de Leno aos materiais de construção; os mesmos materiais estavam sendo empregados nas obras de São Pedro. O vasto arquivo notarial de Leno contém detalhes como o embarque de 20 mil tijolos para Palo, em julho de 1519. Em setembro de 1520, Giuliano Leno contratou os "mestres construtores" Pietro Pasqualino de Treviso e Bucchino di Caravaggio para os trabalhos de estuque no pátio e de ladrilhos para o acabamento das abóbadas, dos peitoris das janelas e dos corredores.[5]

Considerando a enorme quantidade de projetos que Leno supervisionava na época, os trabalhos em Palo progrediam com extraordinária rapidez, talvez porque ele tivesse interesse próprio na aparência do castelo. Ele tinha motivação pessoal para não querer que um nome estabelecido na arquitetura se envolvesse na restauração de Palo. Embora fosse uma figura imensamente poderosa em Roma, ainda era apenas um empreiteiro. Seus associados poderiam ser artistas ou clérigos da nobreza e da elite, mas ele próprio não tinha um status equivalente. Se havia poemas compostos a seu respeito, eram de espírito satírico. E ele, obviamente, desejava os tipos de panegíricos que eram escritos para aqueles a quem ele servia, como Leão ou a própria Felícia. Ele conseguiu ver-se imortalizado em versos como o arquiteto de Palo, em um poema escrito, na verdade, em honra de Felícia, pelo intelectual Paolo Nomentano. Ele havia composto versos elogiosos a Felícia alguns anos antes, além de poemas para sua filha mais velha, Júlia, e sua enteada Carlotta. No primeiro, Nomentano havia exaltado as virtudes maternas de Felícia: "Tal mãe tu és," escreveu ele, "a melhor e a maior." O segundo poema era sobre Felícia, Leão, Leno e Palo: "Nosso Palo, que é tão exuberante, com seus bosques, e o mar, e a terra. Como é bom morar em tal lugar. Como é agradável este lugar. E igualmente a construção, que é um grande palácio apropriado, e tu, com Giuliano Leno, o tornaste uma casa para Leão. Assim, eles vêm ao teu castelo onde podem caçar veados e cervos [...]"[6]

Os versos de Nomentano são, aparentemente, o único exemplo daquela época de um poema dedicado a uma mulher proprietária de palácio, revelando como era incomum que ela possuísse Palo. O fato de Felícia emprestar sua residência a um papa tornava a situação ainda mais especial. E ser citado nesse poema como o criador de uma casa digna de um papa proporcionou a Leno uma das poucas oportunidades em sua vida de estar em posição de igualdade com a elite cultural a quem ele servia.

5

A retribuição do papa

Felícia recebeu algumas recompensas muito especiais por sua ajuda a Leão. Em 21 de outubro de 1516, ele publicou uma extraordinária proclamação a favor de Felícia, na qual dizia que se ela viesse algum dia a cometer "algum crime grave ou sério" deveria ser absolvida.[1] O documento se destinava a demonstrar a proteção e o apoio de Leão a Felícia, quaisquer que fossem as circunstâncias. Tal documento teria considerável importância para ela no futuro.

Leão tinha um presente ainda maior para Felícia. Ele era considerado um cardeal benquisto quando assumiu o trono pontifício, mas poucos papas se mantiveram universalmente populares por muito tempo. Júlio II, ainda como cardeal Giuliano, havia tentado maquinar a derrubada de Alexandre VI, e depois viu, por sua vez, os cardeais espanhóis que formavam o Concílio de Pisa exigir que ele abdicasse. Quanto a Leão, em 1517 o cardeal Alfonso Petrucci de Siena tentou de fato envenená-lo; sua motivação era que no ano anterior Leão havia expulsado Borghese, o chefe da *signoria* de Siena e irmão de Alfonso, de sua cidade. Leão planejava colocar a cidade da Toscana, uma velha rival de Florença, sob o controle dos Médici. O plano de assassinato — um cirurgião devia aplicar um unguento envenenado em uma fístula no ânus sabidamente infeccionado do papa — foi descoberto. Em 8 de junho Leão reuniu os cardeais do Vaticano e exigiu saber quem dentre eles estivera envolvido. Quatro outros cardeais admitiram ser cúmplices na trama ou ter conhecimento dela.

Nenhum dos cardeais foi condenado à morte, mas Petrucci acabou sendo estrangulado na prisão, e seu principal conspirador, o cardeal Sauli, também morreu na prisão um ano depois. A resposta de Leão à trama para seu assassinato foi diluir o poder dos membros do Colégio Cardinalício, aumentando o número de seus integrantes. Ele nomeou um total de 31 novos cardeais, cuja gratidão lhe renderia lealdade certa. Entre estes, havia membros de sua própria família: seus sobrinhos Niccolò Ridolfi, Giovanni Salviati e Luigi Rossi; este aparece no retrato de Leão pintado por Rafael, ao lado de seu primo Giulio de Medici, que Leão havia nomeado cardeal ainda no início de seu pontificado. Outros nomeados da região da Toscana incluíam Giovanni Piccolomini, de Siena, e o florentino Niccolò Pandolfini. De Roma, Leão escolheu Pompeo Colonna, Franciotto Orsini, Paolo Emilio Cesi, Andrea della Valle e Francesco Armellini.

Nessa lista de romanos estava o meio-irmão de Felícia, Gian Domenico de Cupis. Como diocese titular, o jovem de 24 anos recebeu a cidade sulina de Trani. Assim como Girolamo della Rovere, o patrão de seu pai, raramente ia a Recanati, enviando Bernardino em seu lugar, Gian Domenico raríssimas vezes, ou talvez nunca, pôs os pés em Trani.

Embora Júlio tenha feito Gian Domenico de Cupis cônego de São Pedro e secretário papal, ele havia se recusado, a despeito dos rogos de sua filha, a conceder-lhe o chapéu vermelho. Ele o chamava "um garoto ignorante" e alegava que sua nomeação desagradaria aos outros cardeais. Mas o que Júlio não quis fazer por uma filha, Leão haveria de fazer por uma amiga. Aparentemente, ele não tinha nada a ganhar com a escolha de Gian Domenico para cardeal. Os De Cupis eram burocratas eficientes, mas não eram uma família poderosa de Roma. Leão fez essa nomeação como um favor a Felícia, em reconhecimento pelo que ela havia feito por ele. Tratava-se, no entanto, de um favor excepcional a ser concedido a uma mulher, especialmente uma que nem sequer era integrante da família Medici. A nomeação do irmão de Felícia sem dúvida incitou a inveja e o ressentimento das parentas de Leão, pois estas achavam que deveriam ser as únicas mulheres do círculo do papa a ter seus filhos e irmãos elevados a cardeais.

6

Senhora Orsini revisitada

Apesar de continuar a se envolver intimamente nos eventos que ocorriam no Palácio do Vaticano, tanto antes como depois da morte de seu pai, Felícia também começou a assumir um papel muito mais ativo como a "senhora" da família Orsini. Cuidando da propriedade de Palo e negociando a venda de sua produção de grãos, ela havia adquirido valiosa experiência administrativa e provou ser capaz de gerir as propriedades dos Orsini. Gian Giordano depositava nela uma confiança cada vez maior, e mais ainda com o nascimento de Francesco, o que dava a Felícia participação e direito legal nas propriedades dos Orsini.

Os livros contábeis dos Orsini indicam que, com essa responsabilidade, veio também o acesso direto de Felícia aos recursos da família. O livro referente aos anos 1509-10 é claramente escriturado em nome de Gian Giordano, como o chefe da família. O seguinte, que registra os gastos entre 1510 e 1514, traz a seguinte inscrição: "Este livro inclui todas as despesas feitas em nome de Sua Ilustríssima Senhoria, Felícia della Rovere Orsini."[1]

Alguns desses lançamentos refletem gastos pessoais de Felícia. Ela gostava de comprar acessórios de intenso colorido. Foi anotada a aquisição de um "chapéu de seda azul para a *signora*", por 3,15 ducados. Giovanni Casolaro recebeu 2 ducados para lhe confeccionar chinelos de veludo (*pianelle di velluto*) e Caterina Spagnuola recebeu 60 *baiocchi* para fazer nove toalhas (*tovaglie*). O livro de contas também proporciona alguns dos primeiros vislumbres mais íntimos da vida de Felícia como membro da família Orsini. Uma de suas responsabilidades no mês anterior ao Natal era "ficar no portão do palácio de Monte Giordano para distribuir donativos aos empregados". Para esse fim, 10 ducados foram reservados em 25 de novembro de 1511. A função desempenhada por Felícia nesse caso era simbólica. O pesado portão para Monte Giordano ficava no alto do pequeno monte. Cada um dos empregados devia subir a encosta até Felícia para receber seu bônus de Natal. Ela fazia o seu papel como senhora da casa, distribuindo dádivas, no tradicional estilo de *noblesse oblige*. Enquanto os trabalhadores de Monte Giordano recebiam em dinheiro, aos de Bracciano era oferecido um almoço de Natal, a um custo total de 12 ducados, que na realidade representava uma despesa maior do que a quantia distribuída entre os empregados romanos.

Entre as despesas para festividades, há algumas saídas mais sinistras, lembrando a constante presença da violência na vida diária da Itália da Renascença. Em junho de 1514, Felícia pagou 140 ducados pelo "assassinato de Tolfia di Caroli, o homicídio de Castelnuovo". Embora não sejam fornecidos mais detalhes do caso, tratar de assassinatos constituía um aspecto inevitável da vida de um senhor ou senhora feudal, com o qual Felícia viria a se familiarizar bastante. Naquela ocasião, os 140 ducados — equivalentes a uma pensão vitalícia — foram oferecidos como compensação aos parentes de Tolfia, que se viram privados de seu sustento. Felícia também começou a cuidar de outros aspectos dos negócios dos Orsini: tratava dos pedidos de ajuda em questões judiciais, dos pagamentos aos trabalhadores e dos salários dos empregados, além dos registros das atividades domésticas. Ela executava essas tarefas durante as ausências do marido e, com frequência cada vez maior, até quando ele se encontrava em casa.

Ela também se empenhou em alguns projetos mais ambiciosos para os Orsini em Bracciano. Um desses era a supervisão das obras de reparo e reforma do castelo, abandonado ao longo de anos por Gian Giordano, que havia investido mais tempo e dinheiro em seu palácio de Blois na França. Entre janeiro e abril de 1511, Felícia contratou uma equipe de pintores chefiados por um homem descrito de várias maneiras: "il Mastro Depinctor" (o mestre pintor), "il depinctor da Viterbo" (o pintor de Viterbo) ou por seu próprio nome, "mestre Pasturea, pintor". Ele recebia um salário mensal que variava entre 10 e 11 ducados, e levou para Bracciano seus auxiliares da vizinha cidade de Viterbo. Em grande contraste com os glamourosos artistas célebres do Vaticano, esses artesãos locais foram contratados para preencher as falhas nas pinturas decorativas dos tetos e vigas, e avivar os afrescos de quarenta anos atrás, pintados por Antoniazzo Romano para Gentile Virginio. Felícia também contratou carpinteiros e marceneiros para consertar portas e janelas. Tal atividade de sua parte em Bracciano indica que ela havia começado a dar maior atenção ao ambiente que a cercava. Ela passara a sentir que o castelo era o seu lar.

Os pintores e carpinteiros contratados para executar esses reparos eram suficientemente qualificados para fazer um trabalho bom e duradouro, mas não se exigia que fossem criativos. Em 1511, porém, Felícia recrutou uma equipe de projetistas muito mais requintados para construir a primeira fonte pública em Bracciano.

7

A fonte de Bracciano

Quando mulheres italianas contratavam obras públicas, em geral eram atraídas por projetos que envolviam água.[1] Aparentemente, não há nenhuma razão particular para essa preferência, mas talvez elas fossem mais conscientes de seus benefícios domésticos do que seus pares do sexo masculino. No século I a.C., Phile de Priene pagou por uma cisterna e canalização de água para sua cidade e Modia Quinta construiu um aqueduto. No século XV, Lucrezia Tornabuoni de Medici reconstruiu os banhos públicos em Bagno a Morbo, na Toscana. A preocupação de Felícia della Rovere com sua higiene pessoal era tanta que tinha uma sala de banhos particular: um dos aposentos do castelo é descrito em um inventário como o lugar "onde a Senhora se banha", no qual havia "um par de tenazes para remexer as brasas, uma banheira feita de madeira", uma cadeira baixa (presumivelmente para a criada que a auxiliava) e um banco.[2] A sala de banhos ficava junto da "antiga cozinha", que talvez não estivesse em uso, mas que devia ter ainda uma grande lareira, apropriada para aquecer grandes quantidades de água.

Os moradores de Bracciano tinham sorte, pois, ao contrário dos romanos, contavam com um grande suprimento de água doce, o seu lago. A área cercada ao redor do castelo também possuía um poço. Não havia fonte de água de fácil acesso além dos muros de Bracciano e das margens do lago, mas no começo da estrada para Roma havia uma nascente. Uma fonte alimentada por essa nascente seria ideal para os viajantes sedentos e para quem vivia fora dos muros do castelo.

A inscrição gravada no friso no alto da fonte — "Pro Pubblicatis Commoditatis" (Para conveniência pública) — enfatiza que a fonte se destinava a promover o bem-estar social. A água jorra de bicas que se projetam de grandes rosáceas, uma das insígnias dos Orsini. Uma longa bacia retangular recolhe a água para proporcionar fácil acesso aos cavalos e, como é dividida em três partes, permite também a lavagem de roupas.

Embora, sem dúvida, aprovasse a instalação da fonte, Gian Giordano se ausentou muitas vezes de Bracciano em 1511 e não parece ter demonstrado grande interesse no embelezamento de sua propriedade. Felícia era muito mais ativa nesse sentido, e se preocupava em agradar a comunidade, da qual depressa estava se tornando líder, no lugar de seu marido. A escolha da rosa dos Orsini poderia não parecer muito de acordo com a mulher que se apresentava como uma Della Rovere. Nesse caso, contudo, era de seu interesse identificar-se como senhora Orsini. A doação não era apenas prática; era algo destinado a acrescentar graça e beleza à pequena cidade. Como obra patrocinada, é, sob vários aspectos, uma versão em menor escala da atividade do pai de Felícia em Roma.

A arquitetura da fonte é tão moderna e atualizada quanto qualquer obra que pudesse ser encontrada em Roma, em 1511. Muitos moradores de Bracciano, que nunca haviam viajado a Roma, jamais tinham visto uma arquitetura igual à de sua nova fonte. Seu desenho era simples, porém elegante, semelhante à Fonte de Trevi original de Roma, projetada por Leon Battista Alberti em 1453. A fonte de Bracciano originalmente tinha sua alvenaria em tijolos recoberta por estuque branco e era emoldurada por colunas dóricas, das quais se projetavam as bicas d'água. As pilastras um pouco mais delgadas lembram muito as da Villa Chigi (hoje Villa Farnesina), construídas ao mesmo tempo que essa fonte pelo arquiteto e pintor Baldassare Peruzzi, para Agostino Chigi. Em várias ocasiões, Chigi, o homem mais rico da Itália, havia emprestado substanciais somas de dinheiro para Júlio II. Este concebeu uma forma de se livrar do pagamento dos empréstimos, adotando Chigi oficialmente. Esse ato tecnicamente transformou Agostino e Felícia em irmãos e, embora não fossem muito próximos, tinham alguns interesses comerciais em comum. Em 1510, ele pediu a ajuda de Felícia para conseguir acomodações para um prelado, Antonio da Comopriora, e em 1513 seu irmão adotado assinou o arrendamento no palácio Orsini no Campo dei Fiori, em nome de um conterrâneo de Siena, o cardeal Francesco Saraceni.[3] Ao emprestar o arquiteto Peruzzi para Felícia, Chigi estava ajudando-a a realizar seu desejo de levar um pouco da Roma contemporânea para a fortificada e medieval Bracciano. O artista sempre tivera estreitas ligações com a família dela: uma das primeiras obras de Peruzzi em Roma havia sido encomendada pelo padrasto de Felícia, Bernardino de Cupis, na igreja de San Onofrio. E aquela não seria a última vez que Peruzzi haveria de trabalhar para Felícia.

8

A arte da tapeçaria

Lenta, porém firmemente, ações como contratar a construção de uma fonte ajudaram Felícia della Rovere a consolidar sua posição na propriedade de Bracciano. Em 1513, ela tinha um grupo de funcionários só seus, descritos em seu livro de contas como "*li salariati* [os assalariados] da Ilustre Senhora". Eles eram independentes e autônomos com relação aos outros serviçais de Bracciano. Alguns costumavam acompanhá-la em suas viagens de Roma para o campo e vice-versa; outros ficavam para ser seus olhos e ouvidos em sua ausência. Seus empregados assalariados incluíam Hieronyma, a *balia*, e seu marido, Philipetto, o *balio*, que cuidavam das crianças em Vicovaro. Felícia também tinha um capelão pessoal, dom Matteo, assim como *mulatieri* (condutores de mulas) e *staffieri* (lacaios). Além de Hieronyma, a única mulher empregada diretamente por Felícia na época era uma criada pessoal, Violante di Sanframondo. Na Itália da Renascença, os criados ainda eram predominantemente homens. Esse registro de 1513 é também a primeira vez em que aparece o nome de Statio, descrito como seu *cancelliero* (chanceler ou secretário particular). Ele se encarregava de muitos dos negócios pessoais de Felícia e viria a tornar-se uma figura imensamente importante em sua vida.

Entre os *salariati* de Felícia em 1513, também constam "*lo fregaro*" (o bordador) e "Maestro Nicolo Todesco, *tapeziero*" (mestre Nicolau, o alemão, tapeceiro). Em 1514, mais um colega tapeceiro da Alemanha, Gregorio Todesco, juntou-se a Nicolo na folha de pagamento de Felícia, além de "Gilio di Brusela" (Gil de Bruxelas). Na época, os melhores tapeceiros vinham do norte da Europa e a contratação de três deles para produzir as novas tapeçarias para Bracciano é uma indicação de que Felícia desejava um trabalho da mais fina qualidade. A tapeçaria era a forma de arte que mais a interessava. Mais tarde, Michelangelo viria a menosprezar a arte flamenga como trabalho apropriado apenas para meninas, frades e freiras. Era muito elaborada para seu gosto, com detalhes de paisagens, animais ou flores. A arte flamenga não se ocupava dos assuntos sérios da arte narrativa, do tipo que ele havia pintado no teto da capela Sistina. Embora dirigisse seu sarcasmo aos pintores flamengos, ele reconhecia que a maior ameaça que eles representavam para a arte da Itália era sua habilidade inata como tecelões. Os verdadeiros conhecedores, entre os quais Júlio, o pai de Felícia, e Leão, seu amigo, reconheciam a habilidade superior dos tapeceiros no norte da Europa. Leão encarregou Rafael de desenhar os cartões para o magnífico conjunto de tapeçarias que ele acrescentou à decoração da capela Sistina, mas foram os tecelões de Bruxelas que realizaram o trabalho final.

Felícia sabia que seu pai reconhecia o valor da arte da tapeçaria. Ele havia lhe dado um jogo de delicadas peças, que compreendiam "13 tapeçarias de seda para um quarto, 6 tapetes grandes, 4 tapetes pequenos, 15 cortinas, 4 almofadas de brocado e 3 almofadas de veludo púrpura e brocado".[1] A seda tornava as tapeçarias relativamente leves; Felícia podia levá-las para qualquer lugar e, em pouco tempo, criar para si um ambiente confortável e luxuoso.

Tapeçarias de parede eram absolutamente essenciais em um castelo como Bracciano no inverno. Construído em terreno elevado, com os ventos que sopravam do lago, seus ambientes estavam sujeitos a correntes de ar, e as tapeçarias proporcionavam proteção contra o frio. Os Orsini

A ARTE DA TAPEÇARIA   239

que lá residiam anteriormente haviam adquirido, talvez durante suas expedições à França, muitas tapeçarias de grandes dimensões, com cenas como *A história do rei Salomão* e *A vida de santo Antônio*. Estas, no entanto, já estavam velhas e gastas; não estavam apenas surradas, mas já não cumpriam sua função como isolantes contra o frio.

Se as peças que os três tecelões de Felícia produziram são as citadas em um inventário elaborado em 1518 do que havia em Bracciano, então eles teriam feito uma série de 13 tapeçarias de parede em seda, com paisagens com animais exóticos e míticos. Uma reproduzia "uma fonte com um grifo e um dragão"; em outras apareciam um centauro e um dragão, um centauro e um leopardo, e um centauro e um leão. O fato de um mesmo tipo de desenho, talvez a especialidade de Nicolo Todesco e sua equipe, ser repetido várias vezes servia para que os tecelões pudessem produzir mais em menos tempo.

Felícia gostava muito dessas tapeçarias. Em um inventário de Bracciano de fins de 1519, feito num período em que ela estava ausente do castelo, as peças com o tema do centauro não são mencionadas, o que sugere que ela as teria levado consigo. Ela sem dúvida conhecia o valor da arte de tecer imagens fabulosas com seda e lã. Após a morte de Gian Giordano, ela enviou uma missiva ao rei da França informando que estava disposta a transferir-lhe o palácio da seu marido em Blois, mas que desejava "reaver e remover suas tapeçarias e todos os outros bens móveis".[2] Um palácio na França era de pouca utilidade para Felícia; sua conservação era dispendiosa, ela não tinha intenção de ir para lá, e cobrar aluguel de nobres franceses seria difícil. Mas o local evidentemente possuía belas tapeçarias, e Felícia estava determinada a recuperá-las.

9

Contas pessoais

Como senhora da família Orsini, Felícia criou um ambiente mais harmonioso fora do castelo de Bracciano. Ela cultivou a lealdade dos habitantes da cidade e reuniu um corpo de servidores fiéis. Não obstante, ainda tinha seu plano pessoal de contingência, caso algo desse errado e ela tivesse que deixar a residência dos Orsini com a morte de Gian Giordano. Para ela, a questão mais crítica era que suas próprias posses, seus *beni mobili et immobili,* bens móveis e imóveis, fossem reconhecidos como separados e independentes do restante da propriedade dos Orsini. Em outubro de 1516, ela assumiu a tarefa de compilar um inventário de seus pertences pessoais.

Esse inventário revela sua estratégia cuidadosamente planejada para sua sobrevivência. Se a vida com os Orsini não fosse possível, ela ainda era extremamente rica, sem precisar depender deles. Começando o inventário, ela "trouxe 20 mil ducados para a casa de Gian Giordano Orsini, como dote".[1] O usufruto, os juros, sobre o uso dessa soma estava então em 6.150 ducados. Além desse dinheiro, havia suas propriedades pessoais. O valor de Palo foi calculado em 9 mil ducados, e ela havia pago a Gian Giordano 10.800 pelo palácio e pelas terras do monte Pinciano. Tinha a receber 4.200 ducados por vendas de grãos para o Vaticano e também operava um banco privado. Havia emprestado

2 mil ducados a Giuliano de' Medici, duque de Nemours, e outros 2 mil ao primo dela, Francesco Maria, duque de Urbino. Também havia emprestado 2 mil ducados a Giuliano Leno, para o dote de sua filha. Além disso, havia feito alguns empréstimos de quantias menores: 140 ducados para Portia Savelli, a viúva de um Orsini, o duque de Anguillara, com a qual ela tinha um certo grau de ligação. No total, entre seu dote e esses empréstimos em dinheiro, Felícia della Rovere possuía 56.440 ducados, que corresponderiam a dezenas de milhões de libras em valores atuais.

Mas isso não era tudo o que Felícia possuía; ela tinha armazenadas, "em muitos e diferentes locais, quantidades de grãos no valor de 12 mil ducados". E havia ainda suas pedras e metais preciosos, entre os quais um rubi avaliado em 1.100 ducados; duas esmeraldas no valor de 700, uma delas engastada em um anel; e um anel; de diamante no valor de 150 ducados. Inteligentemente, boa parte de suas joias era montada em forma de *crocette,* pequenas cruzes. As normas de vestuário da Renascença, conhecidas como leis suntuárias, visavam impedir que as mulheres usassem roupas e joias excessivamente ostentosas, mas podiam ser ludibriadas pelo uso de pedras preciosas na forma de crucifixos. Felícia possuía sete *crocette,* todas de diamantes, com valores variando de 20 a 700 ducados, sendo a mais cara a que lhe fora presenteada pelo pai quando de seu casamento e que ele havia recebido da República de Veneza. Ela também possuía uma quantidade de colares e braceletes de ouro que, junto com medalhas e *paternosters* (contas de rosário) de ouro, somavam 1.350 ducados. No total, suas joias representavam mais 4.200 ducados.

Felícia della Rovere também havia acumulado uma coleção de prataria: vasos, estojos e bandejas no valor de 268 ducados. Os demais bens não tinham indicação de valores individuais, mas, somados, formavam um todo impressionante. Aí se incluíam as tapeçarias e os acessórios presenteados por Júlio, seus vestidos de brocado de seda e cetim, nas cores escarlate e preto, adotadas dos cardeais. Também possuía um traje particularmente suntuoso, por certo destinado para ocasiões cerimoniais, um magnífico vestido de seda carmim forrado com pele de arminho. Pelos padrões de hoje, o guarda-roupa de Felícia poderia parecer bem reduzido, mas é preciso lembrar que o custo de tais tecidos, naquele tempo, poderia comprar algumas casas de camponeses.

O inventário de Felícia também mostra que ela possuía dois tipos de livros. Um registro indica simplesmente "muitas coleções de livros", que ela vinha acumulando por muitos anos, com encadernações simples e de valor insuficiente para serem relacionados individualmente. Já outros eram especificados um a um, pois, como objetos físicos, tinham um valor maior. Ela possuía os escritos de São Jerônimo, descritos como "ilustrados, com fecho de prata." Esse livro com iluminuras pode ter sido feito para ela pelo artista Marcantonio Raimondi. Um lançamento interessante no livro de contas de Felícia, do dia 19 de agosto, revela: "Marcantonio da Bolonha recebeu o restante de seu pagamento pelo São Jerônimo, 4,15 ducados". Este Marcantonio da Bolonha poderia ser Marcantonio Raimondi, um assistente de Rafael. Entre suas muitas obras havia gravuras feitas a partir de desenhos de Rafael, que tinham ampla circulação e constituíam um negócio lucrativo. Em 1524, Marcantônio passou por maus momentos, quando foi preso sob a acusação de obscenidade, pela impressão de gravuras dos desenhos de Giulio Romano, um aluno de Rafael, mostrando posições sexuais — *I Modi*. Nessa época, provavelmente ele não estaria fornecendo alguma gravura para Felícia, pois um pagamento parcial de 4 ducados seria excessivo para esse tipo de trabalho. Porém, seus talentos poderiam ter sido bem aproveitados na criação de ilustrações para seu exemplar de São Jerônimo. Entre os livros mais valiosos de Felícia havia um Suetônio ilustrado, uma Santa Bíblia e as obras de Plínio. O castelo de Palo ficava perto, se não no próprio local, de uma vila cujo proprietário era tio de Plínio. Os três últimos volumes eram encadernados em cetim carmim, com cadeados e fechos de prata, todos, talvez, adquiridos ao mesmo tempo e da mesma fonte.

Além das tapeçarias de parede, cortinas e almofadas que lhe permitiam guarnecer um quarto de dormir onde quer que fosse, Felícia também havia adquirido os objetos para uma capela portátil. Qualquer padre que a visitasse para dizer a missa teria a seu dispor os paramentos apropriados: manto, capa, estola e manípulo em brocado de seda. Havia também uma toalha de altar no mesmo tecido, castiçais de prata, um sino de prata, um par de turíbulos de prata, uma "pequena caixa de prata para guardar as hóstias" e "uma imagem de Nossa Senhora" bordada em seda. O único outro quadro que Felícia possuía era uma "bela *Crucificação*, em óleo, avaliada em 60 ducados". Pelo alto valor atribuído, é provável que fosse obra de algum pintor famoso. Felícia não colecionava pinturas. Por seu estilo de vida, sempre viajando ao longo do ano entre seus palácios de Roma e os castelos no campo, ela gostava de levar consigo seus bens favoritos. E quadros eram muito incômodos para embalar e transportar.

Havia ainda alguns itens de menor valor, como "uma bolsa em ouro trabalhado com belas figuras, duas selenitas (pedras da lua), uma engastada em ouro e a outra simples, dois colares de contas de âmbar". A diversidade dessa parte do inventário de Felícia sugere que essas peças já estavam em seu poder há muito tempo, desde o período anterior ao seu casamento, quando as gemas que a filha do cardeal possuía ainda não eram diamantes. Mas tais objetos tinham seu valor sentimental. Quanto ao mais, há muito pouco de natureza sentimental nos bens de Felícia. Tudo mencionado em seu inventário era belo — vestidos de tecidos requintados, almofadas bordadas, tapeçarias, pedras preciosas —, mas eram coisas adquiridas com um olho no lado prático. Ela não colecionava pinturas, antiguidades, esculturas, faianças — itens que atraíam seus contemporâneos da elite, de ambos os sexos. Tais objetos eram pesados e destinados a ficar sempre no mesmo lugar. Felícia podia embalar tudo em alguns baús; podia sair de casa e se pôr a caminho em pouco tempo, como fora obrigada a fazer ainda adolescente, ao ser arrancada de Roma e mandada para Savona.

Porém, mesmo que seus bens terrenos pudessem ser facilmente transportados, uma partida apressada não viria a ser necessária, pois, em 1516, ela não estava destinada a deixar a família Orsini. Gian Giordano não foi o mais ativo chefe que sua família havia tido, mas se preocupava com o futuro da mesma, depois que ele se fosse. Ele não desejava que sua família mergulhasse no caos após sua morte, o que era provável com meninos sem idade suficiente para liderar e nenhuma figura com autoridade no comando. Ele podia olhar para Felícia e ver em sua determinada e independente esposa uma mulher que, em mais de dez anos de vida conjugal, havia provado seu compromisso para com a família Orsini. Ela lhe dera dois filhos homens e havia dirigido sua atenção não apenas para a reforma e redecoração do castelo de Bracciano, mas também para o benefício público da comunidade em geral. Felícia della Rovere havia mostrado ser, em muitos aspectos, uma herdeira digna. Era chegado o tempo de Gian Giordano referendar oficialmente o futuro de sua esposa com os Orsini.

10

Uma escrava na casa dos Orsini

Em setembro de 1517, a saúde de Gian Giordano começou a declinar. Ele sabia que era tempo de conferir a Felícia a autoridade de atuar como regente da família Orsini, após seu falecimento, enquanto seus filhos ainda eram menores. Na ocasião, Felícia, Gian Giordano e os filhos estavam juntos no castelo de Vicovaro. Gian Giordano, atendido e aconselhado por seu médico, Alessandro Sanctini, fez uma espécie de testamento "ao vivo". Giovanni Roberto della Colle, um dos altos funcionários de Orsini, estava presente e fez a descrição do que ocorreu:

> Gian Giordano, em seu juízo perfeito, porém já fraco fisicamente, estava deitado na antecâmara no palácio de Vicovaro. Sua esposa, senhora Felícia, estava com ele, junto com sua filha Carlotta e Francesco, seu filho. Ele tomou seu filho Francesco pela mão e lhe disse: "Francesco, meu filho, se eu morrer", e neste ponto o menino [que tinha 6 anos] começou a chorar, "devo deixá-lo e deixarei minha esposa, madona Felícia, nomeada senhora e guardiã dos filhos e da propriedade, pois que ela tem sido uma boa mulher e boa esposa, e, portanto, justificadamente merece tal honra." Ouvindo isso, a senhora Felícia sucumbiu e começou a chorar. Ela disse: "Quando estiveste doente e em perigo de morrer, nunca fizeste tal testamento, e agora estás são, Deus seja

louvado, sem febre e sem desfalecimentos, portanto, meu senhor, não é necessário dizer tais coisas." E madona Felícia quis deixar a antecâmara e ir para o quarto principal. Gian Giordano a ouviu e disse: "Senhora Felícia, peço que te sentes e me ouças porque há coisas que quero dizer. Deixarei tudo para meus filhos, e tu, sua boa mãe, como a nova senhora e guardiã, quando eu morrer." E madona Felícia respondeu: "Meu senhor, eu preferiria morrer como uma escrava nesta casa a ser uma rainha em qualquer outro lugar."[1]

Qualquer que tenha sido a profundidade do sentimento que Felícia e Gian Giordano nutriam um pelo outro, eles haviam criado um forte vínculo atuando como parceiros na cena política de Roma. Felícia havia evitado que Renzo da Ceri e Giulio Orsini trabalhassem para Veneza contra a França, o que teria constrangido seu marido. Ela o havia ajudado a ser o mediador entre o papa e a França, e ele a havia apoiado quando ela tentou arranjar o casamento de sua filha Júlia com o herdeiro da família d'Este. O diálogo entre os dois, quando Gian Giordano estava à morte, é instigante, particularmente para um documento notarial da Itália da Renascença, que em geral costumava ser sucinto ao extremo. Pela mesma razão, contudo, ele tem um componente de encenação, pois a situação foi dirigida e representada por marido e mulher. Ambos sabiam que haveria membros da família Orsini fazendo objeções ao fato de Felícia tornar-se a senhora e guardiã da propriedade. Ela não era uma Orsini pelo sangue; não era sequer uma nobre romana, mas a filha bastarda de um clérigo. Consequentemente, Gian Giordano precisava fazer a proclamação acerca da futura posição de sua esposa na família, de modo que parecesse natural, tendo, porém, testemunhas atentas. A cena desenrolada na antecâmara em Vicovaro seria a última em que eles atuariam juntos. O registro do diálogo existe porque Giovanni di Roberto della Colle fez um relato reconhecido em cartório ao advogado dos Orsini, Sabbo di Vannuci, que foi autenticado independentemente, e redigido em latim pelo médico de Gian Giordano, Alessandro Sanctini. Embora doente, Gian Giordano foi para a antecâmara de seu quarto, de forma que as damas de companhia de Felícia pudessem ouvir o que ele tinha a dizer e servir como testemunhas adicionais. Giovanni di Roberto e o médico enfatizaram sua boa saúde mental na ocasião; Felícia procurou até dar a entender que ele estava bem fisicamente. Quanto mais saudável Gian Giordano estivesse de corpo e mente, maior seria o peso dado à força de sua decisão de deixar sua esposa no comando, quando viesse a falecer.

A atuação de Felícia também foi parte essencial do evento. Não há razões para se duvidar que ela estivesse sentindo uma tristeza genuína ante a iminência da morte de Gian Giordano. Apesar de suas excentricidades, ele havia sido um bom marido, e surpreendentemente liberal, para seu tempo. Quaisquer que tenham sido seus sentimentos iniciais ao tomar por esposa a filha de um papa, ele havia passado a reconhecer e apreciar suas habilidades e lhe deu liberdade para desenvolvê-las. Felícia podia estar inquieta pelo que viria a seguir, como qualquer príncipe sentiria um frêmito junto ao leito de morte de seu pai, ou certos cardeais ante a morte de um papa, mas, naquela ocasião, o importante para Felícia não era o que ela realmente sentia, mas o que era percebido pelos que a cercavam. Ela não poderia aparentar ganância ou cobiça, aguardando ansiosamente a morte do marido para tomar as rédeas do poder em suas mãos. Pelo contrário, tinha que declarar, em lágrimas, que ele não precisava tomar tal decisão, pois gozava de boa saúde. Quando Gian Giordano insistiu em sua resolução, e Felícia a acatou, ela enfatizou sua dedicação à família Orsini, da qual preferiria ser uma escrava a ser uma rainha em qualquer outro lugar. A supressão de seu próprio ego era uma parte crucial de sua atuação; ela tinha que dar a impressão de não ter nenhum interesse pessoal em tornar-se *signora et patrona* dos Orsini.

Gian Giordano faleceu no começo de outubro. Sua morte coincidiu com um evento que teria implicações dramáticas para o mundo cristão, quando Martinho Lutero afixou na porta da igreja do castelo de Wittenberg as 95 teses desaprovando a corrupção da Igreja, vigente sob os papas Júlio II, pai de Felícia, e Leão X, amigo dela. Mas, para Felícia e para os Orsini, a morte de Gian Giordano teve um impacto muito maior. A declaração verbal de seu marido, no sentido de deixar Felícia como guardiã do patrimônio dos Orsini, foi corroborada por uma grande quantidade de documentos e sanções legais. Seu próprio testamento não era complicado e reiterava o que ele tinha dito a Felícia e aos presentes reunidos na antecâmara em Vicovaro. Ele legou a seus filhos, Francesco e Girolamo, e ao meio-irmão destes, Napoleone, todos os seus bens terrenos. Felícia seria sua guardiã e curadora das propriedades enquanto seus filhos fossem menores e, da noite para o dia, ela se tornou uma das mais poderosas figuras da cidade de Roma, independentemente de sexo. Um desconhecido correspondente romano reconheceu isso, escrevendo em 11 de outubro o que ostensivamente era uma nota de condolências para Felícia pela morte do marido. Mas o autor se empenha em afirmar que ele próprio se sente consolado, sabendo que os Orsini estavam agora nas mãos de "uma pessoa tão sábia e sagaz, que é dignificada por tanta seriedade e magnificência".[2]

A posição de Felícia devia ser ratificada pelo papa Leão X e também pelo órgão governante de Roma, o Senado. Leão emitiu uma bula na qual "reconheceu dona Felícia della Rovere, segunda esposa e viúva de Gian Giordano Orsini, como guardiã e curadora de seus filhos menores, sob a condição de continuar viúva".[3] Esta última condição era a norma na Europa da Renascença; a mulher teria que abrir mão da guarda de seus filhos e também de qualquer função administrativa nas propriedades deles, caso voltasse a se casar. Tal cláusula só pode ter divertido Felícia. O casamento nunca a havia interessado muito e desistir da extraordinária posição que havia alcançado, por outro marido, era algo inconcebível.

A ratificação pelo Senado romano ressaltou as contradições na posição de Felícia. Ela passara a ser uma mulher no comando de uma das duas mais poderosas famílias de Roma. Mas, por ser mulher, não lhe era permitido atuar nos procedimentos legais e precisava de um advogado para agir em seu nome. Em 22 de janeiro de 1518 ela nomeou "Galeotto Ferreolo da Cesena, advogado consistorial", para servir como seu representante em uma reunião do Senado romano, no palácio do monte Capitolino. Lá, ele deveria atestar, em nome dela, que, "como guardiã e curadora de seus filhos Francesco, Girolamo, Giulia e Clarice, ela promete administrar fielmente os interesses de seus tutelados, compilar um inventário dos bens e apresentar um relatório de sua administração das propriedades".[4]

A transação oficial de Felícia com Galeotto teve lugar "em Roma, no palácio construído pelo falecido Gian Giordano, situado junto à igreja de Trinità dei Monti no monte Pinciano", o mesmo palácio que Felícia estava tornando seu. Era comum que a autenticação de importantes atos legais, como a transferência do dote de Felícia a Gian Giordano ou a compra de Palo, se dava na *Camera Magna* de Monte Giordano. Mas, naquela ocasião, ela preferiu afastar-se da sede administrativa dos Orsini. Tal decisão parece surpreendente. Como "guardiã e curadora", o mais apropriado seria que ela escolhesse tratar de negócios na casa dos Orsini em Roma. Mas Felícia já estava adotando o hábito de evitar contato com seus parentes Orsini. Era pouco depois do Natal e muitos deles ainda estavam na residência de Monte Giordano, destes, muitos estavam ressentidos com Felícia e com o poder que ela passara a deter.

Além do mais, alguns membros da família Orsini tinham suspeitas acerca das circunstâncias da morte de Gian Giordano. Em Veneza, Marino Sanuto registrou que ele havia morrido em Vicovaro, sem confissão e sem comunhão, porque os médicos não o haviam considerado enfermo.[5] Para quem apoiava tais suspeitas, as palavras de Sanuto insinuavam que a morte de Gian Giordano não teria sido natural. Embora ninguém acusasse Felícia publicamente, sem dúvida havia vários dentre os Orsini que nutriam a ideia de que ela podia ter algum envolvimento na partida de Gian Giordano deste mundo. Por certo, o momento era conveniente, pois, estando seus filhos com 4 e 5 anos e ela com 34, seu período na função poderia ser longo. Contudo, nada podia ser provado e, de qualquer forma, Felícia tinha sua indulgência de absolvição de Leão X para todos os crimes. Mas o fato serviu para reforçar o apoio e a simpatia dos Orsini para Napoleone, seu enteado de 17 anos, que seus parentes julgavam devia ser o legítimo chefe dos Orsini de Bracciano. Assim, para Felícia, negociar a transferência do poder no palácio de Trinità, uma residência construída em terras dos Orsini, mas que ela havia decidido tornar sua, foi uma demonstração calculada. Ela jamais se mostrara particularmente disposta a fazer amizade com os Orsini e não tinha intenção de começar agora. E não podia ter deixado de ficar irritada por cartas de tom pomposo como uma que o cardeal Franciotto Orsini, primo de Gian Giordano, lhe escreveu em 9 de janeiro de 1518: "Eu advirto Vossa Senhoria de que seria desejável dar um bom exemplo aos outros e estar atenta para não deixar más ações sem punição, de modo que nossos vassalos não se vejam tentados a seguir caminhos onde possam vir a pecar."[6]

O cardeal insinuava que, sendo mulher, ela poderia ser excessivamente leniente e fraca com os trabalhadores das propriedades, e que ele estava inclinado a vê-la com olhos críticos. No entanto, Felícia e Franciotto acabaram por chegar a um acordo; preso mais a conexões eclesiásticas do que familiares, Franciotto percebeu que se indispor com a nova chefe dos Orsini não lhe seria conveniente na corte do Vaticano. Ela, porém, continuou a manter distância do resto da família Orsini.

11

Mais contas

Felícia della Rovere Orsini sabia que um novo papel havia sido criado para ela e, com isso, se tornara um outro tipo de pessoa. Durante a última década, ela havia conquistado respeito, admiração e influência, sem falar da considerável fortuna pessoal. Porém, ela sempre havia sido uma espécie de anomalia na sociedade, o tempo todo acompanhada, para o bem ou para o mal, por sua identidade como filha de um papa e pela fama de falar sem rodeios. Agora, ela havia atingido uma posição que a Itália da Renascença podia entender mais facilmente: a de viúva regente. Muitas mulheres da nobreza, quando enviuvavam, optavam por uma recordação visual da ocasião — um quadro com seu retrato em trajes de viúva ou um retábulo no qual pudessem ser apresentadas como doadoras. A viuvez também era a época em que mulheres ricas compravam ou mandavam construir uma nova casa. Outras executavam atos de caridade, fundando conventos ou doando dinheiro para as ordens religiosas. Felícia della Rovere não fez nada disso. Ela já possuía uma coleção de bens preciosos, além de uma capela decorada com afrescos, um castelo e um palácio próprios. Ela achava que não tinha necessidade de outra lembrança visual. Além do mais, em breve ela haveria de se tornar uma mulher muito ocupada. A maioria das viúvas que se dedicavam à filantropia o faziam porque tinham duas coisas:

boa situação financeira e tempo livre. Embora Felícia controlasse uma grande soma de dinheiro, as despesas de manutenção das propriedades dos Orsini eram tão altas que raramente havia alguma sobra. Com relação a tempo livre, até que seus filhos, que ainda tinham apenas 4 e 5 anos, chegassem à idade adulta, sua vida devia ser dedicada a gerir o patrimônio dos Orsini, o que não lhe deixava muito tempo para sua expressão pessoal.

Não obstante, Felícia refletiu um pouco sobre sua nova posição. Com seu marido recentemente falecido e o pai morto há apenas cinco anos, considerou também como ela seria lembrada depois de morrer. Enquanto se adaptava a sua nova função como dirigente da família Orsini, reservou algum tempo para redigir seu próprio testamento, um ato relativamente incomum para uma mulher de apenas 35 anos de idade. Sua decisão de fazê-lo era, em parte, indubitavelmente prática. Se viesse a falecer intestada, seus bens próprios seriam incorporados aos dos Orsini. Seus filhos homens seriam beneficiados e, na verdade, receberiam o grosso de sua herança, mas suas filhas não ficariam com nada. Assim, o testamento de Felícia, reconhecido por tabelião em 30 de março de 1518, assegurou que "Júlia e Clarice, filhas naturais e legítimas da testante, receberão, cada uma, 8 mil ducados".[1] Este legado seria acrescentado a quaisquer que fossem os dotes que elas receberiam dos Orsini.

Boa parte de seu testamento, porém, tratava do destino que seria dado a seus restos mortais e dos cuidados com sua alma imortal. Ela reservou mil ducados para a "construção de sua tumba e a compra de uma toalha de altar" para sua capela na igreja de Trinità dei Monti. Deixou mais 30 ducados para a igreja para que fossem rezadas missas perpétuas em sua memória. A mesma soma foi destinada para Santa Maria del Popolo e Santa Maria Transpontina, para o mesmo fim. Santa Maria del Popolo era a igreja dos Della Rovere em Roma, fundada por Sisto IV, onde muitos de seus parentes estavam sepultados. Santa Maria Transpontina, situada no caminho para o Vaticano junto ao castelo Sant'Angelo, na rota papal, era elegante e tinha uma grande congregação. Dez ducados para missas perpétuas por sua morte foram destinados para as igrejas de San Agostino e Santa Maria sopra Minerva — ambas nas vizinhanças da Piazza Navona, onde Felícia havia vivido em criança. Deixou também 10 ducados para San Pietro in Montorio, o outro local onde São Pedro, segundo uma lenda, teria sido sepultado, e para San Onofrio, que seu padrasto, Bernardino de Cupis, havia ajudado a decorar. Sua decisão de distribuir seu dinheiro entre várias igrejas em toda Roma seria garantia de que seu nome ressoaria por toda a sua cidade. Era uma forma de assegurar seu próprio legado duradouro e dar forma à permanência de sua memória.

Se Felícia pensava muito em seu lugar no mundo celestial, estava igualmente interessada nas questões práticas do mundo terreno. Uma de suas primeiras tarefas como guardiã e curadora da família Orsini, conforme estipulado pelo Senado romano, era supervisionar um inventário das propriedades de Gian Giordano. Um registro preciso dos bens constantes do espólio era importante para assegurar que tudo estivesse intacto quando chegasse a hora de seus herdeiros assumirem. Fazer o inventário dos bens era um dever comum das viúvas que ficavam como administradoras do espólio; um afresco florentino do século XV mostra uma viúva no meio de uma sala, observando, enquanto um tabelião faz a relação dos bens. Mas raramente elas tinham a responsabilidade de fazer um inventário de um patrimônio que abrangia várias centenas de quilometros quadrados, como era o caso de Felícia. Esse esforço intenso produziu uma compilação de um documento de quarenta páginas, detalhando "cada um dos bens móveis e imóveis" de propriedade dos Orsini, cuja conclusão se deu em 25 de abril de 1518.[2]

Nenhum documento proporciona um quadro melhor do que Felícia havia assumido quando se tornou a regente dos Orsini. O inventário começa com tudo o que havia no castelo de Bracciano e com os itens necessários para sua defesa. Estes compreendem mais de mil peças de artilharia, incluindo canhões, balas de canhão, pólvora, morteiros, marretas, arcabuzes, lanças, picaretas, balastro, falconetes (armas leves) e "cinco enormes escudos, pintados com uma rosa", a insígnia dos Orsini. Em uma justaposição surpreendente, o grupo seguinte do conteúdo de Bracciano era uma lista dos objetos da capela, bastante semelhantes aos da capela portátil de Felícia, com toalhas de altar, vestimentas dos padres, candelabros, um crucifixo e dois anjos de madeira. No retábulo, havia uma pintura de *Cristo diante de Pôncio Pilatos*, um tema incomum para um altar, e havia também "uma pequena caixa com relíquias das 10 mil virgens, do beatificado Francisco de Paula e de Santa Cristina". Como Francisco de Paula havia morrido recentemente, e Gian Giordano havia passado muito tempo na corte francesa, essa relíquia talvez fosse de fato autêntica, um caso raro entre os oceanos de leite da virgem e florestas de lascas da verdadeira cruz.

Na cozinha, havia caldeirões de cobre e um grande fogão, espetos rotativos, panelas de ferro, colheres e facas, uma grelha, um grande pilão e almofariz de pedra e um menor, de mármore. A grande despensa adjacente guardava um grande saleiro, numerosas jarras de vidro, algumas cheias, outras meio vazias, com óleo e vinagre, e um "moedor de madeira com levedura". Depois vinham quatro depósitos onde se guardavam os vinhos, classificados em ordem ascendente de qualidade. O primeiro continha vinho e também vinagre, o segundo, 14 "grandes frascos de vinho romano" e "sete caixas". Na última *cantina*, ficava armazenado o moscatel, o melhor vinho da casa.

A seguir, vinha o *guardaroba,* um verdadeiro tesouro de tecidos fabulosos. Ali havia dosséis de cama feitos de veludo carmim, bordados com o brasão dos Orsini, ou de tafetá turquesa com franja dourada. As tapeçarias mais antigas dos Orsini estavam guardadas ali, junto com a série do centauro que Felícia havia encomendado alguns anos antes, e um grande número de tapetes. O primeiro quarto de dormir descrito no inventário era o de Gian Giordano. Neles, exposta como uma relíquia, estava a armadura completa que ele havia recebido do rei da França, com cota de malha, braçadeiras, ombreiras com ornamentos de prata, manoplas e gorjal de prata.

Felícia não quis que seus pertences aparecessem no inventário de Gian Giordano para não serem erroneamente identificados como bens dos Orsini, de forma que não há nenhum traço dela no castelo de Bracciano. Mas ela fez uma lista minuciosa do que havia nos estábulos, incluindo os "dois pequenos cavalos baios pertencentes a dom Francesco e dom Girolamo, os filhos de Gian Giordano". Além dos pôneis dos meninos, havia seis cavalos de montaria, dois cavalos de tração, três filhotes de mula e três animais adultos. Havia também duas carroças e uma "carroça de quatro rodas, coberta com pele de vaca preta". "Trinta e duas grandes vacas e mais dois touros" também viviam lá. Felícia também anotou uma grande pilha de ferro velho, caldeirões, espetos e panelas fora de uso. Fundidas, tais peças ainda tinham um valor intrínseco.

Dos bens móveis de Gian Giordano, o inventário passava para os imóveis e para as terras e palácios de propriedade dos Orsini. Esta seção incluía o próprio complexo de Bracciano — o castelo e as terras. Também relacionava o feudo de Scrofano com seus campos e vinhedos, e os bosques de Trevignano. Em Galera havia árvores frutíferas, em Cesano, prados, e em Isola, pastagens para gado. E mais um grande palácio em Formello e, em Roma, os de Monte Giordano e Campo dei Fiori. O palácio de Blois, construído pelo próprio Gian Giordano, foi mencionado, e um outro em Nápoles. O castelo de Vicovaro era como uma versão menor de Bracciano. Seu conteúdo foi relacionado, mas lá não havia tanto mobiliário e acessórios, estes evidentemente mais simples, nem suntuosas tapeçarias de parede.

Uma caixa de documentos importantes para a família Orsini também tinha seu espaço no inventário. Ali se encontravam testamentos, concessões do avô materno de Gian Giordano, Alfonso de Aragão, e privilégios concedidos a Gian Giordano pelo rei da França. Também havia, "nessa mesma caixa, instrumentos, privilégios e bulas, com o selo da Ilustre Senhora Felícia e de seu notário, escritos em vários locais". A linha seguinte declarava que "Felícia, a acima mencionada Guardiã, tem todas as entradas e saídas de dinheiro registradas em dois livros compilados por seus servidores Carolus Galeotti e Statio del Fara".

Documentos assumiram uma nova importância na vida de Felícia. O poder lhe foi conferido na forma do testamento de seu marido e de bulas do papado e do Senado. Ela, por sua vez, exercia sua autoridade através de cartas e ordens assinadas em seu nome e gravadas com seu selo. O que a diferenciava dos homens que haviam dirigido os bens da família Orsini antes dela era seu apego à documentação. Suas raízes a traíam. Ela não era nobre, mas produto da cúria e de administradores burocráticos, com todos os seus instintos. Sem tal atitude e uma habilidade inata, ela poderia facilmente ter perdido o controle de sua posição, quase no mesmo instante em que a assumira.

12

A mãe temporal

A propriedade de Bracciano era um pequeno reino; em muitos aspectos, era um microcosmo da península italiana. Os feudos, as aldeias e os aglomerados tinham, todos, identidades, interesses e produtos independentes. A terra era concedida para a criação de animais, pomares, florestas para extração de madeira ou para culturas de grãos e feno. Era uma tarefa extraordinária para uma só pessoa dirigir com eficiência, mesmo que residisse em um só lugar, o que não era o caso de Felícia. Seu ano começava em Roma, onde ela permanecia até o fim da primavera. No início do verão, costumava partir para Bracciano e passava o fim do verão em Vicovaro, com os filhos. No outono, retornava a Roma. Com um ano tão fragmentado, ela dependia em muito da capacidade e dos serviços de seus administradores. Mas também tinha aguçada consciência de que não podia simplesmente deixar a direção da propriedade nas mãos deles, mesmo que pessoalmente assim o preferisse. Ela exigia relatórios de todas as atividades e tinha que supervisionar e autorizar pessoalmente o controle das provisões. Intervinha em questões legais e encaminhava investigações judiciais. Decidia a nomeação de funcionários dos Orsini, assim como dos clérigos nas paróquias em terras da família. Também respondia a infindáveis pedidos de favores; quase todas as cartas que recebia lhe eram endereçadas como *Patrona et benefatrix,* patrona e benfeitora dos remetentes, sugerindo que ela possuía alguma espécie de prodigalidade caritativa. Dirigir Bracciano era, sob vários aspectos, semelhante a ser o presidente de uma grande corporação atualmente — bem longe de uma atividade filantrópica. No entanto, um elemento de absolutismo divino fazia parte da posição, e Felícia, afinal de contas, era agora a rainha dos Orsini.

Quem conhece a vida das abelhas sabe que as rainhas não descansam, e os dias de Felícia eram de atividade febril. Onde quer que estivesse, seu tempo, desde a manhã até a noite, era ocupado por uma série contínua de negociações, de transmissão de ordens e concessão de pedidos, de abertura de dúzias de cartas e ditado de respostas. Embora firmasse suas cartas com sua assinatura por extenso, "Felix Ruveris Ursinis", relativamente poucas delas eram escritas por ela pessoalmente. Ela sabia escrever, melhor do que a maioria dos membros da elite, em especial as mulheres, mas não era ainda uma escriba profissional. Seus servidores mais graduados em Bracciano, Monte Giordano e Vicovaro ficavam a seu lado, redigindo suas missivas, às vezes enquanto ela cavalgava, em suas viagens de uma casa para outra. Mesmo quando não se encontrava em uma de suas residências, era importante que sua presença fosse sentida. Como funcionário astuto, Francesco da Fano escreveu-lhe de Roma para Vicovaro e disse que na sua ausência ele venerava um retrato dela que "cultuo e adoro como se fosse a minha Senhora Patrona".[1]

Hoje, ao que parece, não há vestígio desse retrato. Porém, uma pintura de Sebastiano del Piombo, colega de Michelangelo e artista que Felícia conhecia pessoalmente, poderia muito bem ser essa obra — ou pelo menos uma muito parecida. Esse retrato, pintado por volta de 1520, mostra uma mulher de cabelos escuros, com um nariz longo e queixo determinado. Sua roupa é em escarlate e preto e, através da janela ao fundo, pode-se ver um panorama montanhoso, com um castelo às margens de um lago. A mulher tem vários livros diante dela. As palavras no que está aberto à sua frente poderiam ser decifradas como "Eu elevo meus olhos e fecho meu coração", que parecem um soneto escrito por uma conhecida de Felícia, a nobre Vittoria Colonna. Nesse contexto, elas são apropriadas a uma viúva cujo coração está fechado, como ela indica com sua mão direita. Mas igualmente importante para a situação de Felícia era que ela mantivesse os olhos abertos, a par de tudo o que acontecia ao seu redor.

O ano de 1515 havia visto a publicação de *Il principe* (*O príncipe*), de Niccolò Machiavelli (Maquiavel), uma obra ainda hoje considerada um dos trabalhos seminais sobre governança. Felícia não conhecia Maquiavel pessoalmente, como havia conhecido Baldassare Castiglione, mas é interessante notar como sua forma de administrar e as circunstâncias seguem de perto os conselhos que ele deu para um pretendente a governante de sucesso. Ela se tornou uma *principessa* maquiaveliana, como havia sido uma *cortegiana* de Castiglione. Muito do que Maquiavel diz sobre a vida da pessoa que ascende a tal poder reflete a experiência da própria Felícia. Ele advertiu que o príncipe transformaria em inimigos os prejudicados na conquista do principado, e Felícia fez alguns inimigos entre os Orsini. Ele aconselhou que os pequenos problemas fossem tratados imediatamente antes que ficassem fora de controle; Felícia sempre se interessou pelos pequenos problemas. Ele recomendou visitas frequentes às terras para descobrir quaisquer problemas, e Felícia certamente passava muito tempo viajando entre as propriedades do Lácio e seu palácio romano. Os pobres e desvalidos deviam ser protegidos, pois assim veriam o príncipe como sua principal fonte de apoio, e os serviçais, e não os mais próximos ao príncipe em status, deviam merecer sua confiança — outro hábito de Felícia. Um governo assim concentrado e detalhado, dizia Maquiavel, tinha suas vantagens: o dirigente se tornaria indispensável na vida de seus dependentes. Tal era o objetivo de Felícia.

Embora nunca tivesse certeza de que o papel de líder dos Orsini seria dela, Felícia vinha se preparando para a posição por muitos anos. Ainda aos 23 anos, e recém-casada, havia escrito a seu novo parente, Annibale Orsini, instruindo-o em linguagem muito severa para fazer "o que for necessário e nada menos do que isso" a fim de ajudar sua parenta Dianora Orsini. E continuou a adotar essa abordagem direta ao lidar com os funcionários e vassalos de Bracciano, sabendo que qualquer coisa menos do que isso encorajaria a corrupção, a desonestidade e a anarquia. Quando ela assumiu o poder, o cardeal Orsini alertou-a a não demonstrar fraqueza diante dos serviçais contratados. Tal conselho era desnecessário; Felícia sabia que tom adotar com os que não lhe mostravam respeito.

Felícia della Rovere havia aprendido a linguagem e as entonações de voz dos cortesãos. Durante as décadas anteriores, ela tivera ocasião de fazer súplicas chorosas a seu pai e de assumir uma posição um tanto subserviente para agradar a Isabella d'Este. Ela sempre havia encantado e impressionado os humanistas e clérigos da corte do Vaticano. Podia ser teatral, se necessário fosse: jurou que se atiraria ao mar para não ser estuprada, e chorou junto ao leito de morte do marido. Mas o que permaneceu foi seu tom de autoridade. Felícia precisava ser totalmente intolerante com a ilegalidade, que poderia se espalhar depressa, se houvesse a crença de que ela fingia não ver algum erro. Chegou a seu conhecimento que um romano, Prospero da Castel Sant'Angelo, havia sido banido de toda a província ao redor de Roma, mas estava se escondendo na região montanhosa em torno de Vicovaro. Suspeitando que um servo de Vicovaro, Antonio Del Covaro, estava abrigando o fugitivo, escreveu em tom severo (referindo-se a si mesma no plural): "Nós queremos a confirmação de que, tão logo esta carta seja recebida, o senhor providenciará a partida de Prospero no prazo de três dias, caso contrário o senhor receberá uma multa de 25 ducados."[2] Vicovaro frequentemente era palco de atividades criminosas. A Hippolito della Tolfa, o intendente da propriedade, ela escreveu que tinha conhecimento que ele havia averiguado o paradeiro de Pietro Paolo da Celle, que havia roubado objetos de prata: "Espero que nada seja poupado para que ele seja levado, e submetido, à justiça."[3]

Servidores astutos aprenderam as vantagens de apelar à magnanimidade de Felícia: "Como não somos apenas nós, mas toda a Itália, conhecedores da benignidade e do caráter de Vossa Senhoria", escreveram os funcionários do minúsculo feudo de Incherico, "rogamos vosso auxílio para dar uma ajuda ao pobre Simone Rocha, que está enfrentando dificuldades."[4] Os *massari* de Sancto Poli mostraram uma percepção muito clara do poder de Felícia quando lhe escreveram sobre um não especificado "erro cometido por nosso conterrâneo Gaspare, que nos sentimos forçados a informar a Vossa Ilustre Senhoria. Ele por certo não merece qualquer tipo de súplica ou justiça. No entanto, pelo amor que tendes por esta terra, pedimos vossa consideração, e confiamos em vossa clemência e como nossa mãe temporal. Estamos seguros de vossa constante humanidade e benignidade".[5]

Felícia talvez não tenha sido mãe em tempo integral para seus próprios filhos, mas seu papel como "mãe temporal" certamente era exaustivo. Com efeito, ela muitas vezes utilizava a figura da mãe severa, porém amorosa, que ficava desapontada quando seus "filhos" a desagradavam. Sabendo que Hippolito della Tolfa havia dado ordens aos *massari* do feudo de San Gregorio sem sua permissão, ela assim se manifestou: "Eu me admiro com o que pensaste que poderias fazer [...] considerando a opinião que temos a teu respeito, só posso lamentar que imaginaste poder enviar tal ordem sem primeiro informar nossa pessoa; portanto, estou escrevendo agora para avisar que não deves jamais enviar ordens e mandatos sem antes averiguar nosso conselho e nossos desejos."[6]

Mas ela se mostrava igualmente disposta a reconhecer a boa conduta de seus serviçais. Embora tivesse repreendido Hippolito della Tolfa pela forma arbitrária de dar ordens, ela o elogiou quando ele agiu com prudência com relação a um colega de trabalho que o havia ultrajado: "Tendo recebido informação da grosseria cometida de Vincentio da Urbino contra ti", ela escreveu, "estamos extremamente descontentes, pois desejamos que nossos funcionários sejam tratados como se fossem nossa própria pessoa. Porém, muito nos agradou a maneira prudente como agiste com relação a Vincentio, que tanto nos aborreceu."[7] Felícia se mostrou claramente aliviada pelo fato de Gentile não reagir de modo violento a qualquer que tenha sido o dano que Vincentio havia lhe causado. Nas entrelinhas havia a promessa tácita de que ela trataria do patife pessoalmente.

Para Felícia, porém, a posição como governante, como "mãe temporal", envolvia mais do que apenas o exercício do poder. Fosse ela uma viúva rica com bastante tempo livre, poderia muito bem tê-lo empregado na execução de boas obras. De qualquer forma, ela gostava de assegurar que todos em suas terras recebessem remuneração justa, mesmo após a morte. Hippolito della Tolfa despertou sua ira mais uma vez com o caso da esposa de Cola da Riccardo:

> Vicario, estou muito admirada que tal fato tenha acontecido em Vicovaro. E contigo, por permitir que acontecesse. Trata-se, segundo fui informada, do caso da esposa de Cola da Riccardo, que ao dar à luz um menino no oitavo mês, e estando agonizante, chamou o escrivão para que pudesse ditar seu testamento. Ele foi proibido de fazê-lo pelo dito Cola e, assim, a jovem mulher morreu intestada. Posso perceber facilmente que isso foi feito com dolo e desrespeito à lei, e é meu desejo que sejam tomadas providências contra Cola de forma muito decidida, para servir de exemplo aos outros no futuro, de forma que ninguém ouse fazer isso de novo.[8]

Felícia, que havia lutado muito por seus próprios direitos e posses, parece especialmente irritada pelo fato de outra mulher ter sido cerceada em seu direito de legar seus próprios bens conforme sua vontade.

Casos de litígios, de justiça e processos criminais ocupavam grande parte do tempo de Felícia. As disputas relativas a propriedade e aluguel eram comuns. Certa ocasião, Gian Battista di Bracciano pediu-lhe que servisse de mediadora "no caso entre Maestro Giorgio e sua mulher, e Liberana, a viúva de Bernabo Cosa, acerca da casa que fora de Bernabo e era então habitada por Liberana."⁹ Em casos como esse, em que poderia necessitar de mais informações e da opinião de um entendido em leis para ajudá-la a decidir, Felícia costumava recorrer aos serviços do notário romano Prospero d'Aquasparta. Ele havia servido os Orsini por muitos anos, havia negociado o acordo a respeito do dote de Felícia e sua aquisição de Palo, e viria a se tornar particularmente valioso para ela. Em 18 de julho de 1520, o cardeal Orsini escreveu a Felícia e pediu indulgência para Galerano di Lorenzo da Siena, a quem ela arrendava um horto. Não querendo ser acusada de negligência, ela imediatamente pôs Prospero a trabalhar na investigação do caso. Em 25 de julho, apenas uma semana após o recebimento da solicitação original do cardeal, ele respondeu:

> Alguns dias atrás, recebi vossa carta avisando-me da disputa entre Phillippo da Bracciano e Galerano Ortolano (hortelão), sobre o aluguel da horta de Vossa Senhoria, e procurei inteirar-me dos fatos de ambas as partes. Descobri que o horto foi alugado por Galerano por cinco anos, por 40 *carlini* anuais, e que ele o manteve por mais um ano. Nesse ano, Galerano adoeceu e foi convalescer no campo, deixando um criado em seu lugar, com todos os seus pertences, entre os quais 23 galinhas, grandes e pequenas. Estando Galerano ausente e não tendo pago o aluguel, Maestro Phillippo foi ao horto e calculou o valor da produção sem as galinhas e sem o feno, que foi de 70 *carlini*, que ele vendeu para cobrir o aluguel durante a ausência de Galerano. Maestro Phillippo diz que vendeu o feno por 14 *carlini* e, após eu ter inquirido o criado várias vezes, este disse que a venda foi por 28. No meu entender, esses 28 *carlini* pertencem a esse pobre homem, Galerano. Foi o que consegui apurar.¹⁰

Tais sonegações e fraudes eram inevitáveis por parte dos servos de Bracciano. O ato de corrupção de Phillippo pode ter irritado Felícia, mas mesmo assim ela não o despediu. Ele lhe era útil como agente e diplomata.

Havia constantes recorrências da natureza violenta da vida feudal. Membros da família Orsini muitas vezes pediam a Felícia para perdoar assassinos ou alguém que tivesse sido condenado à morte. Em junho de 1520, Michelangelo da Campagnino, que estava preso em Bracciano, escapou. Ao ser recapturado, Carlotta, a enteada de Felícia, lhe escreveu dizendo que "a fé e a confiança que tenho em Sua Senhoria me dão a coragem de escrever para pedir-lhe que tenha piedade de Michelangelo, que está prestes a ser executado".[11] Felícia interveio e mandou comutar a sentença por uma multa de 100 ducados. Renzo da Ceri também tratou de uma questão semelhante: "Júlio Maschio, meu bom amigo, matou uma de suas irmãs. Eu estou pedindo para ter compaixão por ele."[12] Felícia e Renzo não se davam muito bem. Ele era casado com Francesca, irmã de Napoleone, e a este devotava sua lealdade. Felícia costumava mostrar-se particularmente hostil aos crimes contra mulheres; portanto, é provável que não tenha cedido ao peremptório pedido de Renzo. É mais provável que tenha dado assistência a Guidone da Nepi, quando este lhe escreveu para falar sobre sua irmã, "que agora está viúva, pois nossos inimigos, os Braccio, assassinaram seu marido e eu imagino que eles pretendem raptá-la e fazê-la casar-se com um deles. Nós rogamos a ajuda de Vossa Senhoria para colocar minha irmã em um convento".[13]

Por vezes, os próprios funcionários de Felícia a aconselhavam a não participar de questões judiciais. Antonio Casulensis lhe escreveu a respeito dos casos que valia a pena acompanhar: "Nós encontramos uma certa Caterina, solteira, que engravidou e depois abortou, e matou a criatura, e nestas circunstâncias fomos obrigados a perguntar quem a havia engravidado e sua resposta foi que primeiro ela o havia feito com Giovanni e depois com Stefano." Antonio achou que havia muita coisa nebulosa nessa história e que seria um tanto dispendiosa. E concluiu, de forma igualmente ambígua, que "talvez Vossa Ilustre Senhoria deseje tratar do caso com o usual imenso discernimento", indicando que só a própria Felícia poderia encerrar a investigação.[14]

Em outra ocasião, uma criança indesejada nasceu viva. Perseo da Pontecorvo lhe escreveu de Vicovaro sobre "aquela jovem de Cantalupo [um pequeno feudo], que engravidou e na terça-feira deu à luz uma menina. Estamos indagando a Vossa Senhoria se podemos levar a criança para Santo Spirito em Roma, pois não descobrimos o pai e ninguém quer cuidar dela".[15] Santo Spirito, o hospital perto do Palácio do Vaticano, também abrigava crianças enjeitadas. A instituição havia sido fundada por Sisto IV, tio-avô de Felícia; possivelmente, essa conexão familiar ajudaria a conseguir um lugar no orfanato para a criança.

Em meio a questões de vida e morte, Felícia recebia mandatos escritos como um depoimento em um processo instaurado por "aqueles homens do feudo de Santa Croce, acerca de uma disputa sobre a construção de uma praça em Castello Arcione".[16] E sempre havia dívidas a pagar. Em 1520, alguns suinocultores de Vicovaro escreveram solicitando "100 ducados que nos são devidos pela venda de nossos porcos em 1517".[17] Gian Giordano havia deixado muitas dívidas pendentes. Francesco de Altanantis escreveu várias vezes a Felícia a respeito de um crédito de 2 mil ducados que ele havia concedido a Gian Giordano, e que ele queria reaver. A disponibilidade de dinheiro vivo era um problema constante para os negócios dos Orsini.

Felícia autorizava pessoalmente a movimentação de cada alqueire de grãos, cada peça de carne ou garrafa de vinho produzidos nas terras dos Orsini. O arquivo de sua correspondência está repleto de pequenos memorandos, com a assinatura "Felix Ruveris de Ursinis", enviados aos encarregados dessas diversas áreas de produção e de desembolsos. Um grande número de tais bilhetes foi endereçado a Bernardino Cannovaro, *in cantina*, "na adega", em Bracciano. Neles, Felícia lhe transmitia instruções para mandar uma garrafa de vinho a Bernardino Sarto, em Roma, um alfaiate "que trabalhou para nossa família", e uma garrafa de "nosso vinho de Bracciano para os pastores que tomam conta de nossos porcos". Nerone, o chefe desses pastores, recebeu separadamente "uma garrafa de vinho Maremmesca", sugerindo que o vinho da região de

Maremma era de melhor qualidade do que o da safra das próprias terras de Bracciano. Ela também ordenou que a mãe do padre Menimo de Bracciano recebesse uma quantidade não especificada de pão e vinho, e os trabalhadores de Isola, um sortimento de vinhos. "Silvestro, *balio* de Francesco, meu filho, deve receber 2 *cavalli* [unidade de medida equivalente aos alforjes que um cavalo conseguia carregar] de vinho de meu vinhedo, que será parte das rações de meus filhos."

Felícia tinha a noção exata do conteúdo de sua adega. Ela mandou Bernardino enviar-lhe "todo o vinho grego [malvasia] da adega, num total de vinte barris". Quando fazia requisições do melhor vinho da adega, sempre deixava claro que ele se destinava para seu próprio consumo e de seus filhos: ela instruiu Bernardino a "mandar dois barris do melhor vinho da adega, que desejamos para nós e nossos filhos". Quando chegava a época da colheita das uvas, ela enviava um representante pessoal para supervisioná-la, alguém que não tivesse ligação com a propriedade de Bracciano e, portanto, menos suscetível a suborno ou corrupção. Ela avisou a Bernardino que "Francesco d'Arpino, nosso servidor, está vindo e ficará encarregado da *vendemmia* [colheita] [...] e ele deve ser obedecido e suas ordens, seguidas, como se fosse nossa própria pessoa".[18]

Bernardino deixava Felícia exasperada quando não seguia suas instruções estrita, ou imediatamente, em especial quando se tratava de provisões para ela mesma e sua família. Seus bilhetes irritados dão uma ideia das refeições da família: "Bernardino, é espantoso que ainda não nos tenha mandado o vinho"; ou "Recebemos de Polo Parmesano nove carregamentos de vinho e dois cordeiros que chegaram mortos". Em 6 de junho de 1520: "Bernardino, mais uma vez estamos lhe escrevendo para mandar o queijo que ainda está para ser enviado e agora queremos também que mande três cordeiros." Dessa vez, ele despachou imediatamente o pedido de Felícia. Um dia depois, ela escreveu uma nota confirmando o recebimento de "três cordeiros, quinze formas de ricota, duas linguiças [...] trazidos por Alessandro Genovese, consignados por

Nardo Cannovaro, e recebidos em boas condições".[19] Ela também confirmou o recebimento de "um saco de folhas para lagartas". Tratava-se de folhas de amoreira, que os bichos-da-seda comiam; talvez Felícia estivesse fazendo experiências para a produção de seda.

Quase toda a carne, de cordeiro e vitela, os grãos, trigo e cevada, e as frutas, em especial figos, consumidos por Felícia, sua família e sua criadagem, eram produzidos nas terras dos Orsini. Havia algumas exceções, como os peixes que não vinham do lago de Bracciano. Em uma véspera de Natal, em Roma, foram adquiridas patas de caranguejo da loja de Niccolò Ridolif. Um agente, Perseo di Pontecorvo, era o encarregado de adquirir peixes no porto de Gaeta, a meio caminho entre Roma e Nápoles. Perseo escreveu a Felícia e disse que seu irmão em Gaeta o havia ajudado a negociar a venda, pois "todos sabem que os naturais de Gaeta podem ser trapaceiros".[20] Ele enviou três tipos de peixe: lúcios, tainhas e trutas.

Se a maioria dos gêneros alimentícios consumidos pelos Orsini era de produção própria, já com os produtos têxteis que Felícia utilizava ocorria o oposto. Algumas peças de cama e mesa eram tecidas com o linho cultivado em Bracciano. Em outra nota enviada de Roma para Bernardino, ela escreveu: "Estamos necessitando muito de camisas. Assim, precisamos que nos envie três jardas de linho, de forma que estejam em nossas mãos o mais rapidamente possível." Há também um recibo passado a Bernardino por um certo Giovanni, parente pouco importante dos Orsini, referente a cinco jardas de linho, da encomenda "feita a mim por sua ilustre senhoria". Mas lençóis ou roupas de baixo de linho não eram as únicas necessidades da família de Felícia. Havia também uma enorme demanda por sedas e cetins, em especial para seus próprios trajes, e para decorar as residências Orsini. Tecidos suntuosos nem sempre eram fáceis de encontrar e, para tanto, uma grande rede de funcionários e agentes trabalhava constantemente em busca de sua aquisição. Tais tecidos podiam ser considerados um investimento; pelos altos preços que alcançavam, muitas vezes os dotes eram, pelo menos em parte, compostos por cortes de seda e cetim. Roupas de segunda mão às vezes carregam uma espécie de estigma. Na Itália da Renascença, porém, um tecido belo e requintado era uma obra de arte em si, e não tinha importância se já tivesse pertencido a outra pessoa. O comércio de roupas de segunda mão representava um negócio substancial.

Felícia sempre havia usado preto; portanto, já tinha vários vestidos nessa cor para sua nova condição de viúva, mas ainda adquiria outros regularmente. Em agosto de 1520 Francesco d'Ancona escreveu para informá-la de que "o senhor Ippolito me fez o pedido para enviar para a senhora, de minha viagem a Bolonha, as três jardas de seda branca e três jardas da preta, que é a mais bela possível, como a senhora mesmo me disse. O custo é de 24 *carlini*."[21] A cidade de Bolonha estava se especializando na produção de seda preta, uma mercadoria especialmente cara. A economia espanhola lucrava tanto com seu monopólio de madeira de campeche das ilhas caribenhas que produzia um pigmento negro intenso, quanto com a prata que os espanhóis extraíam no Novo Mundo.

Francesco d'Ancona também comprava em Veneza, a terra dos mais finos tecidos da Itália, que eram levados para Roma por um condutor de mulas que recebia 0,45 *carlini*. Valerio Antonelli escreveu para dizer a Felícia que havia encontrado "damasco russo de grande beleza, preto, azul e amarelo". Azul e amarelo eram as cores dos Della Rovere; ela poderia desejar complementar seu traje de viúva com as cores da família de seu pai, talvez na forma de um corpete, ou uma bata interna. Em janeiro de 1522, seu "afeiçoado servidor" Antonio di Salmoli avisou a Felícia que havia enviado a "seda de muitas cores" que ela havia encomendado. Até o advogado da família, Prospero d'Aquasparta, não estava livre de receber seus pedidos de compras: em uma carta ela lhe solicitou que enviasse um pedido a outro empregado para conseguir para ela "fios de todas as cores".[22]

Felícia encomendava véus de seda, próprios para sua condição de viúva, especialmente de *veletori* (fabricantes de véus) de Roma. Seus jovens filhos não usavam sedas e damascos, mas roupas de tecidos mais resistentes e mais quentes, como sarja ou cambraieta, uma mescla de lã, seda e linho, mais encorpada que a cambraia; isto se devia a razões práticas, pois não se justificava fazer para meninos que viviam no campo gibões e camisas de tecidos delicados, que rapidamente se estragariam ou ficariam pequenos. Vicovaro, devido à altitude, era extremamente frio no inverno. Em 3 de outubro de 1520, Júlia, filha de Felícia, então com 13 anos, pediu à mãe que lhe mandasse seu "vestido e casaco de veludo, pois faz um frio insuportável aqui".[23] Menina ainda, Júlia havia percebido a importância das roupas. Um ano antes, ela havia escrito para a mãe: "Achei melhor que sua senhoria soubesse que o senhor Girolamo não tem mais camisas; portanto, talvez queira enviar o tecido para cinco camisas." Alguns dias depois, ela pediu à sua mãe algumas roupas de veludo e escreveu para solicitar "duas jardas de tecido e 30 gramas de fio dourado", sugerindo que queria fazer uma camisa bordada — provavelmente mais para ela mesma do que para seus irmãos mais novos.

13

Statio

Ninguém na equipe de Felícia se esforçava mais para que ela obtivesse o que necessitava do que Statio del Fara. Ele estava a serviço dela desde pelo menos 1513, ano em que apareceu na lista de seus *salariati* pessoais como "Statio, *cancelliero*". Era um homem culto; suas cartas são escritas com uma caligrafia bastante requintada, e sua lealdade para com Felícia e seu comprometimento com seu trabalho eram inquestionáveis. Ele levava realmente muito a sério a questão das despesas:

> Por intermédio de Vincenzo Staffieri, enviei-lhe duas peças de cambraieta e uma de sarja tecida artesanalmente. As duas juntas têm mais do que as 6 jardas que registrei, mas porque sua senhoria não respondeu à minha carta a esse respeito, estou lhe enviando tudo para que possa cortar o que deseja [...] Sua Senhoria me escreveu para encomendar a camisa e o gibão para o senhor Girolamo, o que totaliza 6 *palmi* [0,2234 metro] de sarja, e com o forro, que custa 6 *carlini*, são 8 *carlini* no total. O sapateiro está pedindo 4 *julios* pelos chinelos e sapatos de madona Júlia, mas eu acredito que ele se contentará com três e meio.[1]

O *julio* era o ducado introduzido pelo pai de Felícia, Júlio II, com sua própria efígie gravada em perfil.

Os dias de Statio eram de uma atividade frenética. Como a maioria dos grandes palácios romanos, Monte Giordano tinha lojas no nível térreo, arrendadas a açougueiros, seleiros e boticários. Esta prática comercial remontava às *insulae* da Roma antiga e ainda é comum nos modernos blocos de apartamentos da cidade. Porém, a maior parte das responsabilidades de Statio o levava à Via dei Banchi, a rua que ficava atrás de Monte Giordano e era o coração do distrito comercial e financeiro de Roma, pois reunia lojas e bancos desde os tempos medievais. Era lá que Statio regateava e discutia com os comerciantes de seda e sapateiros, determinado a conseguir os melhores preços para sua patroa e receber elogios e consideração pela economia feita.

Talvez devido ao longo tempo em que trabalhou com ela, Statio chegou a um relacionamento amigável com Felícia. Isto fica evidente pelo estilo em que lhe escrevia, incomum entre um empregado e um membro da nobreza. Suas cartas mostram uma certa queda para o dramático. Certa ocasião, ele escreveu: "Estou lhe enviando 10 *palmi* de veludo. O mercador me disse que era o melhor, e que ninguém devia vestir qualquer outro. Eu acredito nele até agora, mas, se não for de sua satisfação, eu terei uma briga tão terrível com ele que poderei até torcer o seu pescoço."[2] Quando Felícia não lhe mandava imediatamente o dinheiro de Vicovaro e ele precisava pagar pela sarja para a camisa de Girolamo e pelos sapatos de Júlia, primeiro escrevia ao administrador da residência, Hippolito della Tolfa, pedindo-lhe para "solicitar a nossa ama que me mande o dinheiro". As despesas domésticas se acumulavam e, assim, quando esse expediente não parecia eficaz, Statio, no corpo de uma carta mais longa para Felícia, informou-lhe: "Sua Senhoria sabe que estou em Roma já há nove semanas e estou pagando todas as despesas de meu bolso. Sua Senhoria sabe o que é viver e gastar dinheiro em Roma, de forma que me encontro presentemente em situação realmente calamitosa e não poderia jamais imaginar que me veria arruinado. Não estou dizendo isso para contradizer sua vontade de nenhuma forma.

1. O pai de Felícia, papa Júlio II, celebrando a missa, com seus parentes observando atrás dele.
2. Neste detalhe, Felícia (de preto) fita-o amorosamente, embora o olhar do papa esteja em outro ponto.

3. Ainda como cardeal, o pai de Felícia se apresenta diante de seu tio, o papa Sisto IV. Também aparecem o bibliotecário do papa (ajoelhado), Giovanni, tio de Felícia, e os primos Girolamo e Raffaello Riario.
4. O padrasto de Felícia, Bernardino de Cupis. Patrono da arte e da arquitetura na Alta Renascença romana, ensinou-lhe a importância dos burocratas na vida de Roma.

5. Inimigos e rivais de Felícia e de seu pai. Lucrécia Borgia (com sua famosa longa cabeleira loira) e seu pai, o papa Alexandre VI (no trono).
6. O palácio de Savona, onde Felícia viveu até a idade adulta. Foi construído por seu pai, enquanto estavam exilados de Roma.

7 e 8. Duas faces de Júlio II, *o papa terrível*: a medalha da fundação da Nova S. Pedro, de Caradosso, 1506, e seu famoso retrato, de Rafael, 1512.

9. Castiglione, autor do sucesso de vendas O *cortesão*, era o expoente da perfeita conduta na corte e também amigo de Felícia, que é citada em seu livro.
10. Os astutos conselhos políticos de Maquiavel foram úteis não somente para aspirantes a príncipes, mas também a princesas.

11 e 12. O doentio Guidobaldo desaprovava os modos voluntariosos de Felícia, enquanto a corte refinada de sua esposa Elizabetta em Urbino foi o cenário para *O cortesão*, de Castiglione.

13 e 14. Duas faces de Isabella d'Este, ex-amiga de Felícia e conspiradora como ela. Aos 50 anos de idade, rejeitou o retrato de Ticiano (hoje apenas conhecido através desta cópia), preferindo sua segunda versão, na qual é pintanda como adolescente.

15. Palazzo Sforza Cesarini, onde se realizou o casamento de Felícia com Gian Giordano Orsini.
16. Marcello Foglino, *Cena de jantar*, c. 1520: uma rara representação dos hábitos da elite na Itália renascentista, dando uma boa impressão do tipo de banquetes que Felícia frequentava.

17 e 18. A primeira impressão de Felícia no castelo rural dos Orsini em Bracciano: o castelo visto a distância e os afrescos de Antoniazzo Romano, celebrando a vida de seu falecido sogro, Gentile Virginio Orsini.

19 e 20. No interior de Bracciano: o pátio do castelo e a fonte, que Felícia possivelmente encomendou ao arquiteto Peruzzi.

21. *Venus Felix and Amor*: peça valiosa da coleção de estátuas antigas de Júlio II, na Vila Belvedere; a referência ao nome de sua filha no título não deve ter escapado aos comentários dos visitantes.
22. Retrato de uma mulher desconhecida, por Sebastiano del Piombo. Vestida de preto com véu branco, possivelmente é uma imagem de Felícia.

23. Após a morte de seu pai, Felícia encontrou um ardoroso defensor e parceiro de negócios no papa Leão X.
24. Cardeal Bernardo Dovizi da Bibbiena, tutor de Leão na infância deste e seu conselheiro íntimo, comentou sobre as atividades de Felícia na corte papal. Ela, por sua vez, lhe fornecia madeira das florestas dos Orsini.

25. Mais um dos amigos e protetores dos Medici: papa Clemente VII apoiou Felícia irrestritamente em sua luta contra Napoleone, seu enteado.
26. Após o assassinato de Napoleone, Felícia apelou diariamente ao cardeal Ippolito de' Medici pela devolução das propriedades dos Orsini para a sua família.

27. O castelo à beira-mar de Palo foi uma ótima aquisição de Felícia, pago com fundos doados por seu pai.
28. O palácio medieval de Monte Giordano era a principal moradia dos Orsini em Roma, mas foi Felícia que providenciou sua reforma. Ela encomendou a Peruzzi uma fachada moderna, após os danos causados durante o Saque de Roma.

29. Primos Della Rovere: Francesco Maria era um dos parentes favoritos de Felícia, mas pagou seu carinho com maledicências sobre a legitimidade dela.
30. Eleonora, esposa de Francesco, ajudou a abrigar Felícia e sua família durante seu exílio de Roma após o Saque.

31. A vida dos filhos de Felícia: o quadro erótico de Ticiano, *Vênus de Urbino*, foi presenteado a Guidobaldo della Rovere por ocasião de seu casamento com Júlia Varano, mas seu verdadeiro amor foi Clarice, filha de Felícia.
32. Uma visão pré-rafaelita do tipo de embate sangrento que ocorreu entre Girolamo, o voluntarioso filho de Felícia, e seu meio-irmão, Napoleone.

33. A presença de Felícia foi usada para persuadir Michelangelo a completar o túmulo de Júlio II, seu pai. A figura de Raquel talvez seja um tributo a ela.

34. A assinatura ousada e masculina de Felícia: "Felix Ruveris Ursinis" ("O Afortunado do Carvalho e do Urso").

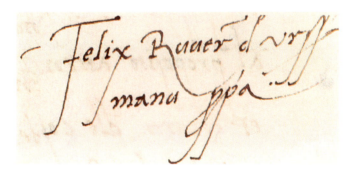

Minha obrigação e dívida com a senhora são tais que eu derramaria meu próprio sangue pela senhora, por sua bondade para comigo."[3]

Evidentemente, Felícia permitia que Statio lhe escrevesse nesses termos sem temer represálias. Ao que parece, ela nunca o advertiu com o tipo de reprimendas duras que Hippolito della Tolfa, seu equivalente em Vicovaro, por vezes recebia. Statio fazia muito mais do que simplesmente compras para Felícia. Ele servia como seu elo quando ela estava ausente de Roma. Ele lhe enviava todos os últimos mexericos, desde quem havia estado em Monte Giordano, até o que ocorria no Vaticano e os mais recentes escândalos internacionais. "Vou contar-lhe algumas novidades", Statio informou jocosamente a Felícia em 1517, "que chegaram em uma carta de Veneza. O Grande Turco [Selim I] tem uma escrava cristã muito bonita, por quem ele está apaixonado. Certa manhã, ele ofereceu um fino repasto para toda a corte, e ela estava presente, elegantemente vestida com magníficas roupas e joias. No final, ele perguntou a todos se ela era muito bela. Todos ficaram estupefatos e concordaram." Statio tinha uma solução original para o problema do perigoso e poderoso infiel, cujo império estava se expandindo rapidamente: "Tudo o que temos a fazer", ele concluiu, "é esperar como ela por um homem que possa conquistar o reino."[4]

Quando não estava especulando sobre eventos internacionais, discutindo com mercadores, ou afirmando que derramaria seu próprio sangue por Felícia, Statio distribuía licenças para a aquisição de uma outra mercadoria valiosa que ela controlava: madeira. A madeira era usada para a fabricação de móveis, para aquecer as casas e até como moeda de troca em permutas por outros bens. O inventário de 1518 das propriedades Orsini indicava quais feudos possuíam florestas em suas terras, entre os quais, Trevignano, Galera e Isola. Os bosques eram principalmente de carvalhos, pois esta era a antiga terra dos sabinos, que ainda em 64 a.C., conforme descrição do escritor grego Estrabão, "produz bolotas de carvalho em grande quantidade".[5] Em outras palavras, por mais de 1.500 anos a terra que Felícia agora administrava sempre havia sido a terra dos carvalhos, a terra dos Rovere.

Era preciso tomar cuidado para não desmatar demais os bosques a cada ano. Não apenas porque levariam muito tempo para ser reflorestadas, mas as condições para caça também seriam reduzidas. Assim, tais locais eram patrulhados por servidores dos Orsini, e quem quisesse cortar madeira precisava ter permissão, na forma de uma licença com o selo de Felícia. Um modelo dessa licença em branco dá uma indicação de como seriam os termos da permissão: "Felícia della Rovere Orsini autoriza o portador desta a cortar madeira na propriedade de Isola, limitada ao portador e dois cavalos de carga, pelo período de um mês. Ordenamos e instruímos ao nosso intendente e aos guardas para não perturbarem o portador, pois o citado pagou para abater as árvores. Validada em Roma, 1531."[6]

Como seria de esperar, tais licenças tinham grande procura. Até Francesca de Cupis, a meia-irmã de Felícia, escreveu-lhe para agradecer por ter recebido "a licença da madeira". Em janeiro de 1521, talvez porque estivesse particularmente frio, a *ministra* das irmãs da Pietà enviou a Felícia o seguinte pedido:

> Senhora nossa benfeitora: a fé que temos em vós e nossa própria necessidade nos anima a vos colocar a par de nossas carências e pedir-vos, pelo amor de Deus, que vos digneis amavelmente a concordar em nos permitir retirar algumas toras de madeira de vossa floresta em Galera ou Isola, que serão carregadas pelo único animal que possuímos. Isto seria uma grande caridade para nós, pela qual seremos eternamente gratas, se tiverdes a bondade de enviar a licença de autorização para vosso intendente. Como sempre, recebei nossas recomendações.[7]

Além dessas freiras empobrecidas, havia muitos membros da alta hierarquia da Igreja que procuravam obter licenças de Felícia, entre os quais o cardeal Bernardo da Bibbiena. No reinado do pai de Felícia,

Bibbiena havia sido secretário dos cardeais Medici no Vaticano. Felícia e ele sempre tiveram algum contato periférico e por vezes ela era mencionada em seus relatórios enviados a Florença. Bibbiena fora tutor do menino Giovanni de Médici, que agora era o papa Leão X, e durante seu pontificado tornou-se uma figura de maior importância e influência, vindo a ser seu conselheiro mais confiável. Leão o havia nomeado cardeal diácono, havia lhe concedido sua própria antiga igreja titular de Santa Maria in Domnica, em Roma, e aposentos no Palácio do Vaticano, pois ele não tinha meios para ter seu próprio palácio. Rafael, antes de sua morte, viria a casar-se com uma sobrinha de Bibbiena, sepultada ao seu lado no Panteão. Bibbiena queria adquirir madeira, conforme o funcionário de Felícia, Giovanni Battista della Colle, lhe comunicou em 16 de janeiro de 1520: "O monsenhor reverendo de Santa Maria in Portico envia suas recomendações. Ele pede que lhe envieis uma bula para que possa cortar madeira na floresta de Galera".[8]

Infelizmente, quando foram para Galera, os homens de Bibbiena enfrentaram problemas. O cardeal escreveu pessoalmente a Felícia: "Ficaria muito grato se me permitísseis enviar três das minhas mulas a Isola. Eu não sei o motivo, mas meus homens brigaram com os de Galera e não querem mais voltar para lá."[9] Segundo Statio, a quem Bibbiena fez uma visita pessoal, os homens de Galera haviam "rasgado a licença em pedaços".

Esta não foi a única vez em que ocorreram problemas entre os homens da cúria e os lenhadores. Os romanos, vestidos com as librés de seu cardeal empregador, consideravam-se superiores a esses camponeses e, por certo, se faziam de importantes, o que os lenhadores não apreciavam, mesmo sabendo que eles tinham autorização de Felícia. Ela mesma ficou extremamente furiosa pela maneira como o chefe dos lenhadores havia tratado os servos de Alessandro da Nerone, que era o *maestro di casa* do próprio papa. Eles haviam se recusado a deixar os homens de Nerone levar a madeira que tinham cortado. Quando soube do ocorrido, ela escreveu a Statio e disse-lhe para fazer saber ao chefe dos lenhadores exatamente o que devia cumprir: "Diga-lhe para devolver toda a madeira que havia sido confiscada dos condutores de mulas de Sua Santidade, sob o comando de Alessandro Neroni, *maestro di casa* de Sua Santidade, às custas do chefe dos lenhadores e, com isso, mostre-lhe como ele me desagradou com sua insolência." Para confirmar que a cúria continuaria a receber permissão de retirar madeira, ela acrescentou: "E agora envie uma licença a Pietro Oromabelli [um secretário papal] para que possa mandar as mulas que trarão a madeira de minha floresta."[10]

Para Felícia, fornecer aos servidores do papa as mercadorias de que necessitavam era uma forma de assegurar a continuidade de sua posição e influência no Vaticano. O apoio do papado era sua melhor proteção contra quaisquer tentativas dos Orsini de desafiar sua liderança. Ela também passou a confiar cada vez mais profundamente em seu meio-irmão, o cardeal Gian Domenico, que havia se transformado de "jovem ignorante" no servidor mais leal e devotado da irmã.

14

Assuntos de família

Felícia della Rovere havia se elevado bem acima da categoria da família de burocratas no seio da qual passou seus primeiros anos, mas jamais a abandonou. Os De Cupis haviam lhe proporcionado estabilidade e afeição quando esses elementos faltavam em sua vida. Tal vínculo era incomum. Poucas filhas ilegítimas da elite podiam ficar junto de suas mães. Com frequência, eram afastadas em tenra idade da órbita materna, criadas pela família de seu pai ou mandadas para um convento. Felícia, porém, sempre retornava à casa de sua mãe. A despeito do fato de ter se tornado a mulher mais poderosa de Roma, sua mãe Lucrezia ainda a atormentava, como se ela fosse uma menina. Tomando conhecimento de que sua filha de 34 anos estava sofrendo de dor de dentes, ela lhe escreveu: "Fiquei sabendo que você tem dor de dentes, o que me preocupa. Rogo que esquente um pouco de vinagre em um jarro bem aquecido, com uma pitada de sal e três ou quatro folhas de louro, e mantenha a mistura em sua boca o máximo que puder, e a dor passará."[1]

A despeito de sua preocupação de mãe, Lucrezia conhecia o protocolo de escrever à filha, que era agora a senhora Orsini. Em suas cartas, dirigia-se a ela como "ilustríssima senhora" e se assinava "sua mui obediente Lucrezia". Assegurar o posto de cardeal para Gian Domenico foi a melhor forma de Felícia elevar sua família materna a um status compatível com o dela mesma. Gian Domenico sabia muito bem como e por que havia se tornado cardeal, e a quem devia dedicar sua lealdade e seus deveres. Durante quase uma década após sua elevação ao cardinalato, ele aparece em pouquíssimos registros eclesiásticos e não foi um membro ativo da cúria. A razão de sua pouca visibilidade no meio eclesiástico é que sua posição usual era a de *aide de camp* de sua irmã, um fato amplamente conhecido em Roma. Em versos satíricos afixados na estátua de Pasquino, Giuliano Leno fora objeto de chacota por sua ganância, mas os cardeais de Roma também eram alvos fáceis. Gian Domenico foi escarnecido por ser "o queridinho da mamãe" ou pelo "amor que devota a seus parentes", em referências a Lucrezia, com quem morava, e a Felícia, que havia feito dele um cardeal.[2]

Tais pessoas não davam muita importância à opinião pública. Depois de tornar-se *gubernatrix* da família Orsini, Felícia rapidamente colocou Gian Domenico e sua irmã Francesca como seus auxiliares. Eles conheciam bem Roma e falavam a mesma linguagem que os burocratas e comerciantes da cidade. Por conseguinte, eles e sua mãe tinham uma fácil comunicação com os funcionários mais graduados de Felícia e, em especial, com Statio del Fara. Francesca e Lucrezia eram mencionadas com frequência nas cartas de Statio, sugerindo que existia entre eles uma informalidade natural: "Madona Lucrezia passou por aqui a caminho de sua casa. Ela me perguntou pelo senhor Girolamo [seu neto] e ficou muito satisfeita quando lhe informei que ele estava bem."[3]

Statio muitas vezes trabalhava em associação com Francesca, que frequentemente atuava como agente de Felícia na aquisição de tecidos e outros objetos. Apenas alguns anos mais nova do que Felícia, era casada com Angelo del Bufalo, um burocrata romano de alto nível que mais tarde viria a ser nomeado *maestro di strada,* encarregado de obras públicas. Angelo proporcionou a Francesca conexões que foram úteis para Felícia. Ele era também um notório mulherengo. Em *Novelle* de 1554, o clérigo Matteo Bandello conta a história de "Imperia, cortesã romana

[...] amada por um número incontável de homens ricos e importantes. Mas, entre os que a amavam, estava o *signor* Angelo del Bufalo, homem valente, humano, gentil e extremamente rico [...] ele a mantinha em uma casa ricamente mobiliada, com muitos servos e servas que a atendiam continuamente".[4]

Como consequência, Francesca podia ser vista muitas vezes incumbindo-se de tarefas para sua irmã Felícia na companhia de sua mãe e de seu irmão, mais do que ao lado de seu "humano e gentil" marido. Ela tinha um bom olho e era obstinada na busca de artigos de luxo difíceis de achar. "Respeitosamente, faço-lhe saber que fiz o que me foi recomendado fazer, com relação àquelas peças feitas de ouro, bem como à pequena cruz. E se sua senhoria necessita de ló, avise-me, pois encontrei uma quantidade que poderia lhe servir bem, pois é bonita e de bom preço."[5] Em outra ocasião, ela escreveu: "Estou enviando a fita sobre a qual me escreveu. Procurei por toda Roma e esta é a mais bela que pude encontrar, pois já estamos no fim do verão e todos os comerciantes já venderam o que tinham de melhor [...]. Se sua senhoria não gostar, posso levá-la de volta e verei o que posso fazer."[6]

Statio também fazia relatórios sobre as compras de Francesca: "Madona Francesca encontrou 2 *canne* e 2 *palmi* de *pavonazo* de Veneza [seda nas cores do pavão, muito procurada]."[7] Outra mensagem de Statio diz: "Recebi seu pedido de 11 de junho que autoriza madona Francesca a adquirir seda para os chapéus dos meninos e a seda para madona Carlotta. Nesta manhã, a acima citada madona se encarregará de comprar o que sua senhoria especificou em sua nota." Às vezes, a mãe de Felícia também ajudava; Statio avisou-lhe em outra carta: "Estou lhe enviando 3 *canne* do tecido escuro (*panno perso*) e acredito que ficará satisfeita com ele, pois foi adquirido por madona Lucrezia e madona Francesca, que fizeram comparações e acharam que era o melhor. O custo foi de 8 ducados, e foi todo pago pelas senhoras Lucrezia e Francesca."[8]

Se o trabalho de Francesca para Felícia era procurar os melhores tecidos, aos melhores preços, o de Gian Domenico era fazer toda e qualquer coisa onde sua posição e influência eclesiástica pudessem ser de utilidade. Por exemplo, como cardeal, poderia levar a Leão os pedidos de Felícia relativos a assuntos da Igreja, pois não seria apropriado que ela mesma os fizesse. Em agosto de 1520, Gian Domenico escreveu a sua meia-irmã: "Gian Jacopo, vosso vassalo, nos procurou, falando de vosso desejo de que seja concedida uma indulgência à igreja de Santa Maria del Fiore em Bracciano. Enviamos o pedido para Sua Santidade e, quando ele der a autorização, eu a expedirei para Bracciano."[9]

Absolutamente indiferente aos protestos de Lutero, o herege do norte e seu bando cada vez maior de seguidores, contra as indulgências, Felícia pretendia que seu pedido revertesse para o benefício da comunidade de Bracciano. Uma indulgência concedida aos visitantes da igreja de Bracciano significava que mais viajantes parariam na pequena cidade, vindos do norte a caminho de Roma, e fomentariam sua economia. É interessante notar que Gian Domenico escreveu *quando*, e não *se* Leão concedesse o pedido de Felícia.

Um assunto mais pessoal de Felícia que exigiu a ajuda de seu irmão dizia respeito ao palácio de Trinità dei Monti. Como regente dos Orsini, ela raramente expressava interesse na compra de novos objetos e também não era, de forma alguma, uma benfeitora típica daquela época. Embora por necessidade gastasse muito dinheiro em tecidos de boa qualidade, ao contrário de Isabella d'Este, não comprava peças de cristal ou faiança. Felícia se satisfazia com cerâmica e utensílios do tipo mais comum e durável, conforme indicado por uma carta de agosto de 1524, de seu servidor Alexandre, na qual ele lhe informa que está enviando "uma quantidade de copos brancos, 18 pires, 11 pratos, duas travessas grandes, duas travessas médias, dois castiçais, uma jarra e um saleiro".[10] Essa louça era do tipo mais comum disponível na Itália no século XVI, com uma simples camada vitrificada branca e talvez algumas linhas decorativas em azul e verde. As peças em quantidades variadas sugerem que se tratava de reposições para outras que haviam sido quebradas, talvez por seus filhos, pois se destinavam a Vicovaro.

Após assumir a regência dos Orsini, apenas ocasionalmente ela adquiria para si algo de natureza mais frívola. Um raro momento de prodigalidade pessoal aparece em uma carta enviada de Nápoles em 1518, por Elizabetta di Mare, que era aparentada dos Savelli, uma família nobre de Roma. Tendo sido informada de um pedido de Felícia de "um leque feito de penas de pavão", estava levando um para Roma.[11] Esse leque exótico ainda se encontrava no castelo de Bracciano no fim do século XVI, por certo ainda considerado um objeto raro e belo. Felícia gostava de leques, a única forma de ventilação disponível na época. Tempos depois ela pagou 1 ducado de ouro por um outro, montado com penas pretas por um artesão romano.

O que lhe interessava mais eram suas residências, em vista de seu enorme valor intrínseco — financeiro, social e político. Felícia podia não ter feito a restauração de Palo, pois não tinha necessidade imediata do castelo após a morte do marido e, na verdade, o papa a havia feito por ela, mas certos problemas no palácio de Trinità precisavam ser solucionados, e o acesso não era o menor deles. Hoje em dia, o monte Pinciano, sobre o qual se situam a igreja e o convento de Trinitá dei Monti e o palácio de Felícia, com parte da atual Villa Malta, está inteiramente urbanizado, conectando-se à cidade por uma densa rede de ruas. Mas, em 1520, essas construções eram das poucas habitadas, erguidas em terras que eram ermas ou usadas para vinhedos. A topografia do monte tornava difícil o acesso ao palácio, mesmo para os que usaram mulas treinadas. A grande Escadaria Espanhola que leva ao monte só foi construída no século XVIII. Até então, o que é hoje o caminho mais popular para o Pincio, as escadas mais glamourosas de Roma, era apenas uma ladeira, frequentemente coberta de lama.

Felícia precisava que uma nova estrada fosse construída para tornar mais fácil o acesso a seu palácio, vindo da cidade abaixo. Uma rota direta seria uma estrada passando em frente a sua propriedade e descendo pela colina. Esse caminho, porém, cortaria as terras do convento de Trinità dei Monti, e os frades não aceitaram tal proposta. Felícia concluiu que, para o assunto ser tratado o mais rapidamente possível, precisava se aproveitar de uma influência respeitada, não só pelos frades, mas também pelos *maestri di strade*, os encarregados de obras públicas de Roma, que podiam ter o poder final de veto sobre seus planos de construir uma estrada. Embora estivesse ausente da cidade no verão de 1520, ela apelou para o Colégio Cardinalício. Seu irmão, Gian Domenico, cardeal de Trani, conseguir apoio adicional da Igreja para ajudar sua irmã a realizar sua ambição, e subsequentemente enviou-lhe o seguinte relatório detalhado, em 27 de junho:

> Minha muito querida irmã. Esta manhã, o cardeal reverendo de S.T. [possivelmente San Teodoro] e o monsenhor reverendo de Quattro Santi [Lorenzo Pucci] e eu nos reunimos para resolver nossas diferenças com o convento de Trinità. Subimos até lá para ver o lugar onde deve passar a rua. Ali encontramos os *maestri di strade* e o reverendo Phantano di Senis, o tutor dos herdeiros do mestre Felice di Brancha [que fora dono da vinha que ficava atrás da propriedade de Felícia], e com os outros mestres construtores fizemos uma vistoria completa no local.
>
> Há três maneiras de abrir a rua e três possibilidades. Se a rua for larga como uma estrada, os *maestri* dizem que vai custar mais. E Phantano de Senis diz que os herdeiros do mestre Felice não ficariam satisfeitos com o bloqueio da vinha para fazer uma via pública; portanto, seria preciso compensá-los pelos danos. Abrir a rua na direção do pasto dos animais custaria menos do que fazê-la atravessar a vinha. Os *maestri* dizem que isso custaria 200 ducados.
>
> A terceira maneira é comprar a vinha dos herdeiros do mestre Felice, cujo preço é 2 mil ducados. Os frades dizem que poderiam pagar 800 e você pagaria o resto, que representa uma quantia maior porque você ficaria com a parte que possui uma bela fonte. Portanto, seu preço seria 1.200 ducados, o que lhe daria a vinha e, assim, você poderia ter a saída e a rua onde queria. É verdade que a vinha está um pouco cara, mas vale pela conveniência. Certamente Sua Senhoria deve muitas obrigações aos reverendos de S.T. e Santi Quattro Coronati que atuaram

com o maior amor e afeição a seu favor, como se fossem seus próprios irmãos. E como na vinha certamente há muros antigos, o reverendo de Santi Quattro Coronati ponderadamente mencionou que você poderia construir alguns celeiros com as ruínas, a um custo pequeno. Quanto ao preço, eu lhes disse que sua senhoria está no momento desprovida de dinheiro; na verdade, não tem um centavo. Phantano diz que, com relação ao pagamento, ele pode esperar seis meses e talvez mais..."[12]

Três dias depois da reunião de Gian Domenico em Trinità, o sempre eficiente advogado Prospero d'Aquasparta escreveu a Felícia: "O monsenhor Trani e também o cardeal Orsini me informaram da divergência que a senhora teve com os frades de Trinità, a respeito da entrada para seu jardim, e que finalmente no domingo eles estiveram lá para decidir a questão. Embora eu não esteja tratando dos papéis da venda do jardim, o caso deverá passar por minhas mãos. Acabei justamente de mandar chamar o notário que processará a transação, e que me dará ciência de tudo."[13]

Graças a um grupo de cardeais diligentes, liderados por seu meio-irmão, cuidando de seus interesses, Felícia conseguiu o que queria. O mapa de Roma de 1557, de Bufalini, indica que a estrada para o palácio de Felícia foi de fato construída, passando pela vinha que ela havia comprado dos herdeiros do mestre Felice di Brancha. Uma estrada sinuosa sai da propriedade para o leste.

Como Palo, o palácio de Trinità dei Monti veio a ter seu próprio status junto à cúria. Em 1518, o cardeal Giulio de Medici, primo mais jovem de Leão X, havia iniciado a construção da Villa Medici, atualmente Villa Madama, localizada nas cercanias a noroeste de Roma, no monte Mario, junto à ponte Milvio. O projeto da vila era de Rafael, inspirado na descrição da vila de Plínio, em sua *História natural*. Com isso, arquiteto e patrono relançaram uma paixão pelas vilas suburbanas, apreciadas pelos antigos imperadores romanos e seus acólitos. Com o tempo, sua própria família também construiria no monte Pinciano, mas, enquanto isso, havia outros membros da família de Leão que invejavam Felícia e seu palácio em Trinità. Em junho de 1524, o cardeal Giovanni Salviati, sobrinho de Leão, escreveu a Felícia, tratando-a familiarmente como sua "irmã", dizendo: "tendo resolvido não sair de Roma neste verão, a fim de cuidar de certos assuntos, estive pensando em me hospedar em algum lugar agradável que fosse distante de outras residências de Roma, onde eu poderia sair por prazer e recreação nestes tempos em que existe a ameaça da peste, e me vieram à memória seus belos aposentos em Trinità. Pensei em solicitar acomodações ali, dada a sua ausência, considerando que me dirijo a alguém de sua sensibilidade e cortesia, e pela boa amizade que existe entre nós."[14] Esse pedido não constituiu surpresa para Felícia, pois Salviati já havia procurado seu colega cardeal Gian Domenico alguns dias antes para falar de seu interesse no palácio. Gian Domenico avisou Felícia imediatamente, dizendo-lhe que havia assegurado a Giovanni que "os quartos eram bem equipados".[15] O cardeal pagaria um aluguel e, como Felícia estava sempre precisando de dinheiro, tanto ela quanto seu meio-irmão estavam ansiosos que o influente cardeal florentino ocupasse o palácio de Trinità durante a temporada de verão.

Embora apenas duas semanas antes Gian Domenico tivesse escrito enfatizando que Felícia não tinha em mãos o dinheiro vivo para os vendedores da *vigna,* ele lhe garantiu um empréstimo de 2 mil ducados, com uma taxa de juros de 13%, quantia talvez já destinada para outros planos.[16] A elite italiana sabidamente padecia de constante falta de dinheiro, e seus membros costumavam contratar empréstimos entre si para cobrir quaisquer dificuldades temporárias. Felícia sempre encarava com prazer qualquer oportunidade de ganhar mais dinheiro. Ela não era avarenta, nem sovina, pois sempre gastava muito depressa qualquer dinheiro que tivesse em despesas domésticas, vestuário e salários dos empregados. Apesar de sua relutância inicial em usar Monte Giordano como sua principal sede administrativa em Roma, era importante para a própria autoimagem de Felícia, como chefe da família, que ela restaurasse o castelo, relegado a um estado de abandono. Em janeiro de 1519, Statio escreveu-lhe nos seguintes termos: "Antonio Puccino e eu estivemos medindo a porta externa da antecâmara e trazendo a madeira para a arcada e para recuperar portas e janelas".[17] O livro de contas de Felícia, de 1519, também menciona uma despesa de 40 ducados para a "janela da sala grande".[18] Mesmo de forma limitada, ela estava tentando restaurar a imagem de Monte Giordano, como havia sido no século XV, sob o patronato do cardeal Giordano, ou, pelo menos, torná-lo mais limpo e mais arrumado.

Felícia também resolveu desfazer-se das residências dos Orsini que, a seu ver, constituíam mais passivos do que ativos financeiros. Estava disposta a transferir para o rei Francisco I o palácio que Gian Giordano havia construído em Blois, na França, pois não via propósito em mantê-lo na família. Em 1520, vendeu também um palácio do século XV que os Orsini possuíam em Nápoles, ao conde de Nola. A questão do dinheiro estava começando a tornar-se premente para ela, pois já precisava pensar no assunto dos dotes.

15

Dotes e a grande rainha

Em outubro de 1519, Felícia havia arranjado o casamento de sua enteada Carlotta com Giovanni Pico, conde de Mirandola. Essa não era uma questão que ela pudesse decidir sozinha. Como Carlotta era apenas sua enteada, Felícia precisava da aquiescência do irmão dela, Napoleone, então com 18 anos, de Renzo da Ceri e de seu principal aliado entre os Orsini, o cardeal Franciotto. Felícia queria assegurar que o marido de Carlotta não fosse uma figura muito poderosa, pois isso não só exigiria um dote muito grande, mas poderia também representar o risco de proporcionar aos Orsini um aliado muito influente contra ela. Ao mesmo tempo, o prestígio da família requeria um cônjuge de alguma categoria e estatura. Os termos do dote de Carlotta foram negociados em Bracciano cm 28 de outubro de 1519: "16 mil ducados de ouro, dos quais 12 mil eram do legado de seu pai, mil prometidos pela senhora Felícia, outros mil em adornos, *corredo* [enxoval] e joias, e 2 mil vindos de Napoleone, abade de Farfa, dos lucros da abadia."[1] Dezesseis mil ducados não constituíam um dote muito grande — apenas mil a mais do que Júlio havia dado à própria Felícia. Mas o conde de Mirandola teve dificuldades em recebê-lo das respectivas partes. Em janeiro de 1520, o funcionário de Felícia, Philippo da Bracciano, escreveu para lhe dizer que ele e Statio estavam tentando renegociar, em nome dela, os termos do pagamento do dote, que eles consideravam "muito restritos".[2] Seis anos depois, em 1525, Napoleone ainda não havia pago sua parte de 2 mil ducados ao conde.

Com Carlotta casada, Felícia imediatamente voltou sua atenção para sua própria filha mais velha, Júlia. Esta ainda era uma garotinha de 4 anos quando Felícia começou a considerar possíveis partidos para a filha, entre os quais o filho de Alfonso d'Este e o filho do duque de Nemours, Giuliano de Medici. No fim, porém, foi buscar um marido para Júlia não no norte, mas no extremo sul. Encontrou um candidato adequado no principado de Bisignano, na Calábria: seu governante, Pier Antonio da Sanseverino.[3] O contato com o príncipe provavelmente se deu através do cunhado deste, o conde de Nola, a quem ela havia recentemente vendido o palácio Orsini em Nápoles.

Normalmente, o casamento de uma filha representava apenas a saída de dinheiro de sua família, na forma de dote. Neste caso, porém, Felícia teve a oportunidade de obter um ganho. O que o príncipe de Bisignano queria, tanto quanto uma esposa, era um cardeal na família. A conexão de Felícia com Leão X era bem conhecida e a *gubernatrix* Orsini era muito respeitada. Ela pôde ajudar o príncipe a conseguir para a família Sanseverino a honra e a influência que lhe faltavam. Em 9 de agosto de 1520, Gian Domenico escreveu a Felícia: "Na última hora esteve aqui um cavalheiro que afirma ser o secretário do príncipe de Bisignano, que o encarregou de procurar a senhora para discutirem o assunto do noivado com madona Júlia. Nós oferecemos um dote de 40 mil ducados de sua parte e o acordo para que o senhor Antonio, tio do príncipe, seja feito cardeal. Eu lhe disse que somente o papa nomeia os cardeais, mas que sua senhoria faria todo o possível, considerando o afeto que Sua Santidade lhe devota."[4]

Por maior que fosse o afeto de Leão por Felícia, um chapéu cardinalício era um artigo muito precioso para ser concedido de graça.

Mas ele estava preparado para considerar uma proposta que poderia lhe trazer uma vantagem material. Leão, como seu antecessor, era um grande gastador e estava mais do que ansioso por aceitar fundos para encher os cofres, para pagar, entre outras coisas, Rafael e seu trabalho no Vaticano e na nova igreja de São Pedro, além das vilas de caça do papa e suas festas suntuosas. Também não havia segredo acerca do trato negociado pelo papa, pela filha do papa anterior e pelo príncipe sulista. Tal acordo só confirmava a opinião dos protestantes emergentes do norte a respeito da corrupção inerente à Igreja Católica.

Em março de 1521, o príncipe de Bisignano chegou a Roma. Baldassare Castiglione escreveu a Mântua para informar à corte dos Gonzaga que "O príncipe de Bisignano chegou e recebeu um abraço muito afetuoso de Sua Santidade, e fez o contrato de casamento, o que, dessa forma, significa que ele tomará por esposa a filha de madona Felícia. O papa tem uma petição de madona Felícia, que declara que, se o enlace se concretizar, ele nomeará cardeal o senhor Antonio Sanseverino."[5] O veneziano Sanuto foi muito mais explícito sobre qual seria o lucro do papa e de Felícia: "[O príncipe] dará ao papa 25 mil ducados, dos quais 8 mil ele receberá imediatamente, em espécie, e prometeu dar 16 mil para madona Felícia."[6] A família do príncipe ficou muito feliz com essa união; sua irmã, a condessa de Nola, escreveu a Felícia para expressar sua felicidade pelo noivado: "É como se ele estivesse se unindo à filha de uma grande rainha."[7] Por seu lado, a "grande rainha" expressou sua felicidade, aparecendo em público com um véu branco.[8]

O príncipe de Bisignano pagou um alto preço por um chapéu cardinalício para seu tio. Para se casar com Júlia Orsini, ele rompeu o noivado com a cunhada do vice-rei de Nápoles, e teve que pagar uma multa de 26 mil ducados ao seu soberano, o sacro imperador romano e rei de Espanha, Carlos V. Conforme relatou Sanuto: "Ele terá de viver com gastos limitados, a fim de pagar tal dívida."[9]

"Viver com gastos limitados" não era algo a que o príncipe de Bisignano estivesse acostumado. Após o casamento, ele e Júlia com frequência solicitavam que Felícia lhes adiantasse as parcelas do dote. Júlia escrevia regularmente à sua mãe longas cartas, em grande parte indecifráveis. Ela costumava fazer à mãe o mesmo tipo de pedidos que fazia quando ainda era uma menina em Vicovaro — roupas e sapatos. "Agora que devo vestir-me de branco", ela escreveu, "peço que me mande fio de seda branco e duas mantilhas grandes inteiramente brancas."[10] As cartas de Júlia dão pouca noção de que a filha mais velha de Felícia tivesse uma vida interior, embora vivesse sob uma certa pressão para produzir um filho homem. Ela deu à luz duas meninas — a primeira recebeu o nome da avó paterna, Eleonora, e a segunda, o da avó materna. Cartas dos secretários do príncipe recebidas por Felícia descreviam a primeira filha de Júlia como "muito bela, toda a casa se alegra com ela". Com a chegada de uma segunda menina em julho de 1525, a duquesa de Nerito, tia do príncipe, escreveu a Felícia dizendo: "A princesa teve outra menina; esperamos que em mais um ano sejamos abençoados com um menino, e não devemos ficar descontentes com uma menina, pois elas, por vezes, são úteis para a casa..."[11] O próprio Bisignano, contudo, escreveu à sogra com orgulho, contando que "a princesa teve uma linda menina e a esta dei o nome de senhora Felícia, em sua homenagem."[12] "Senhora Felícia" foi a primeira de uma sucessão de meninas que receberam o nome da filha de Júlio II, dessa forma conseguindo, por algum tempo, feminizar o que até então era um nome exclusivamente masculino.

O casamento de Júlia com o príncipe de Bisignano havia proporcionado a Felícia uma substancial soma de dinheiro, bem como aliados no sul da Itália. Mas essa aliança com o sul abriu as comportas do antagonismo entre ela e os homens da família Orsini. "Os Orsini estão descontentes com o casamento da filha de Gian Giordano com o príncipe de Bisignano e, mais particularmente, o senhor Renzo da Ceri", escreveu Sanuto.[13] Eles ficaram irritados com a decisão de Felícia de conceder à sua própria filha um dote, tirado das reservas dos Orsini, que era mais do que o dobro do recebido por sua enteada Carlotta. Mas ninguém ficou mais irado do que seu enteado Napoleone. Ele ferveu de raiva porque Felícia havia usado sua influência junto ao papa para conseguir para a nova família de sua filha o chapéu cardinalício, chapéu este que, no seu entender, deveria ser seu.

16

Napoleone

Para muitos cronistas da casa Orsini, Felícia della Rovere não merece créditos por suas consideráveis habilidades como regente. Ela é nada mais do que uma madrasta malvada, maquinando e conspirando para impedir Napoleone, o filho mais velho de Gian Giordano, de receber sua legítima herança.

Quando Felícia della Rovere entrou para a casa Orsini, havia um acordo tácito segundo o qual, se ela tivesse um filho homem, este seria o herdeiro do domínio, destituindo, assim, o herdeiro titular Napoleone, nascido em 1501, do primeiro casamento de Gian Giordano. Tal situação não era incomum; a mesma condição teria sido aplicada se ela tivesse se casado com o senhor de Piombino. Mas vários dos homens da casa Orsini, em especial o *condottiere* Renzo da Ceri, que era o marido de Francesca, irmã de Napoleone, viam essa cláusula com suspeita e ressentimento. Gian Giordano era vinte anos mais velho do que Felícia; eles sabiam que existia a probabilidade de ele morrer antes que os filhos homens tidos com ela tivessem idade suficiente para governar. Aquela intrusa, a filha bastarda de um papa, assumiria. E quando o fez, deixou claro que não tinha interesse nos conselhos deles. E quem mais se ressentiu foi Napoleone Orsini. Ele tinha 11 anos quando seu irmão Francesco nasceu, idade suficiente para perceber que havia sido deserdado, com todos os desapontamentos e humilhações resultantes. Como compensação, Júlio, o pai de Felícia, havia lhe concedido a abadia de Farfa, embora não fosse exigido que o rapazinho se ordenasse. Farfa, que se localizava ao sul de Roma, era um dos maiores benefícios monásticos da Itália, uma propriedade de quase 210 quilômetros quadrados [mais de 80 milhas quadradas]. Quando Leão assumiu o papado, concedeu a Napoleone, como abade, uma renda adicional de mil ducados por mês.

Seria Felícia realmente uma madrasta cruel, determinada a despojar o filho mais velho de sua legítima herança? É verdade que ela tentou excluir Napoleone das disposições relativas aos bens dos Orsini; alguns documentos referentes aos pagamentos da propriedade de Gian Giordano mostram claramente que o nome de Napoleone só mais tarde foi acrescentado aos dos dois filhos de Felícia. Sob seu ponto de vista, Napoleone havia recebido uma compensação mais do que adequada pela perda de um futuro título. Farfa abrangia terras quase tão extensas quanto as propriedades Orsini, e Felícia achava que ele não devia receber mais nada. Ela também não o queria perto de seus filhos. O garoto estava se transformando rapidamente em um rapaz teimoso, agressivo e instável, e ela talvez temesse que ele viesse a arquitetar um meio de eliminar os seus filhos, que concorriam com ele pela herança Orsini. Felícia insistiu para que Napoleone morasse em Bracciano, longe de seus meninos em Vicovaro (o inventário de Bracciano de 1518 revela que o quarto do jovem de 17 anos era inteiramente decorado em preto). No entanto, sua atitude com relação a Carlotta, irmã de Napoleone, era diferente. Ela ficou em Vicovaro, junto com os filhos de Felícia, e costumava trocar mensagens cordiais com sua madrasta, tanto antes como depois de se casar. Felícia havia comutado a sentença de morte de Michelangelo da Campagnino a pedido de Carlotta e, em seu testamento de 1518, deixou para a enteada uma herança de 3 mil ducados. Para Napoleone, não deixou nada. Na verdade, ao despojar Napoleone de seu poder, ela estava agindo em defesa de seu passado: aquela filha ilegítima havia virado o jogo contra as convenções. Tinha um nível de poder sem precedentes sobre um filho legítimo, e não temia exercê-lo.

Felícia sabia que, como uma *principessa* maquiaveliana, qualquer forma de gesto conciliatório que fizesse para o seu enteado seria entendido por ele e pelos parentes que o apoiavam — Renzo da Ceri, Mario Orsini, Roberto Orsini — como sinal de fraqueza. Eles não hesitariam em usar o fato para tentar tirar vantagem e depô-la. Um acordo, no que dependia de Felícia, não era uma opção. Mas ela também não podia ignorar Napoleone. Ele poderia não suceder para o pai como senhor de Bracciano, mas não havia sido totalmente deserdado. Ele teria direito à sua quota da produção da propriedade e, quando seus irmãos chegassem à maioridade, a alguma parte do patrimônio de seu pai. Assim, Felícia adotou a política de tentar manter com o enteado um relacionamento em que ela estivesse inequivocamente no controle financeiro. Napoleone era obrigado a pagar ao papado tributos anuais sobre a abadia de Farfa. Sendo ele menor, estes eram na verdade pagos em seu nome por Felícia, de modo que ela se mantinha plenamente informada da situação dos negócios em Farfa. Ela exercia uma vigilância severa sobre o acesso de Napoleone aos bens da propriedade. Quando ele procurou obter peças de cama e mesa de Bracciano, Felícia, na estrada vindo de Roma, escreveu um tanto exasperadamente a Daniela, sua criada: "Minha querida madona Daniela, vá imediatamente ao armário da roupa branca e envie ao senhor Napoleone: quatro toalhas de mesa para ele e trinta guardanapos; quatro mantas para aparador e quatro toalhas de mão; e não procure por minha assinatura, porque estou ditando esta carta enquanto cavalgo."[1] Por aí pode-se deduzir que Napoleone seria bem capaz de forjar uma nota de autorização em nome dela, a fim de obter o que queria.

Embora ele mesmo não demonstrasse grande interesse na administração da propriedade, Napoleone se aborrecia com a interferência de sua madrasta. Ele passou a ser conhecido como *l'Abate* (o abade), mas tinha os genes e os instintos de um *condottiere*. Aos 17 anos, começou a viver como uma espécie de bandoleiro, seguido por um bando de vassalos arrebanhados nas propriedades dos Orsini, pousando em qualquer castelo que Felícia não estivesse ocupando na ocasião. Certa vez, quando ela estava fora de Vicovaro com seu filho mais novo, Napoleone apareceu no castelo com sua amante. Benedetto di San Miniato, criado de Felícia, escreveu-lhe para garantir que os havia mandado embora. Napoleone também começou a acreditar que sua madrasta estava retirando de Bracciano objetos aos quais ela não teria direito. Seu criado Christoforo escreveu-lhe de Bracciano em maio de 1521, dizendo que "o Abade insistiu em fazer um inventário de tudo que há na sala onde guardamos as melhores peças".[2]

Mas foi a decisão de Felícia de ajudar a família de seu futuro genro a contar com um cardeal que realmente inflamou o ressentimento de Napoleone. Ele não fazia segredo de sua ira, pois achava que, se ela fosse capaz de negociar um chapéu cardinalício, este deveria ser dele. Mas não era do interesse de Felícia fazer de seu enteado um cardeal. Naquela época, havia apenas um cardeal Orsini — Franciotto —, e ele tendia a manter-se em bons termos com Felícia, pois não desejava perder suas alianças com os outros membros do Colégio Cardinalício que a apoiavam. Um segundo cardeal Orsini poderia torná-lo menos receptivo para com ela. Felícia não tinha intenção de fazer a balança do poder no Colégio pender muito para o lado dos Orsini, facilitando assim a união da família contra ela. Além disso, não teria nenhum lucro pessoal, como tivera na negociação com Bisignano. Baldassare Castiglione enviou um relatório a Mântua e informou à corte dos Gonzaga que "o Abade presumiu que seria ele. Agora, foi para Bracciano e está se mostrando terrivelmente ameaçador."[3]

Na ocasião, Napoleone não podia fazer muito mais do que ameaçar, pois Felícia estava segura do afeto e do apoio de Leão. Mas, em 1º de dezembro de 1521, o papa morreu subitamente de pneumonia, após pegar um resfriado assistindo às touradas em La Magliana. No mês seguinte, o Colégio Cardinalício elegeu um papa holandês, Adriano de Utrecht, que havia sido tutor na infância de Carlos V, o sacro imperador romano. O novo papa optou por manter seu nome de batismo e se tornou Adriano VI. A eleição se deu no inverno e o reinado de Adriano trouxe um frio invernal sobre a vida de Roma. Ele não tinha ligação com a cidade, nem amor por ela. Era instintivamente parcimonioso, e manteve em suspenso a construção da nova São Pedro. As obras foram interrompidas, plantas começaram a brotar por entre as pedras e a igreja ficou com a aparência de uma grande ruína, como as das antigas basílicas no foro romano. Rafael havia falecido no ano anterior e, em vez de apoiar sua escola de estudantes e assistentes talentosos, o novo papa favoreceu artistas do norte, como Jan van Scorel, de sua cidade natal, Utrecht. Scorel foi considerado como não mais que medíocre pelos *cognoscenti* [entendidos] romanos.

Porém, quem mais viria a sentir o clima gélido do reinado do papa do norte seria Felícia della Rovere.

17

A tomada de Palo

Ao contrário de seu antecessor, o novo papa não tinha vínculos com Felícia, nem interesse em criar algum. Para Adriano, Felícia não era uma lembrança preciosa da idade de ouro de Roma. Ela era, mais exatamente, um símbolo da corrupção papal, um lembrete da lascívia de um predecessor e da ganância de outro que havia conspirado com ela para a venda de cargos. Por conseguinte, Adriano não tinha intenção de ajudá-la. Consciente de que Felícia não contava então com a proteção papal, Napoleone, apoiado por seu maior aliado, Renzo da Ceri, não perdeu tempo em afiar suas garras e tentar intimidá-la para lhe fazer concessões.

Renzo da Ceri havia sido comandante militar de Leão e aconselhou Napoleone como deveria atacar Felícia. O assunto era delicado, pois eles não podiam fazer nada para comprometer a segurança dos seus filhos mais novos, que, afinal de contas, eram herdeiros Orsini, e causar dano às propriedades seria o equivalente a um ataque a eles mesmos. Mas eles identificaram um ponto vulnerável no castelo de Palo que, após a morte de Leão, se encontrava desocupado. Para os Orsini era um ultraje que o castelo, outrora propriedade da família, estivesse agora exclusivamente nas mãos dela. Para eles era um ponto de honra reavê-lo, pelo motivo de não ser dela por direito.

Em 13 de janeiro de 1522, o embaixador de Urbino em Roma, Gian Maria della Porta, escreveu a seu amo, o primo de Felícia, Francesco Maria della Rovere: "Madona Felícia foi informada de que o Abade partiu para tomar Palo com a cumplicidade do senhor Renzo. Ela está muito desgostosa e aflita, mais do que nunca [...]. Ela comprou Palo com o dinheiro que lhe foi dado pelo papa Júlio."[1] Felícia havia confiado seus temores a Gian Maria, como seu amigo. Nas cartas que ela escreveu na mesma época a Francesco Maria, não mencionou nada do que havia ocorrido, sabendo que, de forma alguma, deveria deixar transparecer que havia perdido o controle. Apenas discutiu alguns dos detalhes finais da restituição de propriedades dele, pois, se Leão havia sido um bom amigo para ela, o mesmo não se aplicava a Francesco Maria. Como general das forças pontifícias, Renzo da Ceri havia liderado um ataque a Urbino para expulsar Francesco Maria e colocar o sobrinho de Leão, Lourenço, em seu lugar. Francesco Maria havia acabado de retornar ao ducado de Urbino. Tentativas de conseguir um acordo entre os Medici e os Della Rovere estavam em andamento. Uma sugestão era contratar o casamento de Catarina de Medici, a filha ainda menina de Lourenço, com o menino Guidobaldo, filho de Francesco. Catarina, na ocasião, era órfã e, de fato, em janeiro de 1522, foi deixada aos cuidados de Felícia, até que o "noivado" deu em nada. Como Felícia escreveu a Francesco Maria: "Mestre Ridolfi veio ver-me na última segunda-feira em nome do cardeal de Cortona, e exigiu a devolução da menina." Uma segunda carta queixosa observa que "Essas coisas estão sendo manejadas por gente de categoria e respeito muito mais elevados do que eu".[2]

Apesar da atenção que devia dar a outros assuntos, Felícia tomou certas precauções. Por exemplo, deixou seus bens mais valiosos aos cuidados do abade da igreja de San Salvatore in Laura, adjacente a Monte Giordano em Roma, caso Napoleone tentasse um ataque na cidade. Napoleone prosseguiu com sua campanha. Em 22 de fevereiro de 1522, estando Felícia ausente de Bracciano, ele fez uma visita ao castelo. Gian Maria relatou: "A senhora Felícia está muito desgostosa, perturbada porque um de seus mais queridos servidores de Bracciano foi aprisionado em Roma, e ele tomou o castelo, e ela está preocupada porque todos os documentos e contas mais importantes se encontram lá. Recentemente, o Abade fez ameaças em várias propriedades, da forma mais cruel possível, dizendo que levará a morte a todos os que a servem."

Se Felícia se preocupava em particular, não expressava sua ansiedade publicamente; isto era importante para sua persona pública, sua *bella figura*. Ela sabia que Napoleone não tinha o efetivo nem, ainda, a experiência para prolongar indefinidamente tal ofensiva. E ela provou estar certa. Após alguns meses, as tropas de seu enteado enfraqueceram e se fragmentaram. Palo voltou para as mãos de Felícia e ele foi forçado a abandonar Bracciano.

Se Napoleone esperava que tais táticas tivessem algum efeito sobre sua madrasta, logo veria que estava errado. Felícia vinha enfrentando os Orsini por mais de uma década e não pretendia mudar seu modo de agir. Ela continuou a escrever a Napoleone no mesmo tom firme, exigindo ver os registros das contas de Farfa e receber qualquer renda que ela julgasse pertencer por direito aos Orsini e não a ele pessoalmente. Após uma solicitação de junho de 1522, que Napoleone decerto considerou inaceitável, ele explodiu, respondendo com uma carta cheia de afrontosa e justificada autocomiseração:

> Ilustríssima Senhora, minha Nobre Mãe. Recebi a carta e resposta para mim. Honestamente, desde a morte de meu pai, não parece que eu seja um irmão dos filhos do senhor Gian Giordano, mas um verdadeiro bastardo. Todos podem ver que a senhora desfrutou e se apossou não só de meu patrimônio paterno, mas também do eclesiástico. Durante os dois anos em que mantive minha abadia, tenho visto a senhora receber seus frutos. Quando a senhora entrou para a casa dos Orsini, recebeu muitos benefícios e foi elevada e enaltecida, o que a senhora não pode negar. Mas outras mulheres que vieram integrar a família beneficiaram

e enalteceram nossa casa, como minha mãe, que enalteceu e beneficiou a casa de uma forma que não preciso lhe lembrar. Ela trouxe consigo 33 mil ducados e o favor de um rei como foi o pai dela, que elevou nossa casa aos céus. Menciono esse dote e outras coisas, pois é bem sabido que a senhora pode desfrutar da posse de seu dote e outras coisas. Fui despojado de minha situação paterna e do dote de minha mãe, e estas são minhas objeções e más novas, que me magoam. E o que me dá tristeza é que fui proibido de viver com meus irmãos. Eles estão distanciados de mim, e eu deles, em vez de sentirmos a benevolência e o amor que deveriam existir entre três irmãos.

E, depois, a senhora me acusa de absorver toda a propriedade, quando na verdade ocorre o contrário, pois eu tenho apenas 30 ducados por mês, o que me reduz a ter de comer as lesmas do vale, enquanto lhe é dado usufruir de seu dote, e a senhora detém Palo à parte, e com ele, todo o seu produto [...] Sempre pensei que há na senhora mais ódio do que amor por mim, e o senhor Renzo concorda. A senhora sabe o quanto ele atuou em nosso benefício e que trouxe o amor de um pai para mim e meus irmãos. Deixando-o de lado, a senhora disse que tem sido uma boa mãe para mim. Eu tenho sido um bom filho e tenho tolerado pacientemente todas essas injustiças.

Quanto à abadia, o papa Júlio, de santa memória, pode ter concedido esse benefício para a casa de Bracciano, mas deu muito mais para as casas de outros barões, benefícios e bispados e cardinalatos, e outras coisas que fazem esta propriedade parecer quase nada [...].[3]

Outros membros da família Orsini privadamente concordavam com a opinião de Napoleone sobre Felícia, que ela era tão somente a filha de um prelado, que não possuía nenhuma linhagem ilustre e que explorava a casa de Orsini para seus próprios fins. Mas colocar tais pensamentos no papel seria uma perigosa quebra de decoro. Felícia tinha agora a prova documental da profundidade do ressentimento e do ódio de seu enteado por ela, a confirmação do tamanho de sua ira, que começava a beirar a loucura.

No decorrer do verão de 1522, Napoleone continuou a criar problemas para Felícia. Ela havia acolhido sob seus cuidados a sobrinha de Francesco Maria, Bartolomea Varana, que havia acabado de perder seu irmão, Sigismondo. "Creio que a pobre madona Bartolomea se consumirá em lágrimas e aflição sem fim", escreveu Felícia a Francesco Maria. "Estou cheia de amor maternal e compaixão por ela."[4] Mas ela também temia pela segurança de Bartolomea. Com Napoleone à solta, nenhuma das propriedades dos Orsini era segura. Gian Maria della Porta escreveu a Francesco Maria em 3 de setembro de 1522: "Madona Felícia me avisou que madona Bartolomea deve partir, pois ela teme que o Abade tentará vir e violentá-la, e ela não quer correr esse risco."[5] Ainda havia muitos resquícios de atitudes feudais na Itália do século XVI, de modo que, se o estupro ocorresse, Napoleone teria o direito de reivindicar Bartolomea para si. Assim, ela foi retirada da guarda de Felícia. A despeito dos tempos turbulentos, ela certamente se lembrava com muito carinho dos meses que havia passado com sua prima. Alguns anos depois, escreveu uma carta encantadora a Felícia, excitada com o jovem marido escolhido para ela, Gaspare Pallavicino, que era, em suas palavras, "de não pouca importância e inteligente, culto e apreciador de música, e me parece bonito. Acho que a senhora ficaria feliz por mim".[6] Também queria que Felícia lhe mandasse o mesmo tipo de chinelos brancos com bordados dourados que ela dera a sua própria filha Júlia por ocasião de seu casamento.

No ano seguinte, Napoleone mudou de tática. Ele havia viajado a Veneza, de onde escreveu para sua madrasta em 4 de maio de 1523: "Porque meu pai, Deus guarde sua alma, me destinou a ser padre e, reconhecendo que não é útil para a casa que eu não tenha conhecimentos literários, o que tampouco me honra, decidi permanecer alguns anos em Pádua [sede de uma universidade]."[7] Felícia escreveu a Francesco Maria, que era capitão do exército veneziano: "Meu filho, o Abade, escreveu-me há poucos dias sobre sua estada em Pádua, com o desejo de se dedicar aos estudos, e se encontra lá com pouca família. Ele ordenou que quatro de seus servidores fossem até lá e eles estão se pondo a caminho, a cavalo. Peço a sua senhoria que lhes garanta trânsito seguro. Nada mais me ocorre neste momento."[8] A carta é amena e neutra, aparentemente preocupada com Napoleone. Mas Francesco Maria ficaria assim a par dos movimentos do enteado de Felícia e podia vigiá-lo se, como era mais do que provável, o Abade estivesse com más intenções.

18

A moratória papal

Adriano VI morreu em outubro de 1523, para grande alívio da elite romana, após um reinado de longuíssimos vinte meses. Antes da morte do papa, Felícia conseguiu uma pequena vingança contra ele, que havia se omitido enquanto Napoleone provocava uma devastação em sua vida. Seu funcionário, Bernardino di San Miniato, lhe escreveu em 26 de agosto de 1523 para informar que, "esta manhã, o reverendo cardeal Ermellino chamou-me a fim de transmitir a vossa ilustríssima senhoria que Sua Santidade gostaria de arrendar Palo, nas mesmas condições em que foi ocupado pelo papa Leão, de santa memória. Eu respondi que vossa senhoria não poderia fazer nada, pois o reverendo cardeal de Trani [irmão de Felícia] havia tomado posse do castelo".[1]

O legado duradouro deixado por Adriano foi que ele seria o último papa não italiano até o século XX. O papa do norte havia provocado o desânimo na cidade de Roma e muitos no Colégio Cardinalício queriam ver o retorno aos tempos dourados de Júlio e Leão. O novo pontífice escolhido por eles foi o primo de Leão, Giulio, que adotou o nome de Clemente VII. No fim, a escolha de Clemente viria a se revelar desastrosa para Roma, mas, em 1523, ele parecia trazer de volta à cidade uma época passada. Felícia ficou aliviada. Ela sabia que sua longa amizade com a família Medici serviria como boa defesa contra o imprevisível e perigoso Napoleone.

Quando Francesco e Girolamo já estavam mais crescidos, Napoleone começou a se movimentar pela antecipação da declaração de maioridade de ambos. Com isto, por certo, Felícia perderia sua função como regente dos Orsini. Quanto mais cedo seus irmãos fossem declarados adultos, mais fracos seriam, e ficaria mais fácil para Napoleone, com o apoio da família, assumir o comando. No início de 1525, ele redigiu um rascunho de disposições relativas aos bens da família, no qual propunha que "a minoridade dos filhos da Senhora deve terminar no 14º aniversário do senhor Girolamo".[2] Quatorze anos, mesmo pelos padrões da época, era muito cedo para um menino ser declarado adulto. Napoleone também queria que Felícia escolhesse "um lugar para sua residência, aonde o Abade não irá, e reservasse Bracciano como a residência comunal", o que serviria para isolá-la. Também propôs que, caso "a Senhora seja obrigada, por qualquer motivo, a deixar a governança das propriedades, deverá indicar um dos Orsini para o seu lugar". Para Felícia a mais sinistra de todas as sugestões era, indiscutivelmente, que "a tutela de madona Clarice será delegada comunalmente a todos os três irmãos". Em 1524, Clarice tinha 10 anos de idade; o que Napoleone estava propondo era que a filha mais nova de Felícia fosse arrancada da mãe e que ele passasse a ter autoridade sobre a menina.

Felícia recorreu à arbitragem do papa a fim de impedir os esquemas de Napoleone para desalojá-la de sua posição de mando. No fim de outubro de 1525, um extenso documento — "Capítulos de regulamentos entre dona Felícia della Rovere e seus filhos, que eles assinam na presença do papa Clemente VII" — foi apresentado na Sala Regia, um salão de audiências do Palácio do Vaticano.[3] O advogado que o havia preparado era o sempre eficiente Prospero d'Aquasparta e, como era de esperar, era absolutamente favorável a Felícia. Clemente concedeu-lhe mais quatro anos como "única e exclusiva administradora dos bens", de modo que seus filhos só atingiriam a maioridade aos 17 e 18 anos, respectivamente, e teriam mais tempo para amadurecer. Nesse intervalo, Felícia poderia casar Clarice, para sua segurança. Esses *capitoli* também proibiam Napoleone de levar homens armados a Bracciano. Embora pudesse morar em um dos castelos dos Orsini, ele teria que se manter por sua própria conta, e não às custas dos bens da família. Apesar da recomendação do papa que, "em caso de doença", Felícia autorizasse o cardeal Franciotto Orsini a governar em seu lugar, ela poderia, com a permissão de Napoleone, escolher outra "pessoa qualificada que não fosse da casa de Orsini". E, se Napoleone recusasse, Clemente ainda se reservava o poder de atuar pessoalmente como árbitro. Com isso, seria possível indicar o cardeal Gian Domenico de Cupis para governar os Orsini na ausência de Felícia, uma situação que ela certamente preferiria.

Clemente também aprovou algumas cláusulas que beneficiariam Felícia pessoalmente, além de sua função de curadora dos Orsini. Como ela havia investido 2 mil ducados de seu próprio dinheiro no palácio de Trinità dei Monti, ele decretou que este deveria ser considerado dela, apesar de originalmente ter sido parte do patrimônio dos Orsini. Além disso, com relação à propriedade dos Orsini em Galera, "um local que, conforme hipótese, fora parte do dote de madona Felícia, e dado a ela por seu casamento, e assim permanecerá em suas mãos". O fato de não ter subsistido nenhum documento para comprovar essa "hipótese" e de Galera não constar da lista dos bens de Felícia em 1516 sugere que esta tenha sido uma doação particular de Clemente para ela. Em vista do grande número de cardeais que dependiam das florestas de Galera para obter madeira, tratava-se de um arranjo pelo qual o Vaticano podia continuar a lucrar.

Napoleone percebeu que os *capitoli* autorizados por Clemente o deixavam completamente sem ação pelos quatro anos seguintes. Foi uma grande vitória para Felícia. Ela sabia, no entanto, que a negociação de forma alguma havia diminuído a animosidade de *l'Abate*, que agora nutria pelo papa um ódio quase tão implacável como o que tinha por sua madrasta, ódio que viria a afetar e talhar a próxima década da vida de Felícia.

PARTE V
DESTITUIÇÃO E RESTITUIÇÃO

1

Em oração

O ano de 1527 marcou o décimo aniversário de Felícia como *gubernatrix* dos Orsini de Bracciano. "Eu preferiria morrer como escrava nesta casa a ser uma rainha em qualquer outro lugar", ela dissera a Gian Giordano quando este, já enfermo, lhe conferiu a posição e lhe lembrou de seu dever para com a família. A intenção dela era que sua declaração fosse dissimuladamente retórica, mas, uma década depois, ela era de fato rainha e escrava ao mesmo tempo. Exercia mais autoridade sobre mais indivíduos e mais terras do que qualquer outra mulher na Itália, mas não podia tirar férias de suas responsabilidades, nem folgas, nem afastar-se — sequer por um momento. Sempre havia Napoleone ou algum primo Orsini ansioso por se insinuar e se aproveitar de sua evidente fraqueza para arrebatar dela o controle da família. Nesse ínterim, ela também havia perdido seu servidor mais fiel: Statio del Fara, que havia morrido em 1524. Até o fim, ele lhe fora devotado. Em sua última carta, Statio falou de seu pesar porque essa "febre me deixa incapaz de servir a sua adorável pessoa e a aflição que sinto é ainda maior por sua falta, privado que estou da companhia da mais sábia e mais virtuosa dama que jamais conheci ou de quem ouvi falar. A senhora é um ornamento e uma glória, nem nossa terra, nem este infeliz país podem apresentar outro exemplo de tão excelentes modos, castidade e inúmeras virtudes que a senhora possui, e cada romano lhe é grato por nosso bem-estar e nossa honra."[1] Após a morte de Statio, Bernardino di San Miniato passou a servir Felícia e sua família, de forma longa e fiel, porém sem o mesmo tipo de maliciosa intimidade.

Cada vez mais, Felícia procurava manter a família De Cupis — sua mãe Lucrezia, o meio-irmão Gian Domenico e a meia-irmã Francesca — o mais perto possível de si. Ao contrário de seus parentes Della Rovere e Orsini, eles jamais haviam procurado depreciá-la ou prejudicá-la. Grande parte da fortuna dos De Cupis se devia a ela, mas também havia amor genuíno entre eles. Somente na presença deles, Felícia conseguia descontrair-se. Gian Domenico, graças à renda do cardinalato que ela lhe havia conseguido, tinha transformado o palácio da família na Piazza Navona em uma residência magnífica, com uma equipe de 150 serviçais. O local era perto o suficiente de Monte Giordano para que Felícia pudesse observar os movimentos dos Orsini, de modo que ela preferia passar seu tempo em Roma no Palazzo de Cupis, com as lembranças familiares de sua infância. As correspondências vinham endereçadas a ela *in Agone*, o nome primitivo da Piazza Navona. Mesmo quando deixava Roma no verão, a família De Cupis se preocupava com o bem-estar de Felícia; Gian Domenico lhe escreveu de uma residência de verão na Campagna: "Ficamos felizes em receber sua carta, que nos informa que você e as crianças estão bem. Madona Lucrezia tem estado um pouco indisposta, mas deve ser apenas devido à idade. Viemos de Roma para Campagna e esperamos que possa vir e ficar em nossa casa. Não é necessário nos avisar, você conhece os aposentos que temos aqui, escolha aqueles em que se sentir mais confortável. Sinceramente, não é apenas nossa casa que está aqui para lhe servir, mas também nossos corações."[2]

Além do conforto que Felícia encontrava em sua família materna, ela obtinha consolo na oração. Em um de seus livros de contas que registra pequenas despesas diárias como xarope para tosse, sabão, chinelos, luvas, óleo de camomila e de lírio, há uma preponderância de velas de cera. Repetidamente aparecem lançamentos como "4 *carlini* foram gastos em velas de cera para as orações da Senhora", "5 foram gastos em velas de cera para as orações da Senhora" ou "1 libra de velas de cera foi comprada para as orações da Senhora".[3] Velas de cera de abelhas, que não tinham o odor pútrido das feitas de sebo, gordura animal, eram caras. Nas contas de Felícia, os gastos com velas eram justificados porque elas eram adquiridas para acompanhar suas preces. Os registros de compras de dispendiosas velas de cera foram aumentando, a ponto de, por vezes, ela consumir mais de 1 libra por semana em suas orações. Esses breves registros revelam Felícia em sua privacidade, ajoelhada na penumbra iluminada apenas pelas bruxuleantes velas votivas, pedindo orientação divina para enfrentar seus desafios e obrigações cada vez maiores.

A despeito do tempo que passava em oração, como muitos outros em Roma em 1527, Felícia della Rovere viria a imaginar se Deus a havia abandonado.

2

A queda de Roma

Os demônios pessoais de Felícia eram ferozes, mas haveriam de empalidecer em comparação com os que foram soltos sobre Roma em maio de 1527.[1] O Saque de Roma pelas tropas de Carlos V, do Sacro Império Romano, começou na manhã de 6 de maio de 1527 e entrou pelo ano seguinte. Os relatos em primeira mão que existem de estupros, roubos, pilhagem e assassinatos por essas "hordas de bárbaros" são de uma vivacidade de arrepiar. "Nas ruas", escreveu Luigi Guicciardini em sua história do saque, "muitos nobres jaziam cortados em pedaços, cobertos de lama e de seu próprio sangue, e muitas pessoas meio mortas estavam caídas miseravelmente no chão. Às vezes, naquela cena horripilante, podia-se ver uma criança ou um homem se atirando de uma janela, forçados a pular para não se tornarem presas vivas daqueles monstros, mas no fim perdendo a vida de forma horrível na rua."[2]

O que havia feito Roma para justificar tal invasão? Quaisquer que fossem suas transgressões, seus cidadãos eram em grande parte inocentes. Poucos poderiam prever que aquele ataque selvagem contra Roma seria consequência do antagonismo entre Carlos V e o papa Clemente VII, a respeito de um assunto que pouco significava para a maioria dos romanos. Havia uma rixa de longa data entre o imperador e o rei francês, Francisco I, acerca de direitos territoriais nas províncias da Borgonha e da posse de Milão. Francisco e Carlos procuraram sustentar suas reivindicações mediante aliança com o papa, o Santo Padre, e o compromisso de fidelidade deste. Uma aliança com o imperador, que controlava mais da metade da Europa Ocidental, era do maior interesse do papado e, portanto, de Roma. Mas, ao fazer suas escolhas, Clemente VII não agia como papa, mas na qualidade de membro da família Medici. Honrando uma história de vínculos matrimoniais entre os Medici e a família real francesa, Clemente rompeu uma antiga aliança com Carlos para celebrar uma nova com Francisco.

Irritado com a traição do papa, Carlos enviou 30 mil soldados para a Itália em fins de 1526. Suas tropas, comandadas pelo duque de Bourbon, consistiam principalmente de soldados espanhóis e alemães, os famosos *Landsknechts*, aos quais se somaram alguns italianos. O duque de Bourbon imaginava que algumas escaramuças no norte da Itália seriam suficientes para fazer Clemente mudar de ideia e transferir sua lealdade novamente para Carlos. O imperador pagaria suas tropas e elas poderiam voltar para casa. As vitórias do duque de Bourbon foram realmente importantes. Ele até abateu o último dos grandes *condottieri*, o Medici Giovanni delle Bande Nere, cujos mercenários, os Faixas Negras, eram os melhores da Itália. No entanto, a despeito das perdas militares, Clemente não cedeu. Carlos também não pagou suas tropas e os soldados, enfurecidos pela fome, continuaram sua marcha rumo ao sul.

Dois dos parentes de Felícia também contribuíram para provocar o saque a Roma. Seu primo Francesco Maria della Rovere, duque de Urbino, era capitão-general das tropas venezianas, o mais substancial dos exércitos reunidos para bloquear a invasão imperial. Clemente deu-lhe o comando das forças de toda a Santa Liga papal, que foram empregadas para deter o exército do imperador. Mas Francesco Maria não se portou como seria de esperar de um general combatendo em seu próprio território. Em vez de fazer valer sua vantagem e agir agressivamente para desbaratar os invasores, ele evitou o confronto com as tropas imperiais em combate armado. Quando afinal avançou, quase em seguida ordenou o recuo de seus homens. Guicciardini expressou seu sarcasmo pelo fato de Clemente ter nomeado Francesco Maria como seu general: "O que pensava Clemente que iria acontecer? Seu antecessor imediato [Leão] havia tomado a propriedade do duque; quando ele [Francesco Maria] finalmente pôde mostrar seu desprezo e seu ódio pela família Medici, qual seria a probabilidade — encobrir seus sentimentos ou desistir antes de ver aquela família arruinada e destruída?"[3]

Com a grande ajuda da estratégia do duque de Urbino de se vingar dos Medici, os soldados do imperador foram se aproximando cada vez mais de Roma. No início de maio, alcançaram as muralhas Aurelianas nas elevações do monte Gianicolo, acima de São Pedro.

Francesco Maria della Rovere, um dos parentes preferidos de Felícia, facilitou a chegada das tropas imperiais aos portões de Roma. Renzo da Ceri, um de seus mais problemáticos primos Orsini, permitiu que entrassem na cidade. Suas ações, porém, foram provocadas mais por incompetência do que por intenção dolosa. "O papa não teve tempo de procurar soldados nas regiões onde homens bons e corajosos podiam ser encontrados", explicou Guicciardini. "Por conseguinte, foi forçado a armar precipitadamente cerca de 3 mil artesãos, empregados e outras pessoas comuns." Esse exército de miseráveis dificilmente seria suficiente para conter as forças imperiais, mas "o senhor Renzo, mais do que qualquer outro oficial, expressou sua opinião, segundo a qual o inimigo não poderia resistir dois dias do lado de fora das muralhas devido à falta de alimentos".[4]

O inimigo, porém, não tinha intenção de permanecer do lado de fora. As muralhas Aurelianas eram fracas; elas haviam recebido poucos reforços substanciais desde os dias da Roma antiga e haviam merecido apenas uma atenção superficial na preparação para o assédio. Desta vez, o culpado foi outro dos colaboradores de Felícia, pois a tarefa havia sido confiada a Giuliano Leno. Bourbon, antes do ataque, fez um discurso destinado a excitar o brio de seus soldados. Ele não só lhes lembrou da "inestimável riqueza em ouro e prata de Roma", que eles poderiam saquear; também lhes disse: "Quando olho para vossos rostos, vejo claramente que seria muito mais de vosso agrado se, aguardando-vos em Roma, estivesse um daqueles imperadores que derramou o sangue de vossos inocentes ancestrais [...]. Não podeis vingar as injúrias do passado; deveis tirar toda a desforra que for possível."[5]

Espicaçados pela ideia da vingança contra o antigo Império Romano, as tropas imperiais deram início ao ataque. Bourbon, num esforço de encorajar ainda mais seus homens, tomou uma decisão insensata. Postou-se na linha de frente e, assim, foi um dos primeiros a morrer, atingido por uma seta de um arcabuzeiro do papa. Com sua morte, já não havia um líder para controlar a fúria e a ira dos soldados quando tomaram a cidade de assalto. A patética guarda romana foi impotente para detê-los e simplesmente debandou. Tendo penetrado pelas muralhas da cidade, perto do Vaticano, as tropas imperiais arremeteram pelo Trastevere, cruzaram a ponte Sisto, a antiga ponte restaurada por Sisto, tio-avô de Felícia, e chegaram ao coração do *abitato* romano. Muitos dos soldados espanhóis haviam participado da conquista do Novo Mundo e do saque à capital asteca de Tenochtitlán, e agora aplicavam aqueles devastadores e cruéis métodos de conquista na Cidade Eterna. Aprisionaram os moradores das casas que capturavam e nenhuma forma de tortura era excessiva para que os prisioneiros revelassem onde haviam escondido seu tesouro. Em seguida, os ibéricos incendiavam as propriedades. Na tarde de 6 de maio, boa parte de Roma estava em chamas.

Famílias nobres haviam se reunido em busca de proteção nos maiores palácios de Roma, acreditando na segurança pelo seu número, mas tal segurança de forma alguma estava garantida. Domenico Massimo, um rico vizinho de Felícia, foi morto pelas tropas imperiais em seu palácio na Via Papalis, o caminho cerimonial que Júlio II havia se esmerado em restaurar e manter. Também sucumbiram a mulher e os filhos de Domenico e, junto com eles, muitos outros homens e mulheres da nobreza que haviam procurado abrigo na casa do homem mais rico de Roma. "Imagine apenas, com o coração abatido", escreveu Scipione

Morosino a seu irmão Alessandro, o tesoureiro do duque de Urbino, "aquelas nobres romanas vendo seus maridos, irmãos e filhos sendo mortos diante de seus olhos — e depois, pior ainda, elas mesmas sendo assassinadas."[6]

Onde estava Felícia della Rovere enquanto Roma era destruída? Ela poderia ter se livrado totalmente do Saque. Em abril, havia recebido um convite da duquesa de Nerito, cunhada de sua filha Júlia, para visitar a província meridional da Calábria. Mas ela não aceitara o convite, pois relutava em deixar as terras dos Orsini, temendo que pudessem eclodir distúrbios em sua ausência. Ironicamente, seus piores receios haveriam de se concretizar mesmo sem a viagem para o sul. Felícia e seus filhos, Francesco, Girolamo e Clarice, ficaram encurralados em Roma, enquanto o inferno se instalava ao seu redor.

3

Reféns

O nome de Felícia sempre deu ensejo a trocadilhos. Seus correspondentes costumavam desejar-lhe *felicità* ou a chamavam de *domina felix*. Contudo, jamais seu nome foi tão apropriado como no dia do Saque. Sua usual aversão a permanecer no palácio Orsini de Monte Giordano provavelmente salvou sua vida e a de seus filhos. Monte Giordano foi um dos primeiros locais de Roma atacados pelos soldados imperiais, pois a família Orsini era tradicional partidária dos franceses, os grandes inimigos do imperador. Ao fim do primeiro dia do Saque, as tropas invasoras haviam irrompido pelo grande portão do palácio e ateado fogo ao complexo da família. Um poeta, Eustachio Celebrino, declarou em versos: "Monte Giordano foi tomado pelas chamas e reduzido a cinzas."[1] Celebrino usou de alguma licença poética, pois os danos ao palácio não foram tão severos, mas, sem dúvida, se Felícia e os filhos estivessem lá, teriam tido o mesmo destino que seus vizinhos, os Massimo.

Quando o Saque começou, Felícia e os filhos estavam todos juntos no palácio De Cupis com Lucrezia, Gian Domenico e Francesca. Por mais grandioso que fosse — Gian Domenico havia continuado a ampliar a casa que seu pai houvera construído —, o palácio De Cupis não fora projetado como uma fortaleza e não possuía defesas. Felícia e sua família sabiam que ele não resistiria a qualquer tipo de assédio. Eles teriam que agir rapidamente se quisessem escapar das tropas invasoras, porquanto os gritos de guerra e os berros de terror das vítimas ficavam cada vez mais próximos. Muitos dos cardeais de Clemente VII haviam se engalfinhado para ficar ao seu lado e estavam com ele na fortaleza do Castel Sant'Angelo, às margens do rio Tibre, mas Gian Domenico sabia que sua primeira lealdade teria que ser para com sua família. Juntos, decidiram que teriam maior chance de sobrevivência se não tentassem escapar em um só grupo. Poderiam movimentar-se com mais rapidez e ficariam menos expostos se formassem grupos por sexo: Gian Domenico e os filhos de Felícia, Francesco e Girolamo, formariam um; Felícia, sua mãe, sua irmã e sua filha, o outro.

Gian Domenico, a princípio, não levou seus sobrinhos muito longe. Eles simplesmente atravessaram a rua para conseguir abrigo no palácio de seu vizinho, o cardeal flamengo Henkwort, contíguo à igreja germânica de Santa Maria dell'Anima. O raciocínio de Gian Domenico para buscar refúgio com Henkwort era perfeitamente lógico. Henkwort era o mais ilustre prelado do norte em Roma e, assim, supostamente imune ao ataque de seus conterrâneos. Mas Gian Domenico não foi o único a pensar assim; muitos outros já se amontoavam na residência de Henkwort.

Infelizmente, nem os *Landsknechts* nem os soldados espanhóis tinham qualquer respeito pelos laços geográficos quando havia riquezas a pilhar. Para eles, todos em Roma eram romanos, e "os espanhóis e alemães, fossem eles padres, funcionários ou cortesãos, foram todos saqueados e feitos prisioneiros e, às vezes, tratados com mais crueldade do que os outros".[2] Os soldados entraram sistematicamente nos palácios de outros cardeais, nos de Cesarino e Della Valle, que também eram simpatizantes do Império. E eles não só despojaram suas casas de todas as suas riquezas, mas ainda exigiram resgates dos que lá se abrigavam. Henkwort não foi exceção. "Todas as casas dos cardeais foram saqueadas", explicou o cardeal De Como ao seu secretário, "mesmo as dos que apoiavam o Império. A casa de Della Valle foi roubada em mais de 200 mil ducados, assim como a de Cesarino, as de Siena e Henkwort em mais de 150 mil, e eles fizeram reféns os que estavam lá dentro, com resgates de milhares e milhares de ducados." Os reféns pagavam os resgates, ou *composizione*, com qualquer dinheiro que tivessem consigo, suplementando com notas promissórias. Todavia, o pagamento do resgate não era garantia de salvamento. Os soldados matavam muitas de suas vítimas após extorquir-lhes o dinheiro.

Quando os soldados imperiais chegaram ao palácio do cardeal Henkwort, Gian Domenico pagou 4 mil ducados, como penhor por si mesmo, Francesco e Girolamo. Mas logo percebeu que tal pagamento não garantiria sua salvação. Gian Domenico não havia passado os últimos dez anos de sua vida trabalhando para proteger os interesses de sua irmã e dos filhos dela para permitir que eles, e na verdade ele próprio, morressem pela espada de um soldado do Império. E também devia ter muito medo do que poderia acontecer se o inimigo viesse a saber que Francesco e Girolamo eram os herdeiros do título dos Orsini. Decidiu, então, que ele e os dois adolescentes tinham que fugir de Roma. "Utilizando-se de uma corda para descer, eles deixaram o palácio de Henkwort e a cidade de Roma", escreveu De Como. "Seguiram por muitas milhas a pé e se depararam com muitos perigos."[3]

Sua jornada foi longa e tortuosa, pois a região rural fervilhava de soldados imperiais. Mas um homem e dois adolescentes podiam viajar disfarçados com relativa facilidade. Eles adquiriram uma mula e se passaram por *mulatieri*, os condutores de mula, que estavam por toda parte. Gian Domenico montava o animal e os dois meninos iam a pé. Dirigiram-se primeiro ao lago Nepi, que fora considerado um ponto seguro, livre das tropas imperiais. Seu objetivo final era alcançar o mar e conseguir barcos para a liberdade, e o porto de Civitavecchia, ao norte de Roma, era o destino planejado. Depois de uma semana de viagem, finalmente chegaram ao porto, onde "eles estão agora", informou o cardeal De Como, "seguros entre nós".

De todos os grandes palácios de Roma, "apenas a casa da marquesa de Mântua, Isabella d'Este, que estava alojada no grande palácio Santi Dodici Apostoli, construído pelo papa Júlio, permaneceu incólume".[4] E Felícia teve muita sorte de ter escolhido aquele local para levar sua mãe, irmã e sua filha.

Isabella d'Este estava em Roma para conseguir um chapéu de cardeal para seu filho mais novo, Scipione, e havia alugado o palácio Dodici Apostoli da família Colonna pelo período de sua visita. Ela talvez estivesse menos alarmada do que os outros com a ameaça das tropas invasoras, pois seu sobrinho pelo casamento era o desditoso duque de Bourbon, e servindo sob seu comando como primeiro-tenente estava seu próprio filho, Ferrante. Isabella confiava contar com um grau considerável de proteção. Além do mais, Dodici Apostoli era, conforme observou o cardeal De Como, "extremamente bem-fortificado, com bastiões em todas as entradas", e difícil de ser invadido. Isabella fez saber que ofereceria abrigo para qualquer nobre que conseguisse chegar ao palácio. No fim do dia 6 de maio, "mais de mil mulheres e talvez mil homens" se encontravam lá.

A jornada inicial para Felícia e suas acompanhantes foi tão angustiante quanto a de Gian Domenico e os meninos, se não mais. Elas eram muito mais vulneráveis do que os homens, pois o grupo era formado por duas mulheres na casa dos 40, uma já entrada nos 60 e uma jovem de 14 anos, e não podiam se movimentar tão depressa. Tiveram que seguir através das ruas estreitas que partiam da Piazza Navona, subindo por trás da Via Flaminia (atualmente Via del Corso), onde se localizava o palácio Dodici Apostoli. Por toda Roma, mulheres como elas estavam sendo violentadas e assassinadas. Mas esta não era a primeira vez na vida de Felícia em que ela teria que resolver que não seria capturada por espanhóis, e elas conseguiram chegar em segurança ao palácio que o pai dela havia construído quase meio século antes. Elas foram astutas o suficiente para se vestirem com simplicidade, cientes de que roupas pomposas atrairiam a atenção e revelariam sua condição de nobres.

Um comentarista as descreveu chegando em Dodici Apostoli usando apenas "vestidos comuns".[5] Porém, sob essas roupas simples elas haviam escondido a fortuna de Felícia em joias. Sua decisão, tomada anos antes, de acumular apenas o que pudesse ser facilmente transportado, havia se mostrado sábia. O grupo de nobres romanos e emissários estrangeiros passou a noite no palácio, atentos aos sons da cidade sendo destruída. Muitos bateram na grande porta do palácio, implorando para entrar. Outros tentaram arrombá-la, mas o portal não se abriu para eles.

No dia seguinte, iniciaram-se as negociações com os invasores, transações que dão a entender que a oferta de abrigo por parte de Isabella talvez não tenha sido totalmente ditada pelo altruísmo e que a proteção teria seu preço. Os primeiros oficiais do Império que chegaram ao palácio foram Ferrante Gonzaga, junto com seu primo, Alessandro Novolara Gonzaga, um capitão do exército do imperador. Eles reconheceram o valor financeiro do grupo ali reunido e chamaram Alonso da Córdoba, o tenente espanhol do imperador. "Ele entrou", escreveu De Como, "dizendo precisar de uma boa bebida e começou a fazer cálculos, não de quanto valiam a marquesa e seus bens, mas todos os outros. Ele exigiu nada menos do que 100 mil ducados, declarando que eles teriam condições de pagar facilmente uma soma tão pequena."[6]

Mas os reféns ali reunidos não eram homens de negócios da Renascença à toa, e regatearam com Córdoba o montante que poderiam pagar, convencendo-o a reduzi-lo, segundo narrou De Como, "para 40 mil ducados, e depois mais 12 mil, perfazendo um total de 52 mil ducados. O pagamento foi feito em dinheiro e prata, e os milhares que ficaram faltando, em créditos bancários. Dos primeiros 40 mil, metade coube a Alessandro Novolara, e a outra metade, ao capitão espanhol. Dos 12 mil, 2 mil foram dados a quatro *Landsknechts*, e os 10 mil restantes, ao que se diz, foram surripiados por dom Ferrante. Não sabemos se isso é verdade, mas, se for, teria sido algo muito desonesto". Os reféns, afinal de contas, eram visitantes da mãe de Ferrante e não seria nada educado extorquir 10 mil ducados dos seus hóspedes por uma noite, quaisquer que fossem as circunstâncias.

Nem todos dispunham da mesma quantia. Felícia deu garantia de pequenas e grandes somas para outros. Ela contribuiu com 150 ducados para o resgate do genovês Pietro di Francesco e prometeu 2 mil ducados em nome de seu sobrinho Christofano, filho de Francesca de Cupis, que tinha uma posição social bem inferior à dela. Não se sabe quanto ela própria pagou, mas, sem dúvida, devem ter sido alguns milhares de ducados. Ela entregou suas joias para o resgate, incluindo seu bem mais precioso, a cruz de diamantes que seu pai havia lhe dado após seu casamento, pelo equivalente a 570 ducados.

O longo relacionamento de Felícia com Isabella d'Este conferiu-lhe o privilégio de estar entre os primeiros a partir. A marquesa de Mântua estava ansiosa para sair de Roma, mas isso só foi considerado prudente no dia 13 de maio, devido à contínua carnificina nas ruas. Àquela altura, o Saque de Roma já durava mais de uma semana.

Fora dos muros fortificados do palácio Dodici Apostoli, as ruas de Roma haviam se transformado em matadouros humanos, depósitos de carne em decomposição. É difícil imaginar o desgosto que Felícia sentia. Roma era a sua cidade, à qual seu pai havia dedicado um zelo amoroso, uma cidade da qual ela havia se tornado um símbolo de sua época de ouro, e cujo futuro era representado por seus filhos. Que futuro poderia ela ver agora, em meio aos cadáveres e às casas destruídas pelo fogo, especialmente quando não tinha meios de saber se eles estavam vivos ou mortos?

4

Fuga de Roma

A jornada do grupo até as muralhas de Roma foi relativamente segura, pois o filho de Isabella, Ferrante, lhes forneceu uma escolta. Já a viagem fora dos muros foi outra história. Gian Maria della Porta, o núncio da corte de Urbino, também integrante do grupo, fez um relato vívido da jornada:

> Finalmente deixamos Roma acompanhados pelo senhor Ferrante Gonzaga, que nos levou até a estrada para Óstia, onde deveríamos tomar um navio. Mas, ao lá chegarmos, o vento mudou e fomos obrigados a passar a noite abrigados junto aos muros da cidade, correndo maior perigo do que se estivéssemos em Roma. No dia seguinte, não pudemos ir além de Magliana [a vila papal construída na beira do rio, de onde poderiam navegar até a costa]. Ontem, finalmente, a vontade de Deus nos conduziu até Óstia, de onde esperamos partir o mais cedo possível ...[1]

Uma hora antes da meia-noite o grupo zarpou de Óstia para o porto de Civitavecchia, aonde chegou nas primeiras horas da madrugada. Havia muita procura por barcos no porto, mas desta vez foi Felícia quem teve oportunidade de ajudar. O capitão do mar genovês, Andrea Doria, era o responsável e deu a ela a deferência devida à mulher que havia sido no passado madona Felícia de Savona. Ele ajudou Isabella a conseguir navios que a levassem, e a grande quantidade de bens que havia adquirido em Roma, de volta a Mântua.

Felícia teve que esperar pela chegada de Gian Domenico com os seus filhos, para poder tomar alguma iniciativa, e seu alívio foi incomensurável quando eles finalmente apareceram no porto. Agora que estavam todos finalmente fora de Roma, ela pôde compreender a extensão do apuro por que haviam passado e da sua própria impotência. Ali estava ela, uma mulher que possuía vastas propriedades na *campagna* romana, mas sabia o perigo que significava ir para qualquer uma delas. Todas eram alvos importantes para as tropas imperiais. Elas estavam incendiando grande parte dos campos circundantes, de modo a deixar os romanos sem alimentos. Essa ação só complicava a escassez de víveres em Roma desde antes do Saque, provocada pela enorme quantidade de peregrinos que haviam visitado a cidade em 1525 para o Jubileu Pontifício.

Maior do que o temor de Felícia pelo exército de Carlos V, era o medo que Napoleone lhe inspirava. A fúria das tropas imperiais acabaria por arrefecer, mas não a de Napoleone. Em março de 1527, ele havia sido detido por entrar em negociações com o vice-rei espanhol de Nápoles, contra o papa, e ficara preso no Castel Sant'Angelo.[2] Mas, quando o Saque começou, ele conseguiu fugir junto com outros prisioneiros. Todos participaram ativamente da matança e da pilhagem, sem se incomodar com o fato de estarem atacando seus conterrâneos romanos. Felícia sabia que ele não hesitaria em se aproveitar da anarquia reinante em Roma para persegui-la e a seus filhos, se pudesse, tomando-os como reféns e até matando-os. Ela também tinha certeza de que Napoleone acreditava que ficaria livre da ameaça de qualquer represália do papa. Clemente VII havia deixado de pagar a maior parte de um resgate de 400 ducados ao imperador. O papa fugira então para Orvieto, a 126 quilômetros ao norte de Roma, uma cidade quase inacessível, em região montanhosa, facilmente defensável, com a vantagem adicional de um palácio papal construído durante o fim da Idade Média. Refugiado nas montanhas, Clemente não estava em condições de oferecer a proteção que havia dado a Felícia em anos recentes.

Felícia sabia que sua única opção seria fugir para longe de Roma, e considerou onde poderia encontrar acomodações adequadas, talvez por um longo período. Ela poderia ter ido a Mântua com Isabella d'Este, ou para a ilha de Ísquia, ao largo da costa napolitana, onde a nobre e poetisa Vittoria Colonna estava oferecendo abrigo para vários nobres e humanistas romanos. Mas ela preferiu recorrer a suas relações de sangue, seus primos de Urbino, Francesco Maria della Rovere e sua esposa Eleonora Gonzaga. Os primos Della Rovere eram uma escolha lógica. Felícia mantinha com eles um bom relacionamento, e em várias ocasiões havia se empenhado a favor de Francesco nos últimos anos. Ela também sabia que nenhum dos dois estava residindo em Urbino na ocasião. Francesco Maria, embora nominalmente, ainda estava comandando a Santa Liga, a partir de um acampamento nos arredores de Viterbo, a cerca de 50 milhas [80 quilômetros ao norte de Roma]. Eleonora dividia seu tempo entre a casa de seus pais em Mântua e Veneza. Portanto, Felícia tinha boas razões para acreditar que haveria espaço disponível em seu palácio ducal. E, como Orvieto, Urbino se localizava nas montanhas. Felícia e sua família ficariam fora do alcance de Napoleone.

Felícia e a família De Cupis se separaram novamente. Desta vez, ela levou seus três filhos, sua mãe, sua irmã e seu irmão ficaram juntos para a viagem a Veneza. Em Civitavecchia, Felícia requisitou um navio suficientemente robusto para empreender a longa viagem, do mar Tirreno até a costa do Adriático. A família navegou para o sul, contornou o calcanhar da Itália e seguiu para o norte até chegar a Pesaro, o maior porto do ducado de Urbino. A devastada cidade natal de Felícia ficara para trás e ela finalmente podia sentir que estava livre do perigo, junto com sua família.

5

Fossombrone

Até hoje, os romanos fazem de Marche, a província onde se localiza Urbino, um local de veraneio. Suas elevações, que não são exatamente montanhas, continuam verdejantes quando tudo mais está ressecado, e a paisagem é mais silvestre e mais densamente arborizada do que os campos cultivados do norte do Lazio. Para a *gubernatrix* Orsini e seus filhos, essas terras seriam uma forma semelhante de refúgio, um paraíso.

No início de junho de 1527, eles já estavam instalados em Urbino. De seu acampamento militar em Viterbo, Francesco Maria escreveu a Felícia, para aliviar os temores que ainda a atormentavam, assegurando que ela não precisava se preocupar. "Eu penso nos seus filhos, como se fossem os meus. Você esta agora em um lugar seguro e o Abade [Napoleone] não conseguirá alcançá-la."[1] Felícia, por sua vez, escreveu uma algumas cartas de agradecimento a seus primos Della Rovere. Cada uma exprime sua gratidão mais fervorosamente que a anterior, e todas são muito diferentes das comunicações em linguagem formal que enviava, sempre na primeira pessoa do plural, a seus servidores. A primeira dessas cartas dizia que ela e seus filhos jamais poderiam expressar totalmente a gratidão que sentiam por suas altezas. A segunda, dirigida à duquesa, falava de sua gratidão pela gentileza de todos na corte, tanta que, ela afirmava, "nem mil línguas poderiam descrever". A terceira, também para a duquesa, era até mais bajuladora:

> Eu desejaria ser capaz de demonstrar como concebo em minha mente a expressão de minha gratidão, e a de meus filhos, para com Sua Excelência o duque e para com sua senhoria. Uma atitude tão humana não cessa de invocar em mim um contínuo senso de obrigação: que gentileza e rara virtude a senhora demonstrou comigo, sua serva, e que lembranças guardo disso. E o que merece ainda mais louvor é que eu sei que suas demonstrações para comigo não são as de uma dama e benfeitora, mas de uma irmã. Só Deus sabe como a senhora poderá ser recompensada por essa bondade. Meus tributos à senhora não seriam suficientes, mesmo que eu vivesse mil anos.[2]

Três cartas expressando mais ou menos os mesmos sentimentos, embora sinceros, pareceriam mais do que suficientes. No entanto, Felícia tinha conhecimento de que nobres romanos refugiados, em números cada vez maiores, estavam partindo na direção da amistosa corte de Urbino, em busca de ajuda. Sua apreensão era que os duques Della Rovere pudessem se sentir obrigados a atender também a esses nobres deslocados. Afinal de contas, as táticas militares de Francesco Maria haviam contribuído para suas atribulações. Felícia não desejava sofrer os constrangimentos da superlotação; o período que havia passado em Dodici Apostoli, com 2 mil conterrâneos, sem dúvida havia sido o suficiente. Assim, redigiu uma última carta a Eleonora com o objetivo de lembrar à prima que sua obrigação para com ela era ditada pelos laços de sangue e não simplesmente pela caridade. Felícia sabia que merecia, e devia receber, a preferência.

Os rogos de Felícia se mostraram eficazes para ajudá-la a obter o que queria. Assim, em vez de morar em um palácio que poderia ficar apinhado com um número imprevisível de seus vizinhos romanos, ela conseguiu sua mudança para um feudo em Urbino, onde poderia ter um lugar só seu. Os Della Rovere lhe ofereceram um palácio na pequena cidade de Fossombrone.

Fossombrone fica a cerca de 30 quilômetros a nordeste de Urbino, nos contrafortes dos Alpes della Luna. Era uma das antigas povoações da província de Marche [Marcas] e seu nome é derivado de seu título latino original, "Forum Semprone". A cidade, agora um tanto desolada e suja, foi adquirida em 1445 pelo avô de Francesco Maria, o grande duque e *condottiere* Federigo da Montefeltro, da família dos Malatesta, os célebres tiranos de Rimini. Federigo havia construído no ponto mais alto da cidade um pequeno palácio, conhecido como Corte Alta. Na segunda metade do século XV Fossombrone serviu como um atraente retiro para a corte de Urbino, pois ficava razoavelmente perto desta, mas isolado o suficiente para proporcionar privacidade. Era famoso por sua água e ar puros; portanto, poderia ser considerado o ambiente ideal para uma mulher e sua família tentando recuperar-se dos acontecimentos traumáticos do Saque de Roma.

Francesco Maria e Eleonora se ausentavam com frequência de Urbino, o que significava que a residência de Fossombrone também não era usada regularmente. O ecônomo da corte de Urbino, Raphael Hieronimo, passou o mês de agosto preparando os apartamentos para Felícia na Corte Alta. Ele abasteceu Fossombrone com grandes quantidades de colchões de palha, lenha e vinho, e também com "*molti tappetti*" — tapeçarias para forrar as paredes e proporcionar isolamento térmico, pois a cidade era fria nos meses de outono e inverno.[3] Três meses após o Saque de Roma, no início de setembro, Felícia se mudou para Fossombrone. Seu principal objetivo era criar uma aparência de normalidade e estabilidade para seus filhos. Com menos idade do que estes, ela havia experimentado pessoalmente o medo de chegar a um ambiente estranho e aparentemente hostil, quando tivera que se mudar de Roma para Savona. Assim, tentou conseguir um tutor de latim e grego para eles, e escreveu a amigos para ver se podiam auxiliá-la. No entanto, como Aloysio da Lode, um dos que ela havia consultado, lhe escreveu em outubro de 1527, "A confusão em todas as áreas é tal" que eu não consigo achar ninguém."[4] Até os humanistas estavam se escondendo.

Girolamo, seu futuro *condottiere*, queria montar, e Felícia se esforçou para encontrar um bom seleiro para consertar uma velha sela, conforme as instruções precisas de seu filho. Ela recebeu uma carta de um certo Hieronimo da Cerbo in Monte del Cio, informando que uma sela havia sido reformada de acordo com os desejos de Girolamo: o couro havia sido recuperado e agora o assento era forrado com pele branca de almiscareiro; o custo seria 2 *scudi*. "A sela de sua senhoria," concluiu o seleiro, "com os acréscimos desejados para o arção e a cilha, custa 3 *scudi*."[5]

Roupas para os filhos, em especial para Clarice, eram outra prioridade. Quando Felícia chegou a Fossombrone, escreveu com gratidão a Eleonora, acusando o recebimento da "carta de sua senhoria e com esta a bata de damasco branco e tafetá que a senhora, em sua imensa bondade e gentileza, dignou-se mandar para Clarice, minha filha e sua muito devotada serva".[6] Felícia também se aproveitou do fato de o cardeal Gian Domenico estar morando em Veneza, a capital têxtil da Itália, para adquirir outros artigos. Os detalhes minuciosos de uma carta que ele lhe enviou a respeito desse assunto nem fazem lembrar que apenas alguns meses antes ambos estavam fugindo para salvar suas vidas e agora eram, tecnicamente, refugiados. "Há poucos dias", escreveu Gian Domenico, "uma carta sua pedia para enviar-lhe o material para dois mantos de seda, com capuz. Respondi perguntando quais as cores que desejava, e você me disse para escolher o que eu achasse melhor. Assim, estou lhe enviando dois mantos forrados de seda púrpura, dois gibões de sarja e um corte de seda rosa, pois também foi solicitado algo para madona Clarice e eu achei que seria bom mandar-lhe algo nessa cor."[7]

Felícia inteligentemente deu um jeito de estabelecer suas próprias condições na propriedade dos Della Rovere. Consciente de que ainda era uma hóspede de seus primos, morando em Fossombrone às custas deles, ela foi bastante astuta para assegurar que sua presença continuasse bem-vinda. A administração dos negócios dos Orsini havia lhe ensinado valiosas lições sobre frugalidade e parcimônia, e ela não iria conduzir-se diferentemente em lugar emprestado. Em novembro de 1527, Eleonora Gonzaga, apreensiva com as despesas com tantos refugiados, escreveu a Raphael di Hieronimo, pedindo-lhe para fornecer-lhe uma lista com *"le boche"*, "as bocas", pelas quais a corte de Urbino era então responsável. "Bocas" não significava apenas o custo da alimentação, mas também de vestuário, o pagamento de empregados e a manutenção de cavalos. Raphael respondeu a Eleonora que havia muitas — mais de duzentas — e outras mais, pois mais duas "cortes" haviam sido estabelecidas. Além da corte de Felícia em Fossombrone, havia outra em Pesaro, sob o governo de um outro compatriota de Savona, Marco Vigerio, então bispo de Senigallia. Mas o estilo e os hábitos dessas duas cortes, informou Raphael, eram muito diferentes. Conforme ele explicou:

> A citada Senhora [Felícia] é muito comedida em sua escolha dos pratos, mas o Governador insiste em uma mesa farta e exige nada menos do que 12 ou 14 frangos por dia, enquanto ela se contenta com oito, e as aves são caras. Quanto à carne, ela consome a mesma que servimos à mesa em nossa corte, mas o Governador quer pão branco para todos e vitela e animais castrados. Se ele não obtém tudo isso, põe-se a ameaçar nossos funcionários com a prisão ou tortura [...] em breve, não encontraremos um só empregado que queira ficar lá.[8]

Em contraste, os funcionários de Urbino gostavam de servir na corte econômica, porém evidentemente agradável, de Fossombrone. Felícia sempre tratara bem os servidores de alto escalão dos Orsini.

Ela respeitava suas habilidades e não tinha razões para agir de outra forma com o corpo de empregados de seus primos, especialmente por depender mais de sua boa vontade. Raphael di Hieronimo também parecia preferir Fossombrone ao próprio palácio de Urbino, frequentemente as cartas que endereçava à sua ama eram escritas de lá. O núncio de Urbino, Gian Maria della Porta, que havia fugido do Saque na companhia de Felícia, também costumava passar algum tempo com ela. Eles eram amigos de longa data e Felícia lhe havia confiado seus temores com relação a Napoleone quando este havia tomado Palo, sentimentos que ela não confessou a Francesco Maria, para quem Gian Maria trabalhava.

A atmosfera gerada por Felícia em Fossombrone certamente agradou a Eleonora Gonzaga quando esta foi visitar a prima no outono de 1527. Esta foi talvez a primeira vez que a duquesa de Urbino teve oportunidade de visitar um palácio inteiramente gerido por uma mulher. Até a voluntariosa mãe de Eleonora, Isabella d'Este, sempre tivera que atuar em conjunto com um homem, primeiro como a esposa e depois como a mãe viúva de um duque. A mesa de Felícia podia ser relativamente humilde, mas a corte que ela criou na Corte Alta possuía uma graça e simplicidade encantadoras, em harmonia com a tranquilidade que dava fama a Fossombrone. Ela atraía Eleonora, particularmente talvez após conhecer as cortes mais pomposas de Mântua ou Veneza, nas quais havia passado muito tempo, e parece tê-la inspirado a criar seu próprio domicílio em Fossombrone. No início de janeiro de 1528, ela encarregou Gian Maria della Porta de localizar uma propriedade na cidade que pudesse ser transformada em uma residência condigna. Ele aconselhou Eleonora a adquirir as três casas contíguas hoje conhecidas como Corte Rossa, nome derivado de suas esquadrias pintadas de vermelho. O arquiteto da corte de Urbino, Girolamo Ghenga, logo em seguida passou a trabalhar na reforma das casas.[9] Boa parte da primavera de 1528 foi consumida para aprontar a Corte Rossa para Eleonora, e parece apropriado que foi Felícia, como *châtelaine* de Fossombrone, e com sua experiência em supervisionar reformas de construções, que esteve no local para acompanhar os trabalhos e dar sua opinião sobre o projeto.

6

Os exilados

Fossombrone claramente provou ser um paraíso para Felícia após os horrores de Roma. Contudo, por mais agradável que fosse o refúgio, havia muitas lembranças das ansiedades provenientes do mundo exterior. Mesmo em tempos de fartura, nas cartas endereçadas a Felícia, ela era invariavelmente chamada de "patrona e benfeitora" pelos que esperavam seu auxílio. Agora, aquele título passou a ter até mais ressonância. Havia um fluxo constante de correspondência dos que buscavam sua ajuda. Giuliano Leno, o homem que no passado havia controlado quase todos os monopólios em Roma, que descuidadamente havia ignorado a necessidade de fortificar as muralhas da cidade, enquanto as forças imperiais se aproximavam, encontrava-se então em Perúgia, reduzido à pobreza. Ele que havia negociado com Felícia transações no valor de milhares de ducados, agora perguntava se ela podia lhe mandar 50.[1]

Felícia fazia o que estava a seu alcance e, se não houvesse nada que ela mesma pudesse fazer, tentava colocar os que a procuravam em contato com outros em condições de ajudá-los. Seus esforços nem sempre tinham êxito. Seu empregado Giovanni Egitio de Vicovaro lhe escreveu: "Dirigi-me com vossas credenciais ao reverendo Orsini e lhe falei da grande necessidade que afinal me reduziu à situação de implorar a Sua Reverência. Ele me respondeu que também está passando por grandes necessidades, pois sua propriedade foi totalmente arruinada. Não lhe resta sequer um saco de grãos."[2]

Ela recebia muitos relatos sobre a penúria que havia em Roma. Em uma carta de dezembro de 1527, o bispo da cidade de Monterosso, na Ligúria, informou-lhe claramente que "é impossível viver em Roma; não há pão de qualquer espécie, e nada para o povo comer".[3] Outras comunicações davam conta de propriedades roubadas no Saque e depois recuperadas, embora muitas vezes em troca de um pesado resgate. O bispo de Mugnano lhe escreveu da ilha de Ísquia, onde estava usufruindo da hospitalidade oferecida pela poetisa Vittoria Colonna; ele tinha o prazer de informar Felícia que havia conseguido recuperar uma joia pertencente a Nicolò Orsini, senhor de Monterotondo e Mugnano. A joia, que valia 50 ducados, havia sido o presente de Felícia pelo batismo de um dos filhos de Nicolò, e ele lhe tinha muito apego, não por seu valor monetário, mas porque fora dada por Felícia.[4]

Muitos dos correspondentes de Felícia haviam perdido tudo, mas uma que lhe inspirou pouca solidariedade foi Isabella d'Este. Felícia mal havia chegado a Urbino quando Isabella lhe escreveu, lamentando que um navio contendo muitos dos artigos que havia adquirido em Roma havia se extraviado; Isabella tinha certeza que Andrea Doria, o capitão naval genovês que controlava o porto e as frotas em Civitavecchia, havia ordenado que o barco fosse confiscado no mar, de modo que ele pudesse roubar seus bens. Felícia ficou aborrecida com a difamação de Isabella contra seu conterrâneo e respondeu: "Antes de minha partida de Civitavecchia, o mestre Andrea Doria veio procurar-me nos aposentos em que eu me encontrava e me contou sobre vossos pertences, a mesma verdade que vos escreveu, que eles, com alguns empregados, haviam sido atacados no mar pelos mouros. Vossa ilustríssima senhoria pode estar certa de que se eu tivesse outra informação, mesmo que ele fosse meu filho, eu vos diria a verdade."[5] As palavras de Felícia para Isabella têm um certo tom de recriminação. Muitos haviam perecido no saque e a queixa de Isabella, acerca do que representava pouco mais do que uma excursão de compras em um fim de semana para a marquesa, parecia, na melhor das hipóteses, frívola e, na pior, decididamente insensível. Um ano depois, Isabella escreveu novamente a Felícia, num estilo que sugere sua ansiedade por reconquistá-la:

> Minha queridíssima irmã, eu sinto que os infortúnios por que passamos juntas em Roma forjaram um novo vínculo de amizade entre nós, e eu desejo muito ter notícias suas, pois somos boas irmãs. E há muitos dias que não recebo nada de sua parte. Como não tenho muito mais a dizer, quero informar que, graças a Deus, recuperei os pertences, meus e de minha família, aqueles que eu julgava terem sido perdidos no mar pelas mãos dos mouros. Eles foram encontrados em um navio que partia para Veneza, sob o comando de um cavalheiro veneziano, Cazadiavolo. Esse mesmo Cazadiavolo também havia encontrado as belas tapeçarias do papa [as da capela Sistina, elaboradas a partir dos cartões desenhados por Rafael para Leão X], que meu filho dom Ferrante recuperou dos espanhóis, pagando 500 *scudi* por elas [...].[6]

Em sua resposta, Felícia se esforçou para louvar Ferrante como salvador de um patrimônio papal. A ganância de Ferrante, consentida por Isabella, em exigir o pagamento de resgates dos nobres romanos tivera um efeito direto sobre Felícia. Isabella sabia o que seu filho havia feito e, na verdade, fora cúmplice dele. No palácio Dodici Apostoli, Felícia tinha dado uma garantia de 2 mil ducados por seu sobrinho Christofano del Bufalo, soma que a família dele ainda não havia pago. Ferrante escreveu a Felícia e também a Gian Domenico de Cupis, para lembrar-lhes dessa dívida, mas entregou as cartas à sua mãe, para despachá-las. Isabella enviou uma carta a seu filho, observando: "Não posso acreditar que mestre Angelo [pai de Christofano] não queira pagar seu débito; muito embora ele tenha reputação de ser um cavalheiro, somos obrigados a considerá-lo a pessoa mais vil do mundo. Suas cartas foram mandadas à senhora Felícia e ao cardeal de Trani."[7]

Isabella também se pôs a trabalhar em nome de Ferrante para arrancar o dinheiro do resto da família de Felícia. Talvez os "vínculos de amizade" a impedissem de dirigir-se diretamente a Felícia, mas ela escreveu várias vezes a Gian Domenico. Em uma carta ela o lembrou dos "serviços que meu filho vos prestou e à senhora Felícia" e, em outra, disse ter esperança que ele pudesse resolver o assunto, pois ela não desejava que seu filho tivesse "alguma razão para recorrer a um acerto com o senhor e com a senhora Felícia".[8] Gian Domenico realmente pagou a dívida e Isabella voltou a ser só encanto, escrevendo-lhe que esperava que ele desculpasse Ferrante pela maneira como este havia se dirigido a alguém "de vosso nível e dignidade" e que ter sido forçado a negociar daquela forma com os espanhóis é que o havia levado a tais extremos.[9]

Como Isabella não escreveu diretamente a Felícia, Gian Domenico se encarregou de fazê-la saber o que havia ocorrido. Para Felícia, a conduta de Isabella serviu para acabar com uma amizade que havia durado mais de vinte anos. Ela sabia o quanto os Gonzaga eram ricos. Sua exploração dos romanos em tempos como aqueles de desespero financeiro era absolutamente desprezível. Contudo, Isabella era uma pessoa muito poderosa e muito útil, em especial dado o estado de devastação de Roma, para que Felícia pudesse cortar totalmente os laços com ela. Porém, enquanto Isabella lhe escrevia como sua "queridíssima irmã", Felícia respondia usando a linguagem formal de condescendência que enfatizava a distância que ela sentia haver entre ambas. Em carta que escreveu a Isabella em seguida ao incidente com a família Del Bufalo, Felícia nada contou de sua vida pessoal; tampouco havia ali qualquer sugestão de que ela nutria algum afeto por Isabella. "Minha senhora e benfeitora", assim Felícia se dirigiu a ela em 1529, "devo agradecer a vossa ilustre senhoria pela ordem emitida com respeito à posse da pensão eclesiástica da igreja de Santo Stefano di Povi, a ser concedida ao mestre Vincentio Caroso, cavalheiro de Roma, que é meu dependente, e eu ficaria muitíssimo grata se vossa senhoria escrevesse ao padre para assegurar que a posse seja mantida para mestre Vincentio [...] e com reverência vos cumprimento. Vossa serva, Felix Ruvere d'Ursinis."[10]

Nada no tom dessa carta sugere que Felícia e Isabella tinham uma história em comum, que no passado havia envolvido até planos para o casamento da filha de Felícia com o sobrinho de Isabella, ou sua ousada fuga de Roma. Felícia preferiria não ter de lhe escrever de forma alguma. Era-lhe penoso estar em uma posição de obrigação para com Isabella, mesmo que fosse no interesse de outra pessoa, quando estava tão acostumada a ser *patrona et benefatrix*. E, embora apreciasse a paz e a tranquilidade de Fossombrone, ansiava por voltar aos locais que ela governava.

O exército imperial desocupou Roma no outono de 1528. Muitos romanos esperaram não só pela partida dos soldados, mas também pelo fim da peste, para poderem voltar. A própria Felícia só conseguiu partir para lá já no fim do verão de 1528. Ela teve que esperar não só que sua cidade ficasse livre da doença. Ela tinha a desvantagem adicional de ser perseguida pelo espectro de Napoleone.

Liberto do cárcere de Castel Sant'Angelo, seu enteado, como seria de se esperar, aproveitou-se da anarquia vigente, bem como da falta de poder de Clemente VII, para assumir o controle total das propriedades dos Orsini. Ele havia instalado seu quartel-general em Bracciano, de onde travava sua guerra pessoal contra o exército imperial, principalmente para conquistar ganhos financeiros. Ele até se voltou para a pirataria, apresando navios espanhóis no Tibre. As atividades de Napoleone levaram o exército do Império, um improvável aliado de Felícia, a desfechar um ataque contra ele. Em julho, ela recebeu um comunicado de um secretário, Giovanni Egiptio da Vicovaro, informando-lhe que Napoleone havia sido "esmagado, com a perda de quarenta cavaleiros".[11] Intrépido, ele seguiu para o norte, para servir como mercenário na revolta toscana contra o domínio dos Medici.

Só então pareceu seguro que Felícia considerasse deixar Fossombrone e finalmente retornar a Roma. Napoleone se fora, as tropas imperiais haviam partido, a peste fora debelada e um humilhado Clemente VII havia pago um enorme resgate a Carlos V para garantir seu retorno e a paz na cidade. Naquela mesma carta, Giovanni Egiptio informou a Felícia que ela receberia uma licença do papa Clemente VII para sua entrada em conventos, que lhe ofereceriam alojamento durante sua viagem de volta. Para essa viagem, foram alugadas algumas mulas, mas parece que Felícia demorou a efetuar o pagamento do aluguel, porquanto, um ano depois, um certo Angelo Leonardo da Calli se viu obrigado a escrever-lhe para cobrar 25 *scudi*, uma quantia nada desprezível, pela mula que ela havia usado quando saiu de Fossombrone.[12]

7

O retorno a Roma

Cavalgando a mula alugada, Felícia chegou a uma Roma quase inteiramente destruída. A cidade resplandecente criada por seu pai, Júlio II, havia desaparecido. Em seu lugar, havia edifícios enegrecidos, como o Palazzo Massimo, cujos moradores estavam todos mortos. O que restara das casas menos opulentas havia sido demolido para ser usado como lenha no inclemente inverno de 1527. A população fora dizimada pela violência e, na sequência, pelas doenças. Quem olhasse poderia estranhar, com boas razões, em que a cidade diferia do que fora no fim da era medieval. A capacidade de recuperação dos romanos, uma determinação de não deixar que o progresso do princípio do século XVI se perdesse, revelou-se quando seus líderes retornaram e puseram-se a trabalhar, imediata e efetivamente, para restaurar o prestígio de suas famílias e devolver à cidade sua glória passada. Não obstante, aqui e ali, ainda se podem ver os sinais da destruição. Sob o belo pavimento do Palazzo Massimo, reconstruído na década de 1530 por Baldassare Peruzzi, encontram-se ladrilhos carbonizados, uma lembrança de quando o palácio foi incendiado em maio de 1527.

Felícia passou alguns anos tentando refazer sua vida, como ela havia sido antes dos eventos de maio de 1527. Havia muito a fazer, muitas coisas a serem repostas, desde a substituição do vestuário perdido no Saque, até os consertos dos muito danificados palácios Orsini. Não foi um período fácil na vida de Felícia e os acontecimentos de 1527 haviam lhe causado grande abalo emocional. Em agosto de 1529, seu funcionário Perseo di Pontecorvo lhe enviou uma carta expressando solidariedade: "Fui informado de que a senhora está fisicamente bem, mas com a alma aflita por esses grandes percalços. Só posso dizer que sinto muitíssimo pela senhora, assim como por mim mesmo, e que tudo o que podemos fazer agora é ter paciência. Rogo para que a senhora tenha força de vontade para governar no melhor de sua capacidade e com toda a sua sabedoria."[1]

Por mais profundas que tenham sido suas cicatrizes emocionais, Felícia não tinha outra opção se não voltar ao trabalho, e há indicações de que, mesmo mentalmente deprimida, ela não tinha intenção de entrar em declínio físico. No mesmo mês em que recebeu a carta de Pontecorvo, uma de suas criadas, Camilla, lhe escreveu em resposta a um pedido seu a respeito de uma receita para a limpeza dos dentes. As instruções de Camilla eram: "ferver rosmaninho [alecrim] em água de nascente e lavar os dentes e as gengivas todas as manhãs, depois repetir; esta é a forma de manter as gengivas sadias. Para manter os dentes limpos e brancos, misturar coral, pedra-pomes e rabanete até formar um pó, e esfregá-lo nos dentes pela manhã. Em seguida, bochechar com um pouco de vinagre, e isso deixará os dentes brancos e limpos e a boca fresca".[2]

Felícia também tinha várias dívidas pendentes, em decorrência do Saque. Devia 4 *scudi* ao marinheiro que a havia levado de Óstia até Civitavecchia, mas ele teve que esperar até dezembro de 1531 para receber seu pagamento. Ela precisava de uma grande quantidade de roupas novas para si e para os filhos. Conforme registra seu livro de contas, um mercador de Roma, Donato Bonsignore, teve bons ganhos com as perdas da família: "Foi emitida uma autorização para Bernardo de Vielli, o qual deve dar 50 ducados ao senhor Donato Bonsignore, como parte do pagamento de 105 ducados, pelas necessidades criadas pelo Saque de Roma"; "Foi dada autorização para que Donato Bonsignore venha receber 20 *scudi*, pelas várias peças de vestuário que a senhora Felícia deseja adquirir do citado Donato"; "Foi dada autorização para Donato Bonsignore, negociante de Roma, referente a 12 *scudi* e 10 ducados, 12 *scudi* para o senhor Riccio, alfaiate, pelo tecido adquirido por ordem da senhora, ou seja, 2 jardas e 3 palmos de seda crua para forrar um vestido para a senhora Clarice, e mais para forrar e debruar dois vestidos, e um *scudo* para Lorenzo Mantuano, por meio palmo de seda vermelha para uma faixa para o senhor Hieronimo"; "Duas jardas de cetim e seda crua foram adquiridas de Donato Bonsignore para roupa de baixo e exterior para a senhora Clarice, por 5 *scudi*." O maior gasto para um único traje de Felícia foi em janeiro de 1532, quando "foi dada autorização a Bernardo de Vielli para pagar a Faustina de Cola da Nepe 20 *scudi*, a serem entregues ao seu marido, como pagamento pelo vestido de damasco que ele fará para a senhora Felícia".[3]

Roma ainda sofria de severa escassez de alimentos. Em março de 1531, Felícia enviou uma carta a Antonio del Corvaro, a quem, alguns meses antes do Saque, ela havia escrito em termos ásperos, repreendendo-o por esconder um fugitivo romano. Dessa vez, no entanto, ela se dirigiu a ele cordialmente, como "mio amantissimo", para agradecer profusamente por ele ter enviado um pacote de provisões para Roma: mel, castanhas e um barril de lesmas.[4] Estas últimas dão uma boa ideia das privações da época. Normalmente alimento dos pobres, não podiam mais ser desprezadas por ninguém.

Na verdade, Felícia estava em posição mais confortável do que a maioria, no tocante ao acesso a alimentos, graças aos grãos cultivados nas lavouras dos Orsini e também à sua própria colheita de Palo. A escassez de grãos em Roma era terrível. Mesmo antes do Saque, as reservas já estavam baixas. O Jubileu de 1525 havia atraído milhares de peregrinos à cidade e eles haviam acabado com os estoques existentes. Durante o Saque, os soldados não só haviam levado a maior parte do que estava disponível, como haviam ateado fogo aos campos circundantes, destruindo as safras novas. Como consequência, o preço dos grãos subiu demais, chegando a 20 ducados o *rubbio*.[5]

Os altos preços dos grãos beneficiaram os que tinham estoques para vender. Na verdade, o preço inflacionado permitiu que Felícia conseguisse a recuperação econômica de sua família. Seus próprios empregados sempre haviam recebido parte de seus salários na forma de grãos, mas então ela passou a utilizá-los como parte dos pagamentos a profissionais de fora, como Francesco Sarto, o alfaiate, que ia à casa de Felícia para serviços de costura. Ele recebeu "1 *scudo* e uma autorização para apanhar 1 *rubbio* da produção de Galera, por conta das roupas que costurou para a senhora Felícia".[6] E foram também os grãos que a ajudaram a pagar os danos causados às suas propriedades romanas durante o Saque.

8

Reconstrução

A despeito de sua evidente ambivalência com relação ao palácio de Monte Giordano e de sua relutância em passar mais tempo do que o estritamente necessário entre suas paredes, Felícia reconhecia sua importância — física, econômica e simbólica — para o patrimônio de seus filhos homens e o prestígio deles em Roma. O palácio havia sofrido danos consideráveis durante o Saque. A ligação dos Orsini com os franceses era bem conhecida e o local, um dos primeiros alvos do ataque imperial, fora incendiado no primeiro dia. Deixar o exterior queimado e enegrecido sem restaurar seria preservar um símbolo da humilhação e derrota da família Orsini. Porém, a necessidade de reparar os danos também deu a Felícia a oportunidade de se dissociar ainda mais de seus parentes Orsini. Monte Giordano não era um único palácio integrado, mas um conjunto em forma de cidadela com várias construções adjacentes situadas em torno de um pátio, cada uma pertencendo a ramos diferentes da família Orsini. O ramo de Bracciano sempre havia ocupado a maior ala, mas agora Felícia preferiu assegurar, mediante recursos arquitetônicos, que do lado de fora sua família parecesse o mais afastada possível do resto do clã Orsini. Completada a reforma, na década de 1530, ela passou muito mais tempo em Monte Giordano do que na década anterior. Era como se, tendo deixado sua própria marca na construção, ela finalmente se sentisse confortável entre as suas paredes.

Por coerência, é provável que Felícia tenha empregado para essa tarefa o mesmo arquiteto que ela havia contratado para desenhar a fonte de Bracciano, Baldassare Peruzzi. O pobre Peruzzi havia sofrido muito nas mãos das tropas imperiais. Conforme escreveu Vasari:

> Nosso pobre Baldassare foi feito prisioneiro pelos espanhóis e não só perdeu todos os seus bens, mas foi também muito maltratado, pois era circunspecto, nobre e de porte gracioso, e eles pensaram que fosse algum prelado disfarçado ou alguém em condições de pagar um gordo resgate. Finalmente, porém, tendo esses bárbaros ímpios descoberto que ele era um pintor, um deles, que nutria grande afeição por Bourbon, obrigou-o a pintar o retrato daquele muito vil capitão, o inimigo de Deus e dos homens, sem deixar Baldassare vê-lo onde jazia morto [o corpo de Bourbon ficou exposto na capela Sistina], nem lhe dar uma ideia de sua aparência por qualquer outro meio, como desenhos ou descrições.[1]

Peruzzi foi um dos arquitetos que contribuiu para a renovação de Roma. Fez um belo projeto para a restauração do palácio pertencente à rica família Massimo, que havia perdido não só sua casa, mas também muitos de seus membros no Saque. Antes disso, em 1525, ele havia convertido os andares superiores do antigo Teatro Marcello em um palácio para a família Savelli, que também era proprietária do Coliseu e alugava seus níveis superiores a eremitas e místicos. No Teatro Marcello, Peruzzi projetou uma fachada para os Savelli, que, com seus detalhes estrategicamente desenhados, proporcionaria excelente visibilidade quando observada ao longo da rua estreita em que ficava o teatro, dessa forma ampliando a presença visual dos Savelli na cidade. Ele conseguiu esse efeito através de um truque ótico simples, porém engenhoso: dilatando a escala e o relevo dos detalhes das janelas da fachada.

Uma estratégia semelhante foi empregada no andar superior da ala de Bracciano em Monte Giordano, também situada em uma rua estreita. O projeto arquitetônico de Peruzzi deu uma definição visual à parte de Monte Giordano onde residiam Felícia e sua família. Criou-se, assim, uma ruptura expressiva, que pode ser vista ainda hoje, entre o palácio de Bracciano e as outras construções dos Orsini dentro do complexo. Estas últimas, quando restauradas, voltaram ao estilo medieval tardio de seu desenho original. Essa enfática separação visual, pelo menos no que dizia respeito a Felícia della Rovere, servia não só a propósitos estéticos, mas também sociais e políticos.

Para Felícia, reformar o palácio de Monte Giordano era importante para o orgulho e a autoestima da família. A restauração de outro palácio Orsini na praça do mercado de Campo dei Fiori era crucial por motivos econômicos. Construído no interior da antiga estrutura do teatro de Pompeu, o palácio de Campo dei Fiori havia sido a primeira residência romana dos Orsini. Contudo, durante todo o tempo em que Felícia della Rovere estivera integrada à família, os Orsini haviam alugado Campo dei Fiori a cardeais ainda insuficientemente ricos para poder manter um palácio próprio em Roma. O aluguel oferecia uma dupla vantagem: a renda obtida, bem como a boa vontade de um cardeal, que poderia se tornar mais um aliado na corte pontifícia.

Campo dei Fiori, que era, ao mesmo tempo, praça de mercado e área residencial para mercadores e cardeais, fora um alvo fácil para as tropas imperiais, que destruíram alguns dos palácios que circundavam a *piazza*, incluindo o pertencente ao cardeal Del Monte, o futuro papa Júlio III. O dano ao palácio Orsini não foi tão completo. Suas antigas fundações, afinal de contas, haviam resistido a mais de um ataque de invasores estrangeiros, mas o palácio, ainda assim, necessitava de reparos. Felícia não entregou a um arquiteto ilustre a tarefa de efetuar a reforma. Ela provavelmente não achava que o palácio de Campo dei Fiori, que era apenas uma elogiada hospedaria, precisasse de uma nova fachada decorativa, como a de Monte Giordano. Contratou, então, Ambrosio da Lodi, um *muratore*, um construtor mais humilde, para consertar os danos nas paredes. Ambrosio trabalhou para Felícia durante dois anos, em tempo integral, recebendo pagamentos mensais de 1 ou 2 *scudi* "pelo trabalho de reparar as paredes do palácio de Campo dei Fiori".[2] Felícia também empregou Ambrosio em Monte Giordano para fazer esquadrias de portas e janelas.

A despeito dos danos, o palácio de Campo dei Fiori ainda era um negócio viável. Os imóveis alcançavam altos valores em Roma, pois muitas residências haviam ficado inabitáveis durante o Saque. Felícia tinha um ansioso e potencialmente útil novo locatário na pessoa do arcebispo de Matera, o cardeal Andrea Matteo Palmieri, seu conhecido de longa data. Há um registro de um empréstimo dele para Felícia em 1525, no valor de 190 ducados, para pagamento dos soldados que serviam de guarda-costas para proteger Girolamo contra Napoleone. Palmieri, da Sicília, que estava então sob o domínio da Espanha, fora um dos sete novos cardeais nomeados por Clemente VII em novembro de 1527, num gesto de boa vontade para com Carlos V. Como não possuía um palácio seu em Roma, o novo cardeal precisava de acomodações adequadas. Alugar-lhe Campo dei Fiori daria a Felícia acesso ao lado imperial, caso ela necessitasse. De acordo com os mandatos de Clemente, Napoleone deveria ser informado de qualquer iniciativa relacionada às propriedades Orsini; Felícia então escreveu sobre o assunto ao enteado. Sua resposta, previsivelmente, foi negativa: "Recebi sua carta informando-me que devo me sentir feliz porque nossa casa em Campo dei Fiori será ocupada pelo cardeal Palmieri. Eu lhe respondo que não posso estar satisfeito, pois a prometi para outra pessoa e não desejo descumprir minha palavra, e Deus sabe o quanto eu me sacrifiquei em outras questões, por amor à senhora e a meus irmãos. Nada mais me ocorre no momento. Minhas recomendações à senhora."[3] Ao que parece, a despeito dos protestos de Napoleone, Felícia foi em frente com o aluguel a Palmieri.

Embora estivesse preparada para alugar Campo dei Fiori para um siciliano que a havia ajudado no passado, Felícia deve ter experimentado sentimentos contraditórios com relação aos espanhóis. Eles haviam causado danos incalculáveis à sua propriedade e suas posses em Trinità dei Monti. O convento de Trinità dei Monti tinha uma certa ligação com a Coroa francesa — os frades que lá residiam eram Franciscanos Mínimos. O fundador da ordem, Francisco de Paula, fora para a França no fim do século XV, como espião de Sisto IV, e permaneceu na corte francesa como confessor das rainhas, e Luísa de Savoia deu seu nome a seu filho, o futuro rei Francisco I. E dinheiro francês havia sido empregado na construção da igreja dos Mínimos em Roma. Esse vínculo com os franceses fez de Trinità dei Monti um alvo preferencial da fúria espanhola. Mas quem sofreu não foram os franceses, e sim os frades italianos, sem falar da própria Felícia. Quando a realidade do Saque chegou a um ponto crucial, Felícia providenciou para que os objetos preciosos e documentos valiosos que ela guardava em seu palácio adjacente a Trinità fossem transferidos para a igreja. Como muitos outros, ela acreditava que os locais sagrados de Roma ficariam livres do ataque. Mas sua crença acabaria por se mostrar bastante equivocada.

9

Em Trinità

Felícia estava em Fossombrone quando soube dos horrores que se abateram sobre Trinità dei Monti. Em julho de 1528, Benedetto di San Miniato, na ocasião seu principal *maestro di casa* em Roma, enviou-lhe um relatório, recebido de um frade genovês que fora para Trinità pouco antes da ocorrência do Saque, sobre o estado do convento: "Esse frade me diz que é um servo leal de sua senhoria e, estando na igreja, pôde contar-me tudo o que aconteceu aos jovens frades e ao seu superior. De todos eles, apenas 33 estão vivos; os outros morreram, martirizados ou por causa da febre e da peste." Havia aqui uma certa ironia, pois Trinità dei Monti, por sua localização protegida no alto do monte, normalmente ficava a salvo da peste, e havia servido como refúgio durante surtos anteriores da doença. A seguir, Benedetto informava que "o convento sofreu muitos danos. Os espanhóis invadiram a sacristia e saquearam o convento de forma brutal, ateando fogo ao madeiramento, às portas e janelas. E o frade genovês me disse que eles levaram os documentos e outros objetos pertencentes a sua senhoria".[1]

Os espanhóis também prosseguiram devastando a propriedade adjacente de Felícia, o jardim, a vinha e o próprio palácio. Ao voltar a Roma, ela iniciou uma reforma total da propriedade de Trinità dei Monti. Em setembro de 1531, "mestre Menico Falegname [carpinteiro] da Formello recebeu 1 *scudo* para comprar dobradiças e outras peças para fazer belas portas para Trinità". "Menico da Formello recebeu cinco *scudi* e meio para dobradiças, uma fechadura e chave para Trinità."[2] Para os exteriores, ela contratou uma equipe totalmente nova de jardineiros, que recuperaram a vinha e refizeram o jardim que havia sido objeto de admiração dos hóspedes de Felícia anos antes.

Outro bem valioso de Felícia que os espanhóis roubaram e depois profanaram foi seu crucifixo de diamantes, que seu pai havia lhe presenteado e que ela havia entregue como resgate naquela noite no palácio Dodici Apostoli. De Urbino, ela escreveu ao bispo de Mugnano, que havia sido tão hábil na localização da joia que ela dera como presente de batismo aos Orsini de Monterotondo, esperando que ele pudesse ajudá-la a encontrar o crucifixo. Ele confessou não ter apurado nada sobre o seu possível paradeiro. Muito mais tarde, em novembro de 1532, ela viria a receber uma carta enviada de Madri por um italiano, Giovanni Poggio; ele havia descoberto sua localização e estava preparado a intermediar a devolução para Felícia. A carta dizia:

> Eu me encontrei neste lugar outro dia com o vice-rei de Navarra, irmão do falecido Alonso da Córdoba [o espanhol responsável pela fixação dos resgates dos nobres em Dodici Apostoli], de quem vossa senhoria há de lembrar-se, do tempo em que ele esteve em Roma, quando a cidade foi saqueada. Ele veio discutir negócios comigo e disse que dom Alonso, seu irmão, havia lhe dito na hora da morte que estava com um crucifixo de diamantes pertencente a vossa senhoria, avaliado em 570 ducados, e que essa cruz havia perdido duas das pedras. Se for de vosso desejo reaver o crucifixo, podeis pagar-lhe os 570 ducados, menos o valor dos dois diamantes. O preço, como vossa senhoria sabe, é calculado pelo valor de outras peças semelhantes [...]. O que desejo saber é se vossa senhoria gostaria que eu continue a atuar na recuperação da cruz.[3]

A cruz de Felícia tinha sua própria história. A joia havia sido um presente diplomático, oferecido pela cidade de Veneza ao papa Júlio. Ao dá-la à sua filha, o papa a havia usado como um símbolo de reconciliação, e ela se tornara a peça mais valiosa da coleção de joias de Felícia. Ela, por sua vez, tivera que usar o crucifixo como resgate, entregando-o a Córdoba. O espanhol, então, havia arrancado dois diamantes, usando-os para soldos ou subornos, profanando a cruz para fins puramente práticos.

Por mais que quisesse ver seu crucifixo tirado das mãos dos inescrupulosos espanhóis e devolvido a ela, sua legítima proprietária, no fim de 1532 Felícia estava enfrentando sérias dificuldades financeiras. Em decorrência de pesadas responsabilidades, passadas e presentes, ela não dispunha, na ocasião, do dinheiro para reaver seu bem mais precioso.

10

Um memorial ao passado

Se não foi capaz de garantir o retorno de uma lembrança de seu pai, Felícia teve mais êxito em ajudar a assegurar a conclusão de um memorial em sua honra. O Saque havia tornado essa tarefa urgente, pois a igreja de São Pedro e o Palácio do Vaticano haviam sido alvos especiais de destruição pelas tropas imperiais. Ao atacarem o Palácio Vaticano, os soldados germânicos usaram suas adagas para riscar nos famosos afrescos pintados por Rafael nos apartamentos de Júlio o nome de Carlos V e expressões de zombaria antipapal, como "Não ria do que escrevo. Os *Landsknechts* enxotaram o papa da cidade"; ou simplesmente "Babilônia". As lembranças gráficas desse vandalismo são visíveis ainda hoje. Enquanto isso, os espanhóis pilhavam o túmulo de Júlio no coro da igreja de Pedro. O prelado Pietro Corsi lamentou: "A invasão chegou até as sepulturas e tumbas ricas [...] o anel de diamante e as esmeraldas foram arrancados dos dedos. Quem se atreveria a tomar tais liberdades contigo, Júlio, o maior dos papas e o melhor padre dos padres? [...] [De ti] o implacável ibérico não temeu despojar a mão direita de seu anel de sinete, com teu corpo já sepulto."[1] Outros relatos diziam que, após roubar a tumba do pontífice, os soldados espanhóis jogaram bola com o crânio dele. De todos os insultos lançados pelas tropas imperiais contra o papado, a pilhagem do túmulo de Júlio e a profanação do corpo do pai da nova Roma foram consideradas ações das mais abomináveis. O sepulcro em que o pai de Felícia jazia sempre foi tido como temporário. O Papa Guerreiro da idade de ouro de Roma, apenas um ano após sua eleição como pontífice, havia começado a planejar o lugar de seu repouso final. O objetivo era, nas palavras de Vasari, "superar todos os sepulcros antigos e imperiais". Em 1505, Júlio convidou Michelangelo para projetar uma tumba que fosse tão monumental quanto o Mausoléu de Halicarnasso, uma das sete maravilhas do mundo antigo. Para Michelangelo, era também uma oportunidade de superar os antigos. Ele concebeu uma câmara independente, adornada com esculturas monumentais, a ser colocada no coro da igreja de São Pedro, que havia sido projetada no século XV por Rossellino e depois completada por Bramante. No entanto, a atenção de Júlio foi desviada por outros planos, em especial o projeto de Bramante para a nova São Pedro, e as verbas para seu túmulo foram congeladas. Irritado, Michelangelo se desentendeu com o papa e partiu para Florença. Em 1508, ele aceitou o convite de Júlio para voltar a Roma e pintar o teto da capela Sistina. Mas o projeto anterior ainda lhe era muito caro: sua composição do teto da capela Sistina, que apresentava nas laterais figuras heroicas dos profetas, de sibilas e de *ignudi*, os heróis desnudos da Idade de Ouro, é derivada de sua primeira concepção da tumba de Júlio.

O túmulo de Júlio viria a tornar-se a *bête noire* de Michelangelo. Em 1513, um ano após a morte do papa, o artista assinou um contrato com os representantes dos herdeiros do espólio de Júlio para continuar a trabalhar no monumento. Embora estivesse entre os herdeiros do papa, Felícia não constava entre os mencionados naquele documento. A despeito da extensão de suas atividades no mundo da política e dos negócios, o fato de ser mulher a impedia de assinar esse documento legal. As assinaturas foram as de seus primos Nicolò e Francesco Maria della Rovere. Felícia, porém, negociou por sua conta com Michelangelo e foi nessa época que ela adquiriu seus cartões da capela Sistina, para os afrescos que decoram sua própria capela em Trinità dei Monti.

Apesar do novo contrato, foi relativamente pequena a produção de Michelangelo para o túmulo do pai de Felícia durante esse período, e a anterior visão grandiosa do artista sofreu uma mudança radical. Entre as poucas esculturas para o projeto que Michelangelo conseguiu concluir na ocasião estava a figura de Moisés, que deveria ser a peça central do túmulo. O artista tinha então um novo patrono, o papa Leão X. Quando este confiscou as terras e os títulos de Francesco Maria, também arrogou-se o direito de empregar Michelangelo, o que possibilitou que o papa Medici o mandasse de volta a Florença para trabalhar para sua família em sua igreja de San Lorenzo. Embora tivesse sentimentos conflitantes a respeito de seu novo trabalho, ele permaneceu lá por toda a década de 1520. Por um lado, ele estava excitado por lhe ter sido dada a oportunidade de concluir uma das grandes igrejas de sua cidade natal. Contudo, seus desenhos para a fachada de San Lorenzo não chegaram a ser executados e a igreja permanece sem uma fachada até os dias de hoje. Ele também reclamava que havia sido "arrancado com muita pena" dos trabalhos da tumba de Júlio, e estava sem dúvida aborrecido com seu afastamento de Roma e, portanto, de sua máxima ambição — ser o arquiteto da nova São Pedro. Ele só viria a realizar essa ambição em 1546, quando foi nomeado arquiteto, com a morte de Antonio da Sangallo, o Moço.

Em Roma, com a profanação do túmulo temporário de Júlio, tornou-se imperativa a necessidade de um memorial em sua homenagem, sob o ponto de vista prático, e também simbólico. Se Roma devia ser renovada, então o patrono de sua mais recente época de ouro tinha que ser honrado de forma condigna. Dada a extensão dos danos físicos e emocionais que os espanhóis haviam causado a Felícia, ela era a pessoa mais indicada para consertar o talho que os ibéricos haviam aberto no tecido da história de sua família.

Acompanhada pelos representantes do duque de Urbino, Felícia visitou pessoalmente o papa Clemente VII, em dezembro de 1531, para discutir o término do túmulo de Júlio. Clemente, cônscio do dano infligido ao prestígio do papado pela profanação dos espanhóis, mostrou-se disposto a ouvir a solicitação do grupo. Quem atuou como representante de Michelangelo nessa reunião foi o pintor Sebastiano del Piombo, que enviou um relatório das conversações ao artista em Florença. O próprio Sebastiano estava ansioso por convencer Michelangelo que concluir a tumba seria a coisa certa a fazer. Ele tratou de informar-lhe que "La Signora Felice" estivera presente nas negociações, e o encorajou a concordar em retomar o projeto. "Você devia ver a felicidade da senhora Felícia", escreveu Sebastiano sobre a reação da filha do papa Júlio, só de pensar que o túmulo ainda poderia ser completado.[2]

Conseguir o compromisso de Michelangelo de concluir o túmulo de Júlio não foi fácil. Havia a questão do dinheiro — ele alegava que os 8 mil *scudi* que Francesco Maria della Rovere lhe pagara logo após a morte de Júlio não tinham sido suficientes. Por fim, os dois concordaram em reduzir o tamanho do projeto. O local inicialmente planejado foi alterado para San Pietro in Vincoli, a igreja titular de Júlio quando ainda era cardeal. Clemente teria que dar sua permissão para Michelangelo voltar ao trabalho. O papa Medici relutava em liberá-lo de Florença, onde ele estava, então, trabalhando na capela anexa à igreja de San Lorenzo. Porém, com um acordo de que Michelangelo orientaria outros para executarem o trabalho, permitindo, assim, que ele continuasse em San Lorenzo, Clemente se mostrou mais disposto a ceder. Em 20 de abril de 1532, um novo contrato foi redigido entre os herdeiros de Júlio e Michelangelo. A assinatura teve lugar no Palácio do Vaticano, com a presença de Clemente e também a de Felícia.

Não é possível determinar até que ponto o envolvimento de Felícia nas conversações representou um estímulo para Michelangelo concordar em terminar a tumba. Contudo, no mínimo, ela personificava a passada época de ouro de Roma. Ela era, afinal de contas, descendente direta do

Papa Guerreiro e sua única filha. Portanto, pode ter sido mais do que uma coincidência que, em seguida à intervenção de Felícia, as únicas estátuas a serem concluídas pessoalmente por Michelangelo tenham sido duas figuras femininas do Antigo Testamento, Raquel e Lia. Essas mulheres, na estrutura do túmulo, deveriam representar, respectivamente, a vida contemplativa e a vida ativa. A proporção e a aparência humana das figuras esculpidas são radicalmente diferentes das deusas amazonas que adornam o teto da capela Sistina e as tumbas da família Medici. Mulheres reais posaram como modelos para essas esculturas. Chegou-se a sugerir que Vittoria Colonna, que se correspondia com Michelangelo sobre assuntos místicos, poderia ter sido sua inspiração para Raquel.[3] Porém, considerando que se tratava do túmulo de Júlio II, uma identificação muito mais apropriada e convincente seria a de outra amiga do artista, Felícia della Rovere, a própria filha do papa.[4] A Raquel de Michelangelo veste uma túnica que lhe cobre a cabeça, evocando os trajes de viúva que Felícia costumava usar. Ela olha para cima, um olhar em direção ao céu, condizente com a vida contemplativa. Mas ela também está olhando para o alto do túmulo, onde há uma figura reclinada do pontífice. O olhar de Raquel é, ao mesmo tempo, filial e celestial.

Também poderiam ser vistos traços de Felícia na figura de Lia, que representa a vida ativa. Se Raquel é uma filha, então Lia é mãe, "uma encarnação da abundância e da fertilidade, a solidez de seu robusto corpo matronal [...] aumentado pelo rio de pregas que se precipita de sua cintura até o chão". A fertilidade de Felícia havia assegurado uma linhagem juliana. E, se ela era *patrona et gubernatrix*, o fato de ter tido quatro filhos sem dúvida a tornava também *matrix*. O olhar de Raquel está voltado para o passado, para o pai de Felícia; o corpo de Lia personifica o futuro, um futuro criado pela própria Felícia.

E o futuro havia se transformado no seu interesse mais premente. Com a reforma dos palácios da família e a continuação do trabalho de Michelangelo no túmulo de seu pai, ela havia feito um progresso extraordinário no sentido de restaurar a herança de sua família. Mas era o futuro da família que ainda exigia sua rigorosa atenção.

11

Clarice

Felícia della Rovere possuía muitas das características do pai: obstinação insuperável, intensa tenacidade e foco nos seus objetivos. Todavia, ela era diferente dele em um aspecto importante. Júlio, como todos os homens de sua idade, via seu legado como uma celebração a si mesmo. Com esse fim, ele havia contratado todas aquelas construções imponentes no Palácio do Vaticano, adornadas com seu nome. Felícia, quando mais jovem, havia se espelhado na imagem do pai. Ela havia adquirido um castelo e um palácio próprios, uma capela decorada com desenhos de Michelangelo e havia deixado dinheiro para quase todas as igrejas de Roma para rezarem missas por ela após sua morte. Porém, à medida que os anos passavam, começou a definir seu legado em função de sua identidade como mãe.

A vida diária de Felícia e a necessária e permanente atenção aos negócios da família poderiam sugerir que o exercício da maternidade nem sempre tinha grande prioridade para ela. Ela pode não ter passado todos os períodos de todos os anos junto de seus filhos, mas era uma presença constante em suas vidas. Os empregados de Vicovaro lhe enviavam frequentes relatórios sobre o bem-estar deles. "As crianças estão saudáveis, recebendo instrução, são estudiosas, alegres e virtuosas, e aguardam vosso feliz retorno," diz uma carta enviada de Vicovaro, por

Alessandro.[1] As próprias crianças também lhe mandavam cartas, algumas escritas em caligrafia cuidada, claramente resultado das lições do dia; uma carta de 1520, de Júlia, Francesco e Girolamo é típica: "Mater Optima. Nós estamos bem e esperamos ouvir o mesmo da senhora."[2] Felícia também mantinha os filhos dentro de um orçamento rígido e não os mimava, nem satisfazia todos os seus caprichos. Júlia precisava escrever-lhe para pedir mais roupas ou tecido para confeccionar algum traje. E nem sempre Felícia lhes respondia logo ao primeiro pedido, conforme Francesco e Girolamo deixam claro em uma carta de 1524: "Nossa ilustre mãe. Já lhe dissemos várias vezes que o veludo de nossas selas não serve mais, pois está muito velho; portanto, por favor, por amor a nós, poderia nos ajudar e mandar consertá-lo."[3] Em 1530, a maior preocupação de Felícia era ver seus filhos assentados. Queria ver sua filha Clarice casada e seus filhos, Francesco e Girolamo, preparados e capacitados para assumir a administração das propriedades Orsini.

Após o Saque de Roma, Felícia havia deixado em suspenso o assunto de um marido para Clarice. Alguns meses antes, ela havia entrado em entendimentos com a família Farnese, para combinar o casamento de Ranuccio, filho do cardeal Alessandro Farnese, com Clarice, então com 14 anos. Vários membros da família Orsini eram realmente favoráveis a essa aliança e o casamento seria um investimento inteligente; Alessandro Farnese era um forte candidato para ser o próximo papa. De fato, ele ascendeu ao trono papal em 1534, como Paulo III. Porém, os esforços de Felícia não chegaram a resultado algum, com o torvelinho de Roma pondo um fim a seus planos.

Depois do desastre, com Roma ainda deserta e o clima político e econômico tão incerto, Felícia já não desejava casar Clarice com um membro de alguma família vinculada à Igreja ou a Roma. Ela também estava preocupada com a segurança pessoal de sua filha. Sentia que Roma ainda era um lugar muito instável para uma jovem, e temia particularmente qualquer atitude que Napoleone pudesse tomar contra sua meia-irmã. Em seguida à retirada de Napoleone de Bracciano, imposta pelas tropas do papa em 1529, Felícia recebeu um alerta de um servidor: "Napoleone está melancólico e perturbado, e agora quer que os assuntos com vossa senhoria sejam acertados não apenas com bens, mas com sangue."[4] Também havia a possibilidade que ele tomasse Clarice como refém. E se ela fosse violentada por algum de seus aliados, esse homem poderia exigir legalmente e conseguir o direito de casar-se com ela, o mesmo destino que Felícia havia temido que pudesse ser imposto a Bartolomea, a sobrinha de Francesca Maria, se a jovem houvesse continuado sob sua guarda. Napoleone sabia que Clarice era o fraco de Felícia; por esta razão ele chegara a propor que deveria ter voz na determinação do futuro de sua meia-irmã. Por conseguinte, a fim de protegê-la, quando voltou para Roma, Felícia deixou Clarice em Pesaro, na corte dos Della Rovere gerida pelo glutão e esbanjador Marco Vigerio. Em 1530, ela ainda se encontrava lá.

Clarice era a mais cativante e mais inteligente dos filhos de Felícia. Era a favorita de seu tio Gian Domenico, sua *bambolina* (bonequinha). Ela levava os estudos muito mais a sério do que os irmãos. Quando, ainda crianças em Vicovaro, os outros escreviam a Felícia, em geral era para fazer pedidos pessoais, Júlia queria roupas e os meninos, selas. Clarice, aos 11 anos, escreveu para a mãe: "Nós estamos todos bem, saudáveis e fortes. Continuamos a ter nossas aulas e eu peço que vossa senhoria me recomende ao reverendo monsenhor [Gian Domenico] e à minha madona Lucrezia, e à madona Francesca e a Angelo e Christofano, e peço, por amor a mim, que se mande fazer um manto para o padre Menico [um clérigo de Vicovaro]."[5]

Em Fossombrone, quando Felícia tentou encontrar um professor de latim e grego, o tutor se destinava não apenas para Girolamo, mas para Clarice também. Ela se mostrava muito mais interessada nas aulas do que o irmão, cuja ambição era tornar-se um *condottiere* e que desdenhava da educação formal. Enquanto as cartas de Girolamo eram escritas com garranchos meio indecifráveis, quase de analfabeto, as de Clarice apresentavam uma caligrafia clara e elegante. Felícia continuou a pagar um tutor para ela durante o período em que residiu em Pesaro, onde, além disso, ela tinha um professor de música, Fra Francesco, que posteriormente viajou para Roma, com uma carta de apresentação para Felícia, escrita por Clarice. "Fra Francesco é um homem digno e me ensinou a tocar. Ele está indo para Roma, e eu peço o favor de lhe dar algum dinheiro, pois eu não tenho nenhum aqui."[6] Quando ela, afinal, voltou a Roma, no fim de 1531, prosseguiu com sua educação. Nos livros de contas de Felícia aparece o registro "Mestre Babuccio, tutor da senhora Clarice".[7] Na época ela estava com 17 anos e a instrução formal para meninas em geral terminava quando elas aprendiam a escrever o nome e a ler. Presume-se, portanto, que ambas, Clarice e a mãe, se esforçavam para desenvolver sua capacidade intelectual.

Clarice também encarava seriamente a ameaça representada por Napoleone. Ela se mantinha atenta aos rumores sobre os movimentos dele e transmitia o que ficava sabendo para sua mãe. Ela lhe escreveu de Pesaro sobre um jovem "vestido com batina e chapéu vermelhos, montando um cavalo preto, vindo de Veneza e agora a cerca de 48 quilômetros de Roma, que dizem ser um dos homens de Napoleone". Havia o temor de que ele estivesse servindo de observador avançado para Napoleone, mas Clarice acrescentou: "Eu duvido que ele esteja vindo para iniciar algo contra nós, pois Napoleone ainda está em Veneza."[8]

Não é de estranhar que essa jovem atraente, culta e ponderada tenha conquistado a admiração dos que frequentavam a corte de Pesaro. Todavia, ninguém esperava que seu primo Guidobaldo, o filho de Francesco Maria della Rovere, se apaixonasse loucamente por ela.

Quando isso aconteceu, Guidobaldo tinha 16 anos, e ele continuou amando-a durante dois anos, como só um adolescente impetuoso pode fazer. O amor raramente, ou mesmo nunca, entrava nas equações matrimoniais da elite e o pai de Guidobaldo não tinha intenção de usar o sentimento em seus cálculos para o casamento do filho. Sua vontade era que ele se casasse com Júlia Varano, filha do duque de Camerino, que não tinha outros herdeiros, e assim ela traria como dote a propriedade que ficava adjacente ao ducado de Urbino e o título de nobreza. Em 1532, Guidobaldo pediu permissão para se casar com Clarice, recorrendo ao apoio da mãe, após ver seus apelos ignorados pelo pai. Ele escreveu a Eleonora uma carta na qual as palavras simplesmente se atropelam:

> Durante dois anos venho falando longamente, pedindo-lhe que, ao dar-me uma esposa, pareceria que nesse ato a questão principal é satisfazer-me, visto que tinha, e ainda tenho, tanto amor pela senhorita Clarice, devido a suas qualidades e suas maneiras. Permitir que eu a tenha me daria tal extrema felicidade, e não tê-la me causaria infinita tristeza; portanto, peço de todo o meu coração, se a senhora tiver algum apreço por minha sanidade e minha saúde, que me satisfaça e me conceda este favor, sabendo que nela está tudo de mim, talvez, se a senhora quiser ter alguma atenção comigo, sabendo que de outra forma isso será minha ruína e eu tenho certeza de que serei infeliz para sempre.[9]

Francesco Maria, o pai de Guidobaldo, em resposta, lhe enviou uma carta contundente:

> Contra todas as minhas expectativas entendo que você persiste em querer um casamento com a linhagem da senhora Felícia. Contra meus desejos expressos, você continua nessa prática desonrosa, e porque parece afastado da razão devo deixar claro que, como servos de nosso passado, nós não aceitamos em casamento os bastardos de nossa casa. E, se você não procura honrar e dignificar sua casa, pelo menos não a degrade. Ademais, se a presente condição da casa de Orsini não o desencoraja, então deveria lembrar que Renzo da Ceri [como general de Leão X] tentou arruinar nosso estado, e se você tivesse conhecido o obviamente louco Gian Giordano ficaria envergonhado de agir assim.

Em outra carta, ele também lembrou Guidobaldo que o casamento com Clarice atrairia a animosidade de Napoleone e que ele seria perseguido "não só por seus bens, mas por sua própria vida e alma".

Felícia sempre estivera do lado do primo. Ela o havia apoiado depois de ele ter assassinado o cardeal Alidosi, conselheiro de Júlio II, em um acesso de ressentimento invejoso, e o havia ajudado a reaver suas terras de Leão X. Eles sempre haviam se correspondido em tom afetuoso e cordial. Em tempo não muito distante, ele dissera que pensava nos filhos dela como se fossem os seus próprios. Contudo, no íntimo de Francesco Maria havia uma mesquinhez e um esnobismo que o impediam de fazer uma aliança com a linhagem de sua prima bastarda. Guidobalo tentou uma ardente defesa de Felícia, Clarice e sua linhagem, declarando que os Orsini eram muito mais nobres do que a família Varano. Mas seu pai se recusou a ouvi-lo.

Foi a própria Felícia quem resolveu a questão. Talvez ela se sentisse culpada por ter deixado Clarice sem supervisão em uma corte movimentada. Ela não tinha tido esse problema com Júlia, sua filha mais velha, que havia crescido isolada em Vicovaro e de lá fora direto para o sul para se casar com o príncipe de Bisignano. Ela poderia ser a favor do casamento de Clarice com Guidobaldo, mas não podia enfrentar mais discórdias com membros da família. Mesmo enquanto Guidobaldo implorava a Francesco Maria para deixá-lo se casar com Clarice, Felícia estava tratando um outro casamento para ela, com dom Luigi Carafa, príncipe de Stigliano. Este, como o príncipe de Bisignano, marido de Júlia, era um príncipe com uma propriedade no extremo sul da Itália, a centenas de milhas [quilômetros] da corte de Urbino e de Guidobaldo.[10] Os Carafa mantinham boas relações com os espanhóis, e a necessidade de promover uma aliança imperial sempre esteve nos planos de Felícia. Além do mais, o primo do príncipe, Giampietro Carafa, era um cardeal de importância crescente, e viria a tornar-se o papa Paulo IV em 1555.

Catarina de Medici, que quando menina e havia morado por um breve tempo com Felícia, escreveu-lhe uma encantadora carta de congratulações, cumprimentando-a pela escolha do esposo para Clarice, que, dizia a princesa Medici, não podia ter lhe agradado mais. Ela pedia que a recomendasse a Clarice "como uma irmã". Por coincidência, ainda bem pequena, Catarina havia sido prometida a Guidobaldo e foi ao tempo desse compromisso que ela passou alguns meses na casa de Felícia. A intenção fora que ela se criasse em um ambiente menos hostil aos Della Rovere de Urbino do que a residência dos Medici em Florença. Estes rapidamente a retiraram dos cuidados de Felícia quando as negociações para o casamento fracassaram. Porém, apesar de sua pouca idade na ocasião, Catarina não havia esquecido Felícia e talvez até recordasse seu exemplo posteriormente em sua vida, quando ela mesma, por sua vez, tornou-se regente com filhos muito jovens para assumir o governo.

Se Clarice sofreu por perder Guidobaldo, não demonstrem seu sentimento. De Stigliano, em seu castelo no sul, ela escrevia para a mãe em termos amorosos e mantinha um interesse ativo nos assuntos da família.

Guidobaldo casou-se com Júlia Varano em 1534. Acredita-se que a famosa *Vênus de Urbino*, pintada por Ticiano, uma figura nua com longos cabelos dourados, reclinada em sua cama, tenha sido encomendada para celebrar o evento. Quadros de belas mulheres nuas com frequência adornavam as paredes dos quartos de dormir na Renascença, como um incentivo para estimular os maridos para o cumprimento de seus deveres conjugais. Ao fitar aquela deusa imaginária, Guidobaldo talvez pensasse com tristeza que não precisaria recorrer a ela, se ao seu lado estivesse Clarice. Ele e Júlia não tiveram filhos. Logo ele arranjou amantes e teve três filhas ilegítimas. Dar o nome de Clarice a uma delas teria chamado a atenção de todos para seu antigo amor, que a essa altura estava respeitavelmente casada. Mas uma delas recebeu o nome de Felícia. Ele continuou a manter boas relações com a mãe de Clarice. Com efeito, um sinal de que Felícia tinha consciência de como Francesco Maria a havia insultado é o fato de ela ter parado de escrever ao primo que uma vez havia se dirigido a ela como *soror amantissima*, "queridíssima irmã". Quando tinha notícias a comunicar, ou precisava do auxílio dos parentes de Urbino, ela escrevia ao filho dele, Guidobaldo.

12

Francesco e Girolamo

Agora Felícia precisava voltar a atenção para seus filhos homens, que lhe causavam muito mais problemas. Por mais injusto que Francesco Maria tivesse sido ao rejeitá-la como apenas um membro bastardo da casa dos Della Rovere, ele tinha razão a respeito dos homens Orsini. Tudo indica que todos eles tinham uma tendência a sofrer de problemas mentais em graus variados, além de serem indolentes e cruéis, temerários e violentos. Não se pode dizer que Felícia della Rovere não fosse uma boa mãe, mas, tendo criado os filhos sozinha, não poderia fazer muito mais. Os homens da Renascença não se miravam em suas mães para aprender a moldar seu caráter; instintivamente se voltavam para o pai, mas o de Francesco e Girolamo havia falecido. Isso não significava que os filhos de Felícia ignorassem sua mãe viúva como alguém sem importância; mesmo como homens eles eram notavelmente dependentes dela. Incapazes, por causa de seu condicionamento social, de usar a mãe como modelo, Francesco e Girolamo não sabiam como aprender com sua sabedoria, sua habilidade em administrar as situações a seu favor ou a necessidade de tratar bem os que trabalhavam para eles. Também não tinham a ânsia e a necessidade de sucesso que a mãe possuía. Haviam nascido num mundo de privilégios e aceitavam tudo o que isso podia lhes oferecer, sem questionar.

Em 1530, o filho mais velho de Felícia, Francesco, então com 18 anos, recebeu a abadia de Farfa, que havia pertencido a Napoleone, que renunciou ao posto a fim de casar-se com Claudia Colonna, embora continuasse a ser conhecido como "L'Abate". A abadia de Farfa se localizava ao sul de Roma, e suas terras se limitavam com as de Vicovaro. Era uma propriedade enorme e sua administração exigia uma mão tão firme como a que dirigia o restante das terras dos Orsini. Infelizmente, Francesco, que nunca se casou, mas que gerou um imenso rebanho de filhos ilegítimos, não tinha a dedicação de sua mãe para a administração das propriedades. Ele deixou tudo nas mãos de funcionários com os quais se comunicava só raramente e que, deixados por sua própria conta, permitiram que a corrupção e a anarquia se instalassem.

Em 1531, até o papa Clemente VII ficou sabendo do mau tratamento dado aos vassalos que trabalhavam nas terras da abadia e, como Farfa era propriedade da Igreja, ficou muito aborrecido. Felícia também estava descontente com o filho. Ela havia passado quase vinte anos trabalhando incansavelmente para assegurar a máxima satisfação possível de todos os que a serviam, e os métodos descuidados de Francesco haveriam de lhe causar inquietação pelo resto da vida. Ela também se preocupava pelo fato de Francesco ter irritado Clemente, pois sabia o quanto ela e seus filhos dependiam das boas graças do papa. Em uma carta dura ao filho, ela disse que seus vassalos de Farfa tinham bons motivos de descontentamento: "Porque sou sua mãe, e uma boa mãe, sou obrigada a não descuidar de qualquer das lições que devo lhe dar e, portanto, você deveria saber que me causa muita preocupação saber de seu comportamento na abadia." Continuando, ela o advertia que ele devia mudar imediatamente seus prepostos em Farfa, pois, do contrário, "toda água do mar não removerá a sujeira que seus funcionários produziram".[1]

Ela também se mostrava disposta a pagar pelas falhas administrativas de Francesco. Quando ele atrasou o pagamento dos impostos, Felícia escreveu ao auditor de Roma: "Tenho certeza de que esse dinheiro foi pago ao senhor, como quitação por parte de meu filho, o abade. No entanto, pagaremos de novo, a fim de satisfazer ao senhor, e lhe enviaremos 5 *scudi*, se o senhor for paciente."[2] Parece mais provável que Felícia sabia muito bem que Francesco não enviara dinheiro algum e ela só estava tentando salvar as aparências.

Francesco, por sua parte, mandava cartas à mãe assegurando-lhe que tudo estava sob controle e depois tentava desviar sua atenção com assuntos mais agradáveis. Em uma das cartas, escreveu: "Estou lhe enviando três figos das árvores que crescem aqui e se, por seu apreço a mim, eles forem de seu agrado, continuarei a mandá-los para a senhora."[3] Por mais preguiçoso e incompetente que Francesco se mostrasse, ele e Felícia eram muito chegados. Ela lhe escrevia com frequência em termos afetuosos e animados, sem nada da fria linguagem protocolar em geral usada na correspondência entre uma mulher da nobreza e seu filho adulto, na Itália da Renascença.

Girolamo, porém, mostrou ser mais complicado e menos controlável. Embora fosse o filho mais novo, Felícia o escolheu para herdar o título de senhor de Bracciano. Os motivos dessa escolha não são claros. Talvez ela o considerasse mais inteligente do que o irmão mais velho, ou com maior probabilidade de se tornar um bom líder. Ele certamente havia saído ao pai, o que não era o caso de Francesco. Este se parecia com vários de seus primos Della Rovere, homens como os primos Riario ou Girolamo Basso della Rovere, que se contentaram em receber inúmeros benefícios do tio, o papa Sisto IV, e confiá-los à administração de outros, como Bernardino de Cupis, o padrasto de Felícia, que havia servido a Girolamo della Rovere. Já o Girolamo de Felícia, embora tivesse o nome de seu primo Della Rovere, era bem o filho de Gian Giordano. Desde tenra idade, ele fora dominado pelo desejo de ser um *condottiere* e comandar suas próprias tropas. Com o tempo ele viria a romper os tradicionais laços dos Orsini com a França, para servir ao Sacro Império Romano em expedições contra os turcos. No entanto, Francesco Sansovino, em sua história da família, de 1565, numa tentativa de "limpar" a história mais recente dos Orsini, foi obrigado a escrever de forma um tanto oblíqua que a extensão dos feitos militares internacionais de Girolamo foi limitada por seus "compromissos internos". Tais "compromissos" quase lhe custaram a vida, para não falar da subsistência dos Orsini de Bracciano.

Felícia conhecia a impetuosidade de seu filho e, enquanto pôde, tentou mantê-lo longe de Roma e fora do alcance de Napoleone. Mas isso se tornou mais difícil quando Girolamo chegou à idade adulta. Em 1530, Felícia o havia mandado passar algum tempo com sua irmã Júlia em Bisignano, no extremo sul. Logo ele ficou inquieto e o marido de Júlia, o príncipe de Bisignano, teve que escrever a Felícia, dizendo que "Girolamo quer voltar a Roma e todas as súplicas que eu e a princesa lhe fizemos não conseguiram dissuadi-lo."[4]

À medida que Girolamo crescia e se tornava adulto, cresciam também seu ódio e sua ira contra Napoleone. Inicialmente, Felícia havia encarado Napoleone como um obstáculo para a prosperidade de seus filhos e, depois, como uma força instável que ela precisava neutralizar. Ela podia não ter cultivado ativamente em seus filhos a animosidade contra Napoleone, mas sua decisão de mantê-lo afastado deles a qualquer custo sem dúvida aguçou a ideia que faziam dele como um monstro, sempre a tramar sua ruína. Enquanto, para Felícia, Napoleone era um inconveniente perigoso, para Girolamo ele era um adversário. A ele não interessavam os métodos tradicionais de sua mãe de enfrentar e dobrar seu meio-irmão, sempre buscando a arbitragem e o apoio do papa. Girolamo era um típico jovem nobre da Renascença italiana, que se enfurecia depressa quando percebia um insulto. O adolescente via insultos nas menores ações, o que resultava imediatamente em disposição para brigar e matar, a fim de restaurar seu senso de honra e autoestima. Napoleone e Girolamo lutavam por algo mais do que apenas o conceito de honra. Seu combate real era pela coisa mais cara ao coração de um homem — seu patrimônio. Napoleone via Girolamo como o estranho no ninho, aquele que o havia privado de sua justa posição como sucessor de seu pai. Napoleone também via a desonra de ter sido efetivamente deserdado pelo filho da filha bastarda de um papa. Por sua própria lógica, ele tinha absoluta convicção de sua própria infinita superioridade, como filho da filha bastarda do rei da Espanha. Por seu lado, Girolamo via seu meio-irmão como um intruso que se recusava a aceitar os desejos de seu próprio pai, que havia dedicado sua vida para perturbar a paz de sua família e que representava uma ameaça constante à sua própria e legítima ascensão ao título de senhor de Bracciano.

Em séculos anteriores, a grande divisão em Roma havia sido entre as famílias Orsini e Colonna. Agora, a cisão ocorria dentro da família Orsini. A virulência entre Francesco e Girolamo, de um lado, e Napoleone, do outro, superava em muito o ódio que pudessem nutrir por qualquer outra família. Histórias sobre a animosidade entre os irmãos se espalharam além dos limites da Itália. À França não interessava a divisão entre membros da única família nobre de Roma com o apoio da qual ela sempre pudera contar. O embaixador francês escreveu a Felícia, em nome do rei Francisco I, dizendo:

> Não necessito mencionar o afeto e os préstimos que vosso marido e a senhora dedicaram à Coroa francesa e a Sua Majestade. Contudo, Sua Majestade está muito descontente por saber da disputa entre vossos filhos e o irmão deles, o Abade, como ele me informou. Ele tem certeza de que onde há laços de sangue tão próximos, as questões deveriam acabar amigavelmente, e ele não acredita que isso seja difícil com tantas figuras respeitáveis que há em sua casa. E eu exorto vossa senhoria a mostrar boa vontade e adotar e executar tais medidas.[5]

Francisco I, rei da França, deixou nas mãos de Felícia a responsabilidade de restaurar a paz. Como ele havia dado a Napoleone a pensão de 12 mil ducados de Gian Giordano, que ela havia pedido que fosse concedida a Francesco, dificilmente Felícia poderia considerá-lo um aliado. Todavia, mesmo que ela desejasse uma acomodação com Francisco I, em breve os eventos viriam a ficar fora do controle dela ou, na verdade, de qualquer pessoa. Os desafios agressivos de Girolamo a Napoleone levaram seu meio-irmão a ondas crescentes de fúria e beligerância. No início de 1532, Napoleone, que não era amigo do papa, havia recebido de Clemente VII um salvo-conduto válido por um ano, contanto que chegasse a um acordo com os irmãos. Mas, àquela altura, um tratado nesse sentido havia se tornado psicologicamente impossível para ambas as partes.

13

A guerra de Vicovaro

Após abandonar a abadia de Farfa, Napoleone conseguiu concentrar-se em suas habilidades como guerreiro, que vinha exercitando desde que invadira Palo, e depois do Saque de Roma. Ele era agora um *condottiere*, um soldado de aluguel, como muitos de seus parentes — incluindo seu pai —, e havia sido contratado por Florença em ação contra os Medici. As atividades militares de Napoleone fizeram dele um homem suficientemente rico para sustentar suas próprias tropas, formadas por homens recrutados, em parte, nas várias propriedades dos Orsini. Ele passou a ser uma força por si só, e estava determinado a pôr em ação seu poderio militar.

Felícia havia decidido que os instintos belicosos de Girolamo poderiam ser mais bem-direcionados para a atividade militar organizada. Em setembro de 1532, apesar de uma certa aversão à família Gonzaga, ela deu licença a seu filho de 19 anos para servir sob o comando de Ferrante Gonzaga, para lutar contra os turcos na Hungria. Girolamo tinha seus próprios soldados e enviou duzentos deles na frente para Mântua, ficando ele próprio quase desprotegido, com um grupo de apenas dez homens. De alguma forma, Napoleone foi informado da vulnerabilidade de seu meio-irmão, exatamente quando este se preparava para deixar Vicovaro, o castelo dos Orsini ao sul de Roma. Sem perder tempo, Napoleone marchou contra a residência de sua família, à frente de uma força de trezentos homens. Em Vicovaro, segundo um relatório de 11 de setembro enviado a Veneza, Girolamo "foi feito prisioneiro por seu irmão, chamado *signor* Napoleone, o anterior abade de Farfa [...] pois há diferenças entre os irmãos".[1] Tais diferenças eram, é claro, as fortalezas e os feudos que Napoleone acreditava ardentemente serem sua justa parte na divisão do patrimônio. E foi este o resgate exigido pela libertação de Girolamo.

Os meses de setembro e outubro de 1532 foram um período de muita angústia e conflito interior para Felícia. Seu filho mais novo era mantido refém por seu mentalmente instável meio-irmão, que vinha alimentando um ódio profundo por ele desde o dia em que Girolamo se tornou o herdeiro dos Orsini, na idade de 5 anos. Felícia, com alguma comoção, escreveu a seu filho Francesco, informando que Napoleone estava mantendo Girolamo prisioneiro "nos quartos em que vocês foram criados quando crianças".[2] Ela foi obrigada a conciliar a imagem de Girolamo como um garotinho brincando naqueles aposentos com a atual, aos 19, detido lá sob a vigilância de um guarda armado, em perigo mortal.

Muitos em sua posição poderiam ter feito um acordo e cedido às exigências de Napoleone. Embora quisesse ver seu filho libertado o mais depressa possível, ela não havia passado 15 anos de sua vida defendendo com firmeza o patrimônio dos Orsini para seus filhos só para ver Napoleone arrebatá-lo deles. Ela não via motivos para acreditar que ele cumpriria os termos de qualquer acordo. Conforme ela escreveu para Francesco, embora Napoleone alegasse que tudo o que queria, em troca da liberdade de Girolamo, eram as cidades de Castelvecchio e San Gregorio, propriedades ao sul de Roma, ela não confiava nele. "Eu temo muito", concluiu, "que Girolamo esteja correndo perigo de ser morto."[3] O cardeal Del Monte, antigo secretário de seu pai e futuro papa Júlio III, lembrou a bondade que Felícia lhe dedicara quando ele ainda era jovem e lhe enviou palavras de encorajamento: "Minha muito ilustre mãe. Eu vi o que é ser o filho de uma mãe como a senhora e, portanto, tenho total esperança pelo *signor* Girolamo."⁴

Felícia começou a trabalhar para ajudar o filho. Não seria fácil retomar Vicovaro. O castelo se situava em terreno muito mais hostil do que Bracciano, mais montanhoso e rochoso, o que fazia dele um esconderijo favorito dos fugitivos de Roma. Um corpo de cardeais negociadores, entre os quais Gian Domenico de Cupis, Franciotto Orsini e Giovanni Salviati, partiu para Vicovaro. Um corpo de mil homens, liderados pelo comandante do papa, Luigi Rodomonte (também conhecido como Alysior ou Alvise) Gonzaga, também estava marchando para o sul, a caminho de Vicovaro. Clemente VII autorizou a movimentação de Luigi e seus homens. Ele não gostava de Napoleone que, certa vez, havia tramado seu assassinato. Ele considerava Vicovaro e os filhos de Felícia sob sua proteção e desejava "retirar Napoleone daquele lugar e restituí-lo para seus irmãos".⁵

Uma ação militar, contudo, seria o último recurso. Como o embaixador de Urbino comunicou a Francesco Maria, sabia-se "que o *signor* Napoleone não é governado pela razão".⁶ Ele comentou que relatar suas "bestialidades" levaria muito tempo, mas observou que, a julgar Napoleone por suas ações, ninguém jamais poderia pensar que Girolamo era seu próprio irmão.

Felícia escreveu a Luigi Gonzaga: "Eu certamente sou muitíssimo grata a Deus por vossa virtude e sabedoria, e estou preocupada, por conhecer Napoleone como conheço, com a pouca prudência que ele demonstra, e temo que ele possa ferir meu filho. Eu vos rogo agir de acordo com vossa usual prudência para salvar a vida de meu filho, pois assim fazendo estareis salvando uma criatura de Sua Santidade, bem como um vosso servo. Peço perdão se pareço muito impaciente, mas deveis lembrar que sou mãe."⁷ Todavia, a mãe impaciente também entendia as realidades da atividade militar, e a mesma pena enviou as seguintes instruções de natureza prática a seu funcionário Pietro Vicario de Sancto Polo: "Esta parte da propriedade deve contribuir para as despesas dos soldados. O senhor deve ir imediatamente a Campagno e conseguir cinco *rubbio* de grãos, 2 de Scrofano, 1 de Formello e 2 de Isola."⁸ Os soldados acampados na base do castelo precisavam de provisões, uma das principais considerações de uma longa campanha. Sem suprimentos suficientes, um exército podia amotinar-se, e os eventos do Saque de Roma ainda estavam frescos na memória de todos.

A descrição das atividades em Vicovaro, pelo embaixador de Urbino, mudou de o "caso de Vicovaro" para a "guerra de Vicovaro", com a percepção de que ali ocorria um verdadeiro assédio sangrento. O tédio de uma operação de cerco, para ambos os lados, só pode ser imaginado, os longos dias sem fazer absolutamente nada, em todos os climas, no calor excessivo ou sob chuva torrencial. A estratégia do sítio era, em grande parte, uma guerra de atrito, os sitiados normalmente sendo o lado perdedor, pois seus suprimentos se esgotariam com o tempo. Nesse caso, Napoleone tinha a vantagem de um refém. Consequentemente, um tempo considerável foi gasto em tentativas de se negociar um acordo entre os dois lados dessa família em conflito para alcançar, como disse o embaixador de Urbino, "concórdia a partir da discórdia". Mas os entendimentos não progrediram e no fim de setembro Clemente mandou Luigi para o norte por um tempo para sufocar uma insurreição no porto de Ancona, no Adriático, antes de chamá-lo de volta a Vicovaro. Desta vez, a informação que chegou a Veneza foi: "O papa forneceu seis peças de artilharia", canhões e morteiros.⁹

Como Felícia continuasse a não aceitar o preço estabelecido para a libertação de Girolamo, Napoleone buscou uma forma de aumentar a pressão sobre ela. Uma carta lhe foi enviada em nome de Girolamo, com o objetivo de apelar à sua sensibilidade materna. Contudo, pela linguagem em que foi escrita, é duvidoso que o próprio Girolamo tenha sido o autor: ela começava com "Minha ilustre mãe" e prosseguia:

> Até o dia de hoje, mantive toda a fé na senhora, como mãe, mas agora tenho dúvidas acerca da preocupação que a senhora tem por minha

vida, e devo dizer que esta será a última carta que receberá de mim. Encontrei mais clemência em nosso maior inimigo, *signor* Napoleone, do que tenho da senhora. Ele acedeu em me deixar escrever para lhe dizer, caso queira fazer algo por minha saúde, que está tão frágil, que eu desejo muito mais a morte do que a vida [...]. Se a senhora concordar com os desejos de Napoleone e vier a satisfazê-lo, eu me verei livre de Vicovaro.[10]

Como o autor da carta a escreveu em caligrafia clara, quando o estilo normal de Girolamo era de garranchos quase indecifráveis, Felícia deve tê-la considerado uma tentativa espúria e fraudulenta para conquistar sua comiseração. Ela não respondeu.

O impasse entre madrasta e enteado continuou e as tropas do papa esperaram, acampadas fora das muralhas de Vicovaro, no úmido tempo outonal. Em 18 de outubro, Luigi Gonzaga informou a Felícia que pensava estar pronto para atacar a fortaleza em três dias. O problema é que começou a chover, o que prejudicou em muito a tentativa de escalar os muros de Vicovaro. O mau tempo de fato impediu o avanço das tropas do papa. Relatórios enviados a Urbino em 25 de outubro diziam que a tentativa de invadir o castelo não fora bem-sucedida. As baixas entre as tropas pontifícias eram bem maiores do que entre os que estavam dentro; o próprio Luigi Gonzaga foi ferido no ombro por uma flecha, o que resultou em gangrena, e ele veio a morrer após longa e lenta agonia, que durou até dezembro daquele ano.

Ainda assim, Felícia não cedeu. Ela persuadiu o papa a enviar mais homens das guarnições de Óstia e Civitavecchia. Seu senso estratégico não a havia abandonado. Compreendendo que poderia precisar do apoio militar de Urbino, mas não querendo solicitá-lo até que fosse absolutamente necessário, ela escreveu uma carta desolada a Guidobaldo, filho de Francesco Maria. Lamentando a falta de progresso das tropas comandadas por Luigi Gonzaga, ela lhe disse: "Estou certa de que Vossa Alteza há de entender que, entre todas as outras aflições e sofrimentos que tive, meu amor materno me leva a um lamento maior ainda, e Vossa Alteza sabe que tem em meu filho um servo muito afeiçoado. Espero que Deus em sua misericórdia faça com que essa aflição termine..."[11] Mas Felícia fez mais do que se fiar na ajuda de outros. Ela mesma pagou soldados comandados pelo mercenário Francesco da Cinguli, que foram enviados a Vicovaro em 28 de outubro. A despeito de seu profundo envolvimento no problema do cerco a Vicovaro, ela não negligenciou seus deveres de governadora dos Orsini. Durante o assédio, entre outros atos, ela autorizou a liberação de um cavalo e outros pertences do falecido Guido Corso, "nosso bom e fiel servo", para sua viúva, madona Angela; a libertação da prisão do filho de outro empregado, Basilio de Montepoli, e participou da venda do feno de Bracciano.

Napoleone continuava um adversário obstinado. Em 4 de novembro, impaciente porque sua adversária ainda não havia cumprido suas exigências e vendo que o número de soldados tentando tomar Vicovaro de assalto não havia diminuído, ele procurou fugir, levando Girolamo junto consigo. Os soldados, no entanto, obstruíram seu caminho e Napoleone retrocedeu para o castelo. Alguns dias depois, ele conseguiu fugir sozinho, porém não sem levar, como um dos empregados de Felícia lhe informou, "toda a prataria da igreja, cruzes e toalhas de altar, e tudo. Ele só deixou uma toalha para a realização da missa."[12]

A fuga de Napoleone precipitou a capitulação do castelo, e Girolamo foi finalmente libertado. Quando os soldados entraram em Vicovaro, apenas três dos homens de Napoleone estavam vigiando Girolamo. Ao ver seus salvadores, ele declarou ter pensado que jamais seria libertado. Napoleone se fora por ora, mas todos sabiam que ele havia de retornar em breve. Enquanto isso, pelo menos, o caso estava resolvido, conforme resumo enviado a Veneza: "*Signor* Alvise Gonzaga retomou Vicovaro, o *signor* Napoleone fugiu, o *signor* Alvise, assim, conseguiu tomar o terreno e o *signor* Girolamo, irmão do dito Napoleone, que era mantido prisioneiro, foi libertado."[13]

A guerra de Vicovaro havia custado muito, não apenas para Felícia pessoalmente, mas também para o papado. Além de ter gasto muito dinheiro, Clemente havia perdido um comandante muito mais confiável do que Renzo da Ceri ou Francesco Maria della Rovere. O papa deixou claro para Felícia que, a fim de evitar uma repetição, a situação entre os irmãos Orsini devia ser solucionada. A França também fez pressão sobre Clemente. Em 1533, "através da intercessão do rei Francisco I", Clemente promulgou um decreto absolvendo Napoleone de seus atos, juntamente com seu bando de 66 homens.[14] Uma divisão das propriedades dos Orsini também deveria ser feita, conhecida apenas como *la divisione*. No entanto, Napoleone não foi localizado e, ao que se supunha, teria fugido para a França. Girolamo também sumiu pela maior parte daquele ano, de modo que houve pouco avanço na partilha das propriedades.

14

Vingança de irmão

Para Felícia, as aparências ainda eram um assunto sério. Não importava que no ano anterior houvesse ocorrido a mais pública demonstração da brecha entre os irmãos ou que Napoleone pudesse alcançar seu intento e receber parte significativa dos bens. Ela precisava assegurar que sua família se mostrasse mais forte do que nunca. As restaurações estruturais nas construções de Monte Giordano estavam terminadas, e ela havia comprado novos móveis suntuosos, talhados em carvalho e nogueira. Felícia começou a dar recepções no palácio, como nunca havia feito. Para as festividades da terça-feira do carnaval, ela organizou o que seria descrito como um dos mais grandiosos eventos já realizados em Monte Giordano. Era tradição que viúvas nobres organizassem uma celebração do carnaval para a qual somente mulheres eram chamadas. Entre as convidadas de Felícia estavam a mãe e as filhas ilegítimas do cardeal Franciotto Orsini, com o qual ela mantinha boas relações desde que ele tentara ajudá-la nas negociações com Napoleone em Vicovaro. Também foram convidadas sua prima Maria della Rovere e sua filha, e a esposa de Gregório Casale, um bolonhês financista do Vaticano. A convidada de honra foi Portia Colonna, matriarca viúva como a própria Felícia, portanto na mesma posição que ela à frente da outra grande família de Roma. Portia foi acomodada em um dos mais magníficos novos aposentos, que continha, segundo descrição, duas camas e suntuosas tapeçarias de parede. Um empregado de Francesco Orsini lhe escreveu para informar que "a festa foi uma das maiores de todos os tempos, e uma bela comédia foi representada por servos do reverendo Trani".[1]

Para o Natal de 1533, toda a família de Felícia se reuniu em Monte Giordano, pela primeira vez desde o Jubileu de 1525. Júlia compareceu com o marido, o príncipe de Bisignano, e suas duas filhinhas, assim como Clarice, acompanhada pelo príncipe de Stigliano. Francesco e Girolamo também estavam presentes, e as festividades se estenderam janeiro adentro. Mas a relativa paz de 1533 provou ser uma bonança antes da tempestade. Terminadas as festas, chegou a notícia de que Napoleone estava se dirigindo para Roma e, então, tudo mudou.

Se Girolamo havia sobrevivido ao cerco de Vicovaro sem ter sofrido grandes danos físicos, o mesmo não se poderia dizer de seu estado mental. Ter sido aprisionado e mantido cativo por seu meio-irmão havia sido uma experiência profundamente humilhante para um jovem que se orgulhava de suas habilidades de guerreiro, mesmo que estas jamais tivessem sido postas à prova. Pode-se imaginar o que Napoleone fez para atormentar Girolamo em Vicovaro; com certeza, teria proferido insultos contra ele, contra o outro irmão e especialmente contra sua mãe, escarnecendo dele, afirmando que sua família devia importar-se muito pouco com ele, se não estava disposta a abdicar de terras para obter sua libertação. Possivelmente, o próprio Girolamo havia passado a acreditar nisso, o que explicaria suas ausências da família durante 1533. Girolamo podia ter jurado lealdade ao papa, mas sem dúvida havia jurado a si mesmo que se vingaria de Napoleone.

A motivação de Napoleone para ir a Monte Giordano não é clara, mas, ao que parece, tinha alguma relação com Clarice e seu desejo de vê-la. Os partidários dele afirmavam que tudo o que ele desejava era "beijar a mão de sua irmã [Clarice]", antes que ela voltasse para o sul.[2] Tal desejo por parte de Napoleone foi visto com apreensão por Felícia e sua família. Era muito improvável que ele desejasse tão somente fazer um cumprimento formal a Clarice. Napoleone sempre havia reconhecido o valor pessoal da irmã e já anteriormente havia tentado obrigar Felícia a revelar suas intenções, insistindo que ele é quem devia determinar o futuro de sua irmã mais nova. Clarice, por seu lado, sabia o quanto ele era perigoso. Em sua loucura, teria ele tramado algum novo plano para sequestrá-la e fazer com que a violassem, de forma que ela não mais fosse digna de ser a princesa de Stigliano? Clarice, o príncipe de Stigliano e o de Bisignano partiram assim que puderam. Como o príncipe de Bisignano relataria depois: "Ao partirmos de Roma fomos acompanhados em parte do caminho pela *signora* Felícia, sua mãe, pelo abade de Farfa [Francesco] e pelo *signor* Girolamo. Sua mãe e o abade retornaram e o *signor* Girolamo ficou para nos acompanhar por mais um trecho." Mas Napoleone os alcançou e Girolamo, enraivecido, voltou-se para seu odiado meio-irmão, sacou de sua espada e o matou. "Alguns", observou Bisignano, talvez como forma de atenuar os fatos, "são de opinião que seu ato foi ditado em razão da inimizade que ele nutre desde o tempo em que Napoleone o capturou."[3]

O relato de Bisignano do assassinato de Napoleone por Girolamo é, na verdade, o mais detalhado que existe. Para destrinchar mais a cena é preciso um certo grau de imaginação. O ato de violência de Girolamo foi impetuoso, por certo desencadeado por sua lembrança dos terríveis meses como refém em Vicovaro. Vendo-se face a face, pela primeira vez desde então, com o irmão que nunca havia sido um irmão para ele, Girolamo tinha agora a oportunidade de vingar-se por sua prisão, de proteger sua irmã mais nova, de restaurar sua honra e, o mais importante, restaurar a honra diante de seus cunhados, ambos príncipes sulinos, para quem a honra era a essência da vida. Poucos golpes de espada talvez tenham sido desferidos com tanto ódio e tanta satisfação quanto os de Girolamo naquele dia. E poucos podem ter sido recebidos com tanta surpresa. Napoleone é que era o soldado profissional implacável, com reputação de astúcia, o que era movido por uma fúria sempre explosiva.

Girolamo era mais de dez anos mais novo que ele, apenas um garoto que jamais havia lutado em uma guerra, que havia passado a vida sob a proteção da mãe. No entanto, foi o menino que matou o homem feito.

A cena é do tipo que mais tarde viria atrair pintores do século XIX, ansiosos por capturar o drama e a sanguinolência do passado da Itália. A primeira obra que o pintor pré-rafaelita William Holman Hunt expôs publicamente foi uma cena de Roma no século XIV, na qual o herói romano Cola di Rienzo pranteia seu irmão, morto em uma escaramuça entre as famílias Orsini e Colonna. O pintor capta com vivacidade uma estrada na *campagna* romana, com a cidade visível a distância. Os atacantes estão fugindo a cavalo, deixando um homem a chorar sobre o corpo do irmão morto. Porém, embora Napoleone tivesse seguidores que lamentaram sua perda, não houve lamento de seus irmãos, apenas júbilo e um profundo senso de satisfação pela honra reconquistada.

15

Restituição

A ação de Girolamo chocou a nobreza italiana. O fratricídio não era incomum, mas a prática mais usual era contratar um assassino ou um envenenador para executar o serviço. O fato de Girolamo ter matado Napoleone com suas próprias mãos reflete seu desejo profundamente entranhado de redimir sua própria honra. Isso, pelo menos, era algo que seus pares podiam entender, e foi provavelmente o que acabou por salvá-lo. Inicialmente, Girolamo havia sido condenado à morte pela cidade de Roma, porém em maio de 1534 a pena capital foi comutada para um breve período de prisão e pagamento de elevada multa descrita como *il debbito di sangre,* a dívida de sangue. A condenação à prisão foi puramente teórica. Após o assassinato, Girolamo continuou a viagem com seus cunhados e se refugiou em Cassano, nas terras do príncipe de Bisignano, no extremo sul da Itália.

Há uma surpreendente escassez de documentação relativa ao assassinato no arquivo da família Orsini. Não restou nenhuma carta referindo-se diretamente ao ocorrido. Em 22 de março de 1534, Clarice escreveu à sua mãe para dizer o quanto lamentava "não estar ao lado da senhora nesta ocasião".[1] Há uma carta de abril de 1534, de Girolamo para Felícia, na qual pouco mais do que a palavra *"disgratia"* pode ser decifrada em seus garranchos quase ilegíveis.[2] Portia Colonna, que fora hóspede de Felícia em Monte Giordano para as celebrações do carnaval no ano anterior, em correspondência desse período para Girolamo, afirma, várias vezes, seu amor por ele "como uma irmã".[3] Contudo, parece que toda e qualquer referência ao evento foi sistematicamente removida dos registros dos Orsini, ocultando assim um fato que mancharia indelevelmente a reputação da família.

Ainda existe, porém, uma boa quantidade de documentos relativos à conclusão comercial do assunto, o pagamento da "dívida de sangue". Sob o ponto de vista de Clemente VII, a eliminação de Napoleone por Girolamo de forma alguma lhe foi desvantajosa. Napoleone, que havia tramado o seu assassinato e ajudado em uma revolta na Toscana contra os Medici, há muito tempo vinha sendo um tormento constante para o papa. Embora muitas vezes se exasperasse com o comportamento dos irmãos Girolamo e Francesco Orsini, Clemente havia seguido as pegadas de seu primo Leão e sempre estivera do lado da mãe deles, Felícia, mas o assassinato de Napoleone trazia potenciais consequências políticas, e Clemente não poderia agora colocar seu relacionamento pessoal com ela acima de tudo o mais. Francisco I, o rei da França, sempre havia sido simpático a Napoleone e a suas reivindicações, e a sobrinha de Clemente, Catarina de Medici, havia se casado no ano anterior com Henrique, o filho do rei. Clemente não desejava provocar qualquer tipo de incidente internacional, dando a impressão de ignorar a ação de Girolamo, se permitisse que esta ficasse impune. Na verdade, o que Girolamo havia feito proporcionou a Clemente uma oportunidade desesperadamente aguardada de encher os cofres do papado, que haviam sofrido uma perda drástica após o Saque. O papa confiscou Vicovaro e Bracciano.

Perder Vicovaro já era bastante ruim, mas Bracciano era o eixo, o centro nervoso da economia dos Orsini, sem o qual o ramo de Bracciano da família não poderia continuar a atuar. Sem suas terras patrimoniais eles ficariam também sem nome e sem lar. Coube, então, a Felícia a tarefa de garantir que essa opção não fosse levada a efeito. Para esse fim, durante o ano de 1534, ela haveria de executar as maiores ações de diplomacia e de estratégia financeira de toda a sua vida. Ela sabia que, se tivesse êxito, o maior obstáculo à tranquila sucessão de seu filho como senhor de Bracciano seria removido. Ela jamais teria incitado Girolamo a matar Napoleone — as consequências seriam terríveis demais. Mas, agora que seu enteado estava fora de cena, a perspectiva de um horizonte sem preocupações a incentivava a recuperar as terras de seus filhos.

O papa havia confiscado o território, mas não haviam sido estabelecidos os termos pelos quais Felícia poderia conseguir seu retorno. Tal ambiguidade por parte de Clemente era deliberada. Destinava-se a propiciar a seu *nipote* papal, o cardeal Ippolito de Medici, descontente porque sentia que lhe fora negado um papel na política do Vaticano, o ensejo de negociar os termos do retorno para os filhos de Felícia. O primeiro passo no protocolo para *la restitutione*, como era chamada, seria a ida de Felícia ao Vaticano. Ali, conforme seu assistente nesse caso, Lorenzo Bencivenni, escreveu a Girolamo, "ela beijou os pés de Sua Santidade e a mão do ilustre cardeal de Medici, e agradeceu a Sua Santidade e a Sua Eminência pela consideração que haviam mostrado".[4] Depois disso, todas as reuniões para tratar da restituição teriam que ser com Ippolito, que serviria como único representante de Clemente naquele caso. Assim, quando o papa finalmente concordasse em devolver as propriedades para os filhos de Felícia, pareceria para todo mundo que isso se devia à habilidade de Ippolito de lidar com a situação. Todos os interessados estavam cientes dessa encenação, mas era preciso manter as aparências o tempo todo, para atender à vaidade de Ippolito. Esse evento não deixou de ter sua ironia: Ippolito de Medici sabia bem o que era a rivalidade familiar e, no ano seguinte, 1535, ele próprio viria a se tornar uma vítima, quando foi envenenado por um emissário de seu próprio e odiado primo, o duque Alessandro de Medici.

Não se tratava simplesmente de Clemente esperar pelo melhor momento de devolver o território. Para isso, uma considerável soma de dinheiro teria que trocar de mãos, e a obtenção de tal quantia representava um grande problema para Felícia. Os cofres dos Orsini estavam praticamente vazios e os recursos pessoais de Felícia, esgotados. Nos últimos anos, ela tivera muitos gastos com a restauração de três grandes palácios em Roma, o pagamento do dote e o custo do casamento de Clarice. A isso somaram-se os pagamentos aos soldados mercenários enviados para resgatar Girolamo de Vicovaro e a multa para poupar sua vida. Havia pouca quantidade de grãos para vender e reverter em dinheiro, pois grandes enchentes no ano anterior haviam quase destruído as novas safras. Para piorar, todas essas negociações, tanto diplomáticas como financeiras, estavam se realizando enquanto as areias do tempo escoavam. No verão de 1534, a saúde de Clemente entrou em rápido declínio. Felícia sabia que, se o acordo para a devolução das terras dos Orsini não fosse concluído antes da morte do papa, seu sucessor poderia declarar as negociações em curso sem efeito e nulas.

Tanto Felícia quanto o grupo do papa reconheciam que qualquer petição feita por ela seria inútil, a menos que ela possuísse os recursos para subsidiar seu pedido. A grande prioridade de Felícia era conseguir o dinheiro; por parte do papado havia a indicação de que a soma de 10 mil ducados seria suficiente para ela levar à mesa de negociações. Tratava-se de um valor muito alto — só para dar um exemplo, o salário anual de Baldassare Peruzzi como arquiteto de São Pedro tinha sido de 250 ducados. O pagamento proposto seria, talvez, o equivalente a cerca de 2 milhões de libras nos dias de hoje. Contudo, não era irrealizável. O desafio seria encontrar quem se dispusesse a fazer empréstimos a Felícia. Era improvável que a ajuda viesse de outros membros da família Orsini; muitos deles estavam igualmente de caixa baixa, pois sua riqueza estava empatada em terras. Ou, se tinham condições de ajudá-la, não desejavam fazê-lo, quer por causa de animosidade pessoal, quer por anteciparem que, caso Felícia não conseguisse recomprar as propriedades, estas poderiam vir a ser mais tarde cedidas para algum outro ramo da família.

No entanto, membros de sua família estendida vieram em seu auxílio. Em 10 de julho de 1534, ela escreveu a Francesco para informar que "para o caso de Bracciano consegui 8 mil ducados, que nos serão dados pelo arcebispo de Benevento. Com esse acordo, pagaremos 10% de juros e, como garantia, ele ficará com Vicovaro e Castelvecchio, mas tomará posse em teu nome."[5] O restante do principal, no montante de 4 mil ducados, foi fornecido pelo novo genro de Felícia, o príncipe de Stigliano, dom Luigi Carafa. Felícia se retirou por alguns dias em seu palácio de Trinità dei Monti, perto o suficiente para ser informada de qualquer coisa que pudesse ocorrer, e isolado o bastante para lhe permitir uma pausa.

Felícia podia, assim, iniciar o processo de negociações com o cardeal Ippolito de Medici. À noite, ela costumava enviar a Francesco o relatório dos eventos do dia, que em geral a deixavam exausta. Em 23 de julho ela escreveu: "No momento, estou sofrendo de grande fadiga mental para encontrar um meio de recuperar nossos bens. Peço a Deus que me conceda inspiração quando eu estiver falando amanhã com o reverendo de Medici." Todos os dias Felícia se dirigia aos apartamentos de Ippolito de Medici no Vaticano; boa parte do tempo era consumida em conversas retóricas, em geral sem sentido. Ela precisou assegurar, vezes sem conta, que seus filhos seriam súditos inflexivelmente leais ao papa, que os Orsini nunca mais provocariam distúrbios na cidade de Roma, mas seriam fiéis servos do papa.

Em 25 de julho, Felícia recebeu informações sobre a frágil saúde do papa: "Tenho a sorte de saber para que lado sopra o vento, hora a hora, por intermédio do cardeal Ridolfi e de Lucrécia e Lorenzo Salviati [parentes dos Medici]. Na noite passada, Sua Santidade passou uma noite bastante tranquila, não teve febre, mas vomitou."[6] Em 30 daquele mês, porém, ela foi tomada pelo pânico: "Conforme comentei, a saúde do papa piorou e, assim, esta manhã saí a cavalo e fui falar com o cardeal de Medici sobre Bracciano. Quando cheguei à rua, saindo de Monte Giordano, ouvi um grande alarido e vi uma multidão correndo em direção a Banchi [o distrito bancário, na curva do rio Tibre]. Imaginei que o papa devia ter morrido e então retornei para casa."[7] Mais tarde, naquele mesmo dia, ela soube que a agitação havia sido um falso alarme: o papa ainda estava vivo, e ela, então, voltou a sair.

No dia seguinte, quando foi novamente encontrar-se com Ippolito, este lhe deu boas notícias. O papa havia melhorado um pouco e tinha refletido acerca do caso dos Orsini. Até aquele momento, não havia uma determinação oficial do pontífice, mas, como ela relatou a Francesco, o papa havia prometido, "como um cavalheiro, que Bracciano não seria entregue a ninguém senão meus filhos, e esta promessa eu posso considerar firme". "Eu não queria demorar para dar esta notícia", prosseguiu ela, "e peço informar a Girolamo que não haverá mais acusações, e todos conhecerão as virtudes dos homens que eu criei."[8]

Mesmo assim, o processo foi lento. Vicovaro foi liberado no início de agosto. Felícia escreveu a Girolamo para lhe dar as boas notícias e dizer que esperava que Bracciano também lhes seria devolvido. Ela o aconselhou a "escrever afetuosamente e com frequência ao cardeal De Medici, dedicando-lhe ilimitado louvor, e dizendo que tudo o que tens, deves a ele".[9] Havia indicações de que o principal interesse de Clemente era que os jovens Orsini deviam mostrar sua apreciação a Ippolito. Cartas foram devidamente enviadas ao cardeal, em nome de Girolamo, embora não tivessem sido escritas por ele. Uma delas dizia: "Soube por minha mãe e por meu irmão de todos os benefícios que nossa casa recebe todos os dias de Vossa Reverendíssima e, por fim, da restituição de Vicovaro, que reconhecemos se deve apenas a vós, pelo que eu, junto com todos os outros, fico eternamente grato."[10]

Temendo que seu filho Girolamo pudesse ficar muito excitado e tentasse retornar cedo demais de seu exílio, Felícia o instruiu para "não sair por nada" e para "prestar ao príncipe de Bisignano toda a usual obediência".[11] Ela continuou com sua prática de visitar o cardeal Ippolito diariamente até que, afinal, chegou a notícia de que Bracciano também devia ser devolvido. "Hoje", Felícia escreveu a Girolamo, "fui beijar os pés de Sua Santidade. Agora podes descansar com a alma tranquila, pois Sua Santidade foi mais carinhoso do que posso descrever.

Deus seja louvado por tudo."¹² De Stigliano, Clarice escreveu exultante "que não há forma pela qual eu possa expressar adequadamente minha felicidade pela maravilhosa e tão esperada notícia da recuperação de Bracciano".¹³ Em 25 de setembro, dois meses depois de concordar em devolver Bracciano, Clemente VII morreu.

O trabalho de Felícia della Rovere estava quase terminado. Sozinha, ela havia levantado o dinheiro para a restituição e negociado incansavelmente junto ao Vaticano para salvar o patrimônio dos filhos. Contudo, ela não ficou com o crédito pelo que havia feito. Ela sabia que agora pertencia ao passado. Para que a família Orsini tivesse um futuro, ela precisava que seus filhos fossem respeitados. Sempre consciente de que a aparência era mais importante do que a realidade, ela criou a ilusão de que o resgate de Bracciano havia sido obra de Francesco, quando na realidade o indolente abade de Farfa não havia feito nada. Felícia escreveu ao cunhado de Francesco, o príncipe de Bisignano, que, "se não fosse pela prudência e cautela do abade, vosso irmão, nossos negócios estariam completamente arruinados."¹⁴ Se o príncipe de Bisignano, que, havia testemunhado sua sogra negociar com o papa a compra de um cardinalato para seu tio, acreditou nela, ou não, é uma questão aberta ao debate.

Essa mensagem também trazia um subtexto. Depois de duas décadas como *gubernatrix* da família Orsini, Felícia della Rovere sabia que se aproximava o tempo em que, relutante ou voluntariamente, teria de entregar as rédeas do poder a seus filhos. Ela estava quase pronta a afastar-se. Mas não completamente. Antes de renunciar à sua função, ela precisava que todo mundo reconhecesse "os homens que havia criado", que tinham o sangue de Júlio, o Papa Guerreiro, correndo em suas veias, como herdeiros dignos e virtuosos da família Orsini. Ela sabia que ainda tinha muito trabalho a fazer para consolidar as posições de seus filhos na arena social e política da Itália. Agentes confiáveis e leais teriam que ser encontrados para agir em nome de Francesco e Girolamo, que podiam ser displicentes, irresponsáveis e imprevisíveis. Ela precisava arranjar uma noiva para Girolamo, cuja reputação estava então um tanto empanada para assegurar a continuidade da dinastia que ela havia criado. Assim, o objetivo final de Felícia della Rovere era confirmar seu legado materno. A esta causa ela passaria a devotar sua vida.

PARTE VI

A MÃE MAIS AMOROSA DO MUNDO

1
Cômputo final

Em 10 de fevereiro de 1535, Felícia della Rovere escreveu a seu filho Girolamo, que já havia tomado posse de seu castelo titular em Bracciano, dizendo: "Sendo a mãe mais amorosa que é possível existir no mundo, passei por muitas coisas que foram para teu benefício e honra, para fazer aumentar tua grandeza, sem o que minha vida não teria valor nenhum. Pois, agora, esta mãe amorosa está escrevendo para pedir que lhe envies os lucros da venda do feno, porque há muitas dívidas a pagar."[1]

As palavras de Felícia resumem sua vida como regente dos Orsini, mantendo as propriedades em confiança, para seus filhos. Desde o momento em que sua posição na família fora estabelecida, ela havia enfrentado uma variedade extraordinária de embates e desafios. Tudo o que havia feito fora com o objetivo de proteger a herança de seus filhos. Ela havia se dedicado a isso acima de tudo. Em sua vida, Felícia havia passado por muitos momentos épicos, e ela o sabia, mas também tinha consciência de algumas de suas ironias. Tudo o que havia feito fora para o proveito final de outros — seus filhos. E, a despeito da linguagem pomposa associada a essa realização, defendendo a "honra" e a "grandeza" de Girolamo, no fim ela ainda precisava ocupar-se de considerações práticas mundanas. Ela tinha necessidade do dinheiro resultante da venda da produção de Bracciano para pagar as dívidas da família, que haviam se acumulado no decorrer daqueles últimos turbulentos anos. Agora, mais do que nunca, ela precisava manter lucrativos seus negócios, especialmente na difícil economia romana, que ainda se ressentia dos abalos decorrentes do Saque. Em março de 1535, um funcionário em Roma escreveu a Girolamo, lamentando o baixo preço dos grãos na cidade, devido à entrada de produto barato do norte, que custava "menos do que 2 *scudi* cada *rubbio*". No entanto, "nestes últimos dias", informou o funcionário com admiração, "a *signora* Felícia conseguiu obter um preço maior do que aquele".[2] As finanças dos Orsini dependiam em muito da venda de grãos, e preços baixos não constituíam boas notícias. Nessas circunstâncias, Felícia estava mais do que disposta a regatear, algo considerado impróprio para senhoras abastadas no mercado.

A restituição dos castelos titulares dos Orsini havia colocado Felícia em uma posição um tanto ambígua. A garantia de que a propriedade pertencia agora apenas a seus filhos ensejava a entrada oficial de Francesco e Girolamo na vida adulta. Girolamo seria o chefe da família Orsini, enquanto que Francesco continuaria como abade de Farfa, também desempenhando sua parte nos negócios dos Orsini. O papel de sua mãe deveria mudar, de *gubernatrix* para viúva de nobre ou senhor de terras. Afastada dos negócios da família, esperava-se que a viúva fosse uma criatura tranquila, devotada à contemplação e aos assuntos espirituais. Mas, para Felícia, a transição não haveria de ser tão simples. Girolamo tinha outros interesses, bem diferentes de gerir sua herança. Estava ansioso por consolidar sua carreira própria como *condottiere,* afirmar seu direito hereditário como um Orsini e provar que era tão homem, se não ainda mais, quanto seu meio-irmão Napoleone, cujas habilidades militares estavam além de qualquer dúvida. Com a passividade confiante dos jovens bem-nascidos, Girolamo parecia não ter total consciência do quanto ele estivera próximo de perder seu direito hereditário, e de tudo o que fora preciso fazer para restaurar tal direito. A necessidade de quitar os empréstimos que sua mãe havia feito não era o menos importante. Uma boa dose de responsabilidade ainda recaía sobre Felícia. Que tal função ainda fosse dela não a desagradava necessariamente. Durante vinte anos ela havia estado no centro da casa dos Orsini e nunca havia se imaginado em uma posição marginalizada.

Ela também teve que fazer alguns sacrifícios pessoais para defender a posição de seus filhos e a economia da família. Em 1535, viu-se obrigada a vender seu castelo de Palo, a fim de conseguir dinheiro para pagar os empréstimos que havia feito para recuperar Vicovaro e Bracciano. Ela escreveu ao primo de seus filhos, Gentile Virginio Orsini, cuja propriedade em Cerveteri fazia divisa com o terreno de Palo: "Eu vendi Palo ao *maestro* Phylippo dal Bene, a fim de pagar os 4 mil *scudi* que devo ao príncipe de Stigliano, e o citado *maestro* Phylippo deseja receber uma carta sua, dizendo ser de seu agrado que ele tome posse de Palo, e que o senhor será um bom vizinho. Assim, peço-lhe que se digne escrever uma carta nos termos apropriados para satisfação dele, o que me daria especial prazer, e, portanto, peço que envie essa carta para mim."[3]

Durante as décadas anteriores, Felícia havia lutado muito para manter Palo, sua posse preciosa, a extraordinária aquisição de sua juventude. O castelo à beira-mar havia sido seu troféu. Sua localização lhe recordava as aventuras da infância, navegando de Roma para Savona, e a propriedade havia lhe dado grande poder na Roma da Renascença. Em mais de uma ocasião, o castelo havia despertado o ciúme e a ira de Napoleone, que havia tentado, sem sucesso, tomá-lo dela. Agora, na morte, ele havia conseguido fazer o que não fora capaz em vida: tirar o castelo das mãos de Felícia. Contudo, se ela sentiu a dor de desfazer-se do castelo que, a seu tempo, havia lhe proporcionado não só renda, mas também prestígio, assegurando-lhe a simpatia de Leão X, isso não transparece em suas cartas. Como a mãe mais amorosa do mundo, faria todos os sacrifícios para salvaguardar a herança de Girolamo e Francesco.

Mesmo não sendo um dirigente tão ativo como devia ser, Girolamo ainda era o senhor da família Orsini. Felícia ainda desempenhava tarefas administrativas, mas agora era obrigada a escrever a Girolamo para confirmar algumas providências, pedir autorizações, ou lembrar-lhe para liberar dinheiro dos cofres dos Orsini, o que somente ele poderia aprovar. Apesar de não relutar em exercer sua função matriarcal, como a "mãe mais amorosa do mundo", nas ocasiões em que a desatenção de seu filho esgotava sua paciência, a diligente observância de Felícia com respeito ao protocolo sugere que, no seu entender, seria um bom treinamento para seu filho de 21 anos assumir suas responsabilidades, para confirmar que ele compreendia estar agora na posição de senhor dos Orsini. O tom que ela usa para dirigir-se a ele é no mais das vezes formal. Antes de seu filho atingir a maioridade, sempre que Felícia precisava pedir o envio de vinho de Bracciano, costumava escrever diretamente ao encarregado da adega do castelo. Depois, passou a redigir seus pedidos a Girolamo: "Peço que seja de tua vontade deixar Antonio da Menico retirar um frasco de vinho de Bracciano, que ele levará para Francesco, meu alfaiate e antigo servidor, e que tenhas a bondade de não me recusar este pedido."[4] Felícia costumava mandar vinho a Francesco Sarto há bem mais de dez anos, e não queria romper a tradição com um servidor fiel.

Em outra carta a Girolamo, ela explicou: "Como Palo [antes de sua venda] está sem vinho, peço por favor que envies ao castelão um frasco da vinha de Bracciano."[5] Esta carta é datada de 29 de outubro de 1534, alguns dias apenas depois de Bracciano ter sido oficialmente devolvido à família, e é indicativa da decisão de Felícia de fazer seu filho ter noção do que era dele agora, até à última garrafa de vinho. Na mesma carta ela escreve: "Também me daria grande prazer se pudesses enviar 40 libras de pólvora, um pouco de chumbo, e ceder dois arcabuzeiros." Com certeza, os eventos de anos recentes haviam tornado Felícia mais sensível às questões de segurança no castelo à beira-mar.

A mesma necessidade da aprovação de Girolamo se aplicava a outros gêneros alimentícios, e Felícia estava preocupada que o complicado sistema de permutas e favores que ela havia cuidadosamente instituído durante anos não fosse interrompido. "O cardeal Cibo insiste em receber a cevada que lhe devemos; portanto, necessito agora de tua autorização para que lhe seja enviado o pouco que temos armazenado em Trevignano."[6] Em outra ocasião, ela pediu: "Manda-me tuas mulas na segunda-feira à tarde, pois quero mandar minhas damas para Galera, de onde elas irão para Bracciano".[7]

O processo do afastamento de Felícia da função de chefe oficial da família Orsini revela como ela havia levado a sério o seu dever de responsabilidade pastoral. Sua grande preocupação era que Girolamo também cuidasse assiduamente dos que viviam nas propriedades Orsini e que não podiam se manter sozinhos: "Ilustre e amado filho. Dentre os muitos casos que te apresentei antes de deixar Bracciano, não fiz nenhuma recomendação pelo pobrezinho Fra Francesco. Mas agora peço, pelo amor de Deus, que tenhas a gentileza de dar imediatamente uma ordem para que ele receba um quarto de grãos e 1 libra de carne, e, se o fizeres, será uma boa ação e me dará especial prazer."[8] Outra solicitação semelhante: "O filho do falecido Troiano di Dovaro agora se encontra sem pai nem mãe, e se não lhe fizeres um pouco de caridade ele morrerá de fome; portanto, peço-te ordenar que lhe seja enviado meio *rubbio* de grãos e também que lhe seja dado todos os anos 1 *rubbio* e meio de grãos." Caso Girolamo achasse que necessitava de uma confirmação independente da triste situação do pequeno órfão, Felícia acrescentou: "Eu soube do caso dele por Giovanni Valdecchio, que tem sido um servidor virtuoso e fiel."[9]

Girolamo agora tinha que atuar como árbitro em questões judiciais, assim como Felícia fizera antes, e ela o incentivou a tomar o partido de um protegido dela em uma disputa: "O motivo de escrever-te é para informar que Menico é um vassalo e servidor cortês e dedicado e, por teu amor a mim, gostaria que apoiasses esse jovem."[10]

Outra carta serviu para lembrar a Girolamo qual era a visão de Felícia a respeito das obrigações dele para com seu passado familiar: "O portador desta carta será o capitão Romazzato, que foi um dedicado servo de meu senhor, o papa Júlio, e, ao mesmo tempo, um grande amigo de teu pai. Ele veio para continuar sua amizade e para fazer-te saber que os dois sobrinhos dele te oferecem sua amizade; portanto, peço que o trates com grande carinho e honra."[11] Em carta semelhante ela informa: "*Maestro* Acantio, o filho de Francesco de Fiano, está chegando para visitar-te e te prestar reverência; portanto, em atenção ao pai dele, peço que sejas gentil com ele."[12]

Durante muitos anos Felícia recebeu cartas de apresentação enviadas por amigos e colaboradores, esperando que ela pudesse arranjar colocações para seus protegidos ou ajudá-los de alguma forma. Ela, que fora *patrona et benefatrix*, agora se via apelando a Girolamo para assumir tal função. Uma dessas cartas se referia a um amigo seu e de sua filha Júlia: "Tu deves saber que o *signor* Carlo Mirobaldo sempre foi um amigo dedicado, pelas demonstrações que deu a mim e à princesa, tua irmã, de modo que somos muito gratas a ele. Em razão disso, eu apreciaria que acolhesses o filho do *signor* Carlo, o que me daria um grande e muito especial prazer; portanto, avisa-me e eu o mandarei procurar-te, e te peço que não me escrevas para me desapontar."[13] Em janeiro de 1535, ela escreveu outra nota semelhante: "Alguns meses atrás, prometi a Carlo Brancha, um caro amigo meu, o posto de Campagna, e agora gostaria de oferecer-lhe uma posição equivalente."[14]

É quase fora de dúvida que Girolano não achava suas novas obrigações muito interessantes. Ele estava muito mais preocupado em iniciar uma carreira militar do que em cuidar da distribuição de grãos e vinho ou ouvir histórias de infortúnios. Apesar de seu pai, Gian Giordano, ter servido à Coroa francesa, Girolamo não tinha intenção de continuar essa fidelidade. Francisco I havia transferido a pensão que Gian Giordano recebia da França para Napoleone e havia apoiado o direito deste à herança dos Orsini. Girolamo tinha, portanto, seus próprios ressentimentos contra a França e, em consequência, desejava aliar-se com e trabalhar para o mais poderoso inimigo da França, Carlos V, o sacro imperador romano. Pouco depois de receber sua herança, Girolamo começou a fazer planos para servir como soldado no exército do imperador. Em 22 de janeiro de 1535, Antonio Romero, um agente do imperador, que estava planejando uma campanha contra a França, escreveu a Girolamo em Bracciano, e informou que os embaixadores do imperador estariam passando pela cidade de Roma, a caminho de Gênova, para reunir-se com o capitão naval Andrea Doria, que tinha a simpatia de Felícia, "a fim de dar as ordens necessárias para essa expedição". A seguir, havia uma observação para Girolamo: "Seria bom se o senhor pudesse vir secretamente a Roma para encontrar-se com o embaixador."[15]

Felícia, porém, não se mostrava entusiasmada com os planos de carreira de seu filho. Alguns anos antes, ela estivera disposta a mandá-lo para a guerra, a fim de acabar com sua disputa com Napoleone. Ela nunca havia mostrado interesse especial em assuntos militares e não se impressionava com os *condottieri*. Quando mandou um padre para Bracciano, ela advertiu seu filho para "certificar-se de que ele fique alojado em um quarto separado de teus soldados, em um lugar onde ele possa ter tranquilidade e estudar quando lhe aprouver".[16] Ela achava que Girolamo ficaria melhor tratando de seus novos deveres como senhor de Bracciano. Apenas oito anos antes, sua cidade havia sido violentamente saqueada pelos soldados do Sacro Império Romano, forçando-a ao exílio e, depois, a um extenso e dispendioso programa de restaurações. Seus sentimentos, vendo que Girolamo podia vir a ser efetivamente um daqueles soldados, eram, no mínimo, conflitantes.

Em 1º de fevereiro, Antonio Romero escreveu a Girolamo para dizer-lhe que "as negociações para que o senhor venha servir-nos ainda não avançaram, porquanto não foi possível obter uma posição da senhora Felícia, porém eu mesmo e o embaixador continuaremos a insistir com ela, e havemos de chegar a uma decisão final, assim o espero."[17] O fato de Felícia ainda ter o poder de interpor-se às ambições de seu filho diz muito sobre a extensão do controle e da influência que ela ainda exerce. Girolamo podia ser agora o senhor de Bracciano, mas ele ainda não tinha intenção de contrariar sua mãe.

Uma correspondência de Felícia para Girolamo daquele mesmo dia era para lhe dizer que, "Hoje, o *maestro* Giovanni di Nepi veio ver-me, pois achou uma de suas vacas em Bracciano." A implicação era que o animal havia sido roubado por algum empregado dos Orsini. O curto bilhete, que não fazia menção às ambições militares de Girolamo, se destinava claramente a enfatizar certos pontos: que a falta de vigilância por parte dele poderia levar os trabalhadores de Bracciano a se envolver em atividades criminosas, o que deterioraria as relações com os vizinhos e não seria nada bom para a reputação de Girolamo como senhor feudal, e também que Giovanni di Nepi obviamente julgava que conseguiria ajuda mais efetiva de Felícia do que do novo senhor de Bracciano, o que não era um bom sinal acerca de sua capacidade de impor respeito.

Girolamo, porém, fez valer sua vontade no fim e conseguiu seguir suas ambições militares. No ano seguinte, 1536, ele se encontrou com Carlos V em Roma e, no mês de maio, estava na Provença lutando para o imperador, contra a França. Felícia talvez estivesse o tempo todo disposta a ceder, mas a promessa do dinheiro da comissão de Girolamo para ajudar a quitar as dívidas dos Orsini foi, sem dúvida, um fator decisivo. No entanto, ela se preocupava com seu filho quando ele estava longe, combate. Em 10 de julho de 1536, ela escreveu a Francesco: "Estou te enviando algumas cartas que teu irmão, o *signor* Girolamo, me mandou, e Deus sabe que elas me deram grande consolo."[18] Ao que parece, Girolamo estava se mostrando mais assíduo em enviar notícias do que no ano anterior ao assassinato de Napoleone, quando havia desaparecido sem deixar traço por um período.

Quando não estava ocupada tentando preparar Girolamo para se tornar um responsável senhor feudal, Felícia passava o tempo se preocupando com seu outro filho, Francesco. A despeito de terem quase a mesma idade, os dois irmãos não eram propriamente íntimos; uma das poucas cartas que restaram de Francesco a seu irmão informava simplesmente que "Madona Francesca [de Cupis] enviou-te um par de chinelos que, estou certo, te agradarão".[19] Francesco era particularmente submisso à sua mãe; portanto, não expressou de público qualquer ressentimento pelo fato de seu irmão ter-se tornado o senhor de Bracciano. Contudo, Felícia fez todo o possível para assegurar que ele não se sentisse negligenciado quando chegou o momento de providenciar uma noiva para Girolamo.

Em julho de 1535, ela escreveu a Francesco: "Hoje, o bispo de Sutri veio me procurar para acertar o casamento entre a filha do conde Bosio e o *signor* Girolamo. Ele gostaria de saber se ficarias satisfeito com uma boa igreja, diocese ou arquidiocese, rendendo cerca de 4 mil *scudi*, até chegar a época de receberes *il capello* [o chapéu cardinalício]. Eu respondi que não sabia, mas que te escreveria a respeito."[20]

Felícia gostava de arranjar para seus filhos casamentos que trouxessem outros benefícios para a família, como no caso do acordo que ela fez com Leão para vender o chapéu cardinalício para o tio do príncipe de Bisignano, marido de Júlia. Tentar conseguir benefícios adicionais para Francesco era parte de uma estratégia semelhante. Ela também havia esperado um pouco para as coisas se acomodarem após a restituição, antes de iniciar a procura de uma esposa para Girolamo. Mas, quando o fez, se pôs a buscar uma noiva que satisfizesse suas condições para a proteção e promoção de seus filhos. A filha do conde Bosio era tal pessoa. Bosio era o conde de Santa Fiora, na província da Emilia Romagna, não muito longe de Parma. O conde não era de grande importância pessoalmente, mas sua esposa Constanza era filha de Alessandro Farnese, que em outubro de 1534 havia sido eleito papa, com o nome de Paulo III. Isto significava que Girolamo e sua potencial noiva Francesca, a filha de Bosio e Constanza, eram ambos netos de papas.

Há muito tempo Felícia vinha procurando uma aliança com a família Farnese, desejo que era correspondido por esta. Ela havia pensado em casar sua filha Clarice com o filho de Paulo, Ranuccio, e já havia iniciado as negociações, mas ele acabou morrendo no Saque de Roma. Como cardeal Alessandro Farnese, o papa Paulo III havia acumulado uma fortuna substancial. Inicialmente, ele havia recebido favores do papado por ser irmão de Giulia Farnese, a amante de Alexandre VI, uma situação que lhe havia valido a alcunha de "cardeal feminino". Mas Alessandro era muito hábil e foi bastante respeitado pelos papas subsequentes, entre os quais Júlio, o pai de Felícia. A ânsia dela pela aliança com os Farnese sem dúvida surgiu de uma conjetura que Alessandro com o tempo viria a ser papa. Após suas más experiências com Adriano de Utrecht no início da década de 1520, queria assegurar que ela e seus filhos mantivessem sempre uma posição favorável na corte pontifícia. Na perspectiva de Alessandro Farnese, uma aliança com os Orsini seria tão útil para ele quanto havia sido para Júlio, e com uma vantagem adicional: no leme da família estava uma mulher que entendia verdadeiramente os mecanismos do papado.

Graças a Gian Domenico de Cupis, Felícia teve informação privilegiada do resultado da eleição papal de 1534. Conforme ela escreveu a Francesco no início do conclave: "A opinião geral é que Farnese será eleito."[21] A confirmação da escolha deixou Felícia ainda mais ansiosa para conseguir uma noiva Farnese. Ela tratou de granjear a boa vontade de outros membros influentes da família Farnese, incluindo Pier Luigi, o filho de Paulo. Em abril de 1535, ela se alegrou e agradeceu a Francesco por ter lhe mandado um "veado, por intermédio do reverendo Trani [Gian Domenico], que eu guardei para fazer muitos empadões para dar a sua senhoria Pier Luigi que na terça-feira se hospedará com teu irmão Girolamo em Isola [uma pequena ilha com boa caça, em uma lagoa perto de Bracciano], e o *signor* Girolamo quer tomar as providências adequadas. Portanto, é melhor que eu prepare e lhes mande logo esses empadões, que eu creio serão exatamente o que ele quer".[22] É raro ver Felícia tão envolvida em afazeres culinários, mas era importante para ela fazer Pier Luigi sentir que sua sobrinha entraria para uma família dedicada e zelosa.

Mas outro ponto importante para Felícia era que Francesco também tivesse algum proveito com tal casamento. Parece improvável que o bispo de Sutri tenha viajado espontaneamente para oferecer vantagens a Francesco. Felícia queria assegurar-se de que ele fosse uma parte importante do processo.

A recompensa máxima para Francesco era, decerto, o chapéu cardinalício, mas mesmo Felícia, por mais ansiosa que estivesse para obter promoção para seus filhos, deve ter percebido que tal objetivo estava além da capacidade de Francesco. Ela o amava muito, mas também se preocupava com seu caráter e com sua habilidade de gerir suas propriedades com eficiência. Apenas alguns anos antes ela o havia advertido para cuidar de suas terras e de quem as vigiava. Em 1535, ela teve que lhe escrever a respeito de dois tonéis de azeite que ele lhe havia enviado: "Um dos tonéis que me mandaste está com um terço de sua capacidade a menos. Creio que teus agentes estão roubando, sem que tu o saibas."[23] Em outra ocasião, ela lhe mandou uma carta dizendo: "Com grande irritação, contrariedade e tristeza, tomei conhecimento da mais cruel das crueldades que foi cometida em Galera."[24] Embora não especificasse a real natureza do ato, Felícia estava contrariada porque Francesco claramente não havia esboçado qualquer reação. Ele reconhecia suas deficiências, pelo menos para a mãe, dizendo-lhe: "Recebi tudo o que a senhora me escreveu, e compreendo muito bem o que quer dizer. Suplico para não me acusar de arrogância. Eu não descuidarei dos negócios do castelo e não gastarei mais dinheiro do que o necessário."[25]

Porém, mesmo temendo que sua mãe tivesse uma opinião desfavorável sobre ele, Francesco compensava sua incompetência com crueldade. Isso não passou despercebido a Felícia, pois ela era constantemente chamada para intervir: "Ioacchino di Magnalardo, de tua abadia de San Salvatore, veio ver-me, para explicar a situação de seu pai, Giovanni d'Antonetto. Ele me disse que desejas impor-lhe sanções pelo fato de ele ter construído uma casa. Embora ele seja um velho e seu erro não seja grave, eu soube que estás descontente com a casa e queres demoli-la por completo. Portanto, peço-te cordialmente que não o faças, a fim de tranquilizar o citado Giovanni."[26] Em outro caso semelhante, Felícia assim escreveu a Francesco: "Hoje, madona Paulina Carrezia di Fara veio ver-me junto com madona Angela para pedir-me encarecidamente que eu te suplique que lhes restituas sua propriedade."[27]

E não eram só os leigos que Francesco atormentava. Felícia teve que lhe escrever em outra oportunidade, quando "O vigário-geral da Ordem Terceira de São Francisco veio ver-me e contou que fizeste acusações contra dois frades daquela ordem, os inquiriste no Castelo Sant'Angelo e aprisionaste um deles; portanto, rogo-te que o liberte o mais rapidamente possível e, assim agindo, estarás me dando um grande e especial prazer".[28]

Para neutralizar a reputação de má índole de Francesco, Felícia também tentou incentivá-lo a executar pequenos gestos de bondade: "Recebi a visita da senhora Pantasilea d'Alviano para tratar de um testamento feito por um pobre homem, que ele te explicará com mais detalhes, pois ele deseja pedir-te que tal testamento seja guardado em lugar seguro e que tu garantas sua execução. Ajudando-o, estarias fazendo uma ação piedosa."[29]

Embora Felícia não tivesse abdicado totalmente de suas atividades, agora que seus filhos estavam desempenhando papéis ativos na administração das propriedades — quaisquer que fossem os resultados —, ela tinha mais tempo para entretenimento e projetos pessoais. Um pedido que fez a Francesco foi para "enviar-me meus livros, o que me daria o mais extraordinário prazer".[30] Em sua juventude, ela fora uma ávida compradora de livros do impressor veneziano Manúcio. Nas últimas décadas, com o tempo todo tomado, ela tivera pouquíssimas oportunidades de ler por prazer, e agora esperava poder fazê-lo.

Uma vez obrigada a vender Palo, Felícia compensou essa perda voltando sua atenção para o seu palácio no monte Pinciano, em Trinità dei Monti. Imaginando que passaria mais tempo lá, em agosto de 1536 ela se empenhou em um projeto que traria mais luz para o palácio. Ela se concentrou na parte da construção que tinha o seu nome, a torre que fora o antigo *campanile* da igreja de San Felice. Ela queria colocar janelas para deixar entrar o sol no aposento criado na torre, usando materiais das propriedades Orsini, e pediu a Francesco para facilitar as coisas. Como seria de esperar, ele foi de pouca ajuda. Em 31 de agosto de 1536, ela escreveu: "Pelo amor que me tens, manda-me as cinquenta pranchas de madeira, sobre as quais te escrevi há algum tempo. Tenho grande necessidade delas para fazer as janelas térmicas da torre e, dessa forma, me darias a maior das alegrias."[31] Em 5 de setembro, ela escreveu: "Mestre Ascanio de Canemorto me mandou vinte caixas de tijolos que estão muito moles e não são bons; portanto, preciso que lhe envies uma carta em meu nome. Também necessito de madeira para fazer uma grande porta, e assim poderei terminar as janelas da torre. Já te escrevi muitas vezes, manda-me, pois, quarenta pranchas de nogueira."[32] Tais pranchas ainda não haviam chegado em 11 de setembro, quando outra carta dirigida a Francesco começava: "Como já te escrevi muitas vezes, eu realmente preciso fazer aquelas janelas solares na torre..."[33]

A ansiedade de Felícia em ver suas janelas no lugar talvez tenha sido exacerbada pelo sentimento de que seu tempo estava se esgotando. Seus problemas de saúde haviam começado no início do verão de 1535, mas ela se recusava a deixar que isso interrompesse suas atividades. Sua doença não é especificada, mas a havia tornado frágil e incapaz de locomover-se com facilidade. Ela sugeriu resolver o problema usando uma liteira, uma cadeirinha com longas cortinas. Seu amigo Leão X havia usado uma quando sua gota o impossibilitou de andar. Em 3 de maio de 1536 ela escreveu a Francesco: "Como nos dois últimos dias eu não me senti muito bem, decidi mandar fazer uma liteira para mim. Para tanto, dei algum dinheiro para o mestre Paolo Cacciguerra para montá-la. Só estão faltando as tachas, tudo mais está pronto. Pedi-lhe que conseguisse as tachas o mais depressa possível, pois quero sair de Roma e tenho certeza de que, se tiver que ficar aguardando o fim do meu negócio (não especificado), ficarei aqui perpetuamente; assim, o melhor a fazer será partir tão logo minha liteira fique pronta."[34] Dois dias depois, a combinação de liteira inacabada e negócios não resolvidos a estavam deixando irritada: "Eu ainda não deixei Roma, como te escrevi antes, pois minha liteira ainda não ficou pronta e esses benditos negócios parecem ser eternos..."[35] Ela também pediu a Francesco que fosse até os irmãos de Santo Cosimato em Vicovaro, pois eles estavam guardando para ela "uma cadeirinha luxuosa que havia pertencido ao papa Júlio".[36] Este, na velhice, costumava ser carregado pelo palácio do Vaticano naquela engenhoca, o que chegou a ser registrado em um quadro de Rafael, com o artista representado como um dos carregadores.

A frágil saúde de Felícia não diminuiu seu desejo de atender às necessidades dos outros. Na mesma carta a respeito de sua liteira, ela também quis certificar-se de que Francesco asseguraria o futuro das filhas de sua criada de muitos anos, madona Daniela, "que está velha [...] e eu quero que forneças às suas filhas 1 *rubbio* de grãos e doze frascos de azeite".[37] Em junho de 1536, ela avisou Francesco de que ele devia ir a Roma, pois ela havia feito progressos no interesse de vários empregados dos Orsini em sua ação judicial contra os Cenci, uma família romana vizinha. E, no fim de agosto, ela escreveu novamente ao filho, pois tivera notícias acerca de "um bêbado que, quando está embriagado, perde a cabeça e bate em sua mulher. Quero que ele seja apanhado imediatamente e preso, até que dê garantia de que não vai mais bater nela, caso contrário a pobre moça com toda certeza estará perdida".[38]

Os deveres e as convicções de Felícia, sem falar nos eventos dos anos anteriores, haviam deixado suas marcas. Uma carta de 6 de setembro para Francesco conclui: "Não estranhes a assinatura ao pé desta, pois não é de meu punho. Estou me sentindo um pouco indisposta hoje."[39] A última carta do arquivo Orsini escrita por Felícia é datada de 15 de setembro de 1536. Ela diz a Francesco que "Um colaborador do cardeal de Nápoles veio ver-me no domingo à noite e pediu-me para escrever-te para saber se poderias conceder-lhe um lugar na abadia de Farfa."[40] Até seus últimos dias, ela continuava a fazer favores para cardeais, na expectativa de que eles fossem retribuídos de alguma forma, para o benefício de sua família.

Menos de duas semanas depois, em 27 de setembro, ela registrou suas últimas vontades. O documento tinha um tom muito diferente do outro que ela havia redigido em abril de 1518, quase vinte anos antes. O primeiro testamento reflete a satisfação que ela estava sentindo em sua nova posição como *gubernatrix* dos Orsini. Na ocasião, aos 35 anos, Felícia imaginava muitas glórias após sua morte. Missas em sua memória haveriam de ser rezadas em todos os cantos de Roma, seu corpo seria sepultado em um esplêndido túmulo em sua capela de Trinità dei Monti. A memória de Felícia della Rovere se perpetuaria nos círculos públicos. Mas agora os tempos eram diferentes. O dinheiro era escasso e uma cansada Felícia talvez só desejasse tranquilidade após a morte, com o repouso como sua maior ambição. Assim, em vez do primeiro "Felix de Ruver de Ursini, de corpo frágil, mas mente sã, deitada em seu leito no palácio de Monte Giordano", compôs um testamento muito simples, na presença de seus testadores.[41] À beira de seu leito estavam Francesca de Cupis, um frade de San Agostino e o vigário de Santa Maria del Popolo, que lá se encontravam para lhe dar conforto. O testamento teve por testemunha Galeotto Ferreolo, o advogado consistorial de Felícia já há muitos anos; Francesco Vanuzzi, um clérigo romano, e o nobre Felice di Massimo, que vivia em um palácio vizinho.

Felícia pediu que seu corpo fosse enterrado na igreja de Santa Maria del Popolo, a igreja da família Della Rovere, onde também estava sepultado seu primo Girolamo Basso della Rovere, entre outros membros da família. Missas deveriam ser celebradas na igreja, todos os anos, para sempre. Sem especificar a quantia, nomeou Girolamo e Francesco seus *eredes universalis*. O que havia restado era relativamente pouco. Pouco tempo depois de sua morte, seus filhos venderam o palácio de Trinità dei Monti para receber seu valor em dinheiro. As filhas Júlia e Clarice ficaram apenas com seus dotes; ainda em 1518, cada uma delas havia recebido um legado suplementar de 3 mil ducados. Mas Felícia pensou em outros beneficiários além de seus filhos: as irmãs de Angelica, da igreja de San Agostino, perto do palácio De Cupis, receberam 100 ducados, sua criada Camilla, 2 mil. Angelo di Nepi, o médico de Felícia, recebeu 100 ducados "por seus serviços". Sua meia-irmã Francesca recebeu 2 mil, dinheiro que, após a morte de seu marido mulherengo, Angelo del Bufalo, ela usou para fundar um pequeno convento. Gian Domenico de Cupis não foi incluído, sem dúvida porque o cardeal já era fabulosamente rico por si só, em grande parte graças aos esforços de sua meia-irmã. Felícia também incluiu que "todos os anos, no aniversário de sua morte, serão dadas esmolas aos pobres e enfermos, na forma de pão e vinho, em porções suficientes para cada um".

Seu pedido final foi que "os criados e criadas que estão na casa agora devem ser mantidos por ocasião da sua morte". Este último apelo assegurava que os serviçais que haviam representado parte tão importante de sua vida durante várias décadas teriam seus empregos garantidos depois que ela falecesse. E também assegurava que Felícia deixaria sua marca na casa que havia concebido; não deveriam ser feitas alterações na estrutura doméstica que não tivessem sido autorizadas por ela. No fim de seus dias, recolhida no que ela descrevia como "seu palácio" em Monte Giordano, Felícia, que havia passado de filha de cardeal para filha do papa, partiu deste mundo como matriarca dos Orsini. Seu legado não seria representado por um túmulo elaborado ou hosanas eternas; mas sim, como a mãe amorosa, que havia se devotado a construir um ambiente sólido e estável para os filhos que havia criado.

Felícia morreu pouco tempo depois de fazer seu testamento. Para uma mulher da elite, bem-alimentada, que havia sobrevivido a vários partos e que se preocupara com seu cuidado pessoal, a morte aos 53 anos podia ser considerada precoce. As pressões e tensões da década anterior, do Saque de Roma ao cerco de Vicovaro, o assassinato de Napoleone e as negociações para reaver as propriedades devem ter deixado suas marcas na mente e no corpo de Felícia. Não se pode especificar a data exata de sua morte, mas deve ter sido antes de 9 de outubro. Nesse dia, o arcebispo de Benevento, que havia emprestado dinheiro a Felícia para a recuperação das propriedades Orsini, enviou uma carta de condolências a Francesco. Esta dizia: "Deus sabe o quanto lamento a morte da ilustríssima senhora Felícia, vossa mãe, a ponto de, na verdade, não haver nada que pudesse me causar tamanha tristeza. Tenho certeza de que todos os outros grandes homens da corte também estão profundamente consternados, pois, por muitas décadas, a bondade e a sabedoria dessa dama foram tais que não havia ninguém que se igualasse a ela nesta corte. A grande reputação que ela deixa deve nos dar algum consolo em nossa dor."[42] Nas palavras do arcebispo está implícita a sensação de que, com a morte de Felícia, outro tempo e lugar, a Roma de Júlio e Leão, ambos falecidos há muito, morria com ela.

Outros que prantearam sua morte também estavam ansiosos com relação às mudanças que viriam para eles agora que seus filhos haviam tomado as rédeas. O cardeal Contarini escreveu a Francesco para dizer que sua mãe sempre lhe havia enviado "uma quantidade do vinho de Bracciano, que sempre considerei adequado para meu gosto e meu estômago" e esperava que Francesco continuasse a fazer o mesmo.[43] Um bilhete semelhante, assinado "Agnellis" informava a Francesco que todos os anos Felícia havia enviado três frascos do tinto de Bracciano e três do branco espanhol, para sua casa e seus criados.[44] Em novembro, um empregado de Vicovaro, Hieronimo di Pompeo, pediu a Francesco se podia receber uma pequena quantidade de grãos, em memória de "nossa ilustríssima senhora [...] palavras não podem expressar o quanto estou triste, sua graça era tanta que toda vez em que me via, ela costumava dar-me mais carinho do que eu merecia, e eu e seus outros empregados ainda estamos chorando e sofrendo por sua morte".[45]

Felícia podia não ter deixado de atender constantemente a incontáveis pedidos, que não cessaram mesmo após sua morte. Mas não estar viva para ver o casamento de Girolamo foi, sem dúvida, diferente. Ausente durante grande parte do ano de 1536 em missões militares, incluindo o momento da morte de sua mãe, ele só veio a casar-se com Francesca

Sforza em outubro de 1537, quando já se havia passado um ano do falecimento de Felícia. A demora foi, em parte, um sinal de respeito a ela e, em parte, porque as negociações haviam estado tão completamente em suas mãos que foi necessário algum tempo para retomá-las. O casamento foi um evento suntuoso; a neta do papa Paulo III foi enfeitada com ornamentos de ouro desenhados pelo ourives do papa, Benvenuto Cellini. Girolamo veio a falecer poucos anos depois do casamento, deixando, porém, um herdeiro, Paolo Giordano, cuja vida turbulenta fez com que as façanhas de seu pai parecessem insignificantes. Paolo Giordano, por sua vez, teve um filho e herdeiro e, assim, o sangue da filha do papa correu nas veias das subsequentes gerações Orsini.

Epílogo

O legado de Felícia

Felícia não teve a alegria de estar viva para presenciar o casamento de Girolamo ou o nascimento de seu primeiro neto, mas foi poupada de ver os destinos de seus outros filhos. Júlia teve um fim trágico, estrangulada em 1539 pelo príncipe de Bisignano, frustrado pela incapacidade de sua esposa de lhe dar um filho homem.[1] Francesco, depois da morte da mãe, teve um declínio, talvez inevitável, entregando-se a uma vida dissoluta e corrupta. A despeito dos laços familiares, o papa Paulo III o condenou à morte em 1543, mas ele se salvou fugindo para o exílio, vindo a morrer em 1567. Não se sabe quando Clarice morreu, mas deve ter sido antes do marido, o príncipe de Stigliano, pois este veio a ter uma segunda esposa, Lucrezia del Tufa. Se Felícia ainda estivesse viva, sua presença poderia ter evitado o assassinato de Júlia e o declínio de Francesco. Mas não haveria muito a fazer, e a morte chega para todos. Durante sua vida tumultuada, Felícia della Rovere por certo fez tudo o que pôde por sua família. Contudo, não poderia controlar um futuro do qual não tinha como participar.

Até agora, Felícia della Rovere teve seu repouso após a morte, gerando poucos comentários. Seus filhos, no entanto, tinham esperanças de que ela teria continuidade em suas próprias filhas, as netas de Felícia, nas quais suas características — força, inteligência, vontade, respeito e senso de compromisso — se reproduziriam. Júlia e Girolamo tiveram meninas que batizaram como Felícia; Guidobaldo della Rovere também a homenageou dando seu nome a uma de suas filhas ilegítimas. Nenhuma delas teve uma vida tão extraordinária quanto a de sua destemida xará. Porém, se Felícia tivesse tido a oportunidade de ter uma favorita, talvez escolhesse a filha de Girolamo, cuja combinação de encanto e inteligência fazia lembrar sua tia Clarice. Dentre todas as filhas da família Orsini é essa Felícia que é elogiada por Francesco Sansovino em sua *História da casa Orsini*, de 1565. Ele a louva com essas palavras, que indicam o que ele julgava ser a fonte de suas boas qualidades: "Esta dama tem o mesmo nome da avó, que foi a filha do papa Júlio II. E não só tem o mesmo nome, mas também a nobreza de seus pensamentos, a grandeza de sua alma e a excelência de suas maneiras nobres, que a incluem entre as figuras mais ilustres da família Orsini."[2]

Na década de 1560, a memória de Felícia della Rovere ainda estava viva para os que a haviam conhecido. Catarina de Medici havia se tornado regente da França, após várias décadas de vergonha e humilhação por parte de seu marido Henrique II e sua amante Diane de Poitiers. Quando tinha 3 anos de idade, Catarina havia passado alguns meses aos cuidados de Felícia e guardou boas lembranças, o suficiente para escrever uma década depois para congratular-se com Felícia pelo casamento de sua "irmã" Clarice. Quando Catarina finalmente chegou ao poder, suas recordações de Felícia podem ter servido para inspirá-la, e é interessante notar o quanto elas tinham em comum. Ambas sabiam o que era ser uma forasteira; ambas nutriam grande antipatia pelos parentes de seus respectivos maridos, e tratavam impiedosamente aqueles que imaginavam ser uma ameaça ao seu domínio. As duas foram também, indubitavelmente, dedicadas à sua prole, e seus filhos homens se mostraram bem menos capazes do que elas próprias. Felícia teria compreendido perfeitamente tudo o que Catarina achou que precisava fazer, todos os atos que a tornaram monstruosa aos olhos da história.

Ambas, em maior ou menor grau, eram *principesse* maquiavelianas. Se Elizabeth I teve conhecimento da vida de Felícia della Rovere é discutível, mas também encontramos paralelos entre a italiana e a inglesa. Ambas tiveram um relacionamento complicado com seus pais, um rei, o outro papa, e quando jovens passaram algum tempo marginalizadas, incertas quanto ao seu futuro. Ambas tiveram experiências que só serviram para aumentar sua determinação e ambição.

Felícia, no entanto, ao contrário de Catarina ou Elizabeth, foi quase esquecida pela história. Sua posição, é verdade, era bem inferior; ela governava uma família, e não uma nação. E fez algo mais que contribuiu para esse esquecimento: essencialmente, ela sacrificou seu legado pessoal pelo bem de seus filhos. Vendeu seus bens pessoais para conseguir a devolução das propriedades Orsini e fez um testamento de extraordinária simplicidade e humildade. Nenhuma edificação tem o seu nome ou seu brasão; não existem retábulos nos quais ela seja retratada como doadora. Contudo, sua história foi preservada em todos os seus detalhes surpreendentes, aguardando ser descoberta em um arquivo em Roma.

São esses detalhes que permitem que Felícia, a filha bastarda de um papa, nos traga ensinamentos, tanto quanto uma rainha da Inglaterra ou da França, ou uma ambiciosa marquesa de Mântua. Felícia tem muitas lições a oferecer sobre autoconfiança, sobre manter-se firme em suas posições, sabendo quando, e quando não, fazer concessões, e sobre o valor do decoro, ou *bella figura, sprezzatura*. Se algumas vezes ela inspira temor, sempre é digna de admiração e respeito. Pode ter sido necessário quase meio milênio para tirá-la do esquecimento, mas a espera valeu a pena. Seu arquivo de papéis empoeirados ainda está lá em Roma, para ser examinado pelo estudioso eventual, e Roma e seus arredores estão repletos de lembranças dela. Viajando a Bracciano, pode-se ver a fonte que ela mandou construir, que hoje está vinculada a uma lavanderia do século XIX. O castelo ainda está lá; as visitas guiadas nunca mencionam Felícia, mas foi lá que ela deu à luz seus filhos, para onde mandou confeccionar suas tapeçarias, além de ter providenciado sua limpeza e a renovação da pintura. Em Roma, pode-se passar pelo Palazzo de Cupis na Piazza Navona e imaginar a jovem filha do cardeal espreitando pelas janelas superiores, ou parar para apreciar o palácio no topo do monte Giordano e ver a *signora* Orsini no alto da rampa da entrada, distribuindo pacotes de Natal aos empregados. E quem tiver a oportunidade de ver a *A Missa de Bolsena*, de Rafael, nos apartamentos que Júlio II ocupou no Palácio do Vaticano, poderá localizar entre as figuras do afresco uma jovem de cabelos escuros com o olhar fixo em seu pai, o papa.

Bibliografia

FONTES ARQUIVÍSTICAS

Roma

Archivio di Stato Capitolino (ASC): *Archivio Orsini*.
Archivio di Stato di Roma (ASR): *Archivio del Collegio dei Notai; Archivio Santa Croce*.
Biblioteca Angelica: MS 1349.

Florença

Archivio di Stato di Firenze (ASF): *Mediceo Avanti il Principato; Ducato di Urbino, Classe Prima*.

Mântua

Archivio di Stato di Mantova (ASM): *Archivio Gonzaga*.

Los Angeles

Universidade da Califórnia, Los Angeles (UCLA), Special Collections (Coleções Especiais): 902, *Orsini Archive*.

OBRAS IMPRESSAS

Achillini, Giovanni Filiteo, *Viridario*, Bolonha, 1513.
Ait, Ivana, e Manuel Vaquero Piñeiro, *Dai casali alla fabbrica di San Pietro, i Leni: uomini d'affari del Rinascimento*, Roma, 2000.

Albertini, Francesco, *Oposculum de mirabilibus novae et veteris urbis Romae*, Roma, 1515.
Allegrezza, Franca, *Organizzazione del potere e dinamiche familiari; gli Orsini dal duecento agli inizi del Quattrocento*, Roma, 1998.
Assereto, G. (org.), *Cronache savonesi*, Savona, 1887.
Bandello, Matteo, *Novelle*, Alessandria, 1992.
Bari, Hubert, et al., *Diamanti; Arte, Storia, Scienza*, Roma, 2002.
Barocchi, P., e R. Ristori (orgs.), *Il carteggio di Michelangelo*, 5 vols.; Florença, 1965-83.
Beaune, Colette, "François de Paule et les roix de France", em Yves Bruley (org.), *La Trinité-des-Monts redécouverte*, Roma, 2002.
Bell, Rudolph M., *How to Do It; Guides to Good Living for Renaissance Italians*, Chicago, 1999.
Bellonci, Maria, *Lucrezia Borgia; La sua vita e I suoi tempi*, Milão, 1939.
_____. *Lucrezia Borgia*, Londres, 1953.
Benzi, Fabio (ed.), *Sisto IV: Le arti a Roma nel primo rinascimento*, Roma, 2000.
Bianchi, Lidia, *La villa papale della Magliana*, Roma, 1942.
Bini, Daniele (org.), *Isabella d'Este primadonna del Rinascimento*, Modena, 2001
Bisticci, Vespasiano da, *Lives of Illustrious Men*, Londres, 1926.
Bloodgood, Linda Fleitmann, *The Saddle of Queens; The Story of the Side Saddle*, Londres, 1959.
Bober, Phyllis Pray e Rubenstein, Ruth, *Renaissance Artists and Antique Sculpture; A Handbook of Sources*, Oxford e N. York, 1986.
Bosticco, Sergio, et al., *Piazza Navona; Isola dei Pamphilij*, Roma, 1978.
Brummer, Hans Henrik, *The Statue Court in the Vatican Belvedere*, Estocolmo, 1970.
Bullard, Melissa Meriam, "Grain Supply and Urban Unrest in Renaissance Rome: The Crisis of 1533-1534", em P. A. Ramsey (org.), *Rome in the Renaissance; The City and the Myth*, Binghampton, N. York, 279-92.
Burckhardt, Jacob, *The Civilization of the Renaissance in Italy*, N. York, 2002.
Campana, Augusto, "Dal Calmeta al Colocci", em Trezzini et al. (orgs.), *Tra Latino e volgare per Carlo Dionisotti*, Pádua, 1974.
Campbell, Thomas P., *Tapestry in the Renaissance; Art and Magnificence*, New Haven, 2002.
Caprile, Giovanni, *Villa Malta, dall'antica Roma a "civiltà cattolica"*, Roma, 1999.
Cartwright, Julia, *Isabella d'Este*, Londres, 1903.
Castiglione, Baldassare, *The Courtier of Counte Baldassare Castiglione*, Londres, 1603.
_____ *The Book, of the Courtier*, trad. George Bull, 1976.
Cavallero, Anna, et al., *Bracciano e gli Orsini nel' 400*, Roma, 1981.
Ceci, Giuseppe, e Benedetto Croce, *Lode di dame napoletane del decimosesto*, Nápoles, 1894.
Celletti, Vincenzo, *Gli Orsini di Bracciano*, Roma, 1963.

Cellini, Benvenuto, *My Life*, trad. e org. Julia Conway Bondanella e Peter Bondanella, Oxford e N. York, 2002.
Cerisola, Nello, *Storia di Savona*, Savona, 1983.
Cerretani, Bartolomeo, *Ricordi*, org. Giuliana Berti, Florença, 1993.
Chamberlin, E. R., *The Sack of Rome*, Londres, 1979.
Chastel, André, *The Sack of Rome, 1527*, Princeton, 1983.
Coffin, David, *The Villa in the Life of Renaissance Rome*, Princeton, 1979.
Condivi, Ascanio, *The Life of Michelangelo*, trad. e org. Alice Sedgwick Wohl e Hellmut Wohl, University Park, PA, 1999.
Cook, Bill, et al., *All the Queen's Horses*, Prospect, KY, 2003.
Coppi, A., "Alsio, Palo e Palidoro", *Dissertazioni della pontificia academia romana di archeologia*, VII, 1836.
Cornini, Guido, et al., *Raphael in the Apartments of Julius II and Leo X*, Milão, 1993.
Curia, Rosario, *Bisignano nella storia del Mezzogiorno: dalle origini al xix secolo*, Cosenza, 1985.
D'Amico, John F., *Renaissance Humanism in Papal Rome: Humanists and Churchmen on the Eve of the Reformation*, Londres e Baltimore, 1973.
De Cupis, Cesare, *Regesto degli Orsini secondo documenti conservati nell'archivio della famiglia Orsini e nell'Archivio Segreto Vaticano*, Sulmona, 1903.
De Vecchi, Pierluigi (org.), *The Sistine Chapel; A Glorious Restoration*, N. York, 1994.
Dennis, George, *The Cities and Cemeteries of Etruria*, Londres, 1848.
Dent, Anthony, et al., *The Reign of the Horse: The Horse in Print, 1500-1715*, Washington, DC, 1991.
Duffy, Eamon, *Saints and Sinners: A History of the Popes*, Londres, 1997.
Dunkerton, Jill, e Michael Hirst, *The Young Michelangelo*, Londres, 1994.
Egger, Herman, *Römische Verduten: Handzeichnungen aus dem XV, bis XVIII Jahrhundert zur Topographie der Stadt Rom*, Viena, 1931-32.
Eiche, Sabine, "Fossombrone, Part I: Unknown Drawings and Documents for the *Corte* of Leonora Gonzaga, Duchess of Urbino and her Son, Giulio della Rovere", em *Studi di Storia dell'Arte*, 2, 1991, 103-28.
_____ (org.), *Ordine et officij de casa de lo illustrissimo Signor Duca de Urbino*, Urbino, 1999
Erasmus, Desiderio, *Julius Exclusus*, org. Paul Pascal e J. Kelley Sowards, Bloomington e Londres, 1968.
Evitascandalo, Cesare, *Il Maestro di Casa, dialogo. Nel quale si contine di quanto il maestro di casa dev'essere istrutto e quanto deve sapere ciascun altro che voglia esecitare offitio in corte*, Viterbo, 1620.
Feliciangeli, B., *Notizie e documenti sulla vita di Caterina Cibo-Varano*, Camerino, 1891.
Ferino Padgen, Silvia (org.), *Vittoria Colonna; Dichterin und Muse Michelangelos*, Viena, 1997.

Fernández, Henry Dietrich, "The Patrimony of Saint Peter: The Papal Court in Rome", John S. Adamson (org.), Londres, *The Princely Courts of Europe*, 2000, 140-163.

_____ *Bramante's Architectural Legacy in the Vatican Palace; A Study in Papal Routes*, tese de doutorado (Ph.D.), University of Cambridge, 2003.

Ferrajoli, Alessandro, *Il ruolo della corte di Leon*, Roma, 1984.

Firenze, Fra Mariano da, *Itinerarium urbis romae*, org. E. Buletti, Roma, 1931.

Firenzuola, Agnelo, *Opere*, Florença, 1958.

Frapiccini, David, "Il Cardinale Girolamo Basso della Rovere e la sua cerchia tra contesti marchigiani e romani", em Marco Gallo (org.), *I cardinali di santa romana chiesa; collezionisti e mecanati*, Roma, 2001.

Frettoni, M., "Felice della Rovere", em *Dizionario biografico degli italiani*, Roma, 1989, 337-8.

Frommel, Christopher Luitpold, *Der Römische Palastbau der Hochrenaissance*, 3 vols., Tübingen, 1973.

Gennaro, Clara, "La 'Pax Romana' del 1511", *Archivio della società romana di storia patria*, xc, 1967, 2-60.

Giaccone, Carla Michelli, *Bracciano e il suo castello*, Roma, 1990.

Giustiniani, Antonio, *Dispacci di Antonio Giustinian*, Florença, 1876.

Gnoli, Domenico, *La Roma di Leon X*, Roma, 1938.

Gouwens, Kenneth, *Remembering the Renaissance; Humanist Narratives of The Sack of Rome*, Leiden, 1998.

Guicciardini, Luigi, *The Sack of Rome*, trad. James H. McGregor, N. York, 1983.

Guidoni, Enrico, "Michelangelo: La vita contemplativa (Vittoria Colonna) e la vita attiva (Faustina Manici) nel monumento a Giulio II in S. Pietro in Vincoli", *Strenna dei Romanisti*, MMDCCVI., abril de 2000, 321-38.

Hale, John, et al., *L'età della Rovere; V convegno storico savonese*, Savona, 1985.

Haskins, Susan, "Isabella d'Este", em Jill Berk Jiminez (org.), *Dictionary of Artists' Models*, Londres, 2001.

Hatfield, R., *The Wealth of Michelangelo*, Roma, 2002.

Hirst, Michael, e Jill Dunkerton, *The Young Michelangelo*, Londres 1994.

Hook, Judith, *The Sack of Rome, 1527*, Londres, 1972.

Ingersoll, Richard, *The Ritual Use of Public Space in Renaissance Rome*, Ann Arbor, 1985.

Krautheimer, Richard, *Rome; Profile of a City, 312-1308*, Princeton, 1980.

Lanciani, Rodolfo, *Storia Scavi di Roma*, 7 vols., Roma, 1989-2002.

Litta, Pompe, *Le famiglie celebri italiane*, Milão, 1868, vols. 7, 9.

Luzio, Alessandro, *Isabella d'Este ed il Sacco di Roma*, 1908.

_____, *Isabella d'Este di fronte a Giulio II negli ultimi tre anni del suo pontificato*, Milão, 1912.

Luzio, Alessandro, e Rodolfo Renier, *Mantova e Urbino; Isabella d'Este ed Elizabetta Gonzaga nelle relazioni famigliari e nelle vicende politiche*, Turim/Roma, 1893.

Macdougall, Elizabeth B., "The Sleeping Nymph: Origins of a Humanist Fountain", *Art Bulletin*, LVII, 1975, 357-65.

Machiavelli, Niccolò, *The Prince (O príncipe)*, Londres, 1975.

Magnuson, Torgil, *Studies in Roman Quattrocento Architecture*, Estocolmo, 1958.

Mallett, Michael, *The Borgia; The Rise and Fall of a Renaissance Dynasty*, Londres, 1969.

———, *Mercenaries and their Masters; Warfare in Renaissance Italy*, Londres, 1974.

Marcucci, Roberto, *Francesco Maria della Rovere*, Senigallia, 1903.

Marucci, Valerio (org.), *Pasquinate del cinque e seicento*, Roma, 1988.

Mazari, Mario (org.), *Navi di legno; Evoluzione tecnica e sviluppo della cantieristica nel Mediterraneo dal XVI secolo a oggi*, Trieste, 1998.

Mena Marqués, Manuela, *Sebastiano del Piombo e l'España*, Madri, 1995.

Milanesi, Carlo (org.), *Il Sacco di Roma del MDXXVII*, Florença, 1867.

Millon, Henry, et al. (orgs.), *The Renaissance from Brunelleschi to Michelangelo; The Representation of Architecture*, Milão, 1994.

Minois, Georges, *Anne de Bretagne*, Paris, 1999.

Mode, Robert, "Masolino, Uccello and the Orsini Uomini Famosi", *Burlington Magazine*, 114, 1972, 369-78.

Moncallero, G. L., *Epistolario di Bernado Dovizi da Bibbiena*, I, Florença, 1935.

Muntz, Eugène, *La tiare pontificale du VIIIe au XVI siècle; extrait des mémoires de l'Académie des inscriptions et belles-lettres*, Paris, 1897.

Musacchio, Jacqueline Marie, *The Art and Ritual of Childbirth in Renaissance Italy*, New Haven/Londres, 1999.

Nolhac, Pierre de, "Les Correspondents d'Alde Manuce", em *Studi e documenti di storia e diritto*, 8, 1887.

Panizza, Letizia (org.), *Women in Italian Renaissance Culture and Society*, Oxford, 2000.

Partner, Peter, *Renaissance Rome, 1500-1555*, Berkeley, 1976.

———, *The Pope's Men: The Papal Civil Service in the Renaissance*, Oxford, 1990.

Partridge, Loren W., e Randolph R. Starn, *A Renaissance Likeness; Art and Culture in Raphael's Julius II*, Berkeley, 1980.

Paschini, Pio, *Roma nel Rinascimento*, Bolonha, 1940.

Pastor, Ludwig, *The History of the Popes*, Londres, 1894-97, vols. IV-VIII.

Pazzelli, Raffaelle, *St Francis and the Third Order: The Franciscan and pre-Franciscan Penitential Movement*, Chicago, 1989, 70-3.

Pecchiai, Pio, *Roma nel Cinquecento*, Roma, 1948.

———, *Palazzo Taverna a Monte Giordano*, Roma, 1963.

Perogalli, C., *Castelli del Lazio*, Milão, 1968.

Petrucci, F., "Gian Domenico de Cupis", em *Dizionario biografico degli italiani*, Roma, 1989, 602-5.

Pieri, P., "Jacopo Appiano", em *Dizionario biografico degli italiani*, Roma, 1961, 629-31.

Pon, Lisa, *Raphael, Dürer and Marcantonio Raimondi; Copying and the Italian Renaissance Print*, Londres e New Haven, 2004.

Reiss, Sheryl, "Cardinal Giulio de' Medici and Mario Maffei: A Renaissance Friendship and the Villa Madama", em Lars R. Jones e Louisa C. Matthew (orgs.), *Coming About ... A Festschrift for John Shearman*, Cambridge, 2002, 281-8.

Rodocanachi, E., *La Première Renaissance; Rome au temps de Julius II et de Leon X*, Paris, 1912.

——— . *Le pontificat de Julius II*, Paris, 1928.

Romano, P., e P. Partini, *Piazza Navona nella storia e nell'arte*, Roma, 1947.

Roscoe, William, *The Life and Pontificate of Leo the Tenth*, Londres, 1888.

Rowland, Ingrid D., *The Culture of the High Renaissance; Ancient and Moderns In Sixteenth Century Rome*, Cambridge, 1998.

Sansovino, Francesco, *L'historia di casa Orsini*, Veneza, 1565.

Sanuto, Marino, *I diarii di Marino Sanuto (1496-1533)*, Veneza, 1879-1903.

Scaraffia, Lucetta, *Loreto*, Bolonha, 1998.

Schiavo, Armando, "I Rovereschi alla 'Mesa di Bolzena' di Raffaello", *Lunario Romano*, 1980, 301-64.

———, "Donna Felice della Rovere in ritratti di Raffaello e Michelangelo", *L'Urbe*, 47, 1984.

Shaw, Christine, *The Political Role of the Orsini Family in the Papal States, c. 1480-1534*, Ph.D., Oxford, 1983.

———, *Julius II: The Warrior Pope*, Oxford, 1993.

Shearman, John, "The Vatican Stanze, Functions and Decorations", em *Proceedings of the British Academy*, 57, 1971.

———, *Only Connect; Art and the Spectator in the Italian Renaissance*, Princeton, 1992.

———, "Una nota sul progetto di Papa Giulio", em *Michelangelo; La Capella Sistina documentazione e interpretazioni*, III, Novara, 1994, 29-36.

Simpson, W. A., "Cardinal Giordano Orsini as a Prince of the Church and a Patron of the Arts", *Journal of the Warburg and Courtauld Institutes*, 29, 1966, 136-7.

Stinger, Charles, *The Renaissance in Rome*, Bloomington, 1998.

Strabo (Estrabão), *Geography*, trad. Horace Leonard Jones, Cambridge, MA, 1948.

Testa, Laura, "Gli affreschi absidali della chiesa di Sant'Onofrio al Gianicolo: committenza, interpretazione et attribuzione", em *Storia dell'arte*, 1990, 171-86.

Tolnay, Charles de, *The Tomb of Julius II*, Princeton, 1954.

———, *Michelangelo; The Final Period, Last Judgement*, Princeton, 1971.

Tomas, Natalie, *The Medici Women; Gender and Power In Renaissance Florence*, Burlington, VT, 2003.

Triff, Kristin, *Patronage and Public Image in Renaissance Rome: Three Orsini Palaces*, Ann Arbor, 2000.

Uhl, Alois, *Papstkinder; Lebensbilder aus der Zeit der Renaissance*, Düsseldorf, 2003.

Urago, Benito, *Stigliano sotto gli Spagnuoli*, Stigliano, 1964.

Valone, Carolyn, "The Art of Hearing: Sermons and Images in the Chapel of Lucrezia della Rovere", em *Sixteenth Century Journal*, XXI, 3, 2000.

―――, "Why Women Built in Early Modern Rome", em Sheryl Reiss e David Wilkins (orgs.), *Beyond Isabella; Secular Women Patrons of Art in Renaissance Italy*, Kirksville, MO, 2001.

Varaldo, Carlo, *Istoria d'arte del centro storico di Savona*, Savona, 1995.

Vasari, Giorgio, *Le vite de' più eccelenti pittori, scultori ed architettori*, edição de 1568, Florença, 1878-85.

―――, *Lives of the Painters, Sculptors and Architects*, trad. Gaston de Vere, org. David Ekserdjian, N. York, 1996, I.

Vattasso, Marco, "Antonio Flaminio e le principali poesie dell'autografo Vaticano 2870", *Studi e testi*, I, 1900, 55-6.

Venturi, Aldo, "Gian Cristoforo Romano", *Archivio storico dell'arte*, I, 1888.

Westfall, Carroll William, *In This Most Perfect Paradise: Alberti, Nicolas V, and the Invention of Conscious Urban Planning in Rome, 1447-1455*, University Park, PA, 1974.

INFORMAÇÕES BASEADAS NA INTERNET

http://digilander.libero.it/adamaney/immaginisavonaedintorni/dellarovere.htm
http://www.martignano.com/casale%20di%20Martignano.htm@end:

Notas

PARTE I: A FILHA DO CARDEAL

1. O pai de Felícia

   1. A mais recente biografia de Júlio II é *Julius II: The Warrior Pope (Júlio II: o papa guerreiro)*, de Christine Shaw, Oxford, 1993.
   2. Este relato da carreira de Francesco della Rovere, depois papa Sisto IV, foi adaptado da obra de Ludwig Pastor, *The History of the Popes (A história dos papas)*, Londres, 1894-97, IV 197 ono.
   3. Ibid., 235.
   4. Pio Paschini, *Roma nel Rinascimento*, Bolonha, 1940, 245.
   5. Carta de Giovanni Pietro Arrivabene, emissário de Mântua, citada em Pastor, IV, 269.
   6. Shaw, 9-50.
   7. Desiderio Erasmus, *Julius Exclusus*, organizado por Paul Pascal e J. Kelley Sowards, Bloomington/Londres, 1968, 60.
   8. Paschini, 313.
   9. Para uma compilação recente dos filhos de papas, ver Alois Uhl, *Papstkinder; Lebensbilder aus der Zeit der Renaissance*, Düsseldorf, 2003.

2. A mãe de Felícia

   1. Ver F. Petrucci, "Gian Domenico de Cupis" e M. Frettoni, "Felice della Rovere" no *Dizionario biografico degli italiani*, Roma, 1987, 1989; 602-5 e 337-8.
   2. Richard Krautheimer, *Rome; Profile of a City, 312-1308*, Princeton, 1980, 51.
   3. Raffaelle Pazzelli, *St Francis and the Third Order: The Franciscan and pre-Franciscan Penitential Movement*, Chicago, 1989.

3. O nascimento de Felícia

1. P. Romano e P. Partini, *Piazza Navona nella storia e nell'arte*, Roma, 1947, 79.

4. O padrasto de Felícia

1. Laura Testa, "Gli affeschi absidali della chiesa di Sant'Onofrio al Gianicolo: committenza, interpretazione et attribuzione", em *Storia Dell'Arte*, 1990, 171-86.
2. Cesare Evitascandalo, *Il Maestro di Casa, dialogo. Nel quale si contine di quanto il maestro di casa dev'essere istrutto e quanto deve sapere ciascun altro que voglia esecitare offitio in corte*, Viterbo, 1620.
3. David Frapiccini, "Il Cardinale Girolamo Basso della Rovere e la su cerchia tra contesti marchigiani e romani", em *I Cardinali di santa romana chiesa; collezionisti e mecanati*, Marco Gallo (org.), Roma, 2001, 8-23.
4. Para a história da Piazza Navona, ver P. Romano e P. Partini, *Piazza Navona nella storia e nell'arte*, Roma, 1947, e Sergio Bosticco et al., *Piazza Navona; Isola dei Pamphilij*, Roma, 1978.
5. Francesco Albertini, *Oposculum de mirabilibus novae et veteris urbis Romae*, Roma, 1515, 88v.
6. Ascanio Condivi, *The Life of Michelangelo*, trad. e org. Alice Sedgwick Wohl e Hellmut Wohl, University Park, PA (EUA), 1999, 6-7.

5. Roma no tempo de Felícia

1. Para uma história de Roma nos séculos XIV e XV, ver Richard Krautheimer, *Rome; Profile of a City, 312-1308*, Princeton, 1980, assim como, entre outros, Pio Paschini, *Roma nel Rinascimento*, Bolonha, 1940, e Torgil Magnuson, *Studies in Roman Quattrocento Architecture*, Estocolmo, 1958.
2. Eugène Muntz, *La tiare pontificale du VIIIe au XVIe siècle; extrait des mémoires de l'Académies des inscriptions et belles-lettres*, Paris, 1897.
3. Vespasiano da Bisticci, *Lives of Illustrious Men*, Londres, 1926, 29-30.
4. Paschini, 162.
5. Magnuson, 47.
6. Ibid., 35-6.
7. Carroll William Westfall, *In This Most Perfect Paradise: Alberti, Nicolas V, and the Invention of Conscious Urban Planning in Rome, 1447-1455*, University Park, PA, 1974.
8. Giorgio Vasari, *Lives of the Painters, Sculptors and Architects*, tradução de Gaston de Vere, org. por David Ekserdjian, N. York, 1996, I, 87.

9. Henry Dietrich Fernández (trad.), *Bramante's Architectural Legacy in the Vatican Palace; A Study in Papal Routes*, tese de doutorado (Ph.D.), University of Cambridge, 2003, apêndice.
10. Para o mais recente registro abrangente do patrocínio de Sisto, ver Fabio Benzi (org.), *Sisto IV: Le arti a Roma nel primo rinascimento*, Roma, 2000.

6. A infância de Felícia

1. Ver Peter Partner, *The Pope's Men: The Papal Civil Service in The Renaissance*, Oxford, 1990.
2. Christine Shaw, *Julius II: The Warrior Pope*, Oxford, 1993, 51-79.
3. Ludwig Pastor, *The History of the Popes*, Londres, 1984, V, 242.

7. Os Borgia entram em cena

1. Ver Michael Mallett, *The Borgia; The Rise and Fall of a Renaissance Dynasty*, Londres, 1969.
2. Maria Bellonci, *Lucrezia Borgia*, Londres, 1953, 110.

8. A partida de Felícia

1. Pio Paschini, *Roma nel Rinascimento*, Bolonha, 1940, 318.
2. Ludwig Pastor, *The History of the Popes*, Londres, 1894, V, 424.
3. Sobre os anos de Giuliano no exilio, ver Christine Shaw, *Julius II, The Warrior Pope*, Oxford, 1993, 81-115.
4. Mario Mazari (org.), *Navi di legno; Evoluzione tecnica e sviluppo della cantieristica nel Mediterraneo dal XVI secolo a oggi*, Trieste, 1998.

9. Felícia adolescente

1. Nello Cerisola, *Storia di Savona*, Savona, 1983.
2. Carlo Varaldo, *Istoria d'arte del centro storico di Savona*, 1995.
3. http://digilander.libero.it/adamaney/immaginisavonaedintorni/dellarovere.htm.

10. O primeiro casamento de Felícia

1. Antonio Giustiniani, *Dispacci di Antonio Giustinian*, Florença, 1876, III, 393 ono, considerações mais detalhadas na Parte II, Cap. 4.

PARTE II: A FILHA DO PAPA

1. O novo papa

1. Ludwig Pastor, *The History of the Popes*, Londres, 1894, VI, 131-4.
2. Ibid., 192.
3. Ibid., 208.
4. David Frapiccini, "Il Cardinale Girolamo Basso della Rovere e la sua cerchia tra contesti marchigiani e romani", em Marco Gallo (org.), *I cardinali di santa romana chiesa; collezionisti e mecanati*, Roma, 2001, 17.
5. Pastor, VI, 212.
6. Desiderio Erasmus, *Julius Exclusus*, org. Paul Pascal e J. Kelley Sowards, Bloomington/Londres, 1968, 83.
7. Giorgio Vasari, *Le vite de' più eccelenti pittori, scultori ed architettori*, edição de 1568, Florença, 1878-85, IV, 338.

2. A noiva relutante

1. Ludwig Pastor, *The History of the Popes*, Londres, 1894, VI, 223.
2. Ibid., 104-7.
3. Marino Sanuto, *I diarii di Marino Sanuto (1496-1533)*, Veneza, 1879-1903, V, 784.
4. Ibid., 844.
5. Para outros exemplos, ver Sheryl Reiss, "Cardinal Giulio de' Medici and Mario Maffei: A Renaissance Friendship and the Villa Madama", em Lars R. Jones e Louisa C. Matthew (orgs.), *Coming About ... A Festschrift for John Shearman*, Cambridge, 2002, 281-8.
6. David Frapiccini, "Il Cardinale Girolamo Basso della Rovere e la sua cerchia tra contesti marchigiani e romani", em Marco Gallo (org.), *I cardinali di santa romana chiesa; collezionisti e mecanati*, Roma, 2001, 17.
7. Ver P. Pieri, "Jacopo Appiano" em *Dizionario biografico degli Italiani*, Roma, 1961, 629-31.
8. Sanuto, V, 798.
9. Ibid., 935.
10. G. Assereto (org.), *Cronache savonesi*, Savona, 1887, 347.
11. Pastor, VI, 230.

3. As mulheres Della Rovere em Roma

1. Antonio Giustiniani, *Dispacci di Antonio Giustinian*, Florença, 1876, III, 129.
2. Ibid., 138.

3. Ibid., 143.
4. Henry Dietrich Fernández (trad.), *Bramante's Architectural Legacy in the Vatican Palace; A Study in Papal Routes*, tese de Ph.D. Universidade de Cambridge, 2003, apêndice.
5. Ver, entre outras fontes, a correspondência dos embaixadores de Mântua, ASM.
6. Hans Henrik Brummer, *The Statue Court in the Vatican Belvedere*, Estocolmo, 1970.
7. Alessandro Luzio e Rodolfo Renier, *Mantova e Urbino; Isabella d'Este ed Elizabetta Gonzaga nelle relazioni famigliari e nelle vicende politiche*, Turim/Roma, 1893, 159.
8. Giustiniani, 175.
9. Maria Bellonci, *Lucrezia Borgia; La sua vita e i suoi tempi*, Milão, 1939, 439-40.

4. O príncipe de Salerno

1. Christine Shaw, *Julius II: The Warrior Pope*, Oxford, 1993, 63-4.
2. Antonio Giustiniani, *Dispacci di Antonio Giustinian*, Florença, 1876, III, 393-4.
3. Ibid., 418.
4. Ibid.

5. Autopromoção

1. Agnolo Firenzuola, "Epistola a Claudio Tolomei", em *Opere*, Florença, 1958, 183.
2. Esta versão, *The Courtier of Counte Baldassare Castiglione*, Londres, 1603, é a que usei para as passagens traduzidas. Entre as versões mais facilmente acessíveis, temos *The Book of the Courtier*, tradução de George Bull, Londres, 1976.
3. Castiglione, Livro I.
4. Ibid.
5. Ibid., Livro II.
6. Ibid.
7 Ibid.
8. Ibid., Livro I.
9. Ibid. Ver também a introdução de A. R. Humphreys para *Much Ado About Nothing*, Londres, 1981, 16.
10. Como Lucrécia Borgia, Isabella d'Este gerou uma vasta literatura. Sua biografia mais abrangente, porém, ainda é a de Julia Cartwright, *Isabella d'Este*, Londres, 1903.
11. Sobre Isabella como benfeitora, ver Daniele Bini (org.), *Isabella d'Este primadonna del Rinascimento*, Modena, 2001.
12. Aldo Venturi, "Gian Cristoforo Romano", *Archivio storico dell'arte*, I, 1888, 149-50.
13. Susan Haskins, "Isabella d'Este", em Jill Berk Jiminez (org.), *Dictionary of Artists' Models*, Londres, 2001, 186.

6. A instrução de Felícia della Rovere

1. Giovanni Filiteo Achillini, *Viridario*, Bolonha, 1513, 195 r.
2. Augusto Campana, "Dal Calmeta al Colocci", em Trezzini et al. (orgs.), *Tra Latino e volgare per Carlo Dionisotti*, Pádua, 1974.
3. Ibid.
4. As cartas estão reproduzidas em Pierre de Nolhac, "Les Correspondents d'Alde Manuce", em *Studi e documenti di storia e diritto*, 8, 1887, 284-6.
5. Ibid.

7. Os Orsini entram em cena

1. Ver Michael Hirst e Jill Dunkerton, *The Young Michelangelo*, Londres, 1994.
2. Christoph L. Frommel, em Henry Millon et al. (orgs.), *The Renaissance from Brunelleschi to Michelangelo; The Representation of Architecture*, Milão, 1994, 400-1.
3. Ludwig Pastor, *The History of the Popes*, Londres, 1894, VI, 465.
4. Francesco Sansovino, *L'historia di casa Orsini*, Veneza, 1565.
5. Sobre a origem da família Orsini, ver Franca Allegrezza, *Organizzazione del potere e dinamiche familiari; gli Orsini dal duecento agli inizi del Quattrocento*, Roma, 1998.
6. Pio Pecchiai, *Palazzo Taverna a Monte Giordano*, Roma, 1963.
7. Para um apanhado geral dos palácios dos Orsini em Roma, ver Kristin Triff, *Patronage and Public Image in Renaissance Rome: Three Orsini Palaces*, Ann Arbor, 2000.
8. Robert Mode, "Masolino, Uccello and the Orsini Uomini Famosi", *Burlington Magazine*, 114, 1972, 369-78.
9. W. A. Simpson, "Cardinal Giordano Orsini as a Prince of the Church and a Patron of the Arts", *Journal of the Warburg and Courtauld Institutes*, 29, 1966, 136-7.

8. Gian Giordano

1. Francesco Sansovino, *L'historia di casa Orsini*, Veneza, 1565, 77.
2. Ver Michael Mallett, *Mercenaries and their Masters; Warfare in Renaissance Italy*, Londres, 1974.
3. B. Feliciangeli, *Notizie e documenti sulla vita di Caterina Cibo-Varano*, Camerino, 1891, 129.
4. Sansovino, 77.
5. Feliciangeli, 132.
6. ASC, *Archivio Orsini*, IIA, XX, 38.
7. Ibid., 41.

9. O casamento com Orsini

1. Marino Sanuto, *I diarii di Marino Sanuto (1496-1533)*, Veneza, 1879-1903, VI, 348.
2. O relato do casamento, por Paris de Grassi, é transcrito em Armando Schiavo, "Donna Felice della Rovere in ritratti di Raffaello e Michelangelo", *L'Urbe*, 47, 1984, 98, nota 11.
3. Alessandro Luzio e Rodolfo Renier, *Mantova e Urbino; Isabella D'Este ed Elizabetta Gonzaga nelle relazione famigliari e nelle vicende politiche*, Turim/Roma, 1893, 179.
4. Ibid., 179-80.
5. Schiavo, 99, nota 11.

PARTE III: FELIX DO CARVALHO E DO URSO

1. Uma noiva em Bracciano

1. Ver, entre outras obras, Anthony Dent et al., *The Reign of the Horse: The Horse in Print, 1500-1715*, Washington DC, 1991, e Bill Cook et al., *All the Queen's Horses*, Prospect, KY, 2003.
2. Para a história da sela feminina, ver Lida Fleitmann Bloodgood, *The Saddle of Queens; The Story of the Side Saddle*, Londres, 1959.
3. Para a história de Bracciano, ver Anna Cavallero et al., *Bracciano e gli Orsini nel' 400*, Roma, 1991, e Carla Michelli Giaccone, *Bracciano e il suo castello*, Roma, 1990.
4. Ver Franca Allegrezza, *Organizzazione del potere e dinamiche familiari; gli Orsini dal duecento agli inizi del Quattrocento*, Roma, 1998, e Christine Shaw, *The Political Role of the Orsini Family in the Papal States, c. 1480-1534*, Ph.D., Oxford, 1983.
5. Ludwig Pastor, *The History of the Popes*, Londres, 1894, IV, 518-19.
6. Marino Sanuto, *I diarii di Marino Sanuto (1496-1533)*, Veneza, 1879-1903, VI, 359.

2. Felícia e os Orsini

1. ASC, *Archivio Orsini*, I, 400, 46.
2. ASF, Acquisiti e Doni, 142, 8, No. 3.
3. ASC, *Archivio Orsini*, I, 400, 271.
4. Ibid., 272.

3. Felícia e Gian Giordano

1. ASC, *Archivio Orsini*, I, 93, 1.
2. E. Rodocanachi, *La Première Re'naissance; Rome au temps de Julius II et de Leon X* Paris, 1912, 398.

3. ASC, *Archivio Orsini*, I, 400, 46.
4. ASM, *Archivio Gonzaga*, 2996, Livro 30, 860, 87.
5. ASC, *Archivio Orsini*, IIA, XX, 51.
6. Ibid., 54.
7. Martino Sanuto, *I diarii di Martino Sanuto (1496-1533)*, Veneza, 1879-1903, VI, 616.
8. Só sabemos que esse menino foi chamado Júlio por uma carta escrita em 1528, referindo-se a ele como *quondam* (anterior, outrora). Ele já não estava vivo quando os outros filhos de Felícia nasceram, pois não é mencionado nas previsões de despesas com as crianças.

4. Reconciliação entre pai e filha

1. E. Rodocanachi, *La Première Renaissance; Rome au temps de Julius II et de Leon X*, Paris, 1912, 84.
2. Ibid., 398-9.
3. Richard Ingersoll, *The Ritual Use of Public Space in Renaissance Rome*, Ann Arbor, 1985, 136, nota 62.

5. O castelo de Palo

1. Ver David Coffin, *The Villa in the Life of Renaissance Rome*, Princeton, 1979; A. Coppi, "Alsio, Palo e Palidoro", *Dissertazioni della pontificia academia romana di archeologia*, VII, 1836, 377-86, e C. Perogalli, *Castelli del Lazio*, Milão, 1968, 129-30.
2. ASC, *Archivio Orsini*, IIA, XX, 56.
3. UCLA Special Collections, 902, *Orsini Archive*, Caixa 154.
4. George Dennis, *The Cities and Cemeteries of Etruria*, Londres, 1848.
5. http://www.martignano.com/casale%20di%20Martignano.htm

6. A empresária

1. Ivana Ait e Manuel Vaquero Piñeiro, *Dai casali alla fabbrica di San Pietro, i Leni: uomini d'affari del Rinascimento*, Roma, 2000.
2. UCLA Special Collections, 902, *Orsini Archive*, Caixa 154.

7. Embaixadora do Vaticano

1. Ver John Shearman, "The Vatican Stanze, Functions and Decorations", em *Proceedings of the British Academy*, 57, 1971.
2. Clara Gennaro, "La 'Pax Romana' del 1511", *Archivio della società romana di storia patria*, XC, 1967, 2-60.

3. E. Rodocanachi, *La Première Renaissance; Rome au temps de Julius II et de Leon X*, Paris, 1912, 84.
4. Christine Shaw, *Julius II: The Warrior Pope*, Oxford, 1993, 209-43.
5. Marino Sanuto, *I diarii di Marino Sanuto (1496-1533)*, Veneza, 1879-1903, VIII, 139.
6. Ibid., 135.
7. Ludwig Pastor, *The History of the Popes*, Londres, 1894, VI, 651.

8. Felícia e a rainha da França

1. Marino Sanuto, *I diarii di Marino Sanuto (1496-1533)*, Veneza, 1879-1903, IX, 496-7.
2. Ibid., XII, 301.
3. Baldassare Castiglione, *The Courtier of Counte Baldassare Castiglione*, Londres, 1603, II, 22.
4. Alessandro Luzio, *Isabella d'Este di fronte a Giulio II negli ultimi tre anni del suo pontificato*, Milão, 1912, 60.
5. Ibid., 83.
6. Ibid., 204.

9. Madona Felícia é tudo

1. G. L. Moncallero, *Epistolario di Bernado Dovizi da Bibbiena*, I, Florença, 1935, 338.
2. Ibid., 366.
3. Alessandro Luzio, *Isabella d'Este di fronte a Giulio II negli ultimi tre anni del suo pontificato*, Milão, 1912, 165.
4. Moncallero, 466.
5. ASM, *Archivio Gonzaga*, 2996, 30, 858, 552.
6. Marino Sanuto, *I diarii di Marino Sanuto (1496-1533)*, Veneza, 1879-1903, XII, 441.

10. Codinome Safo

1. Ludwig Pastor, *The History of the Popes*, Londres, 1894, VI, 327-8.
2. ASM, *Archivio Gonzaga*, 2996, vol. 30, 150.
3. Alessandro Luzio, *Isabella d'Este di fronte a Giulio II negli ultimi tre anni del suo pontificato*, Milão, 1912, 60.
4. ASM, *Archivio Gonzaga*, 860, 137.
5. Ibid., 129.
6. Ibid., 2996, 30, 42.
7. Ibid., 860, 141.
8. Ibid., 137.

11. O legado juliano

1. ASM, *Archivio Gonzaga*, 860, 468.
2. Ludwig Pastor, *The History of the Popes*, Londres, 1894, VI, 434.
3. Ver, entre outros relatos da morte de Júlio, Rodocanacchi, *Le pontificat de Julius II*, Paris, 1928, 178-80.
4. Ibid., 179.
5. Schiavo sugeriu que a mulher de corpo inteiro, inclinada na direção de Júlio, seria a representação de Felícia, mas é muito mais provável que seja a jovem de preto.
6. Marco Vatasso, "Antonio Flaminio e le principali poesie dell'autografo Vaticano 2870", *Studi e Testi*, I, 1900, 55-6.
7. Ingrid D. Rowland, *The Culture of the High Renaissance; Ancient and Moderns in Sixteenth Century Rome*, Cambridge, 1998, 180 ono [?].
8. Elizabeth B. Macdougall, "The Sleeping Nymph: Origins of a Humanist Fountain", *Art Bulletin*, LVII, 1975, 357-65.
9. Rowland, 183-4.
10. Ingrid D. Rowland, *The Culture of the High Renaissance; Ancient and Moderns in Sixteenth Century Rome*, Cambridge, 1998, 184.

12. Felícia, Michelangelo e o monte Pinciano

1. Ver, por exemplo, André Chastel, *The Sack of Rome, 1527*, Princeton, 1983, 200-7.
2. John Shearman, "Una nota sul progetto di Papa Giulio", em *Michelangelo; La Capella Sistina documentazione e interpretazioni*, III, Novara, 1994, 29-36.
3. Fra Mariano da Firenze, *Itinerarium urbis romae*, org. E. Buletti, Roma, 1931, 221.
4. Giorgio Vasari, *Lives of the Painters, Sculptors and Architects*, trad. Gaston de Vere, org. David Ekserdjian, N. York, 1996, vii, 174.
5. Charles de Tolnay, *Michelangelo; The Final Period, Last Judgement*, Princeton, 1971.
6. ASR, Archivio del Collegio dei Notai, Sabba Vanucci, 1836, 103r.
7. Colette Beaune, "François de Paule et les roix de France", em Yves Bruley (org.), *La Trinité-des-Monts redécouverte*, Roma, 2002.
8. Carolyn Valone, "The Art of Hearing: Sermons and Images in the Chapel of Lucrezia della Rovere", em *Sixteenth Century Journal*, XXI, 3, 2000, 759-61.
9. Ibid., 761-3.
10. Giovanni Caprile, *Villa Malta, dall'antica Roma a "civiltà cattolica"*, Roma, 1999.

PARTE IV: *PATRONA ET GUBERNATRIX*

1. Uma viagem a Loreto

   1. G. L. Moncallero, *Epistolario di Bernado Dovizi da Bibbiena*, I, Florença, 1935, 255.
   2. Lucetta Scaraffia, *Loreto*, Bolonha, 1998.
   3. David Frapiccini, "Il Cardinale Girolamo Basso della Rovere e la su cerchia tra contesti marchigiani e romani", em Marco Gallo (org.), *I Cardinali di santa romana chiesa; collezionisti e mecanati*, Roma, 2001, 16.
   4. Ver Rudolf M. Bell, *How to do It; Guides to Good Living for Renaissance Italians*, Chicago, 1999, 16 ono.
   5. ASC, *Archivio Orsini*, IIA, 1284, 68v.

2. Parto e sua sequência

   1. Jaqueline Marie Musacchio, *The Art and Ritual of Childbirth in Renaissance Italy*, New Haven/Londres, 1999.
   2. Rudolf M. Bell, *How to ' It; Guides to Good Living for Renaissance Italians*, Chicago, 1999, 129.

3. A filha do papa se torna amiga do papa

   1. ASF, *Mediceo Avanti il Principato*, Filza 117, fol. 153.
   2. Bartolomeo Cerretani, *Ricordi*, org. Giuliana Berti, Florença, 1993, 320.

4. O papa vai caçar

   1. E. Rodocanachi, *La Première Renaissance; Rome au temps de Julius II et de Leon X*, Paris, 1912, 61-71.
   2. Peter Partner, *Renaissance Rome, 1500-1555*, Berkeley, 1976, 94.
   3. Ivana Ait e Manuel Vaquero Piñeiro, *Dai casali alla fabbrica di San Pietro, i Leni: uomini d'affari del Rinascimento*, Roma, 2000, 147.
   4. ASC, *Archivio Orsini*, I, 83, 453.
   5. Ait e Piñeiro, 167, 174, 191, 208.
   6. Biblioteca Angelica, Roma: Paolo Nomentano, *Sylvicolae*, MS 1349, Ode XXIII.

5. A retribuição do papa

   1. ASC, *Archivio Orsini*, IIA, XXI, 27.

6. Senhora Orsini revisitada

1. ASC, *Archivio Orsini*, II, 1284.

7. A fonte de Bracciano

1. Carolyn Valone, "Why Women Built in Early Modern Rome", em Sheryl Reiss e David Wilkins (orgs.), *Beyond Isabella; Secular Women Patrons of Art in Renaissance Italy*, Kirksville, MO, 2001, 321, 332, n. 25.
2. UCLA Special Collections, *Orsini Archive*, Caixa 13, 3.
3. Kristin Triff, *Patronage and Public Image in Renaissance Rome: Three Orsini Palaces*, Ann Arbor, 2000, 328.

8. A arte da tapeçaria

1. UCLA Special Collections, 902, *Orsini Archive*, Caixa 13, 1.
2. ASC, 902, *Archivio Orsini*, IIA, XX, I, 55.

9. Contas pessoais

1. UCLA Special Collections, *Orsini Archive*, Caixa 13, 1.

10. Uma escrava na casa dos Orsini

1. ASR, *Archivio Santa Croce*, 771, 73.
2. ASC, *Archivio Orsini*, I, 93, 43.
3. Ibid., IIA, XXI, 44.
4. Ibid., 41.
5. Ibid., I, 93, 68.

11. Mais contas

1. ASR, *Archivio del Collegio dei Notai*, Sabba Vanucci, 1836, 103r.
2. Existem várias cópias do inventário; a melhor transcrição é de ASR, *Archivio Santa Croce*, 771, 95-107.

12. A mãe temporal

1. ASC, *Archivio Orsini*, I, 93, 111.
2. Ibid., 95, 314.

3. Ibid., 299.
4. Ibid., 318.
5. Ibid., 93, 151.
6. Ibid., 95, 196.
7. Ibid., 326.
8. Ibid., 95, 293.
9. Ibid., 93, 558.
10. Ibid., 93, 258.
11. Ibid., 477.
12. Ibid., 93, 130.
13. Ibid., 95, 240.
14. Ibid., 93, 211.
15. Ibid., 143.
16. Ibid., 167.
17. Ibid., 93, 357.
18. Ibid., 95, 164-70.
19. Ibid., 556.
20. Ibid., 95, 82.
21. Ibid., 369.
22. Ibid., 91.
23. Ibid., 487.

13. Statio

1. ASC, *Archivio Orsini*, I, 333.
2. Ibid., 400, 79.
3. Ibid., 76.
4. Ibid., 93, 43.
5. Estrabão, *Geography*, trad. Horace Leonard Jones, II, Cambridge, MA, 1948, 375.
6. ASC, *Archivio Orsini*, I, 96, 145.
7. Ibid., 95, 280.
8. Ibid., 93, 234.
9. Ibid., 287.
10. Ibid., 437.

14. Assuntos de família

1. ASC, *Archivio Orsini*, I, 48.
2. Valerio Marucci (org.), *Pasquinate del cinque e seicento*, Roma, 1988, 61, 84.

3. ASC, *Archivio Orsini,* I, 96, 360.
4. Matteo Bandello, *Novelle,* III, LXII, Alessandria, 1992.
5. ASC, *Archivio Orsini,* I, 96, 521.
6. Ibid., 95, 76.
7. Ibid., 93, 398.
8. Ibid., 147.
9. Ibid., 232.
10. Ibid., 105.
11. Ibid., 93, 56.
12. Ibid., 428.
13. Ibid., 261.
14. Ibid., 95, 202.
15. Ibid., 210.
16. Ibid., 429.
17. Ibid. 93, 147.
18. Ibid., II, 1285.

15. Dotes e a grande rainha

1. ASC, *Archivio Orsini,* IIA, XXI, 54.
2. Ibid., I, 93, 283.
3. Para uma história de Bisignano, ver Rosario Curia, *Bisignano nella storia del Mezzogiorno: dalle origini al xix secolo,* Cosenza, 1985.
4. ASC, *Archivio Orsini,* I, 93, 332.
5. E. Rodocanachi, *La Première Renaissance; Rome au temps de Julius II et de Leon X,* Paris, 1912, 84.
6. Marino Sanuto, *I diarii di Marino Sanuto (1496-1533),* Veneza, 1789-1903, xxx, 8.
7. ASC, *Archivio Orsini,* I, 93, 586.
8. Rodocanachi, 84.
9. Sanuto, xxx, 52.
10. ASC, *Archivio Orsini,* I, 93, 685.
11. Ibid., 95, 229.
12. Ibid., 95, 268.
13. Sanuto, xxx, 52.

16. Napoleone

1. ASC, *Archivio Orsini,* I, 400, 69.
2. Ibid., 93, 571.

3. E. Rodocanachi, *La Première Renaissance; Rome au temps de Julius II et de Leon X*, Paris, 1912, 84.

17. A tomada de Palo

   1. ASF, *Ducato di Urbino, Classe Prima*, 113V.
   2. Ibid., 108, 7, 10, 13.
   3. ASC, *Archivio Orsini*, I, 93, 673.
   4. ASF, *Ducato di Urbino, Classe Prima*, 7, 28.
   5. Ibid., 132, 11, 278.
   6. ASC, *Archivio Orsini*, I, 95, 226.
   7. Ibid., 98
   8. ASF, *Ducato di Urbino, Classe Prima*, 108, 7, 29.

18. A moratória papal

   1. ASC, *Archivio Orsini*, I, 95, 16.
   2. Ibid., 400, 40.
   3. UCLA Special Collections, 902, *Orsini Archive*, Caixa 25, 26.

PARTE V: DESTITUIÇÃO E RESTITUIÇÃO

1. Em oração

   1. ASC, *Archivio Orsini*, I, 95, 208.
   2. Ibid., 115.
   3. Ibid., II, 1931.

2. A queda de Roma

   1. Duas histórias fundamentais do Saque são: E. R. Chamberlin, *The Sack of Rome*, Londres, 1979, e Judith Hook, *The Sack of Rome,1527*, Londres, 1972.
   2. Luigi Guicciardini, *The Sack of Rome*, trad. James H. McGregor, N. York, 1983, 98.
   3. Ibid., 104.
   4. Ibid., 83-4.
   5. Ibid., 80.
   6. Marino Sanuto, *I diarii di Marino Sanuto (1496-1533)*, Veneza, 1879-1903, xxxxv, 45, 187.

3. Reféns

1. Pio Pecchiai, *Palazzo Taverna a Monte Giordano*, Roma, 1963, 20.
2. "Del Sacco di Roma, lettera del Cardinale di Como al suo segretario", em Carlo Milanesi (org.), *Il Sacco di Roma del MDXXVII*, Florença, 1867, 478-9.
3. Ibid., 483-4.
4. Ibid., 479.
5. Marino Sanuto, *I diarii di Marino Sanuto (1496-1533)*, Veneza, 1879-1903, xxxxv, 45, 191.
6. Milanesi, 480-81.

4. Fuga de Roma

1. Marino Sanuto, *I diarii di Marino Sanuto (1496-1533)*, Veneza, 1879-1903, xxxxv, 45, 208.
2. Ibid., xxxxiv, 277.

5. Fossombrone

1. ASC, *Archivio Orsini*, I, 95, 355.
2. ASF, *Ducato di Urbino, Classe Prima*, 108, 8, 2-4.
3. ASC, *Archivio Orsini*, I, 95, 334.
4. Ibid., 335.
5. Ibid., 342.
6. ASF, *Ducato di Urbino, Classe Prima*, 108, 8, 5.
7. ASC, *Archivio Orsini*, I, 95, 341.
8. Sabine Eiche (org.), *Ordine et officij de casa de lo illustrissimo Signor Duca de Urbino*, Urbino, 1999.
9. Sabine Eiche, "Fossombrone, Parte I: Desenhos e documentos desconhecidos para a *corte* de Leonora Gonzaga, duquesa de Urbino, e seu filho, Giulio della Rovere", em *Studi di Storia dell'Arte*, 2, 1991, 103-28.

6. Os exilados

1. ASC, *Archivio Orsini*, I, 95, 336.
2. Ibid., 377.
3. Ibid., 373.
4. Ibid., 334.
5. Alessandro Luzio, *Isabella d'Este ed Il Sacco di Roma*, 1908, 90.

6. ASC, *Archivio Orsini*, I, 95, 415.
7. ASM, *Archivio Gonzaga*, 2999, 47, 18.
8. Ibid., 19 e 27.
9. Ibid., 31.
10. Ibid., 2996, 876, 540.
11. ASC, *Archivio Orsini*, I, 95, 431.
12. Ibid., 507

7. O retorno a Roma

1. ASC, *Archivio Orsini*, I, 95, 489.
2. Ibid., 96, 35.
3. Ibid., II, 777.
4. Ibid., I, 400, 285.
5. Melissa Meriam Bullard, "Grain Supply and Urban Unrest in Renaissance Rome: The Crisis of 1533-1534", em P. A. Ramsey (org.), *Rome in the Renaissance; The City and the Myth*, Binghampton, NY, 279-92.
6. ASC, *Archivio Orsini*, II, 777, 13v.

8. Reconstrução

1. Giorgio Vasari, *Lives of the Painters, Sculptors and Architects*, trad. Gaston de Vere, org. David Ekserdjian, N. York, 1996, IV, 601.
2. ASC, *Archivio Orsini*, II, 777, 13r.
3. Ibid., I, 95, 502.

9. Em Trinità

1. ASC, *Archivio Orsini*, I, 453.
2. Ibid., II, 777, 4-11.
3. Ibid., I, 96, 231.

10. Um memorial ao passado

1. Kenneth Gowens, *Remembering the Renaissance; Humanist Narratives of the Sack of Rome*, Leiden, 1998, 91.
2. P. Barocchi e R. Ristori (orgs.), *Il carteggio di Michelangelo*, Florença, 1965-83, III, 356.

3. Proposto em primeiro lugar por Armando Schiavo em seu ensaio em *L'Urbe*.
4. Charles de Tolnay, *The Tomb of Julius II*, Princeton, 1954, 72.

11. Clarice

1. ASC, *Archivio Orsini*, I, 95, 93.
2. Ibid., 93, 390.
3. Ibid., 147
4. Ibid., 499.
5. Ibid., 203.
6. Ibid., 96, 98.
7. Ibid., II, 777, 31r.
8. Ibid., I, 96, 98.
9. Ver a correspondência citada entre Guidobaldo e seus pais, a respeito de Clarice Orsini, em B. Feliciangeli, *Notizie e documenti sulla vita di CaterinaCibo-Varano*, Camerino, 1891, 125 ono.
10. Para uma história de Stigliano, ver Benito Urago, *Stigliano sotto gli Spagnuoli*, Stigliano, 1964.
11. ASC, *Archivio Orsini*, I, 96, 169

12. Francesco e Girolamo

1. ASC, *Archivio Orsini*, I, 73, 432.
2. Ibid., 96, 190.
3. Ibid., 149.
4. Ibid., 11.
5. Ibid., 95, 254.

13. A guerra de Vicovaro

1. Marino Sanuto, *I diarii di Marino Sanuto (1496-1533)*, Veneza, 1879-1903, LVII, 57, 930.
2. ASC, *Archivio Orsini*, I, 672, 503.
3. Ibid., 74, 72.
4. Ibid., 96, 219.
5. Sanuto, LVIII, 94.
6. ASF, *Ducato di Urbino, Classe Prima*, 132, 71, 3r.
7. ASC, *Archivio Orsini*, I, 96, 206.
8. Ibid., 205.

9. Sanuto, LVIII, 44.
10. Ibid., 73, 330.
11. ASF, *Ducato di Urbino, Classe Prima,* 7, 36.
12. ASC, *Archivio Orsini,* I, 96, 247.
13. Sanuto, LVIII, 258.
14. ASC, *Archivio Orsini,* IIA, XXIII, I.

14. Vingança de irmão

1. ASC, *Archivio Orsini,* I, 73, 499.
2. Christine Shaw, *The Political Role of the Orsini Family in the Papal States, c. 1480-1534,* Ph.D., Oxford, 1983, 209.
3. ASC, *Archivio Orsini,* I, 391, 143.

15. Restituição

1. ASC, *Archivio Orsini,* I, 96, 355.
2. Ibid., 319.
3. Ibid., 391, 142.
4. Ibid., 56.
5. Ibid., 74, 132.
6. Ibid., 317.
7. Ibid., 479.
8. Ibid., 451.
9. Ibid., 391, 141.
10. Ibid., 45.
11. Ibid., 83.
12. Ibid., 151.
13. Ibid., 71, 173.
14. Ibid., 96, 319.

PARTE VI: A MÃE MAIS AMOROSA DO MUNDO

1. Cômputo final

1. ASC, *Archivio Orsini,* I, 391, 304.
2. Ibid., 247.
3. Ibid., 400, 289.
4. Ibid., 391, 167.

5. Ibid., 194.
6. Ibid., 147.
7. Ibid., 158.
8. Ibid., 174.
9. Ibid., 207.
10. Ibid., 38.
11. Ibid., 276.
12. Ibid., 293.
13. Ibid., 218.
14. Ibid., 390, 170.
15. Ibid., 391, 216.
16. Ibid., 390, 137.
17. Ibid., 391, 169.
18. Ibid., 75, 404.
19. Ibid., 391, 160.
20. Ibid., 75, 91.
21. Ibid., 74, 404.
22. Ibid., 540.
23. Ibid., 76, 140.
24. Ibid., 75, 425.
25. Ibid., 96, 383.
26. Ibid., 76, 213.
27. Ibid., 75, 407.
28. Ibid., 78, 87.
29. Ibid., 246.
30. Ibid., 75, 404.
31. Ibid., 76, 517.
32. Ibid., 63.
33. Ibid., 520.
34. Ibid., 107.
35. Ibid., 250.
36. Ibid., 78, 35.
37. Ibid., 107.
38. Ibid., 147.
39. Ibid., 77, 63.
40. Ibid., 77, 389.
41. UCLA Special Collections, 902, *Orsini Archive,* 240, 21.
42. ASC, *Archivio Orsini,* 78, 117.
43. Ibid., 104.

44. Ibid., 371.
45. Ibid., 312.

Epílogo: O legado de Felícia

1. Relatado em Giuseppe Ceci e Benedetto Crocce, *Lode di damenapoletane del decimosesto,* Nápoles, 1894.
2. Francesco Sansovino, *L'historia di casa Orsini,* Veneza, 1565, Livro II, 14v.

Índice

abitato, 42, 43
Accademia Colocciana, 193
Achillini, Giovanni Filiteo, 109
Acqua Paola, 135
Acqua Vergine, 42, 46
Acquedotto Traiano, 135
Adriano VI, papa, 299, 301, 307, 412
Adriano, imperador, 86
Adriático, mar, 185, 207, 331, 384
afrescos, 137-138, 195, 199
Agamenon, 157
alabastro, 118
Alberti, Leon Battista, 39, 46, 118, 234
Albertini, Francesco, 39
Albissola, 21
Alessandro, Cola d', 142
Alexandre (servidor), 282
Alexandre VI, papa, 53-59
    alegações de descendência de faraós, 115
    filhos de, 26
    Lucrécia Borgia e, 32, 90, 154
    menções, 30, 67, 81, 87, 116, 125, 154, 166, 178, 215
    morte, 71
    ódio de Júlio por, 57-58, 77-78, 103, 118
    Orsini e, 123

Alfonso de Aragão, 257
Alfonso de Nápoles, 90
Alidosi, cardeal Francesco, 186, 372
Alpes della Luna, 335
Alsium, 157-158, 159
Altanantis, Francesco de, 267
Alviano, Bartolomeo d', 138, 142, 145
Alviano, Pantasilea d', 138, 414
amas de leite, 212
Ana da Bretanha, rainha da França, 174, 177, 200
Ancona, 207, 384
Ancona, Francesco d', 270
Anguillara, 139
Anjou, René d', duque de Lorena, 82
Antonelli, Valerio, 270
Antonetto, Giovanni d', 413
Antônio de Pádua, santo, 103
Apolo do Belvedere, 87
Apolo, 166
Appiano, Jacopo, senhor de Piombino, 80-81, 82
Aquasparta, Prospero d', 123, 126, 157, 265, 270, 285

Aquilino, Serafino, 109
Aragão, 94, 146
Aragão, Eleonora de, 101
Aragona, Maria d', 121-122
Archangelo, médico, 189
Aretino, L'Unico, 100, 109
Aretino, Pietro, 106
Ariadne, 193
Ariano, duque de, 88
Arignano, Domenico d', 35
Armellini, Francesco, 226
Arpino, Francesco d', 268
Arquivo Capitolino, 16
Artemísia, 102
Assis, 30
astecas, 320
Atividades domésticas (Giovanni Stradano), 237-238
Avignon, 24, 25, 44, 136, 195

Babuccio, mestre, 370
Baco (Michelangelo Buonarroti), 113
Bagno a Morbo, 233
Banchi, 397
Banco de San Giorgio, 92
Bandello, Matteo, 280
Bargello, Florença, 113
Bastardia, 32, 62
Belvedere, Torso do, 87
Bencivenni, Lorenzo, 395
Bene, Phylippo dal, 405
beneditinos, 57
Benevento, arcebispo de, 397, 419
Bentivoglio, família, 166, 181, 191
Bernini, Gian Lorenzo, 38
Biasso, mestre, 163
Bibbiena, cardeal Bernardo Dovizi da, 81, 100, 177, 178, 179, 207, 277
Bisceglie, duque de, 54

Bisignano, príncipe de, 290, 298, 372, 390-391, 398-399, 411, 421
Bisticci, Vespasiano da, 45
Blois, 122, 173, 175, 231, 238, 257, 287
Bolonha, 46-47, 73, 147, 166, 181, 191, 215
Bolsena, 185, 191
Bonsignore, Donato, 348 349
Bonvixi, 169
Bordella, Oliverio di, 147
Borgia, César, 30, 53-54, 78, 118, 156
 Júlio II e, 122
 na pintura de Pinturicchio, 166
 rumores de incesto, 89
Borgia, família, 26, 53, 54, 59, 166, 169
Borgia, Girolamo, 193
Borgia, Jofre, 30, 53
Borgia, Juan, 53
Borgia, Lucrécia, 30, 32, 54, 82, 87, 104-107
 caráter, 90
 descrição de, 97
 dinheiro e, 153
 infância, 116
 morte, 211
 mulher culta, 109
 na pintura de Pinturicchio, 166
 rumores de incesto, 78, 89-90
Borgia, Rodrigo, *ver* Alexandre VI, papa
Borromini, Francesco, 16
Bosio, conde de Santa Fiora, 411
Botticelli, Sandro, 47, 195
Bourbon, duque de, 318, 326
Boveschi, cardeal Orso, 115
Bracciano, 117, 119, 129, 133-139, 141, 157, 212-213
 confiscado e restituído, 395-396, 405
 fonte, 233-234
 Girolamo nomeado senhor de, 377, 410-411
 Napoleone em, 296

reformas, 231
Santa Maria della Fiore, 282
tapeçarias para, 238-239
Bracciano, Gian Battista di, 264
Bracciano, Martino da, 139
Bracciano, Phillippo da, 139, 265, 289
Bramante, Donato, 166, 196
 capela Sistina, 196
 fortaleza de Civitavecchia, 81, 159
 Loreto, 209
 morte, 216
 nova igreja de São Pedro, 114, 165, 362
 Palácio do Vaticano, 113, 165
 Villa Belvedere, 86-87
Brambilla, conde Ludovico Carminati de, 35
Brancha, Carlo, 408
Brancha, Felice di, 284, 285
Brandolino, Raffaello, 109
Bretanha, 174
Bronze, Idade do, 135
Bronzino, 199
Brusela, Gilio di, 238
Bruxelas, 238
Bufalini, mapa, 285
Bufalo, Angelo del, 162, 280, 418
Bufalo, Christofano del, 343

caça, 219-220, 219, 221
Cacciguerra, 415
Calábria, 290, 321
Calisto III, papa, 57
Calli, Angelo Leonardo da, 346
câmara apostólica, 126
Cambrai, Liga de, 168, 173
Camerino, duque de, 370
Camilla, criada, 348
campagna romana, 116, 117, 161

Campagnino, Michelangelo da, 266, 296
Campana, 135
Canemorto, 135, 415
Cannovaro, Bernardino, 267, 269
Cantalupo, 135, 267
Carafa, Alberto, 119
Carafa, dom Luigi, 372, 397
Carafa, Giampietro, 372
Caravaggio, Bucchino di, 222
Carlos V, sacro imperador romano, 291, 330, 361, 409
 Adriano VI e, 299
 Clemente VII e, 305-306, 307, 346, 354
Carlos VIII, da França, 59, 137, 175
Caroli, Tolfia di, 230
Caroso, Vincentio, 344
Carteromacho, Scipione, 110
Carvajal, Bernardino, 178
Casale, Gregorio, 389
Casolaro, Giovanni, 229
Cassano, 393
Castel Sant' Angelo, Prospero da, 262
Castello Arcione, 267
Castelnuovo, 230
Castelvecchio, 382, 397
Castiglione, Baldassare, 98-105, 109, 158, 174, 261, 291, 298
Castrum di Martignano, 159
Casulensis, Antonio, 266
Catarina, Santa, 166
Catherina (ama de leite), 212
Cattanei, Vannozza, 30, 32, 35, 53
cavalos, 134
Cazadiavolo, 343
Celebrino, Eustachio, 323
Celestino III, papa, 115, 212
Celle, Pietro Paolo da, 262
Cellini, Benvenuto, 420

Cenci, família, 43, 416
Cerbo, Hieronimo da, 336
Ceri, Renzo da, 216, 289, 295-297, 301-302, 319, 387
  Felícia e, 139-140, 266
  Veneza e, 168-169, 248
Cerretani, Bartolomeo, 217
Cerveteri, 139, 405
Cesano, 257
César, Júlio, 73
Cesarino, cardeal, 324-325
Cesi, Paolo Emilio, 226
Chigi, Agostino, 115, 182, 234
Cibo, cardeal, 407
Cinguli, Francesco da, 386
Città di Castello, 24
Civitavecchia, 81, 157-159, 325, 331, 342, 348, 385
Cláudio, imperador, 202
Clemente VI, papa, 136
Clemente VII, papa, 32, 197, 307-309, 317-319, 324, 345, 354, 376, 384
  Carlos V e, 305-307, 346, 354
  como Giulio de Medici, 226, 285
  fuga de Roma, 330-331
  Orsini e, 380, 387, 394-396, 398
  túmulo de Júlio II, 363-364, 376, 385
Colégio Cardinalício, 22-23, 27, 54, 226, 284, 298, 307
Coliseu, 41, 43, 352
Colle, Giovanni della, 139, 247, 249, 277
Colocci, Angelo, 187, 189, 193-194, 198
Colombo, Cristóvão, 21, 53
Colonna, Agnese, 92
Colonna, cardeal, 57
Colonna, Claudia, 376
Colonna, família 43, 44, 123, 167, 326
  Júlio II e, 89, 167
  Orsini, ódio, 117-119, 128-129, 136, 146, 379, 391

Colonna, Ferrante, 92
Colonna, Marcantonio, 89, 119, 123-124
Colonna, Oddo, *ver* Martinho V, papa
Colonna, Pompeo, 226
Colonna, Portia, 389
Colonna, Vittoria, 198, 261, 331, 342, 365
Comacchio, 181
Como, cardeal de, 324, 325, 326
Comopriora, Antonio da, 235
condottiere, 121, 139, 156, 168, 174, 318
Constantino de Elba, 163
Constantino, imperador, 42
Constantinopla, 42
Contarini, cardeal, 419
Córdoba, Alonso da, 327, 358
Córdoba, Antonio de, 152
corporal (pano), 191
Corregio, Niccolò da, 104
Corsi, Pietro, 361
Corso, Guido, 386
Corso, madona Angela, 386
Corte Alta, Fossombrone, 335, 336, 338
Cortegiano, Il (Baldassare Castiglione), 99, 101, 102
cortesão, *O livro do* (Baldassare Castiglione), 99
cortesãos, 30, 54, 215
Cortona, cardeal de, 302
Corvaro, Antonio del, 262, 349
Corvello, Riccardo, 163
Cosa, Bernabo, 264
Cosa, Liberana, 264-265
Cristo diante de Pôncio Pilatos, 256
Croce, Giorgio della, 35
Cupis, Bernardino de, 31-32, 35-39, 49-51
  menções, 72, 80, 123, 139, 207, 255, 377
Cupis, Christofano de, 328
Cupis, De, família, 138, 162, 226, 279, 314, 331

ÍNDICE 459

Cupis, Francesca de
  a morte de Felícia e, 417-418
  menções, 32, 80, 162, 276, 314, 323, 328, 411
  uma ajuda para Felícia, 279-282
Cupis, Gian Domenico de
  afeto pela sobrinha Clarice, 369
  cardeal, 190, 279-286
  ligação com Felícia, 277-278, 314
  menções, 32, 80, 186, 226, 290, 309, 343, 383, 412, 418
  no Saque de Roma, 323-327, 330
Cupis, Teseo de, 80

d'Este, família, 109, 115, 146, 182
Dalmácia, 207
Dama com arminho (Leonardo da Vinci), 35
Daniela (criada de Felícia), 297, 416
Dante Alighieri, 166
David (Michelangelo Buonarroti), 113
De Mirabilibus (Francesco Albertini), 39
degli Alberti, Alberto, 45
Del Monte, cardeal, 353
della Rovere, Teodora, 22
della Rovere, Bartolomeo, 168, 179, 191
della Rovere, Constanza da Montefeltro, 87-88, 91
della Rovere, Domenico, 57
Della Rovere, família, 22, 24, 54
  cidade natal, 158
  d'Este e, 182
  identidade de Felícia, 50
  igreja da família, 32, 36, 47, 201
  Michelangelo e, 197
  Trinità dei Monti, 198
della Rovere, Federico, 182
della Rovere, Felícia
  Adriano VI, atitude de, 301
  agricultura e, 155, 161-162
  apego à documentação, 258
  autoridade de, 261-263
  Bracciano: confisco, 394-399; primeira visão de: 134-135, 137-138; comida e bebida em, 268-269; região florestal, 275-278; projeto da fonte, 234, 423; produção, 269; reformas em, 231; tapeçarias para, 238-239; têxteis, 269-271; adega, 268
  caráter de, 367
  casamento de Carlotta, 289-290
  casamentos: primeiro, 65-66; negociações, 80-1, 89, 91-94; com Orsini, 114, 122-123, 125-130
  Castiglione sobre, 101-104
  Catarina de Medici e, 302, 372-373 [?], 422-423
  Clemente VII e, 307-309
  Colocci, Angelo e, 193-194
  contas das propriedades, 163-164, 229-230, 259, 314-315, 348-350
  d'Este, Isabella e, 104-107, 182-185, 342-345
  defesa dos oprimidos, 67, 261
  educação humanista, 109-111
  em Savona, 61-63, 66
  escrevendo cartas, 260-261
  espanhóis, sentimentos para com os, 354-355, 363
  família De Cupis e: 49-50, 80-81, 314; Francesca de Cupis, 280-281
  família Orsini e: 282, 292; caráter dos homens Orsini, 375
  Farnese e, 412
  "Felix Ruveris Ursinis", 164, 260
  Fossombrone, 335-339
  França, paz com, 174-177
  guardiã dos Orsini, 249-250, 253-254, 313

independência de, 94-96
infância, 49-51
inteligência de, 97
interesses humanistas, 109-110, 192-193
inventários preparados: propriedades de Gian Giordano, 255-258; seus bens, 241-242
joias: 242; crucifixo de diamantes, 151, 242, 358
Júlia, casamento de, 290-292
Leão X e, 141-142, 215-217, 221-222, 225-226, 226
lei, manutenção da, 262, 264-268
língua falada, 62
livros e, 110-111, 243
Loreto, visita a, 207-208
louças, 282
mãe, para seus filhos, 367-369, 401, 422-423; Clarice, 268-273; Francesco, 375-377, 410-415; Girolamo, 377, 382-387, 404-410; Júlia, 291-292
mãe, relação com a, 31-32, 279
Maquiavel, influência de, 261
mar, o, 101-102, 158
Michelangelo, afeição de, 197-199; túmulo de Júlio, 362-365
Mínimos, 200-202
mito, construção de um, 102-103
mobília, 242, 389
modos de cavalgar, 134
morte, 417-419
mulheres Della Rovere e, 87
Napoleone Orsini e, 295-309, 330, 378-379, 382-387
nascimento de Francesco, 203, 209-213
nascimento de Girolamo, 213
nascimento de, 31
nascimento dos primeiros filhos, 148-149

negociações, talento para, 67, 83, 142-143, 168-171, 174-177
nome, 33
nomes dados aos filhos, 213-214
o ano de Felícia, um itinerário, 259
oração, consolo na, 314-315
Orsini, Gian Giordano e, 145-148, 247-250; suspeitas de outros acerca de sua morte, 251-252
pai, relações com o: 77-78, 94, 103, 151-153, 171, 177-191; morte do pai, 203; após o casamento com Gian Giordano Orsini, 151-153
Palo, 156-165, 221, 222, 405-406, 414
parte de Roma para Savona, 103
Pesaro, governo de, 185-186
posses, 241-245
Rafael, na pintura de, 15, 97, 191-192
reação à escolha do pai como papa, 74
reformas: Bracciano, 230-231; Campo dei Fiori, 354; Monte Giordano, 351; Trinità dei Monti, 357-358
retratos, 191-192, 260
Romano, Gian Chistoforo e, 105-107
roupas pretas, 15, 145-146, 192, 270
Saque de Roma: 320, 321, 326-328; retorno a Roma, 347
Savelli e, 167
serviçais e: 139, 230, 237, 263, 337-338, 418; del Fara, Statio, 273-275, 313
testamentos, 254, 416-418
trigo, renda proveniente do, 161-164, 349
Trinità dei Monti, 200-203, 282-286, 414-415
Urbino, um refúgio, 331-334
Veneza e, 168-170
vestuário, 242
viuvez, 66, 88, 253-254

ÍNDICE

della Rovere, Francesco — *ver* Sisto IV, papa
della Rovere, Francesco Maria, 186
    Júlio II, túmulo de, 362, 365
    menções, 122, 179, 181-182, 191, 305-306, 383, 385, 387
    no Saque de Roma, 318-320, 334
    projeto de casamento de seu filho com Clarice, 370-375
della Rovere, Galeotto Franciotto, 79, 123-127, 168
della Rovere, Giovanna da Montefeltro, 87
della Rovere, Giovanni, 79, 126, 785
della Rovere, Girolamo Basso, 31-32
    e Bernardino de Cupis, 36, 37-38
    Felícia e, 50
    menções, 58, 61, 80, 140, 207, 226, 377, 417
    morte, 80, 418
della Rovere, Giuliano, *ver* Júlio II, papa
della Rovere, Guidobaldo, 370-373, 385, 422
della Rovere, Leonardo Grosso, 191
della Rovere, Luchina, 61, 85-86, 88, 119, 140
della Rovere, Lucrezia, 61, 88, 119, 123, 140
della Rovere, Maria, 389
della Rovere, Niccolò Franciotto, 191, 362
della Rovere, Raffaello, 22
della Valle, família, 324
delle Bande Nere, Giovanni, 318
Dennis, George, 157
Di Vico, família, 136
Diane de Poitiers, 422
disabitato, 42
Doria, Andrea, 329, 342, 409
dotes, 95, 290-291
Dovaro, Troiano di, 407

"Ecologa Felix" (Girolamo Borgia), 194
Egito, 115
Elba, 163
Elizabeth I da Inglaterra, 423
Emilia Romagna, 411
Erasmo, 26, 73, 159
Ermellino, cardeal, 307
Espanha, 145
espanholas, tropas, 355-359
Este, Alfonso d', 54, 89, 104, 181-185, 189, 290
Este, Beatrice d', 101, 104
Este, Ercole d', 89, 104
Este, Ferrante d', 89, 326, 327, 329, 344
Este, Ippolito d', 89, 189
Este, Isabella d', 104-109
    fim da amizade com Felícia, 342-344
    Júlio II cauteloso acerca da amizade de Felícia com, 178-184
    menções, 87, 89, 127, 157, 189, 262, 326, 330
    uma comparação com Felícia, 282
Estrabão, 275
Et si de cunctarum civitatum (Bula papal), 39, 46
etruscos, 115, 133, 157
Euclides, 166
Eugênio IV, papa, 45
Evitascandalo, Cesare, 36

Fabriano, Lodovico da, 170
Fano, Francesco da, 260
Fara, Paulina Carrezia di, 414
Fara, Statio del, 222, 237, 257, 273-275, 280, 313-314
faraós, 115
Farfa, abadia de
    Francesco Orsini e, 375-377, 391, 399, 404, 416
    Napoleone Orsini e, 289, 296-298, 303, 381-382

Farnese, Alessandro, *ver* Paulo III, papa
Farnese, Giulia, 53, 116, 124, 129, 412
Farnese, Ranuccio, 368
Felice, Pólio, 158
feno, 142
Fernando de Aragão, 53, 121, 137, 168
Ferrara, 54, 72, 89, 104, 151, 181
Ferrara, duque de, 147, 182, 189, 219
Ferreolo, Galeotto, 251, 417
Fiano, Francesco de, 408
Firenze, Fra Mariano da, 198-200
Firenzuola, Angelo, 97
Flamenga, arte, 238
Flaminio, Antonio, 193
Florença
  cultura humanista, 117
  menções, 39, 81, 105, 113, 165, 177, 197, 203, 207, 216, 222, 225, 277, 362
  pintores de, 195
  Roma, comparações com, 42, 43-44, 73-74
Fontaines de Jouvence, Les, 138
fonte dos Quatro Rios, 38
Foppa, Vincenzo, 62
Formello, 147, 257, 358
Formello, Menico Falegname da, 357-358
Fossombrone, 335-341, 345, 346, 357, 369-370
França, 58, 63, 174-177, 183, 219, 379
  Gian Giordano Orsini e, 121-122, 138, 173-175
  Girolamo Orsini e, 408-410
  tensões com Roma, 25
Francesco, Fra, 370
Francesco, Pietro di, 328
franciscanos, 22, 30, 72, 200
Francisco de Assis, São, 30, 37, 103, 201
Francisco I, da França, 213, 287, 317, 355, 387, 394, 408

Frangipani, família, 43, 44
Frascati, 123
Frederico, rei de Nápoles, 92

Gaddi, Stazio, 175, 183, 184, 186
Gacta, 269
galera, 277, 309, 407, 413
Gallerani, Cecília, 35
Gênesis, Livro do, 196
Gênova, 21, 29, 53, 58, 62, 65, 73, 83, 92, 94, 409ᵃSaúda Júlio II, 72
Genovese, Alessandro, 268
Ghenga, Girolamo, 338
Ghirlandaio, Domenico, 47, 195
gibelinos, 118
Giovanna, rainha de Nápoles, 158
Giustiniani, Antonio, 85, 86
Giustolo, Pier, 110
godos, 42
Gonzaga, Alessandro Novolara, 327
Gonzaga, Cesare, 100-101
Gonzaga, Eleonora, 179, 331, 338
Gonzaga, Elizabetta, 87, 98, 101, 102, 103, 104, 179
Gonzaga, família, 109, 115, 181, 344, 381
Gonzaga, Ferrante, 59, 327, 329, 381
Gonzaga, Francesco, duque de Mântua, 98, 104, 181
Gonzaga, Luigi, 383-385
Graças, as, 194
grãos, 161-162, 221, 349-350, 404
Grassis, Paris de, 126-129, 153, 216
Gregório VII, papa, 43
Guelfos, 24, 118
Guicciardini, Luigi, 317, 319

Haleso, 157
Halicarnasso, 362
Henkwort, cardeal, 324-325

ÍNDICE 463

Henrique II, da França, 422
Henrique VIII, da Inglaterra, 149, 173
Heráclito, 166, 196
Hieronimitas, 36
Hieronimo, Raphael di, 335, 337, 338
Hieronyma (ama de leite), 212, 237
História da casa Orsini (Francesco Sansovino), 422
história do rei Salomão, A, 239
História natural (Plínio), 285
Homero, 166, 183
humanismo, 109
Hungria, 381
Hunt, William Holman, 392

Ignudi, 196
ilegitimidade, 32, 62-63
Imperia, cortesã romana, 280
Infessura, Stefano, 26, 58
Inocêncio VIII, papa, 26, 49-51, 57, 86, 137, 215, 219
Insediamenti, 43, 116
irmãs da Pietà, 276
Isabel de Castela, 53, 101
Ísquia, 331, 342
Isola, 257, 268, 275, 277, 284, 412
Itálico, Sílio, 157

Játiva, 53
Jerônimo, São, 23, 243-244
João Batista, São, 220
joias, 242
judeus, 43, 221
Juízo Final (Michelangelo Buonarroti), 197, 199
Júlio II, papa, 91-92, 101, 142, 169, 304, 372, 422
 Alexandre VI, um inimigo, 58-59, 77-78, 103, 118-119

 arquitetura, amor pela, 25, 86
 Bramante contratado por, 86-87, 114, 196, 208, 362
 caçadas, 219-220
 caráter de, 23
 celebra a festa da Anunciação, 152-153
 como cardeal, 16
 como liguriano, 83
 como o "Papa Guerreiro", 73
 conselheiro de Inocêncio VIII, 49-51
 crucifixo de diamantes, 151, 242, 358
 d'Este, Alfonso, e, 181-182, 185
 em Avignon, 24
 em Savona, 63, 67
 Erasmo, 25, 73
 Felícia: efeito de sua morte sobre, 203; doações em dinheiro, 153; intermediação com Orsini, 168-170; influência na corte, 178-179; limitações, 182-183; conhece a mãe dela, 27, 29; negocia casamentos para, 82, 89, 91-95; dote para Orsini, 123; papado, 75, 78-79; Pesaro, 185-186; relacionamento com, 103
 Gian Domenico de Cupis e, 226
 Giuliano Leno e, 162
 Gonzagas e, 181-182
 irritado com Felícia, 111
 Leão X e, 215
 legado de, 192-193
 Loreto, 208
 Michelangelo contratado por: 113-114; relacionamento com, 197-198; túmulo desenhado por, 362-365
 morte, 189-190
 Em *A missa de Bolsena*, 15, 191-192, 424
 nascimento, 21
 navios e mar, amor, 158-159, 219
 nova São Pedro, 114, 362

pais, 22
Pax Romana, 166-167
pilhagem do túmulo, 361, 364
Rafael contratado por, 165-166
recebe sua filha casada, 152
recebe suas parentas, 85-86
reconhece a paternidade, 31
rivalidade Orsini/Colonna e, 118-119
temperamento, 74
tio, 23
toma dinheiro emprestado de Chigi, 235
torna-se papa, 71-72, 77
Via Giulia construída, 125
Júlio III, papa, 353
Julius Exclusus (Erasmo), 25, 73, 159

Kauffman, Angelika, 202

Lázio, 261, 333
Ladislau, rei de Nápoles, 44
lago de Bracciano, 135
Landsknechts, 318, 324, 327, 361
Laocoonte, 87, 105
lavradores, 161
Leão X, papa, 45, 126, 175-177, 197, 201, 301
    Bibbiena e, 277
    caça, amor à, 219-220
    caráter de, 215-216
    Felícia e: 141-142, 215-217, 221, 226; absolve-a de crimes futuros, 225; torna-a guardiã legal de seus filhos, 250
    Gian Domenico de Cupis e, 226
    Júlio II e, 215-216
    Leno e, 220-222
    Michelangelo e, 363
    Palo, 221-223
    plano de assassinato contra, 225-226
    torna-se papa, 213-214

Leno, Giuliano, 162, 220-223, 242, 280, 319, 341
Leonardo da Vinci, 35, 104, 166
Lesbos, 184, 185
Lesmas, 349
Lia, 365
Ligúria, 21, 23, 46-47, 66, 72, 83
Livorno, 480
Lode, Aloysio da, 326
Lodi, Ambrosio da, 353-354
Loreto, 208, 209
    Casa Santa, 207, 209
Lúcio II, papa, 43
Lucrécia, antiga heroína romana, 102
Lúculo, 202
Ludovisi, família, 202
Luís XI da França, 200
Luís XII da França, 8122, 168, 174, 175
Luísa de Savoia, 213, 355
Lutero, Martinho, 250, 282

Macerata, 37, 80
Machiavelli, Niccolò (Maquiavel), 174, 261, 423
madeira, 276-378
Mafio, mensageiro veneziano, 169
Magnalardo, Ioacchino di, 413
Majólica, 167
malária, 44, 71
Malatesta, 385
Mantegna, 104
Mântua, 23, 151, 167, 178, 183, 189, 331, 338, 381, 423
    Castiglione e, 98-99, 101-102, 298
    d'Este, Isabella e, 104-105, 105-106
    Gonzagas e, 181, 291, 298
Mantuano, Lorenzo, 349
Manúcio, Aldo, 110
Marcciano, Antonio, 163

ÍNDICE

Marcciano, Gian Rinaldo, 163
Marche (Marcas), 37, 185, 207, 333, 335
Mare, Elizabetta di, 283
Maremma, 268
Margarida, Santa, 211
Maria, Virgem, 207-209
Marignano, batalha de, 122
Martignano, lago, 159
Martinho V, papa, 44-46, 117, 136
Masaccio, 117
Maschio, Julio, 266
Masolino, 117
Massimo, Domenico, 320
Massimo, família, 167, 352
Massimo, Felice di, 417
Matilda, imperatriz, 101
Matteo, dom (capelão), 237
Mausoléu de Halicarnasso, 362
Maximiliano, sacro imperador romano, 168
Medici, Alessandro de, duque, 32, 395
Medici, Catarina de, 302, 372, 394, 422
Medici, Cosimo de, 104, 134
Medici, família, 134, 137, 156, 201, 225, 345, 365, 373, 381
 amigos da França, 175, 398
 bastardia na, 32
 cultura da, 109
 estilo palaciano da, 63, 221-223
 Felícia e, 307
 Loreto e, 209
Medici, Giovanni de, ver Leão X, papa
Medici, Giuliano de 242, 290
Medici, Giulio de, ver Clemente VII, papa
Medici, Ippolito de, cardeal, 395-397
Medici, Lourenço de (o Magnífico), 50, 104, 215
Medici, Lourenço de (sobrinho de Leão X), 217

Medici, Lucrezia Tornabuoni de, 233
Medici, Madalena de, 137
Medici, Piero de, 137
Menico, Antonio da, 406
Menico, padre, 369
Menimo de Bracciano, 268
Metelusa, 202
Michelangelo Buonarroti, 39, 104, 105, 134, 165, 166, 203, 216, 260, 367
 arrogância, 198
 arte flamenga criticada por, 258
 desenhos e afrescos, 195-200 , 195
 túmulo de Júlio II, 114, 362-365
Michelozzo, 222
milagre de Savona, O, 103
Milão, 58, 86, 98, 104, 318
Milvio, ponte, 285
Mínimos, 200-202, 213, 355
Mirobaldo, Carlo, 408
Modena, 89
Moisés, 363
Montefalco, 37, 139
Montefalco, Bernadino di, 39 [ver Cupis, Bernardino de]
Montefeltro, Agnese da, 92
Montefeltro, Constanza da, 87, 88, 91
Montefeltro, família, 92
Montefeltro, Federico da, 91
Montefeltro, Federigo da, 335
Montefeltro, Giovanna da, 79
Montefeltro, Guidobaldo da, duque de Urbino, 91-95, 98, 185-186
Montepoli, Basilio de, 386
Monterosso, 342
Monteverdi, 123
Montorio, 135
Morosino, Domenico, 320-321
Mugnano, bispo de, 342
mulas, 134

mulheres na Renascença, 94, 100-102, 114, 134, 208-209
musas, as, 166, 194, 220
Mussolini, Benito, 41

Nantes, cardeal de, 175
Nápoles, 81, 98, 105, 145-147, 257, 269, 287, 291
Navarra, 54, 358
Nazaré, 207
Nepe, Faustina de Cola da, 349
Nepi, Angelo di, 418
Nepi, Giovanni di, 410
Nepi, Guidone da, 266
Nepi, Iago, 325
Nerito, duquesa de, 292, 321
Nerone, Alessandro da, 277
Nerva, imperador, 135
Nicolau III, papa, 116
Nicolau V, papa, 46, 86
Nola, conde de, 287
Nola, condessa de, 291
Nomentano, Paolo, 223
normandos, 29
Normanni, Constanza, 159
Normanni, família, 29-30, 43-44, 115, 136, 159
Normanni, Giovanni, 159
Normanni, Jacopa de, 30, 201
Normanni, Lucrezia (mãe de Felícia), 29-33, 50-51, 80, 280, 281, 314, 324
Normanni, Pandolfo, 159
Normanni, Stefano, 159
Novelle (Matteo Bandello), 280

oratório de Nossa Senhora, Savona, 62
oratório, 16
Ordem Terceira, 201
Oricellai, Giacomo, 123

Oricellai, Paolo, 123
Oromabelli, Pietro, 278
Orsini, Alfonsina, 217
Orsini, Annibale, 143, 261
Orsini, Bartolomeo, 216
Orsini, cardeal Franciotto, 226, 262, 265, 288, 309, 383, 389
  aliado Orsini de Felícia, 289-290, 298
Orsini, Carlo, 139, 167
Orsini, Carlotta, 121, 139, 266, 289, 293, 296
Orsini, Clarice (filha de Felícia), 251, 368-373, 393, 417, 421, 422
  Napoleone Orsini e, 308, 390
  nascimento, 213
  romance com Guidobaldo della Rovere, 370-372
  testamento de Felícia, 254
Orsini, Clarice (mãe de Leão X), 126, 214
Orsini, Dianora, 142, 143, 155, 164, 262
Orsini, família, 43, 44, 183, 267, 351, 379, 393, 399
  Bracciano, 135-137
  Colonna e, 167, 392
  Felícia e, 314
  história da, 115-119
  tapeçarias, 239, 256
  Vicovaro, 212
Orsini, Francesca, 121, 139, 266, 295
Orsini, Francesco (filho de Felícia), 390, 394, 399, 410-419
  abadia de Farfa, 376-377, 391, 399, 404
  correspondência com sua mãe, 367-9, 382-383, 396-397
  morte do pai, 249-250
  Napoleone Orsini e, 296, 308, 379
  nascimento e infância, 209-213, 229, 257
  Saque de Roma, 324-325
  últimos anos, 421-422

ÍNDICE

Orsini, Gentile Virginio (pai de Gian Giordano Orsini), 121, 122, 137, 231
Orsini, Gentile Virginio (sobrinho de Gian Giordano Orsini), 139, 405
Orsini, Gian Gaetano (pai Nicolau III), 116
Orsini, Gian Giordano (marido de Felícia), 115, 119-123, 125-130, 141-2, 161, 168-169
  ancestrais, 136-138
  caráter, 244-245
  criação de cavalos, 134
  desordem do palácio, 127-128
  Felícia: intermediação com Júlio II, 168-170; só uma carta remanescente, 145; relacionamento com, 147-149; confiança em, 219; casamento, 125-128
  inventário das propriedades, 255-256
  laços com a França, 173-175, 256, 258
  morte: 249-250; suspeitas sobre, 251-252
  sua pensão concedida a Napoleone, 379-380
Orsini, Giordano, cardeal, 117
Orsini, Giovanni, 269
Orsini, Girolamo (filho de Felícia), 257, 336, 375, 398-400, 417, 421-422
  camisa, 271-274
  cartas para sua mãe, 367-269
  chefe dos Orsini, 403-413
  como *condottiere*, 336, 377-379
  morte do pai, 249-250
  Napoleone Orsini e, 308-309, 381-387, 390-396
  nascimento, 213
  Saque de Roma, 323-325
Orsini, Giulio, 152, 115-117, 167, 169-170
Orsini, Júlia (filha de Felícia), 372, 278, 411, 417
  escolha do nome, 213-214
  morte, 421
  nascimento, 148-149
  planos de casamento, 189, 290-293
  roupas para, 271, 274
  testamento de Felícia, 254-255
Orsini, Júlio (filho de Felícia), 148
Orsini, Laura, 123-124, 129
Orsini, Mario, 156, 297
Orsini, Napoleone (avô de Gian Giordano), 136
Orsini, Napoleone (filho de Gian Giordano), 121, 139, 250, 266, 290, 404
  em conflito com Felícia, 292-309, 316, 330, 344, 354
  guerra com Felícia
  guerra com Girolamo, 378-395
  intenções com relação a Clarice, 368-372
  origens do conflito familiar, 147-148, 251-152
Orsini, Nicolò, 342
Orsini, Orso, 116, 124
Orsini, Paolo Giordano, 420
Orsini, Portia, 139
Orsini, Rinaldo, arcebispo de Florença, 127
Orsini, Roberto, 297
Orvieto, 191, 330, 331
Óstia, 27, 58, 159, 220, 329, 348

Pádua, 168, 305
palácio dos Papas, Avignon, 25, 195
Palas Minerva, 194
Pallavicino, Gaspare, 100, 305
Palmieri, cardeal Andrea Matteo, 354
Palo
  Felícia compra, 155-165
  Felícia vende, 405, 406, 414
  menções, 185, 190, 243, 251, 266, 283, 285, 307, 349

Napoleone Orsini e, 301, 341, 381-382
   uso por Leão X, 221-223
   valor, 241
Pandolfini, Niccolò, 226
pão, 161
Paolo, Giovanni (Gian), 163, 164
Papareschi, família, 43
Parma, Chiara di, 147
Pasqualino, Pietro, 222
Pasquino (estátua), 221, 280
Pasturea, mestre, 231
Paula, Francisco de, 200-201, 202, 213, 256
Paulo II, papa, 22
Paulo III, papa, 197, 368, 411-412, 421
Paulo IV, papa, 372
Paulo V, papa, 135
Pavia, 98, 152
Pax Romana, 166-167, 166
Pedro, São, 26, 42, 44, 73
Pelasgos, 157
Perotto (camareiro), 54-55
Perúgia, 80
Peruzzi, Baldassare, 36, 234-235, 347, 352-353, 396
Pesaro, 185-186, 331, 370
Pesaro, conde de, 54
peste, 212
Petrucci, cardeal Alfonso, 225-226
Phile de Priene, 233
Pia, Emilia, 87-89, 100, 102, 128, 129
Piccolomini, Francesco, *ver* Pio III, papa
Piccolomini, Giovanni, 226
Pico, Giovanni, conde de Mirandola, 289
Pierleoni, família, 43, 44
Pierleoni, Giordano, 43
Pietà (Michelangelo Buonarroti), 113
Pinturicchio, 36, 166
Pio II, papa, 71
Pio III, papa, 71, 72

Piombino, 78-82, 138
Piombino, Pasqualino di, 148
Piombo, Sebastiano del, 260, 364
Pisa, 26, 81
Pisa, Concílio de, 177, 178, 225
Piscia, Balar di, 216
Platão, 166
Plínio, o Moço, 157-158, 243
Plínio, o Velho, 111, 243, 285
Poggio, Giovanni, 358
Pompeo, Hieronimo di, 419
Pompeu, 157
Pontecorvo, Perseo di, 267, 269, 348
Pontelli, Baccio, 47
Porcianum, 135
Porta, Gian Maria della, 302, 305, 329, 338
Povo, Portão do, 23
Prati, 152
Príncipe, Il [O Príncipe] (Niccolò Machiavelli), 261
Provença, 410
Proventia, Antonietta de Canneto de, 148
Pucci, Lorenzo, 284
Puccino, Antonio, 287

Queda dos anjos rebeldes (Bronzino), 199

Rafael, 15, 98, 183, 221, 228, 238, 243, 276-277, 291, 361, 416
   chega a Roma, 165-166
   escola de Atenas, A 166, 182, 196
   Michelangelo e, 196, 216
   morte, 298
   Parnaso, 160, 183
   Villa Medici, 285
Raimondi, Marcantonio, 243
Raquel, 365
Recanati, 80, 207, 208, 226
Reforma, 192

ÍNDICE

Reggio Emilia, 89
Riario, família, 377
Riario, Galeazzo, 87, 191
Riario, Girolamo, 81, 219
Riario, Pietro, 23-4
Riario, Raffaello, 25, 26, 57, 113, 191
Riario, Tomasso, 191
Riccardo, Cola da, 264
Ridolfi, cardeal, 397
Ridolfi, Niccolò, 226, 302
Rienzo, Cola di, 392
Rieti, 37
Rimini, 335
Rocha, Simone, 263
Rodomonte, Luigi, 383
Roma, 15, 41-47
  banhos de Tito, 105
  beleza, padrões de, 97-99
  Bramante, visão de, 86
  Escadaria Espanhola, 201, 283
  escandalizada por Alexandre VI, 54, 78
  estádio de Domiciano, 38
  IGREJAS:
  — San Agostino, 38, 255, 417, 418
  — San Felice, 415
  — San Francesco a Ripa, 30
  — San Giovanni, 42, ver São João de Latrão
  — San Onofrio, 36, 255
  — San Pietro in Montorio, 255
  — San Pietro in Vincoli, 22, 23, 79, 123, 129, 201, 364
  — San Salvatore in Laura, 302, 413
  — Sant'Agnese, 38
  — Santa Maria del Popolo, 24, 32, 36, 47, 201, 254, 417
  — Santa Maria dell'Anima, 324
  — Santa Maria della Febbre, 71
  — Santa Maria in Domnica, 277
  — Santa Maria Sopra Minerva, 152, 154, 255
  — Santa Maria in Portico, 109
  — Santa Maria in Transpontina, 254
  — Santa Maria no Trastevere, 72
  — Santa Prudenziana, 41
  — Santi Quattro Coronati, 31, 284, 285
  — Santo Spirito in Sassia, 103, 267
  — Santos Cosme e Damião, 41
  — São João de Latrão, 116
  — São Pedro, 42, 44, 54, 60, 71, 113, 162, 363
  — Trinità dei Monti, 198-203, 213, 251, 254, 282-283, 357-358, 363, 397; refúgio final de Felícia, 414-418; saqueada pelos espanhóis, 355-359
  Bramante e, 158, 362; pedra fundamental, 114; Júlio II em câmara ardente em, 190-191, 195-196, 318-319; Leão X e, 216-217, 220-221, 290-291, 177, 215-216, 319
  Colocci, visão de: 193-194; dieta, 135; percepção de Felícia, 59-60; malária, 44, 71
  MONTES:
  — Aventino, 43
  — Esquilino, 43, 105
  — Gianicolo, 36, 123, 319
  — Monte della Spagna, 123
  — Monte Mario, 280
  — Palatino, 43
  — Pincio/Pinciano, 16, 200, 201, 203, 241, 251, 282-283, 285, 414
  — Quirinal, 43
  — San Egidio, 86
  Ospedale di San Biagio, 30
  Ospedale di Santo Spirito, 31, 47
  PALÁCIOS:
  — Cancelleria/Chancelaria (Sforza Cesarini), 15, 125, 126, 127, 128-129

469

— de Cupis, 38, 339, 49, 59, 67, 80, 314, 323, 424
— de Latrão, 42, 44, 46
— dell'Orologio, 116
— Dodici (Santi) Apostoli, 23, 123
— Ferrari, 147
— Massimo, 347
— Monte dos Cenci, 43
— Monte Giordano: descrição, 116, 351-353; morte de Felícia, 416-418; casameno de Felícia com Gian Giordano, 126-129; menções, 16, 43, 122, 123, 138, 141, 152, 153, 169, 182, 194, 230, 251; saqueado pelos Colonna, 115; reformas, 351-353, 389
— Riario, 113
— Santa Maria in Portico, 90
Panteão, 41, 45, 152
Piazza de Trevi, 46
Piazza della Rotonda, 45
Piazza Navona: 15, 47, 50, 80, 116, 134, 255; história da, 38
Pompeu, teatro de, 116, 117, 353
PONTES:
— ponte Rotto, 47
— bonte Sant'Angelo, 16, 43, 86, 97
— ponte Sisto, 47, 320
burocratas, 37
Campo dei Fiori, 116, 257, 353-354
Campus Agonis, 38
Campus Martius, 116
Castel Sant'Angelo: 16, 201, 255, 324, 414; descrição, 87; Napoleone Orsini no, 330, 345; Giuliano da Sangallo no, 113
RUAS:
— Via Alessandrina, 147
— Via Clodia, 133
— Via de Banchi, 15, 152
— Via degli Genovesi, 29
— Via dei Coronari, 116
— Via del Corso, 326
— Via del Governo Vecchio, 15
— Via del Pozzo Bianco, 128
— Via dell Anima, 38
— Via di Jacopa dei Settisoli, 30
— Via Flaminia, 326
— Via Giulia, 125
— Via Papalis, 116, 128, 153, 320
— Via Recta, 38
Saque: 318-328, 342, 347-348; consequências, 347-348, 349-350; renovação, 352-353; danos ao Palácio do Vaticano, 361
Sisto V, bula de, 39
Teatro Marcello, 352
Tibre, rio: 29, 43, 45, 46, 55, 60, 86, 110, 324, 329; Monte Giordano, 116, 194; pirataria de Napoleone Orsini, 345; suprimento de água, 39
Torre di Conti, 41
Trajano, coluna de, 134
Trevi, fonte de, 39, 46, 193, 234
VILAS:
— Magliana, La, 219-222, 298, 329
— Villa Belvedere, 86, 87-89, 152, 193
— Villa Chigi, 234
— Villa Farnesina, 234
— Villa Madama, 285
— Villa Malta, 202, 283
— Villa Medici, 285
suprimento de água, 39, 135
Romagna, 38
romanescha, dialeto, 62
Romano, Antoniazzo, 137, 231
Romano, Gian Cristoforo, 105-107, 109
Romazatto, capitão, 408
Romero, Antonio, 409

ÍNDICE

Rossellino, 362
Rossi, Luigi, 226
Rubens, Peter Paul, 106, 199
Rucellai, família, 39
Rucellai, Giovanni, 25, 117
Rufus Verginius, 158

sabinos, 275
Sacro Império Romano, 118
Safo, 183, 184, 185-6
sal, 181
Sala Ducal, 72
Sala Regia, Palácio do Vaticano, 54, 72, 165, 308
Salerno, 90, 138, 146
Salmoli, Antonio di, 270
Salomão, rei, 166
Salomão, Templo de, 114
Salviati, Giovanni, 226, 286
Salviati, Lorenzo, 397
San Gregório, 135, 263
San Lorenzo, 197, 363-364
San Miniato, Benedetto di, 298-357
San Sebastiano,109
San Teodoro, 284
Sancha de Aragão, 54
Sanctini, Alessandro, 247, 249
Sancto Poli, 263, 383 [Polo]
Sandro, Agostino da, 169
Sanframondo, Violante di, 237
Sangallo, Antonio da, o Moço, 363
Sangallo, Gian Francesco, 220
Sangallo, Giuliano da, 63, 105, 113, 220, 222
Sanseverino, Antonello di, 91, 92
Sanseverino, Pier Antonio da, 290, 291
Sanseverino, Roberto di, 90-94, 102, 111, 123
Sansovino, Andrea, 32, 208
Sansovino, Francesco, 115, 118, 122, 377

Santa Liga, 173-174, 318
Santo Cosimato, Vicovaro, 416
Santo Stefano di Povi, 344
Sanuto, Marino, 78, 125, 138, 148, 169-170, 291-293*sobre a morte de Gian Giordano Orsini, 251
Saraceni, cardeal Francesco, 235
Sarto, Bernardino, 267
Sarto, Francesco, 350
Sauli, cardeal, 226
Savelli, cardeal, 57
Savelli, família, 43, 167, 168, 283, 352
Savelli, Portia, 167, 242
Savoia, 57
Savona
  Felícia em, 60-67, 61, 74-78, 82-85, 96, 158
  menções, 58, 101, 103, 111-113, 138-139, 143, 163, 186, 244, 335-337, 405
  Palazzo della Rovere, 63, 67
Scorel, Jan van, 299
Scrofano, 135, 257, 384
seda, 270
Selim I, da Turquia, 275
Senado, 250
Senigallia, 79, 110
Senis, reverendo Phantano di, 284
Settesoli, Jacopa dei, 30, *ver também* Normanni, Jacopa
Settignano, 198
Sforza, Ascanio, 152
Sforza, cardeal, 57
Sforza, Caterina, 219
Sforza, família, 86, 115, 185
Sforza, Francesca, 420
Sforza, Ludovico, duque de Milão, 35
Shakespeare, William, 43, 102
Sibillini, montanhas, 135
Sicília, 178, 354

Siena, 48,81, 225
Siena, Galerano di Lorenzo da, 265
Simonetta, 32
Sistina, capela, 47, 72, 165, 195-200, 237, 243, 352, 362, *ver também* Vaticano, Palácio Sisto IV, papa, 21, 58, 62, 83, 103, 195, 213, 254
  e Júlio II, 15
  em Bracciano, 137
  nepotismo de, 22-3, 24
  reconstrói Roma, 46-7
Sofonisba, 102
Sorrento, 158
Spagnuola, Catherina, 230
Sperlonga, 163
Spinola, Agostino, 191
Spoleto, 24, 110
Staffieri, Vincenzo, 273
Stefano, Giovanni di, 163
Stigliano, príncipe de, 390-391, 397, 405, 421
Suetônio, 111, 243
Sutri, bispo de, 411

Tancredi, *Signor,* 126
tapeçarias, 238-239
Tebaldi, família, 43
tecelões, 238-239
Tenochtitlán, 320
têxteis, 269
Ticiano, 104, 373
Tirreno, mar, 60, 80-81, 331
Tito, Santi di,
Tivoli, 123, 139
Todesco, Gregorio, 238
Todesco, Nicolo, 238-239
Todi, 24
Tolfa, Hippolito della, 262, 263, 274
Toscana, 62, 156, 225, 233, 345, 394

Trani, 226, *ver também* Cupis, Gian Domenico de
Trastevere, 29, 30, 43, 47, 60, 72, 320
Trevignano, 257, 275, 407
Treviso, 222
Trigo, 161, *ver também* grãos
Tufa, Lucrezia del, 421
Túmulo de Júlio II (Michelangelo), 361-362
Turim, 57
Turquia, 168, 175, 377, 381

Úmbria, 24, 37, 80
Urbino, 86, 98, 105, 185, 196, 329, 331-338, 358, 383-385
  Castiglione em, 99-100, 102
Urbino, Vincentio da, 263
Utrecht, 299

Valdecchio, Giovanni, 407
Valdina, 178
Valência, 53
Vannuci, Sabbo di, 248
Vanuzzi, Francesco, 417
Varana, Bartolomea, 305
Varana, Sigismondo, 305
Varano, Júlia, 373
Vasari, Giorgio, 46, 74, 198, 199, 352, 362
Vaticano, monte, 86
Vaticano, Palácio
  afundamento do terreno, 196
  anarquia sexual no, 54
  Avignon, uma comparação, 25
  Bibbiena no, 276-277
  Bramante, obra de, 113, 165
  Castelo Sant'Angelo e, 86, 87
  Cortile del Belvedere, 87
  Felícia no, 171, 177-178, 183-184, 189-192
  festas de Alexandre VI, 71, 90
  Júlio II no: 103, 165, 369, 416; celebra o casamento de Felícia, 151

ÍNDICE

Leno, o papel de, 162
menções, 15, 16, 21, 35, 73, 77, 79, 91, 109, 123, 125, 135, 147, 152, 162, 169, 174, 308, 364, 395, 397, 424
Nicolau III, ampliações de, 116
Rafael no, 216
Saque de Roma, 361-362
Sisto IV, melhoramentos, 47
Stanza della Segnatura, 183
túmulo de Júlio II, contrato para, 364-365
velas, 314-315
Veludo preto, 145-146
Veneza, 85, 92, 105, 189, 251, 275, 305, 331, 338, 343, 370, 384-386
crucifixo de diamantes, 151, 242, 358-359
Felícia e a aliança dos Orsini, 168-173, 183, 248
têxteis de, 336
Vênus de Urbino (Ticiano), 373
Vênus, 193, 194
Vicarello, 135
Vicario, Pietro, 383
Vicovaro, Giovanni Egitio de, 341, 345
Vicovaro,
  atividades criminosas em, 262
  cerco a Vicovaro, 381-392, 381
  clima, 271

confisco, 394-398
descrição, 212
inventário, 256-257
menções, 142, 217, 237, 260, 267, 292, 298, 367, 369, 372, 405, 416, 418, 419
morte de Gian Giordano Orsini, 247-252
Vida de Sto. Antônio, A, 239
Vidas dos artistas (Giorgio Vasari), 198
Vielli, Bernardo de, 349
Vigerio, Marco, 337
Vincoli, 22, 23, 78, 123, 125, 129, 162, 201
vinho, 267
Virgem Maria, *ver* Maria, Virgem
Virgílio, 183
Viridario (Giovanni Filiteo Achillini), 109
Visigodos, 42
Viterbo, 133, 136, 231, 331, 333
viúvas, 253
Volterra, 152

Winckelmann, Johannee, 202
Wittenberg, catedral de, 250

Este livro foi composto na tipologia Minion
Pro Regular, em corpo 11,5/16, e impresso em
papel off-white no Sistema Cameron da
Divisão Gráfica da Distribuidora Record.